JN163607

社会福祉論

【編著】

高間　満
相澤譲治
津田耕一

電気書院

まえがき

　2009年度より、社会福祉士養成課程は一新された。「社会福祉原論」は、「現代社会と福祉」という科目名となったが、同時に内容も大きな変更がなされた。福祉の原理や哲学、発達過程の内容はあるが、大部分は福祉制度、政策及び関連政策の内容と課題となっている。

　社会保障や社会福祉に関する制度改革が続く中、社会福祉の理論と制度について確実に学習することによって揺るがない視点を各自堅持することが大切な点であろう。そのためにも本書の学びを契機として、さらに主体的な学びの深化を期待したい。

　お忙しい中、ご執筆いただいた各位、そして、誠実な編集作業を遂行していただいた久美出版企画編集部の大塚真須美氏、廣辻晶子氏に厚くお礼を申し上げます。

2017年3月　編者

Contents

第1章　現代社会と社会福祉 …………………… 1
第1節　私たちの生活と社会福祉 …………………………………… 2
第2節　現代社会の特質と社会福祉 ………………………………… 4
第3節　現代の社会福祉を学ぶ視点 ………………………………… 8

第2章　現代社会における福祉制度と福祉政策 … 11
第1節　福祉制度の概念と理念 ……………………………………… 12
第2節　福祉政策の理念と概要 ……………………………………… 16
第3節　福祉制度と福祉政策の関係 ………………………………… 20
第4節　福祉政策と政治の関係 ……………………………………… 21
第5節　福祉政策の主体と対象 ……………………………………… 24

第3章　福祉の原理をめぐる理論と思想 ………… 27
第1節　福祉の原理をめぐる理論 …………………………………… 28
第2節　福祉の原理をめぐる思想と理論 …………………………… 35

第4章　社会福祉の歴史 ………………………… 43
第1節　イギリスの社会福祉の歴史 ………………………………… 44
第2節　アメリカの社会福祉の歴史 ………………………………… 48
第3節　わが国の社会福祉の歴史 …………………………………… 52

第5章　社会福祉基礎構造改革以降の制度 ……… 61
第1節　新たな社会福祉システムとしての「契約による利用制度」… 62
第2節　介護保険制度 ………………………………………………… 68
第3節　障害者総合支援法に基づくサービスの給付 ……………… 75
第4節　今後の社会福祉の動向 ……………………………………… 78

第6章　福祉政策におけるニーズと資源 …………　81
第1節　需要とニーズの概念 ……………………………………　82
第2節　福祉ニーズを抱える人の理解 …………………………　89
第3節　資源の概念 ………………………………………………　91

第7章　社会福祉のしくみ ………………………　95
第1節　社会福祉の法体系 ………………………………………　96
第2節　社会福祉の組織と実施体制 ……………………………　106
第3節　社会福祉施設の概要 ……………………………………　113
第4節　社会福祉の財政 …………………………………………　113
章末資料：社会福祉施設一覧 ……………………………………　119

第8章　福祉政策の構成要素 ……………………　125
第1節　福祉政策の論点 …………………………………………　126
第2節　福祉政策における政府の役割 …………………………　133
第3節　福祉政策における市場の役割 …………………………　134
第4節　福祉政策における国民の役割 …………………………　135
第5節　福祉政策の手法と政策決定過程と政策評価 …………　136
第6節　福祉供給部門 ……………………………………………　139
第7節　福祉利用過程 ……………………………………………　142

第9章　社会福祉の実践分野 ……………………　147
第1節　貧困と福祉 ………………………………………………　148
第2節　児童の福祉 ………………………………………………　150
第3節　母子および女性の福祉 …………………………………　154
第4節　障害者の福祉 ……………………………………………　158
第5節　高齢者の福祉 ……………………………………………　182
第6節　保健医療と福祉 …………………………………………　185
第7節　地域福祉 …………………………………………………　188

第 10 章　福祉政策の関連政策 …………………… 193
- 第 1 節　教育政策 …………………………………………… 194
- 第 2 節　住宅政策 …………………………………………… 199

第 11 章　福祉政策の課題 …………………… 207
- 第 1 節　福祉政策と社会問題 ……………………………… 208
- 第 2 節　福祉政策の現代的課題 …………………………… 211
- 第 3 節　国際比較からみたわが国の福祉政策 …………… 215

第 12 章　相談援助活動と福祉政策の関係 ……… 223
- 第 1 節　相談援助活動の内容 ……………………………… 224
- 第 2 節　相談援助活動と福祉政策の関係性 ……………… 227

第 13 章　世界の福祉 …………………… 237
- 第 1 節　スウェーデンの福祉 ……………………………… 238
- 第 2 節　デンマークの福祉 ………………………………… 241
- 第 3 節　イギリスの福祉 …………………………………… 243
- 第 4 節　アメリカの福祉 …………………………………… 246
- 第 5 節　ドイツの福祉 ……………………………………… 250
- 第 6 節　フランスの福祉 …………………………………… 253
- 第 7 節　オーストラリアの福祉 …………………………… 257
- 第 8 節　中国の社会福祉 …………………………………… 261
- 第 9 節　韓国の福祉 ………………………………………… 264

索　引 ……………………………………………………………… 273

第1章

現代社会と社会福祉

第1節 私たちの生活と社会福祉

　近年、わが国では大きな地震が続いている。阪神淡路大震災（1955年1月17日）、新潟件中越地震（2004年10月23日）、福岡県西方沖地震（2005年4月20日）、東日本大震災（2011年3月11日）、そして熊本地震（2016年4月14日）などでは、多数の死傷者や家屋の崩壊が生じた。一方、台風による被害も続出した。このような突然の天変地異によって、人々の生活は激変する。それまで、ふつうに生活を送ってきた状態から、住宅再建を筆頭に経済的な困窮状態（失業、転職あるいは働き手の死亡等々）、病気（持病の悪化等）、心理的負担等が個人や家族にふりかかってくる。また、災害時には子どもたちの心理的なケア（サポート）も十二分に論議されなければならない課題となっている。

　このような自然災害ばかりでなく、私たちが日々営んでいる社会生活においても生活しづらい状況が生じる場合が多々ある。たとえば、次のような事例をみてみよう。

事例1

　Aくん（4才）、男、右下肢に障がいがある。保育所に通うAくんは脳性マヒのため、歩行に困難さがある。友だちとのかかわり方がうまくわからず、かんだりたたいたりしている。担当保育士Bと加配保育士Cは、Aくんの入所当時はかかわり方がわからずとまどっていた。クラスの子どもたちも、Aくんの特異な言動に対して少し引いてしまっている。Aくんやクラスの子どもたちに対して、どのような支援が実施できるであろうか[1]。

事例2

　Dさん（75才）、妻Eさん（68才）の高齢世帯夫婦。子どもはいない。年金生活をしていたが、Dさんが70才のころから奇妙な言動があらわれ、スーパーに行ってはたくさんの食料品を買い込んでくるようになった。妻は、どうしていいのかわからず悩んでいる[2]。

事例3

　Fさん（30才）は知的障がいで被害妄想、作話、独語がある。家族は、父（65才）、母（64才）、姉（35才）で、姉は別居している。特別支援学校卒業後、洋菓子工場に就職するが、一貫した継続作業ができず2か月後に退職する。また、本人は表明していないが同僚との人間関係のトラブルもあったようである。その後、母親が面倒をみながら在宅生活を送っていたが、退職後半年

ほどたって通所の授産施設（現・障害者支援施設）へ通うようになった。その後、母親が心身の疲労のため寝たり起きたりの生活となる。そのこともあり、Ｆさん自身精神的に落ちつかなくなり、睡眠障害、独語も生じるようになった。授産施設へはわりあい調子のよいときは通所するが、夜眠れないことが多いためか昼ごろまで寝ているときもあり、最近は欠勤が多くなっている。

姉は、隣の市に住み、3人の家族を抱え、自分の生活で精一杯の様子である。Ｆさんへの援助はどうすればよいであろうか[3]。

事例4
Ｅさん（18才）は、高校卒業後運送会社に勤めていた。トラックの運転中、交通事故をおこし、下半身マヒになってしまった。現在、入院中であるが医療費や退院後の仕事のこと等でいろいろと悩んでいる。Ｅさんがかかえている生活課題を解決するにはどうすればよいだろうか[4]。

以上のように、個人や家族の努力ではどうしようもない（解決できない）生活課題が人生の途上でしばしば遭遇する。自助努力や近親者からの支援、地域社会の相互扶助も頼らざるをえないが、それも限界がある。現代社会においては、地域の相互扶助機能はほとんど希薄であり、期待できない。援助には社会的責任がともない、また継続的な支援を必要とする場合が多々あるからといえる。

私たちが日々生活している社会においては、1人ひとり本当に様々な生活の困難さがある。本人自身、家族、地域社会あるいは視点を広げて、国際社会（地球規模）にいたるまで多様で複雑な問題（社会問題、環境問題）が単一に、または複雑に関連し合って日々の生活課題を生じさせている。この生活のしづらさは、多少とも誰もが実感することではある。本人や家族の経済的、身体的、精神的な問題それ自体が原因ではなく、社会や経済の制度（しくみ）の不十分さや歴史的、文化的要因にも大きく影響されている。

私たちの生活は、家庭やそれぞれの場において、1人ひとり教育、労働、余暇等の社会生活を日々くりかえし展開し、消費活動を行っている。これらの社会活動は、家庭や地域社会という具体的な場で、時間的にとぎれることなく続いている。生活は、まさしく日々、継続するものである。この日々の生活が先の事例のようにスムーズに遂行されないことがある。なんらかの生活困難な状況に対して経済的・精神的にも少しでも豊かな生活がおくれるように社会的に援助（支援）することが社会福祉実践であるといえる。

社会福祉の「社会」、社会福祉援助技術の意味であるSocial Workの「Social」には、人々のかかえる生活課題は、「個人」の責任に帰するのではなく、社会全体の枠組からとらえる必要があることを示唆している。1人ひとりの社会生活が少しでも豊かにおくれるように社会的な諸々のサービスを活用して、

社会的に援助していくことから、「社会」、「Social」が不可欠なのである。
　このように、現代社会における重要な社会制度の1つとして社会福祉がある。教育・医療・保健・公衆衛生・年金等私たちが社会生活をおくるにあたって不可欠な制度と同様に社会福祉サービスが存在する。いわば生活問題への対応策（予防も含む）が社会福祉の制度であり、実践である。

第2節 現代社会の特質と社会福祉

人口構造
年少人口は、0～14歳、生産人口は、15～64歳、老年人口は65歳以上である。この人口構成の図は、人口ピラミッドと呼ばれ富士山型から、少子高齢化への進行とともにベル（鐘）型へと形が変化していく。年少人口指数の計算式は、年少人口／生産年齢人口×100である。
老年人口指数は、老年人口／生産年齢人口×100である。

出生率
出生率の計算式は、年間出生数／10月1日現在の日本人口×1000である。

合計特殊出生率
ある年次について再生産年齢（15～49歳）にある女性の年齢別出生率を合計したもので、1人の女性が一生の間に産むこととなる子どもの数。1989年は、丙午の年

　『社会保障入門 2016』では、わが国の社会保障をとりまく環境として、次の9点を掲げている[5]。
①高齢化の進む**人口構造**
②伸びる平均寿命
③低下する**出生率**
④核家族化と高齢者世帯の増加
⑤就業構造の変化
⑥地域構造の変化
⑦国民の生活構造の変化
⑧増加する社会保障給付と負担
　そして、①～⑧の社会的要因への対応といえる⑨次世代育成支援対策と社会保障基礎構造改革である。
　①～⑧は、確実に進行している社会的背景であり、そのために抜本的な改革である⑨を実施しなければならないのである。
　現代の社会福祉問題とそれへの対応を考えるときには、まず人口動態（人口構造）から考察するのが出発点である。そこで、統計図表から、現代の社会福祉問題を検討する際に必要とされる基礎的資料を紹介してみる。
　「少子・高齢化」が、広く社会保障を論議するときに必ず浮上する用語である。少子・高齢化の状況は、図1-1にみられるように明瞭に推移している。まず、少子化の動向を確認してみよう。出生数、**合計特殊出生率**は、図1-2にみられるように確実に減少している。総人口が増減しない均衡状態の合計特殊出生率（**人口置換水準**）が2.08であるが、日本では、2014（平成26）年に1.42となっている。また、高齢化でいえば、総人口に占める各年齢層の割合は、図1-3であり、0～14歳の年少人口は減少し、65歳以上が増加していることがわかる。
　次にライフサイクルの変化に注目してみよう。狭義の社会福祉の範囲に年金・医療・保健、公衆衛生等を包含した社会保障は、国民のライフサイクル

を支える社会制度である。このライフサイクルも平均寿命、婚姻年齢、子どもの数等の変化から大きく様変わりし、このことから社会保障制度のあり方も変化せざるをえない状況になっている。「平均寿命の年次推移」によると、医療技術の高度化とともに、2015（平成27）年の平均寿命は男性80.5歳、女性86.8歳となっている（図1－4）。また、「平均初婚」年齢は、男性31.1歳、女性29.4歳（2014（平成26）年）である（図1－5）。国民の結婚や家庭に対する意識の変化が原因である[6]。

　以上のような人口動態・ライフサイクル・国民意識の変化は、核家族化や高齢者世帯増加を誘因する。**三世代世帯**が減少し、核家族や単独世帯が増加している（図1－6）。全世帯の3分の1が高齢者のいる世帯である。

　「少子、高齢化」のこの大きな人口動態の変化は、大きくわけて2つの対応を必要とする。

　1つは、少子・高齢化にともなう、特に高齢者を支援する財政的な対応である。高齢者人口の増加とともに、サービスの多様化が生じ、社会保障費の増大へとつながっている。国の**一般歳出**に占める社会保障関係費は2016年度予算の内、約33％の割合である。経済的に持続可能な社会制度として社会保障を考えていかなければならないが、自己負担額の検討を含む十分な議論がなされなければならないだろう。

　もう1つの対応では、高齢者や家族を実際に介護や相談援助等で援助するヒューマンパワー（人的資源）と地域の社会資源の存在である。人的資源や社会資源の増加については、高齢者保健福祉計画（ゴールドプラン・新ゴールドプラン・ゴールドプラン21）で数字化されている。特に、在宅福祉の3本柱（デイサービス、ホームヘルパー、ショートステイ）の量的充実が国民のニーズに対応してのサービスとなっている。

　以上の人口動態の変化をはじめとする基礎データからわかることは、社会福祉の問題は、私たち1人ひとりの日常生活に直接影響を及ぼす可能性があるということである。限られた一部の人に関係する事柄ではなく、すべての人が対象となる現代的特質が生じてきている。典型的には、高齢者の介護問題は他人事ではなくまさに自分自身や家族に直接関与する生活問題と認識せざるをえない。

（1966年）の合計特殊出生率1.58を下回る1.57となり、人口動態統計上最低の値となったため「1.57ショック」と呼ばれた。（p.152、183、254参照）

人口置換水準
人口維持のために必要な合計特殊出生率の水準。わが国では、1970年代以降、人口置換水準（2.08）は下回っている。

三世代世帯
親、子、孫が同居している世帯のこと。核家族世帯は、夫婦のみ、または夫婦と未婚の子どもだけの世帯をいう。単独世帯は、1人だけの世帯。世帯とは、住居及び生計を共にする者の集まり、または独立して住居を維持し、もしくは、独立して生計を営む単身者をいう。

一般歳出
国の一般会計予算から国債費や地方交付税交付金等を除いたもの。

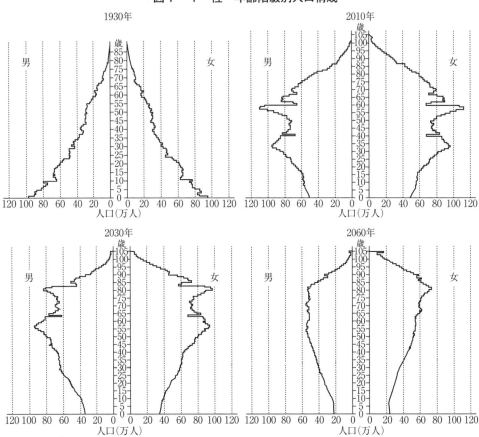

図1-1 性・年齢階級別人口構成

資料：総務省「国勢調査報告」及び国立社会保障・人口問題研究所「日本の将来推計人口」（平成24年1月推計）

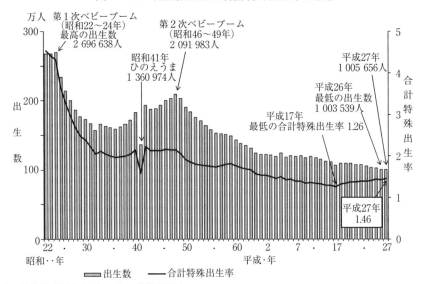

図1-2 出生数および合計特殊出生率の推移

資料：厚生労働省「平成26年 人口動態統計」

第2節　現代社会の特質と社会福祉

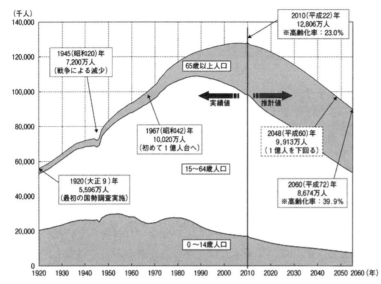

図1-3　わが国の人口構造の推移と見通し

図1-4　平均寿命の年次推移
(単位:年)

暦年	男	女	男女差
昭和22	50.06	53.96	3.90
30	63.60	67.75	4.15
35	65.32	70.19	4.87
40	67.74	72.92	5.18
45	69.31	74.66	5.35
50	71.73	76.89	5.16
55	73.35	78.76	5.41
60	74.78	80.48	5.70
平成2	75.92	81.90	5.98
7	76.38	82.85	6.47
12	77.72	84.60	6.88
17	78.56	85.52	6.96
18	79.00	85.81	6.81
19	79.19	85.99	6.80
20	79.29	86.05	6.76
21	79.59	86.44	6.85
22	79.64	86.39	6.75
23	79.44	85.90	6.46
24	79.94	86.41	6.47
25	80.21	86.61	6.40
26	80.50	86.83	6.33
27	80.79	87.05	6.26

資料：実績値（1920〜2010年）は総務省「国勢調査」、「人口推計」、「昭和20年人口調査」、推計値（2011〜2060年）は国立社会保障・人口問題研究所「日本の将来推計人口（平成24年1月推計）」の中位推計による。

注：1941〜1943年は、1940年と1944年の年齢3区分別人口を中間補間した。1945〜1971年は沖縄県を含まない。また、国勢調査年については、年齢不詳分を按分している。

(注) 1. 平成22年以前は完全生命表による。
2. 昭和45年以前は、沖縄県を除く値である。
資料：厚生労働省「簡易生命表」

図1-5　平均初婚年齢の推移

年	昭和30	35	40	45	50	55	60	平成2	7	12	17	22	23	24	25	26	27
男（歳）	26.6	27.2	27.2	26.9	27.0	27.8	28.2	28.4	28.5	28.8	29.8	30.5	30.7	30.8	30.9	31.1	31.1
女（歳）	23.8	24.4	24.5	24.2	24.7	25.2	25.5	25.9	26.3	27.0	28.0	28.8	29.0	29.2	29.3	29.4	29.4

資料：厚生労働省「平成26年 人口動態統計」

図1-6　世帯構造別にみた世帯数の年次推移

単独世帯　核家族世帯　三世代世帯

資料：厚生労働省「国民生活基礎調査」（平成27年）

第3節
現代の社会福祉を学ぶ視点

　近年、社会福祉を学ぼうとしている人や社会福祉現場で働きたい希望をもつ人が増えている点は推奨すべきことである。ゴールドプラン21などの各種社会福祉計画の実行にともない、社会福祉施策の拡充が推進され、訪問介護員（ホームヘルパー）をはじめとする福祉現場に従事する職員も確実に増加している。このような量的充実は、福祉ニーズ、特に介護ニーズの多様化と拡大が社会的背景にあるが、国民の真のニーズに応えるためには質の高い現場職員の配置化が切に求められる。また、各養成校においても、豊かな専門性の修得をめざした教育をなお一層展開していかなければならない社会的責任をもつといえる。そして、卒業すれば「学び」が終わるのではなく、日々の実践を通して「学び」を深めていったり、利用者の言動に触発されながら問題意識を深めていく努力を惜しんではならないだろう。

　このような視点から、現代の社会福祉を学ぶということについて、次の3点を述べてみよう。

1. 社会福祉の構造と機能の理解をすること

　社会福祉の主体、対象、方法への全体的理解をふまえた上で、個々のテーマへのアプローチを展開しなければ一面的な見方（分析）になるかもしれない。社会福祉全体を貫く原理や思想、理念を歴史的に、ある場合には国際比較の視点で把握しておかなければならない。制度主体や実践主体、そして各種サービスがかかえる課題は現実に存在し、分析する方法も量的調査、質的研究含め多様にある。課題を分析し、問題解決していかなければならないが、重要なのは社会福祉自体をどのように把握するのかという原理論である。本科目は、社会福祉分野論、方法論に関する概論的学習を含まざるをえないが、社会福祉理論、思想、歴史を社会科学の視点でしっかりとおさえておかなければ、学びそのものが知識の寄せ集めにすぎなくなる危険性がある。

　そして、社会福祉自体を系統的に学んでいくためには、社会福祉教育の全体的な構造を理解していることが望ましい。社会福祉教育の科目区分からいえば、分野論科目と方法論科目に分類される。もちろん他に、社会福祉教育にとって不可欠な実習科目がある。分野論科目は、主に法律上の区分で分類すると「児童や家庭に対する支援と児童・家族福祉制度」、「障害者に対する支援と障害者自立支援制度」、「高齢者に対する支援と介護保険制度」、「低所得者に対する支援と生活保護制度」等である。方法論科目は「ソーシャルワーク」に関する講義や演習である。これらの専門科目の基礎となる科目として、「社会理論と社会システム」、「心理学理論と心理的支援」、「人体の構造と機能

及び疾病」（社会福祉士国家試験受験科目）があるが、哲学、文学、歴史学、文化人類学等の学びも必要であろう。たとえば、これからの社会福祉のあり方を分析する際には、社会福祉の歴史をふり返らなければならないが、その学習の前提には社会科学的な歴史の知識が不可欠であるといえる。

2．社会福祉の理論と実践の有機的関連性に関心をもち続けること

　ここでいう理論とは、社会福祉の専門知識を含んでいる。社会福祉自体の原理的理解や専門知識の学びは、抽象的かもしれない。様々な「概念」を用いて分析、把握しなければならないからである。各種の「概念」自体の意味をおさえておかなければ、「わからない」と一言で終わってしまう可能性もある。留意しておきたい点は、抽象的意味や思考が社会福祉自体を分析する上で不可欠であると認識することである。

　社会福祉専門教育の学習の中で、たとえば、社会福祉の理念やソーシャルワーク事例の原理について学ぶ。この理念や原理の学びは、実践に確かな方向性を与える。社会福祉の実習や実践では、経験も大切であるが、経験のみでは実践が「から回り」してしまう危険性がある。実践の裏付けとなる理論がなければ、解決すべき方向性が見いだせないからである。社会福祉実践現場では、利用者や家族の具体的な生活に関与する。この具体的な生活や問題解決のための方法を考察する際に必要となるのが、理論なのである。

　実践（実習を含む）では、「理論は役立たない」と安易に結論づけてはならない。実践の「『現場』には、『他者』があまたいるゆえに、よほどしっかりと自分を持ち続けていないと、それこそ『他者』にのみこまれてしまう」[7]ことになりかねないし、社会の悪しき状況にのみこまれてしまうかもしれない。「のみこまれない」ために、理論がある。理論は、実践の礎石であり、灯台の役割を果たす。

　実践の現場は、「緊急性」、「不安定性」、「予測不可能性」の連続である[8]。「実践とはなにかということが甚だ捉えにくいのは、ひとが具体的な問題の個々の場合に直面するとき、考慮に入れるべき要因があまりに多い上に、本質的にいって、それらの要因が確かであり、しかもゆっくりと考えているだけのひまがない、つまり、《待ったがきかない》からである。」[9]

　だからこそ、理論的な裏付けをもつ必要がある。

3．周囲の社会問題、生活問題に対して常に関心を寄せること

　私たちの生活（暮らし）の中では日々様々な事件、事故や社会問題が起きている。毎日の新聞紙上には、人のしあわせに関することよりもつらいこと、悲しい記事が紹介されている。たとえば、児童虐待、不登校、いじめ、非行、殺人。広くは、環境汚染、地球温暖化、砂漠化、廃棄物処理等の社会問題が人々の生活に影響を与えている。そして、戦争は、人々の生活自体を破壊している。

神谷美恵子
(1914－1979)
神戸女学院大学教授等歴任。
ハンセン病患者が生活する長島愛生園精神科医師として勤務（1958－1972）。
著書『生きがいについて』、『人間をみつめて』、『こころの旅』等。

　地域の問題から地球規模の生態に関する問題まで、私たちの日々の生活に関係のない問題は決して存在しない。他者への援助について学ぶ者1人ひとり、「なぜ私ではなく、あなたが」（**神谷美恵子**）という他者への深くあたたかいまなざしと共感的理解を堅持するためにも、周囲の状況に関心をもち続けていく努力を惜しんではならないだろう。

　そして、社会問題は歴史的、文化的、宗教的な背景から生じている場合が多々ある。私たちは、歴史のただ中に存在している。様々な社会問題や生活問題を理解し、分析するときには少なくとも複眼的視点で検討する姿勢が望まれる。

注・引用文献

1）相澤譲治編著『新訂保育士をめざす人のソーシャルワーク』みらい、2005、p.86 の事例を改変
2）相澤譲治、津田耕一編著『事例を通して学ぶ社会福祉援助』相川書房、1998、p.137 の事例を改変
3）相澤譲治「障害者の福祉ニーズ」援助事例を改変、日本社会福祉士養成協会監修『社会福祉士のための基礎知識Ⅱ』中央法規出版、2004
4）相澤譲治『教材　社会福祉』西日本法規出版、1998、p.2 の事例を改変
5）社会保障入門編集委員会『社会保障入門　2016』中央法規出版、2016、pp.18－35
6）同上書、p.22
7）小田実『われ＝われの哲学』岩波新書、1986、p.36
8）同上
9）中村雄二郎『臨床の知とは何か』岩波新書、1992、p.69

参考文献

1．社会保障入門編集委員会編『社会保障入門　2016』中央法規出版、2016
2．社会福祉の動向編集委員会編『社会福祉の動向　2016』中央法規出版、2016
3．厚生統計協会編集『国民の福祉と介護の動向　2015/2016』厚生統計協会、2016

第2章

現代社会における福祉制度と福祉政策

第1節 福祉制度の概念と理念

1. わが国における福祉制度の展開

「制度」とは、社会における人間の行動や関係を規制するために確立されているきまりのことであり、また、国家・団体などを統治・運営するために定められたきまりである。したがって、福祉制度とは、福祉ニーズをもつ国民に対して、福祉サービスを提供する社会的仕組みであり、その中心は、法的に規定されたものといえる。

さて、わが国は近代化が伸展することに伴い、貧困者が都市部にどんどん流入してきた。その中で、近親者や近隣社会による救済に頼ることを前提にしながらも、応急的な措置として、1874（明治7）年に「恤救規則」が制定されたことが、社会福祉制度のはじまりである。明治政府の公的救済制度として親族扶養や隣保的救済が困難な者を対象に、状況に応じて一定程度の米代を現金給付するというものであった。しかし、この規則は、惰民観を基礎に、家族や村落共同体による救済を重視する「人民相互ノ情誼」が強調されている。

このように、大正時代から昭和の初頭にかけては、貧困者に対する慈善的・救貧的な意味合いで政府による制度展開がなされた。第二次世界大戦後、ようやく社会福祉が法制度に明文化された。1946（昭和21）年に公布された日本国憲法第25条において、「すべて国民は、健康で文化的な最低限度の生活を営む権利を有する。国はすべての生活部面について、社会福祉、社会保障及び公衆衛生の向上及び増進に努めなければならない」と規定されたことに始まる。ここでは、健康で文化的な生活、人間が人間らしく生きることの権利、すなわち生存権が主張され、その実現に向けた国の努力義務が規定された。人間が生きることそれ自体は権利以前の問題であり、ここでいう生きる権利とは、一定の社会関係のなかで、健康で文化的な生活を営むことが権利として認められることを意味する。

これは、政府によって国民全員に保障されるべき最低限の公共サービスの水準のことであり、イギリスのウェッブ夫妻によって提唱された**ナショナル・ミニマム**の考えに一致する。その内容とは、均一額の最低生活費の給付が国民の最低生活ニーズに対応するナショナル・ミニマムを満たすものでなければならないというものである。わが国においては、最低限の社会保障に加え、国民の生活福祉において欠くことのできない生活環境施設の最低整備水準という意味を含め、国が講じる政策や制度の基準として示されるものという拡大解釈がなされている。その後、児童福祉法（1947（昭和22）年）、身体障害者福祉法（1949（昭和24）年）が、1950（昭和25）年には、生活保護法が制定された。これを福祉三法体制と呼んでいる。翌年、1951（昭和26）年に

ナショナル・ミニマム
国民における最低限度の生活を意味している。ウェッブ夫妻により提唱され、ベヴァリッジによる英国の社会保障政策をはじめ、現代の社会福祉・社会保障政策における基本理念と位置づけられている。(p.46、201 参照)

措置制度
社会福祉の責任主体を国・地方公共団体とし、利用申請に基づき福祉サービス利用の審査・決定を行う行政処分、制度のことである。(p.62、68、131 参照)

は、社会福祉の基本法であった社会事業法が廃止されて社会福祉事業法が制定され、**措置制度**のもと、社会福祉サービスが体系的に提供されることになる。さらには、精神薄弱者福祉法（1999（平成11）年に知的障害者福祉法）、老人福祉法、母子福祉法（1981（昭和56）年に母子及び寡婦福祉法）が制定され福祉三法に3つの法が追加される形で福祉六法体制と呼ばれることになった。

表2-1　社会福祉の六法体制とその理念

社会福祉六法
生活保護法（1950（昭和25）年）
生活保護法の目的は、「日本国憲法第25条に規定する理念に基き、国が生活に困窮するすべての国民に対し、その困窮の程度に応じ、必要な保護を行い、その最低限度の生活を保障するとともに、その自立を助長すること」(第1条) とされている。同法は、基本原理として、第1条にある国家責任の原理、無差別平等の原理、最低生活保障の原理、保護の補足性の原理の4つの原理と生活扶助、教育扶助、住宅扶助、医療扶助、介護扶助、出産扶助、生業扶助、葬祭扶助の8つの扶助がある。
児童福祉法（1947（昭和22）年）
「すべて国民は、児童が心身ともに健やかに生まれ、且つ、育成されるよう努めなければならないこと」を理念としている。児童とは18歳に満たないもののことをいい、要保護児童のみを対象とするものではなく、すべての児童と妊産婦の福祉を含めた包括的な法制度である。じつに福祉という名を冠にした最初の立法である。本法では、児童福祉の機関としての中央児童福祉審議会、児童福祉司、児童委員、児童相談所、福祉事務所、保健所の規程及び福祉の措置と12種の児童福祉施設を定め、さらに費用負担について定めている。
身体障害者福祉法（1949（昭和24）年）
身体障害者の更生援助、保護により、生活の安定に寄与するなど、福祉の増進を図ることを目的とする。肢体不自由、視覚、聴覚など身体障害者手帳の交付を受けた18歳以上の人たちを対象としている。更生とは、障害者の人間的権利の回復から可能性の最大限発揮、そして多面的な社会参加を意味する。障害者の更生への努力に対して、国や地方公共団体は、必要な援護と保護の実施に努めなければならず、同時に国民の協力も期待されている。本法では、身体障害者更生相談所、身体障害福祉司の設置による実施体制を定めている。なお、社会福祉基礎構造改革により、措置制度の廃止に伴い、サービスの契約主体としての利用者となる支援費制度が2003（平成15）年より導入された。そして2006（平成18）年からは、障害者自立支援法に基づき公費負担医療である更生医療が、原則1割の定率負担で提供されることになった。
母子及び寡婦福祉法（1964（昭和39）年）
母子家庭などにおいて、児童が心身ともに健全に育成されることと、母子家庭などの親、寡婦の健康で文化的な生活を保障することを目的とする。母子一体の福祉の増進を図っているところに特徴があり、母子・寡婦福祉資金の貸付、居宅における日常生活支援、住宅・就労等に関する福祉上の措置などが定められている。なお、身近な相談員として母子自立支援員が福祉事務所に配置されている。なお、児童を20歳未満とする点は、児童福祉法と異なっている。

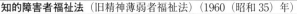

> **知的障害者福祉法**（旧精神薄弱者福祉法）（1960（昭和 35）年）
> 　知的障害者の自立と社会経済活動への参加を促進するため、知的障害者を援助するとともに必要な保護を行い、知的障害者の福祉を図ることを目的とする。総則においては、すべての知的障害者の自立への努力及びあらゆる分野の活動に参加する機会の確保、知的障害者の福祉に関する国、地方公共団体及び国民の責務、知的障害者に対する更生援護が児童から成人まで関連性をもって行われるための関係職員の協力義務を定めている。
>
> **老人福祉法**（1963（昭和 38）年）
> 　老人の福祉に関する原理を明らかにするとともに、老人に対し、その心身の健康の保持及び生活の安定のために必要な措置を講じ、もって老人の福祉を図ることを目的としている。法の基本的理念を「老人は、多年にわたり社会の進展に寄与してきた者として、かつ、豊富な知識と経験を有する者として敬愛されるとともに、生きがいを持てる健全で安らかな生活を保障するものとする」、「老人は年齢に伴って生ずる心身の変化を自覚して、常に心身の健康を保持し、または、その知識と経験を活用して、社会的活動に参加するように努めるものとする。老人は、その希望と能力に応じ、適当な仕事に従事する機会その他社会的活動に参加する機会を与えられるものとする」としている。前者は老人福祉のあるべき姿を、後者は老人の健康保持及び社会活動の面に関して規定している。

出典：筆者作成

2．社会福祉法の成立とその内容

（1）社会福祉法の成立とその理念

　社会福祉法は、2000（平成 12）年の社会福祉基礎構造改革によって、その前身となる 1951（昭和 26）年に制定された社会福祉事業法の改正に伴い成立した。改正に伴う大きな変化は、「措置制度」の廃止であり、「選択的利用制度」へと転換したことにある。措置制度は、国家が貧困救済を最大の目的としてサービス提供の責任を負うということにあった。第二次世界大戦直後の日本の社会福祉は、戦争による多くの困窮者を救うための救済方法が必要とされたが、当時、日本を占領下においた GHQ の指導や、日本国憲法第 89 条の規定などにより公私分離の原則が明確にされ、民間の社会福祉事業に公の補助金を支出することができなかった。そこで、社会福祉事業法により公共性の強い社会福祉法人を創設し、「公の支配に属する」形態をとり、民間社会福祉事業への公費助成を可能とする途をひらいたのである。これにより、民間社会福祉への措置委託制度が始まり、措置費による施設経営がなされるようになった。しかし、措置制度のポイントは、利用者となる国民がサービスを選択することができず、行政によって決められた社会福祉法人によるサービスを受けるにとどまっていた点である。このように措置制度は、公的責任の担保という仕組みの評価とは逆に、サービス提供体制の硬直的な側面を持っていると指摘されている。

　そこで、このような欠点を克服するための仕組みを考える機会として、1990 年代半ばから、社会福祉基礎構造改革の中で見直しが迫られるようにな

り、利用者の選択権を保証する仕組みとして社会福祉事業法を抜本的に改正した社会福祉法が成立した。

(2) 社会福祉法の内容

社会福祉法は、社会福祉諸制度の基本法として位置づけられ、すべての制度の理念に反映されるものである。第1条では、「福祉サービスの利用者の利益の保護及び地域の福祉（以下、「地域福祉」という）の推進を図る」とされている。これら社会福祉事業法から社会福祉法への改正ポイントは、多様なサービス提供者の参入という規制緩和で、サービスの多様性と質の競争を狙いながら、情報開示や評価を努力目標とし、利用者の選択肢を増やすこと、また、苦情解決を行う運営適正化委員会の設置など、権利擁護システムを整備してサービス提供者との対等性を図り、地域福祉サービスの総合的向上を目指したものである。措置から契約へという今日的な福祉制度の理念転換のあらわれは、社会福祉法第3条における福祉サービスの基本理念として、個人の尊厳の保持が規定され、単に経済的自立や身体的自立のみならず、自身の必要に応じて、自身の選択によって社会資源を活用し生活を営むことを含めた自立支援をはかることであり、利用者主体の原則に立ち自立を支援するという意味である。

図2-1 措置制度の仕組み

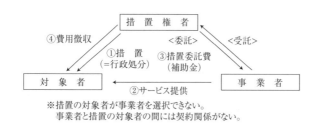

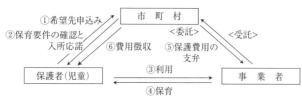

出典：厚生省（現厚生労働省）社会・援護局企画課監修『社会福祉基礎構造改革の実現に向けて』中央法規出版、1998、pp.176-177

3．福祉制度の概要 ―社会保障制度を中心に―

ここでは、「福祉制度」を「社会保障制度」に注目して説明する。特に日本においては、社会保障制度が福祉政策、制度の焦点をなすことが多く、その場合、雇用政策や住宅政策といった領域は、社会保障の関連領域として扱われる。社会保障制度とは、1950（昭和25）年に出された社会保障制度審議会

による定義によれば、「疾病、負傷、分娩、廃疾、失業、多子その他の困窮原因に対し、保険的方法または直接公の負担において、最低限度の生活を保障するとともに、公衆衛生及び社会福祉の向上を図り、もつてすべての国民が文化的社会の成員たるに値する生活ができるようにすること」である。社会保障を通して、国民1人ひとりの生活、病気などによる健康状態の悪化や失業などのリスクに共同で備えたり、また、被虐待者や要援護者の保護、各種の障害に伴う不利の軽減や是正をはじめ、個別の事情に応じた対応を図ったりしている。広義の社会保障としては、社会福祉を含む公衆衛生と狭義の社会保障からなる。狭義の社会保障を構成するものとして、一般には、「社会保険」と「社会扶助」に分けることができる。

社会保険とは、国民が一定の保険料を拠出する相互扶助の仕組みをもって、一定の保険事故の発生に対して、あらかじめ定められた基準により給付されることを原則とする予防的社会制度であり、公的機関によって運営される。日本では、医療保険、年金保険、労災保険、雇用保険、介護保険の5つの社会保険がある。

社会扶助は、社会保険とともに社会保障の1つであり、社会保険でも不足する場合に補足給付として租税をもとに実施されるものである。また、社会扶助は、公的扶助と社会手当からなる。保険のように掛け金である拠出はないが、給付の際は、**資力調査（ミーンズテスト）** や所得調査を行うことが原則となっている。代表例として前者には生活保護（公的扶助）、後者には児童手当（社会手当）があげられる。

公的扶助も社会手当も、主として現金給付を行うが、わが国の生活保護制度は、医療や介護を現物で給付する。社会保険は、主として労働者の相互扶助を、公的扶助は主として国家の貧民救済をその起源とする。これまで社会保険は、主として働いているものの防貧、社会扶助は、主として働けないものの救貧の役割を担ってきた。今日の社会保障制度は、社会保険を中心に組み立てられ、社会保険では対応できない問題を公的扶助でカバーする。また、これらの社会保障制度のみでは、国民生活の保障を十分に網羅することができないため、社会福祉などの領域に密接に隣接する関連制度（教育・労働・住宅など）があって、国民生活を支える**セーフティネット**として機能している。

資力調査（ミーンズテスト）
生活保護制度に申請をした人（世帯）の所得や資産の状況を調査することである。生活保護法第4条、第5条の「保護の補足性の原理」に基づいて、資産状況まで調査を行う。（p.128参照）

セーフティネット
網の目のように救済策（安全網）を張ることで、全体に対して安全や安心を提供するための仕組みを意味し、関連政策を含めた福祉政策もセーフティネットの1つである。

第2節
福祉政策の理念と概要

1．福祉政策における「政策」概念

「福祉政策」は、2007（平成19）年の「社会福祉士及び介護福祉士養成課

程における教育内容の見直しについて」によってあらたに社会福祉士養成課程のシラバスに導入された概念である。この福祉政策は、「福祉」と「政策」概念それぞれの曖昧さも相まって未だに明確な定義づけはなされておらず、論者によっても多義的に用いられる概念の1つでもある。これは、政策をどのようにとらえるのか、また、福祉をどの範囲に規定するかによって、福祉政策概念は広狭の差が生じる。では、まず、本論でとらえる「政策」とは何かを検討してみたい。政策を英語で言うと「policy」であり、ある目的をもって行動を統制・支配する諸原理である。政策が必要な場面とは、何らかの解決すべき課題や問題が存在するときであり、合理的にその問題を解決に導くための原理・計画・手続き・行動指針を指し示したものである。したがって、福祉政策とは、国民に何らかの生活課題や福祉ニーズが発生したとき、もしくは、広く福祉の増進を図るときに、その課題を解決に導くため、もしくは、目的を達成するための原理・計画・手続き・行動指針であるといえる。

2．福祉政策における「福祉」概念の検討

「福祉」という言葉も、政策と同様に多義的にとらえられている。その前提には、「福祉」の語源的な意味をとらえると「福」・「祉」ともに「幸せに資する」、「幸福」の意味をもっているのである。また、ウェルビーイング（well-being）やウェルフェア（welfare）という英語も、よりよい状態にするということであり、「福祉」の増進とは、つまり、幸福を追求することによってよりよい状態を目指すものであるから、あらゆる人々を対象に意味をもつ概念である。福祉政策と考えるときの福祉、もしくは、その学問分野としての社会福祉はどのように整理ができるのか。この場合、目的概念と実体概念に区分して整理を行い、さらに、広義の社会福祉と狭義の社会福祉に分けることができる。まず、目的概念としては、目指すべき理念、目的となる人間の幸福の追求や生活の維持・向上を図るためのサービスや制度的枠組みなどが、人々の共通の目的とすべき理想的な状態を意味するものと同様に使用され「福祉」の語源的な意味あいに近いものである。誰もが享受できる幸せの追及ということである。実体概念としての福祉は、領域別の分類（地域福祉、医療福祉、企業福祉など）による区分、そして、供給主体による分類、また、高齢者や障害者といった受ける側、対象によって分類できる。その区分による関連が社会福祉の実態である。社会福祉は、現実社会において、社会生活を維持・向上させたり、社会生活上の諸問題の解決を図ることを目的に具体的な制度や政策などの行動実態となる。さらに実体概念としての福祉は、その概念範囲によって広義と狭義に分けることができる。

(1) 広義の社会福祉概念

広く一般的に「welfare」は、「良い状態、うまくいっている状態」という

社会福祉が目指すべき理念や目的である人間の幸福を追求するということにつながり、福祉国家や公共の福祉という場合に用いられる。結果として、広義の福祉に付随する政策や制度というものは、国民一般の福祉を向上させるための施策や活動全般を指すことになる。

（2）狭義の社会福祉概念

社会的に弱い立場にある人を限定的に対象にした「福祉」を、狭義の社会福祉という。国家扶助や社会福祉分野としては、児童福祉や障害者福祉、老人福祉に限定してとらえる立場として考えられている。具体的な法制度をみると、生活保護法、児童福祉法、身体障害者福祉法、知的障害者福祉法、老人福祉法、母子及び寡婦福祉法を中心として提供される各種サービスが社会福祉ということになる。

3．福祉政策の範囲

これまで概観してきた福祉概念において、この範囲をいかに定めるかによって福祉政策の範囲も変わってくる。つまりは、広義の福祉政策と狭義の福祉政策の立場がある。広義の福祉政策は、たとえばイギリスなどにみるような**社会政策（social policy）** 概念が当てはまる。社会政策は、狭義の社会福祉もその一部とし、公衆衛生、教育サービスや雇用サービス、住宅政策などの公共政策までをその範囲として位置付けている。この場合、社会的ニーズにかかわる各種制度の取り組み全般を社会政策と呼ぶことになる。日本では、社会保障制度における医療保障や所得保障、保健サービスや社会福祉サービスを取り巻く狭義の福祉の範囲にある制度を福祉政策とすることが多い。しかし、イギリスなどに見る社会政策概念、そして、社会政策の主体は、政府の制度的な福祉サービスの供給というのみならず、**民間非営利組織（NPO＝Non Profit Organization）** や自発的な市民によるボランタリー組織による福祉増進のための活動までを範囲としている。そうなれば、社会政策全般を福祉政策と呼ぶことが可能になるが、社会福祉と福祉政策、そして社会政策を重ねて論じてしまえば、社会福祉の固有性や福祉政策の固有性が見えづらくなる。古川は、福祉政策を「従来の狭義の社会福祉を根幹的な部分としながら、所得保障、人権擁護、権利擁護、後見制度、住宅政策、まちづくり政策などと部分的に重なり合い、あるいはそれらの社会政策との連絡調整、協働を通じて展開される施策」としている。つまりは、広義の福祉としての社会政策と狭義の社会福祉政策との関連する部分を含み代替的、補充的、調整的な立場として福祉政策を位置づけることができるとしている。また、古川は、これらの社会福祉のみに見られる特有の構造を「社会福祉のＬ字型構造」として説明している。図2－2のように、社会福祉は、縦棒の部分に加えて、他の施策と重なり合う横棒の部分への影響があることを示している。

社会政策
（social policy）
雇用、所得保障、保健・医療（ヘルスケア）、福祉サービス、住宅、教育など、市民生活の安定や向上を図ることを直接的な目的とする、人々の生活の安定と向上を目指した公共政策である。(p.200参照)

民間非営利組織
（NPO=Non Profit Organization）
福祉、教育、環境など多様な分野で公益性の高い事業を行う民間組織。狭義では特定非営利活動促進法による法人格を得た組織、広義では市民活動を行う任意団体や社会福祉法人、社団法人などの公益団体まで含める。

図2-2 社会福祉のL字型構造

社会福祉	保健医療保障	所得保障	雇用政策	教育保障	司法更生保護事業	住宅政策	都市計画
	A	B	C	D	E	F	G

（例示）A 医療扶助・更生医療・育成医療等
　　　　B 生活保護・児童扶養手当・各種の居住型保護施設等
　　　　C 授産施設・作業所・福祉雇用等
　　　　D 知的障害児通園施設・知的障害児施設・肢体不自由児施設等
　　　　E 自立援助ホーム・授産施設等
　　　　F 低所得者住宅・高齢者住宅・母子生活支援施設等
　　　　G 福祉のまちづくり事業等

出典：古川孝順『社会福祉原論［第2版］』誠信書房、2005、p.75

4．福祉政策の理念

政策は、たとえば、**社会正義、民主主義**といった普遍的な価値のもと自由で平等な社会を築くため、人権保障や人間の尊厳といった理念をもつ。後述するが、社会福祉は、もろもろの福祉政策に見る理念を制度に反映することでその目標を達成すべく発展してきた。達成目標自体が福祉政策の理念として位置付けられ、下位の制度の目的に反映される。

表2-2　政策の理念例

選別主義から普遍主義	今日の社会福祉の性格の転換を表す表現であり、1960年代後半の欧米を出発点としている。社会保障、社会福祉サービスをある一定の階層に取り分けて、低所得者層のみを対象とする選別主義からすべての国民を対象とし、貧困者についても全ての権利を守り、すべての社会的な事故に対処するという、いわゆる普遍的原則に基づいていることをいう。ただし、すべての市民を福祉政策の対象とするが、その場合、いかなる福祉の水準を想定するか、あるいは公的福祉の責任範囲をどのように考えるかについては一義的ではない。
ノーマライゼーションの思想	ノーマライゼーションは、1950年代のデンマークに端を発した理念である。障害をもつ人も1人の人間であり、障害をもたない人と同様の権利をもち、同じような生活条件をつくりだしていこうという理念である。そして、分離された状態から統合していく過程をたどることをインテグレーションという。
共生社会	障害の有無を問わず、誰もが相互に人格と個性を尊重し支え合う社会のありかた。障害のある人は、社会の対等な構成員として人権を尊重され、自己選択と自己決定の下に社会のあらゆる活動に参加、

社会正義
人権および平等の概念に基づき、人権が社会の人々の日常生活にあらゆるレベルで明示される方法として定義される。社会福祉においては、差別、貧困、抑圧、排除、暴力、環境破壊などのない、自由、平等、共生に基づく社会を実現するという考え方。

民主主義
諸個人の意思の集合をもって物事を決める意思決定の原則をもつ政治体制をいう。哲学的には、デモクラシーの日本語訳で、君主の対概念として「民主」という概念を設けている。国民が、支配の正統性および実際の政治権力の双方の意味を含む主権を有するものである。治者と被治者が同一であるとする政治的な原則（自同性）や制度をさす。

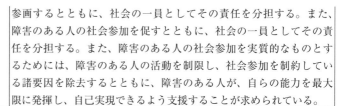

	参画するとともに、社会の一員としてその責任を分担する。また、障害のある人の社会参加を促すとともに、社会の一員としてその責任を分担する。また、障害のある人の社会参加を実質的なものとするためには、障害のある人の活動を制限し、社会参加を制約している諸要因を除去するとともに、障害のある人が、自らの能力を最大限に発揮し、自己実現できるよう支援することが求められている。
ソーシャル・インクルージョンの思想	社会的包摂を意味するソーシャル・インクルージョンは、社会的排除（ソーシャル・エクスクルージョン）に対峙する価値・思想であり、その価値に基づく政策や社会運動までも含む。全ての人々を孤独や孤立、排除や摩擦から援護し、健康で文化的な生活の実現につなげるよう、社会の構成員として包み支え合う社会的排除や摩擦を受け孤立する人々を援護し、公的扶助や職業訓練、就労機会の提供などを通じて社会的なつながりの中に内包し、共に地域社会の構成員として支え合うことである。ノーマライゼーションは、心身の機能に欠損を抱える人々をインテグレーション（統合）する考え方であるのに対して、その異質性をありのまま社会の中に包摂しようとする発展的な価値概念であるといえる。

出典：筆者作成

第3節 福祉制度と福祉政策の関係

1．政策と制度、そして援助実践の関係

　社会福祉は、国民の生活の中で生まれた福祉的な課題、つまりは充足すべきニーズを政府による福祉政策、福祉制度の枠組みの中で何らかのサービスとしてアウトプットしていき、それを国民が利用することによって、その目的を達成しようとする。国民は、実際にサービスを利用することによって個々のもつニーズ（必要）は充足されていく。古川は「通常、このような意味での社会福祉の政策は、中央・地方の政府や民間の団体などによって策定されるが、社会福祉の利用という場合、利用者がこの政策そのものを利用するということはありえない。利用者が利用するのは社会福祉の制度であり、さらにいえば援助活動である[1]」というように政策と制度から援助までの一連の過程のなかで社会福祉は目的の達成と実体を持つことを説明している。まずは、政策、制度、そして援助実践（ここでの援助実践とは狭義の社会福祉に限定する）までを範囲としていかに関係性をもっているのかについて整理したい。

　社会福祉は援助実践である。その場合、援助実践を①だれが（援助主体）、②だれに（援助対象）、③何を目的（福祉価値や原理、方針）に、④どのようなルール（規範や方法）で、⑤どのような援助（福祉サービスの種類）を行うのかを政策と制度は援助実践を見通して策定されていく必要がある（もち

ろん、政策、制度にそれぞれの目的や価値があることを前提とする)。政策は、③の福祉価値、原理や方針を示し、①だれが、③何を提供するのか、④規範をつくるのかが制度となる。制度によってできたルールに沿って、援助という実践に落とし込まれる。ここで注意が必要なのは、政策や制度が先行し、援助があるというトップダウンのみのイメージを持ちやすいが、社会運動や民間による援助実践が先立ち、それが制度や政策に反映されるボトムアップ型のフローもある。つまりは、必要（ニーズ）は現実社会にあり、必要に応じることが政策、制度には求められるわけである。政策も制度も、援助実践というサービスに置き換えることで、初めてその目的を達成することができる。図2-3は、政策、制度、援助の関係性を説明したものである。大きくとらえれば、福祉価値、原理に基づいた指針を政策は表面化させ、制度として規範や具体的な方法が示され、援助実践によって具体物となって利用者に届く。

図2-3　政策と制度、援助実践の関係性のイメージ

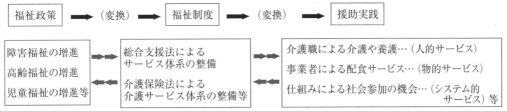

出典：古川孝順『社会福祉原論［第2版］』誠信書房、2005、p.79 を参考に筆者作成

第4節 福祉政策と政治の関係

1. 福祉国家

福祉政策は、経済、つまり財政と密接な関係にある。**財政**は、政治システムの中で配分される。したがって、福祉政策は、その時々の政治のありよう、政府や政権与党による利害関係の調整によって影響を受け規定される。そのために、その時々の政治状況に応じて、社会福祉は変動する。現代国家における政府の役割は非常に多岐にわたり、福祉政策は、社会政策全体の予算の割合や、国民の生活に直に影響を与えることでもあり、政治においても重要な位置を占めていることは事実である。これら、社会保障制度をはじめ、国家が積極的に福祉政策を立案、遂行しようとする性格をとらえて「福祉国家」という。福祉国家も論者によって様々な見解が示されるが、ここでは、福祉国家を国民1人ひとりが最低限の生活基準を維持するために国家が責任主体

財政
国家や地方公共団体がその任務を遂行するために営む経済行動であり、市場を通じては供給することが難しい公共財を必要量供給できるなどの資源配分機能や、所得配分機能による雇用保険などへ分配を行い所得格差の緩和をするなどに充当される。

となって制度化し保障する国家のこととする。福祉国家は、政治を通して、社会福祉を生み出すことにある。つまり、政策主体として福祉政策を策定し、計画や施策として定め、財源を担保し、権限を定め、制度的に実行することが福祉国家の特徴であるといえる。

わが国では、戦後の工業化が急速に進展していくが、旧来の農村の共同体における家族や地域のつながりを、いわばセーフティネットにすることで、社会保障や福祉政策の必要性が低位におかれていた。したがって福祉国家の形成は、1961（昭和36）年の国民皆年金・皆保険体制の成立や児童手当の支給開始（1972（昭和47）年）など社会保障体制の整備を通じて1970年代に本格化の兆しを見せた。ところが、高度経済成長期後に訪れた1973（昭和48）年の**第一次石油危機（オイルショック）**以降、低成長化で税収が減少する中で社会保障支出が国家財政を圧迫するようになった。また、わが国のみならず、1970年代後半には、イギリスのマーガレット・サッチャーに代表されるような、**新自由主義**が台頭し始め、社会保障の削減が実施されていく。その一方で北欧諸国では経済・社会の諸問題を解決するための改革が推し進められ、少子化対策への投資、社会保障制度の一元化などが行われた。このように、経済のグローバル化や脱工業化によって福祉国家が危機にさらされているという条件は同一でありながら、各国の対応は一様でなかった。

2．エスピン・アンデルセンの福祉国家類型論

これら福祉国家の研究素材としては、リチャード・ティトマスによる社会福祉政策の3つの分類、①残余的モデル、②産業的業績モデル、③制度的再配分モデルを発展させた、エスピン・アンデルセンの福祉国家レジーム（welfare state regime）の3つの類型論が、近年注目されている。レジームとは、簡単にいえば、国家の政治体制を意味し、アンデルセンは3つの福祉レジームを導出するに当たって、人々の基礎的生活条件が市場への依存から解放される。つまり個人の福祉が市場に依存しなくても実現でき得る**脱商品化（de-commodification）**の程度と、社会的階層化という2つの指標によって説明しようとしている。脱商品化とは、市民は自由に、また仕事や所得あるいは一般的な厚生を喪失することなしに、必要と認めた際に、労働から離脱（opt out）することができるということであり、社会的階層化とは、社会保障制度が社会階層を固定化する機能をもっているかどうかをさす。また3つ目は、スコアリングされているわけではないが「国家、市場、家族の相互の関係」を第三の指標としてあげている。そして、脱商品化指標と社会的階層化指標の組み合わせにより、福祉国家のシステムを分類すれば、自由主義レジーム、保守主義レジーム、社会民主主義レジームに分類できるとしている。

①自由主義的福祉国家レジーム

アングロ・サクソンモデル（アメリカ・カナダなど）とも呼ばれる。自由

第一次石油危機（オイルショック）
1970年代、石油依存型経済の発展から石油需要は拡大していくが、1973（昭和48）年10月、第4次中東戦争が勃発すると同時にOPECは原油価格の70％引き上げを通告した。安い石油に依存していた先進諸国の経済は混乱し、特に日本経済は大きな衝撃を受け、戦後高度経済成長が終焉した。

新自由主義
市場原理主義の経済思想に基づく、小さな政府推進、均衡財政・福祉・および公共サービスの縮小、公営事業の民営化、経済の対外開放、規制緩和による競争促進、労働者保護廃止などをパッケージとした経済政策の体系を指す。イギリスにおいては、サッチャー政権があり、わが国においては、小泉政権下で執り行われた郵政民営化などがある。（p.93、208参照）

脱商品化（de-commodification）
市場の外部でも一定の水準で生活できる状態。商品化は、労働市場が成立し、市場の内部における成果によって生計を行う状態。

主義モデルは市場を中心とした福祉の供給モデルである。自由主義的福祉国家（liberal welfare state）においては、市場による所得比例（業績評価モデル）と公的扶助プログラム（残余的モデル）が重視されており、給付の対象は主に低所得者層である。きわめて困窮している人々はミーンズ・テスト（資力調査）に基づく給付を受給できるが、低所得者層に対しての選別主義的、かつ、スティグマとなることが懸念される。そこでは脱商品化は低位となり、少数の公的扶助に依存する貧困者層と、多数の市場メカニズムにおける福祉システムの利用者層との間に二重構造が成り立つ。

②保守主義的福祉国家レジーム

ヨーロッパモデル（ドイツ・フランスなど）ともいわれる。家族を中心とした福祉の供給モデルである。保守主義的福祉国家、またはコーポラティスト的福祉国家（corporatist welfare state）においては、職域組合や企業福祉などによる所得比例（業績評価モデル）と政府による最低保障（残余的モデル）の組み合わせが特徴的である。職業別・地位別に社会保険制度が分立しており、雇用の流動性を阻害する要因ともなり得る。そこでは脱商品化は中程度となって、誰もが福祉サービスを受けられるのではなく、受けられる資格を与えられている給付金の1人当たりの総額は、その人の社会における位置付けに左右される。つまり、社会保険制度を中心に職業や地位ごとの保障が維持されている。

③社会民主主義的福祉国家レジーム

スカンジナビア・モデルもしくは、スウェーデン・モデルとも呼ばれる（ノルウェー・デンマーク・フィンランドなど）。国家を中心とした福祉の供給モデルである。社会民主主義的福祉国家（social democratic welfare state）においては、所得比例（業績評価モデル）と所得移転（制度的モデル）の組み合わせが特徴的である。普遍主義と社会権を通じて脱商品化効果がきわめて大きく、かつ、新中間層（new middle class）にまでその効果を及ぼしている。この社会民主主義レジームでは、社会におけるすべての階層が1つの普遍的で包括的な福祉体系に統合され、かつ最低限のニーズを基準とした平等ではなく、もっとも高い水準の平等を推し進めるような福祉国家を実現しようとする。また、コーポラティズム的なモデルとは対照的に、あらかじめ家族が抱え込む費用を社会化し、究極的には国家が児童・老人たちに対する直接的な責任を負う。社会民主主義レジーム以外の2つのレジームにおいては、どちらも完全雇用を重視しないが、社会民主主義レジームでは福祉と労働の適切な連携がみられ、完全雇用の実現に焦点を置いている。

第5節
福祉政策の主体と対象

1．社会福祉の3つの主体

　主体とは、物事を構成している中心であり、担い手である。社会福祉の主体は、「政策主体」、「運営主体」、「実践主体」の3つに切り分けて考えることができる。

　「政策主体」は、政策を策定する側のことである。一般的には政府であり、国と地方公共団体の2つをあげることができる。主にその役割は、民主主義社会である日本においては、選挙によって選出された国民の代表としての国会議員をはじめとする政治家、そして、国民への奉仕者である関係省庁、地方公共団体の公務員が担うことになる。政府は、国会を通して社会福祉にかかわる法を立案し法制化へと動く。また、厚生労働省など省庁レベルで制定される法律施行規則や労働基準施策などの省令、内閣による法律施行令（各法に基づく政令、身体障害者福祉法施行令、児童福祉法施行令など）が社会福祉の政策を構成していくといっていい。地方公共団体は、福祉政策（福祉行政）の実務部門を担当することになる。国と地方公共団体の関係は、2001（平成13）年の地方分権一括法（地方分権の推進を図るための関係法律の整備等に関する法律）の施行により、国と地方自治体の役割の明確化、**機関委任事務制度**の廃止及びそれにともなう事務区分の再構成など権限移譲が進められており、住民に身近な行政はできる限り地方公共団体に委ねられるように推し進められている。都道府県においては、知事の事務部局として保健福祉部、民生部、民生労働部、生活福祉部などの社会福祉関係の所要の部局が置かれ、これらの部局の下に社会課、児童課などが設けられている。また、知事の下に、社会福祉に関する専門の行政機関として、福祉事務所、身体障害者更生相談施設、婦人相談所、児童相談所、知的障害者更生相談所が置かれている。

　運営主体は、**福祉多元主義**を背景に公的な機関や団体のみならず民間部門（非営利部門や営利部門）も含み、社会福祉事業の運営管理を行う福祉機関や福祉施設などの組織管理者であり、社会福祉六法等の規範に従うことが求められる。

　実施主体は、要援護者など、利用者への個別の援助に当たる福祉事務所や児童相談所、社会福祉法人などの機関や施設に従事する社会福祉現場の従事者のことをさす。これら3つの主体間の相互作用によって社会福祉は政策から援助サービスまでに変換される。

2．福祉政策の対象

　福祉とは**生活欲求**が充足されている状態であり、欠けている場合、その生

機関委任事務制度
地方公共団体（都道府県知事・市町村長）の首長等が国から委任され、国の機関として主務大臣等の包括的な指導監督の下で、その事務を執行させる仕組み。1999年の地方分権一括法により廃止された。（p.133 参照）

福祉多元主義
政策形成の過程が少数の個人・団体によって決定されるエリート主義に対抗して、様々な個人・団体が自由に参加し、多様な影響力が行使される状態にあることを強調する考えの多元主義を基に、福祉サービスにおいてもあらゆる主体で供給していく体制のことをいう。（p.141、227 参照）

活欲求を充足することが必要となる。**生活欲求**を充足するための援助を社会福祉サービスとするならば、そこに発生している課題が対象となり、社会的なものとして解決する仕組みを考えるのが政策となる。つまりは、社会福祉の視点として、個人にあらわれる問題を社会全体の問題や課題として、福祉政策の対象としてとらえ解決策を講じることになる。

引用文献
1）古川孝順『社会福祉原論［第2版］』誠信書房、2005、p.78

参考文献
1．三浦文夫、宇山勝儀『社会福祉通論30講』光生館、2003
2．ピョートル・クロポトキン著、大杉栄訳『相互扶助論』同時代社、1996
3．武川正吾『連帯と承認　グローバル化と個人化のなかの福祉国家』東京大学出版会、2007
4．坂田周一『社会福祉政策』有斐閣、2000
5．古川孝順『社会福祉原論［第2版］』誠信書房、2005
6．ポール・スピッカー著、阿部實、圷洋一、金子充訳『福祉国家の一般理論』勁草書房、2004
7．日本社会福祉学会編『福祉政策理論の検証と展望』中央法規出版、2008

生活欲求

社会福祉の必要性は、社会関係と個人との間の不調和であり、その際に欲求が生まれる。岡村重夫は、人間の基本的欲求の中から、社会生活の基本的欲求（社会生活を営む上での基本的欲求で、人の生理的・心理的欲求とは区別される）を再構成し、7つの社会生活の基本の欲求があるとした（①経済的安定②職業の機会③身体的・精神的健康の維持④社会的共同⑤家族生活の安定⑥教育の機会⑦文化・娯楽の機会）。欲求の充足としては、具体的にいえば、人の「経済的安定」という欲求に対しては、所得保障という制度、「職業の機会」に対しては雇用にかかわる諸制度などが存在する。

第3章

福祉の原理をめぐる理論と思想

第1節 福祉の原理をめぐる理論

1．福祉の原理～なぜ人は他者を助けようとするのか～

福祉の原理とは、人びとの生活問題に対して、福祉的な行為を成り立たせる基本原理である。そして、福祉的な行為には、国や地方自治体による（あるいは国際機関による）福祉政策や、生活問題を有する人に直接働きかける実践的なアプローチが含まれる。

ところで、本章のタイトルが「社会福祉の原理」ではなく、「福祉の原理」であることにはどのような意味があるだろうか。社会福祉と呼ばれる福祉的な行為は、自立した個人による社会共同を前提にして、20世紀社会において成立したものである。しかし、人が他者を助けるという福祉的な行為は、人類の誕生以来行われている。たとえば、100万年以上前の遺跡には、病人や高齢者、障害者をいたわったことを示す痕跡が認められるなど、人類には近親者や同じ共同体内の他者を助けようとする習性が備わっていると考えられている。

また、「互助」といわれるような、時間を隔ててお互いを利する行為も古くから行われてきた。日本における「ゆひ（結い）」は、田畑の耕作などで、一時的に人手が必要な場合、近隣の農家が順番にお互い雇い雇われる「労働の遅延的交換」行為として成り立ってきた。また、共同の積立制度である「頼母子講」や「無尽」も同様であり、これらは現在の保険や協同組合の原初的な形態であると考えられる。一方、これらは近親者や共同体以外の人間を排除したり、共同体の成り立ちに貢献できない人を、救助の仕組みから排除する側面も持っている。それは、共同体における、原初的なお互いを利する行為が、自分が助けられた分だけ相手を助けるという互恵や互酬の概念によって成り立っていることに起因する。つまり、受けた利益に対して見返りを履行しない場合は懲罰が加えられたり、利他行為の対象から除外されてしまうのである。また、生活を取り巻く環境の厳しさから弱者が切り捨てられることもあり、共同体を維持して多くの人の生活を成り立たせるため、高齢者や子どもが犠牲になることもあった。

これに対して、直接的な見返りを求めない救済活動が宗教思想の影響を受けて生まれる。これには、欧米におけるキリスト教の**アガペー（絶対的な愛）**の実践としての慈善や、仏教の**慈悲喜捨**に基づく実践がある。

また、社会福祉の前史には「排貧主義」や「**社会ダーウィニズム**」、「**マルサス主義**」を背景にもって、生活問題を有する人々にスティグマを課し、抑圧するようなあり方も存在した。これらは、窮乏状態に陥った原因を個人の人格的欠陥に求め、救済に際しては懲罰的に最底辺の生活水準以下とする劣等処遇（principle of less eligibility）の原則がとられていたのである。

アガペー（絶対的な愛）
アガペー（Agape：ラテン語ではカリタス・Caritas）とは、無条件に与える愛を意味する（対義：エロース）。善は神によってのみ行えるものである。それに対して人間は、本来罪深いものであり善を行うことはできないが、このような愛をもつべく実践することが慈善であるとされる。（p.44参照）

慈悲喜捨
本来は、慈・悲・喜・捨と、それぞれが別々の意味をもった概念である。これは四無量心と呼ばれ、無量の衆生を救うという意味である。

社会ダーウィニズム
ダーウィンの進化論を人間社会にも適用し、強い者が弱い者を淘汰するという適者生存の原理によって社会は進歩するとする思想である。主な論者として、ハーバート・スペンサー（Herbert,Spencer：1820 - 1903）があげられる。

そして19世紀末から20世紀初頭のイギリスにおいて、チャールズ・ブース（Booth, C.：1840 – 1914）の「ロンドン調査」や、シーボーム・ラウントリー（Rowntree,B.S.：1871 – 1954）の「ヨーク調査」に代表される実証的な社会調査が実施された。これらによって、貧困は個人の不道徳や怠惰によるものではなく、社会的に生み出されることが明らかにされ、社会的に予防が可能であるとの認識が徐々に拡がった。そして懲罰的で非人間的な処遇に対するゆらぎが生じ、福祉的な行為の基盤としての人権の視点が確立されていった。

しかし、その過程は決して直線的であったわけではなく、人類は20世紀に入って、反人権的、非福祉的行為の極限である世界大戦を2度経験している。このような歴史的な経験を経て、現代において福祉の原理は、平和や社会正義、民主主義、人権、平等、自立と共生といった思想を基盤に、人間の尊厳を譲れないものとして追求している。

２．福祉の実施方法とその原理
（１）ナショナル・ミニマムとシビルミニマム

ナショナル・ミニマムとは、国家が国民に対して最低限度の生活水準を定め、社会サービスや保険、最低賃金立法などによって、最悪の貧困状態に至る原因を除去するべきだという原則である。日本国憲法第25条の「健康で文化的な最低限度の生活」は、ナショナルミニマム論を反映したものである。

ナショナルミニマムは、シドニー・ウェッブ（Sidney,Webb：1859 – 1947）とビアトリス・ウェッブ（Beatrice,Webb：1858 – 1943）によって、労働条件、余暇とレクリエーション、保健、教育の4領域（最低賃金、最長労働時間、衛生安全、義務教育とされる場合もある）からなる労働政策として提唱された。これを引き継いだウイリアム・ベヴァリッジ（Beveridge,W.H.：1879 – 1963）は、社会の進歩を阻む五大悪として、窮乏、無知（教育を受けられないこと）、不潔（狭くて、不衛生な住居）無為（失業）、疾病の5つをあげ、窮乏を標的にした強制的な社会保険を中心とした社会保障のあり方を示した。同時に、所得保障は、五大悪に対する包括的な取り組みの一環として行われなければならないと主張した。これにより、第二次世界大戦中に所得保障とともに、教育、住宅施策、雇用政策、保健医療の総合的な社会政策が始まり、イギリスの福祉国家成立の原理となっていく。

窮乏（want）	←	所得保障（社会保険、公的扶助、児童手当）
無知（ignorance）	←	義務教育
不潔（squalor）	←	公的社会サービス
無為（idleness）	←	完全雇用
疾病（disease）	←	国民保健サービス

> **マルサス主義**
> トーマス・マルサス（Thomas,Robert,Malthus：1766 – 1834）が、『人口論』で示した思想が基になっている。マルサスは、人口の増加はその人口の生存を満たす食糧の増産を超えて増加するため、このギャップが労働者階級など下層階級の人々の生活改善を妨げると考えた。つまり、貧困は社会制度に起因して発生するのではなく、人口法則に基づいて発生するため、慈善事業は効果がなく、かえって貧困層の増加をもたらすことになると主張した。

日本においてナショナルミニマムは、生活保護基準として所得保障の面からとらえられることが多い。しかし、本来、ナショナルミニマムは生活保護のみならず広範な社会政策を前提にしている。1960年代以降、松下圭一らによって地方自治体が住民の生活のために保障すべき市民レベルの最低限度の生活水準を指すシビルミニマムが提唱されたが、むしろこの概念が本来のナショナルミニマムに近いともいわれる。

(2) 選別主義と普遍主義

福祉政策においては、選別主義と普遍主義という2つの考え方が並立してとられてきた。この選別主義と普遍主義については、いくつかの概念が提起されている。ここでは、給付やサービスを受けるにあたって資力調査（ミーンズテスト）を要件とするものを選別主義とし、ニーズの判定に基づいて資力（所得や資産）とは関係なく受給できるか、ある特定の範疇に該当するすべての人が受給できる場合を普遍主義としておこう。

この場合、選別主義をとれば、生活問題を有する階層や集団に対して、集中的に資源を投入できるという利点がある。しかし、受給にあたっては**スティグマ（Stigma）**が付与されやすく、結果として受給資格があるにもかかわらず受給を申請しなかったり、ためらったりする場合があり、補足率が低下してしまう傾向がある。また、所得保障の場合は、勤労収入が増えると給付が打ち切られ、かえって総収入が減少してしまうために「**貧困の罠**」が発生するおそれもある。一方、普遍主義をとれば、より多くの資源が必要となり、給付に必要な費用も増大する。結果として、広く薄い給付となり、中・高所得者にも受給資格が付与されるため、社会政策による所得の再分配効果は弱まる。

スティグマ（Stigma）
スティグマとは、「烙印」の意味である。奴隷や犯罪人であることを示すため体に刻まれた印のことで、不名誉でマイナスイメージの象徴である。（A. ゴッフマン『スティグマの社会学』セリカ書房参考）(p.44、128参照)

貧困の罠
低所得者の収入が増加するのにともなって、所得税や社会保険料、公的なサービスの支払いなどの金額も増加し、実際に手元に残る収入がわずかしか増加しないか、むしろ減少してしまう。そのため、労働意欲も失われがちとなり、貧困からの脱出が困難となる状態をいう。

図3-1 普遍主義と選別主義

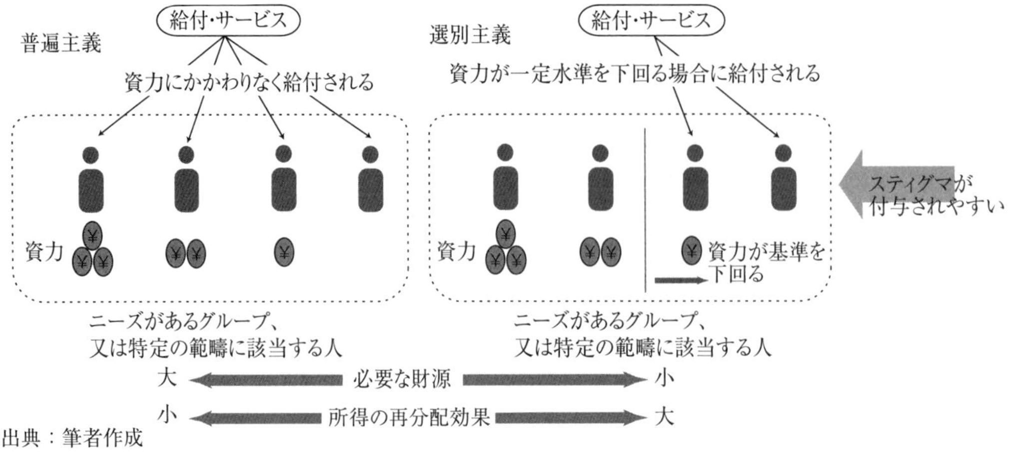

出典：筆者作成

リチャード・ティトマス（Titmuss,R.M.：1907－1973）は、福祉政策において、普遍主義的なサービスを基盤にしつつ、それによってカバーできない貧困や不平等の問題に関して、ミーンズテストを用いず、特定の範疇や集団、地域に優先的に資源やサービスを集中させることを提起している。

（3）福祉における公私論と供給体制の多元化論

　福祉における公私論は、19世紀末のイギリスにおいて、公的セクターである政府が社会福祉の救済責任に関して一定の役割を果たすようになって以来、繰り返し論じられてきた。これは、救済における政府の責任が強まり、それまで主要な役割を果たしてきた民間の救済活動に入り込み、その範囲が拡大してきたため、それぞれの役割についての議論が生じたのである。

　福祉の公私論における古典的な理論としては、カークマン・グレイ（Gray, B. K.：1862－1902）の「平行棒理論」と、シドニー・ウェッブの「繰り出し梯子理論」がある。グレイは、民間慈善事業が自ら設定した道徳的な枠組みにあてはまる貧困者を「価値ある貧民」として選別し、それ以外の「価値なき貧民」は、公的な救貧法のもとで劣等処遇による処罰的救済の対象とすべきと考えた。公私の救済事業が、2本の平行棒のように、両者が相互に干渉しない役割分担を論じたのである。そして、この考え方は民間セクターであるCOS（慈善組織化協会）の活動原理ともなった。

　これに対してウェッブは、標準的な最低限の保障は公的機関が担うべきもので、その水準を超えて、より高次の福祉を実現するために「梯子を繰り出して」援助する役割は私的機関が担うべきものであるとした。また、私的機関は公的機関が担うべき保障の最低水準を引き上げるように、公的機関を刺激する任務があるとしている。つまり、最低生活の保障は政府が責任を果たすべきであることを前提に、公私の救済事業が協同する可能性を示した。

　しかし1970年代以降の、福祉国家のゆらぎの時期を迎えると、公私の役割

図3－2　平行棒理論と繰り出し梯子理論

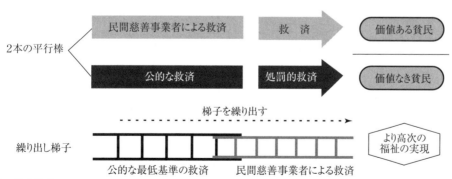

出典：筆者作成

小さな政府
「小さな政府」とは、経済規模に対する政府の規模を可能な限り小さくしたり、政府による公的規制を可能な限り小さくしたりしようとする思想である。具体的には、治安、外交、防衛以外の社会サービスについて、民営化したり、規制を緩和して市場による供給に任せたりする手法がとられる。(p.134参照)

SCAPIN775
SCAPINとは、「連合国最高司令官指令」の意味で、775は1946年2月27日に出された指令「社会救済（Public Assistance）」である。「保護の無差別平等」、「救済の国家責任」、「最低生活の保障」の三原則を日本政府に示したもので、生活保護法の原理となった。

論は経済状況によって影響を受けることになる。つまり、増大するコストや官僚機構の肥大化と非効率な運営などが指摘され始めた。同時に、高齢化の進行やノーマライゼーションの波及によるコミュニティケアへのシフトが求められた。このような財政や運営の問題と、多様な福祉サービスを求めるという性質の異なる2つの要請が同時に進行し、「**小さな政府**」を目指す方針の下に福祉サービスの抑制と公的部門の縮小をともなう、多元的な福祉サービスの供給論へと展開していった。

さて、日本において公私論はどのように論じられてきただろうか。第二次世界大戦以前の日本では、社会福祉や社会保障に関する国家責任は明確に成立しておらず、民間の社会事業団体や軍人援護団体による活動に多くを依存していた。敗戦後「**SCAPIN775**」等において、民間団体である恩賜財団同胞援護会（戦災援護会と軍人援護会が合併）等に救済を担わせるのではなく、政府自らが救済に対して責任を持つべきであると示された。そして、憲法第25条によって最低生活の保障と、社会福祉、社会保障及び公衆衛生に対する国家責任が示された。

しかし、公の責任や保障されるべき生活水準、公私の役割分担について、十分な議論が行われないまま、オイルショックによる低成長期を迎えた。また、1970年以降はノーマライゼーションの普及等により、収容施設によるケアからコミュニティケアに対する期待が高まるとともに、高齢化による介護のニーズも増大した。そのため、限られた資源をいかに配分するかという点に力点が置かれ、福祉サービスの供給体制における多元論が展開されている。そして、2000年前後からの社会福祉基礎構造改革によって、福祉サービスの供給主体は従来の公立や社会福祉法人といった公的セクターから、株式会社などの民間営利セクターやNPOなどの民間非営利セクターに拡がっている。しかし、供給体制の多元化論の進展によって、国家責任を肩代わりさせられる危険性も意識されなければならず、最低生活の保障や社会的平等、格差是正とともに、人が当たり前に生きるために不可欠な社会福祉のありようについての視点が重要となる。

3．日本における福祉理論の展開

日本では、戦前から慈善事業や感化救済事業、社会事業、そして戦時中は厚生事業の理論化が進んだ。それは民間の慈善事業家や社会事業家によるものから官僚によるものまで立場は様々で、天皇制的慈恵による教化を強調するものから、社会問題の根本解決には社会主義をもってするしかないとするものまで多様であった。これらの先駆的業績は、戦後の社会福祉理論研究にも少なからず影響を与えている。

そして、福祉理論はその時々の国家による福祉への関与にも影響を受ける。日本において、国民の福祉に対する国家責任が明確に示されたのは戦後のこ

とである。しかし、国民の権利性を伴わないものの、戦時中に国民生活への統制とともに福祉的な政策が拡充された経緯がある。ここでは、戦時中に社会政策と社会事業についての理論を展開し、戦後の福祉理論にも影響を与えた**大河内一男**の理論を起点にして、日本の福祉理論について見ていくことにしよう。

表3－1　日本における主な福祉論者と主要著書

論者	主要著書
後藤新平（1857-1929）	『国家衛生原理』（1889）
留岡幸助（1864-1934）	『感化救済事業之発達』（1897）、『慈善問題』（1898）
安部磯雄（1865-1949）	『社会問題解釈法』（1901）
井上友一（1871-1919）	『救済制度要義』（1909）
小河滋次郎（1863-1925）	『社会問題　救恤十訓』（1912）、『社会事業と方面委員制度』（1924）
渡辺海旭（1872-1933）	「現代感化救済事業の五大方針」（『労働共済』1916）
長谷川良信（1890-1966）	『社会事業とは何ぞや』（1919）
田子一民（1881-1963）	『社会事業』（1922）
生江孝之（1867-1957）	『社会事業綱要』（1923）
高田慎吾（1880-1927）	『児童問題研究』（1926）
矢吹慶輝（1879-1939）	『社会事業概説』（1926）
大林宗嗣（1884-1944）	『セツルメントの研究』（1926）
海野孝徳（1879-1955）	『社会事業概論』（1927）、『社会事業学原理』（1930）
山口　正（1887-1943）	『社会事業研究』（1934）
志賀志那人（1892-1938）	『社会事業随想』（1968）
大河内一男（1905-1984）	「我国に於ける社会事業の現在及び将来－社会事業と社会政策の関係を中心として」（『社会事業』1938）
風早八十二（1899-1989）	『日本社会政策史』（1938）
竹内愛二（1895-1980）	『ケース・ウォークの理論と実際』（1938）、『専門社会事業研究』（1959）
竹中勝男（1898-1959）	『社会福祉研究』（1950）
孝橋正一（1912-1999）	『全訂・社会事業の基本問題』（1962）
岡村重夫（1906-2001）	『社会福祉学（総論）』（1951）、『社会福祉原論』（1983）
木田徹郎（1902-1971）	『社会福祉事業』（1967）
嶋田啓一郎（1909-2003）	『社会福祉体系論』（1980）
一番ヶ瀬康子（1927-2012）	『社会福祉事業概論』（1964）、『現代社会福祉論』（1971）
三浦文夫（1928-）	『社会福祉政策研究』（1985）

出典：筆者作成

大河内一男
（1905－1984）
日本の経済学者である。戦前から戦後にかけて、社会政策を経済学の側面から分析した理論を展開した。主著『社会政策（総論）』、『社会政策（各論）』等。

　大河内一男は、戦時下における社会事業のあり方に方向を示し、社会政策と社会事業を明確に区分した。ここでいわれる社会政策とは、労働力保全のための政策であり、生産者たる資格を失って（つまり、働いて賃金を得ることができないため一般消費者としての要救護性が生じ）窮乏状態にある人（経済秩序外的存在）を対象とするのが社会事業であるとした。そして、社会事業は社会政策の周辺からこれを強化・補充するとして、社会政策の以前と以後にその活動の場をもち、社会事業が社会政策を代位している状況（社会政策の社会事業化）から、社会事業が補充的な役割に移行することが望ましいと主張した。同時に、保健・衛生・教育等の領域において改善を図り、要救護性の発生を予防する役割も求めている。

図3-3 大河内理論における社会政策と社会事業

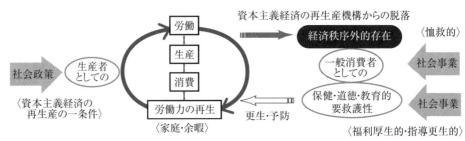

出典：筆者作成

戦後になって、大河内一男の理論を批判的に継承し、社会科学的な独自の理論を展開したのが孝橋正一である。孝橋は社会福祉ではなく、社会事業という用語を用いることを通し、次のように定義している。

> 社会事業とは、資本主義制度の構造的必然の所産である社会的問題にむけられた合目的・補充的な公・私の社会的方策施設の総称であって、その本質の現象的表現は、労働者＝国民大衆における社会的必要の欠乏（社会的障害）状態に対応する精神的・物質的な救済、保護および福祉の増進を、一定の社会的手段を通じて、組織的に行なうところに存する。
> （※ 文中で使われている「施設」は、現在では構造物や建築物その他設備をさす場合が多いが、ここでは施策・方策の意味で用いられている。）
> 孝橋正一『全訂 社会事業の基本問題』ミネルヴァ書房、1962、pp.24-25

孝橋は、資本主義体制の構造的矛盾から生じる問題を、労働問題等の社会問題と、社会保障や社会福祉問題が含まれる社会的問題に分け、社会問題は社会的問題から生じるとしている。そして、社会問題に対応するのが社会政策であり、社会的問題に対応するのが社会事業であるとし、社会事業は社会政策を補充するとした（社会福祉の補充性）。孝橋の理論は、1960年代以降、一番ヶ瀬康子や真田らによる運動論的社会福祉論へ引き継がれていく。

このような社会福祉を政策の視点からとらえようとする立場に対して、援助技術の視点からとらえようとしたのが竹内愛二である。竹内は、戦前からケースワークをはじめとする援助技術を積極的に日本に紹介し、社会福祉を個人や集団、地域社会のニーズを様々な要求との関連の中で自ら発見し充足していくために専門職業者が側面から援助する過程であるととらえた。竹内は、社会事業を次のように定義している。

> （個別・集団・組織）社会事業とは、（個人・集団・地域社会）が有する「社会的要求」を、その他種々なる要求との関連に於て、各々自らが発見し、これを充足するための能力、方法、社会的施設など、あらゆる「資源」を、自ら開発するのを、専門の（個別・集団・組織）社会事業者が、側面から援助する「過程」をいう。
> 竹内愛二『科学的社会事業入門－若き社会事業者のために』黎明書房、1955、p.76

このように竹内の理論は、社会福祉を実践概念としてソーシャルワークとほぼ同義のものとしているところに特徴がある。そのため、孝橋の「政策論の立場」に対して、「技術論の立場」と呼ばれる。

次に、岡村重夫は、社会生活上の困難に対して社会制度と個人との間の「社会関係」における「主体的側面」に焦点をあて、その欠陥にどう対処するかというところに社会福祉の固有性があると主張した。岡村は、社会的存在としての個人の必然的な要求として、①経済的安定、②職業的安定、③家族的安定、④保健・医療の保障、⑤教育の保障、⑥社会参加ないし社会的協同の機会、⑦文化・娯楽の機会の7つを示している。個人は社会生活においては、社会生活上の基本的欲求を充足させるために様々な社会制度と関係を結んでおり、それを「社会関係」と呼んだ。そして、個人のもつ社会関係が、客体的・制度的側面と、主体的・個人的側面という二重の構造をもつとして、両者の関係を明らかにすることによって、社会福祉の固有性を導き出している。

> <u>社会関係の二重構造のうち社会関係の客体的、制度的側面の困難を生活問題として援助する対策は専門分業的立場にたつ各種の生活関連施策であって、一般に社会保障、雇用、医療、住宅、教育等々のいわゆる「政策」の名でよばれるものである。しかしこれらの「政策」は、生活問題の客体的側面すなわち分化的な把握以上のものではない。そこではこれらの専門分業的制度や政策を利用する個人の生活の全体像すなわち社会関係の主体的側面の困難は、その視野から抜けおちてしまうであろう。ここにおいて、同じく生活困難を取りあつかう社会福祉にとって固有の対象領域が残されることになるのである。社会福祉はこの社会関係の主体的側面に独自固有の視点を据えて、新しい生活問題と援助対策を提起することができる。
> 岡村重夫『社会福祉原論』全国社会福祉協議会、1983、p.91

つまり、人は生活において何らかの社会資源や社会制度を利用したり、そこに参加したりしている。これは、資源や制度に規定される側面と、個人の生活の側面とをうまく統合することによって成り立っている。そして、社会生活上の困難とは、先にあげたような社会生活上の基本要求が社会資源や社会制度を活用して充足できない状態であり、そこに働きかけていくところに社会福祉の固有性があるとした。

第2節 福祉の原理をめぐる思想と理論

1．福祉の原理にとって思想、理論とは何か

福祉の原理にとって、思想や理論はどのような意味をもつのだろうか。岡田藤太郎は、科学としての社会福祉学とともに、思想としての社会福祉学の重要

性について、「特に巨視的な一般理論とか目標とか価値に関係する領域では特にそうと思う」[1]と、理論と思想との関係について次のように指摘している。

> 社会福祉学も結局は経済学以上に思想の構想であり、理論家の理論形成と、そのライフヒストリー、経歴との関連は切り離せない。理論とモデルを本当に理解しようと思えば、その理論家の経歴と思想をよく見なければならない。モデルはその著者の思想であり、その著者の経歴に基づくところが大きい。
> 岡田藤太郎『社会福祉学一般理論の系譜』相川書房、1995、p.5

　福祉の理論は価値観をともなうため、形成された時代状況とともに論者の思想的基盤に依拠するところも大きい。日本でも戦前戦後を通じて、キリスト教や仏教といった宗教的基盤を思想形成の起点とした論者は多い。日本で初めて体系的な慈善事業論を展開した留岡幸助や、社会連帯に基づく社会事業論を展開した生江孝之は、キリスト教を思想的な基盤としていた。また、仏教思想を基盤とした論者としては渡辺海旭や矢吹慶輝、長谷川良信があげられる。戦中から戦後を代表する福祉論者のうち、竹内愛二や竹中勝男はキリスト教思想を基盤に持ち、孝橋正一はマルクス主義に依拠し、岡村重夫は和辻哲郎などの哲学思想の影響があったといわれる。

　また、社会制度として社会福祉をとらえる場合は、目的概念としての社会福祉と、実体概念としての社会福祉の2つの側面からとらえていく必要がある。目的概念としての社会福祉とは、社会福祉がめざすべき方向や基本理念といったものである。一方、実体概念の社会福祉とは、目的概念としての社会福祉を実現していくための手段や方法・技術、そのための組織や財源、主体や対象を含むものである。そして、目的概念をともなわない実体概念、つまり理念や価値をともなわない手段、方法・技術は意味をもたないばかりか、人の幸福に逆行する危険性がある。戦後、障害児（者）福祉の開拓者の1人で、福祉思想の面でも足跡を残した**糸賀一雄**は次のように警鐘を鳴らしている。

　政策であるか実践であるかを問わず、福祉の実施方法を成り立たせる基底

> 　福祉の実現は、その根底に、福祉の思想をもっている。実現の過程でその思想は常に吟味される。どうしてこのような考え方ではいけないのかという点を反省させる。福祉の思想は行動的な実践のなかで、常に吟味され、育つのである。
> 　西欧の福祉的理念がどのように育ったかという過程は、私たちにとっても、大きな参考となることである。しかし、たとえば西欧には障害者のためのコロニーが、100年前からあったので、それをはやくわが国にもつくらなければならないという形では、それはおくれをとりもどすことになるどころか、反って、もっと大きな距離をつくってしまうことになるだけであろう。思想的な吟味が欠けて、ものまねにすぎないことになるからである。
> 糸賀一雄『福祉の思想』日本放送出版協会、1968、p.64

糸賀一雄
（1914－1968）
日本の障害児（者）福祉の実践者であり、知的障害児施設「近江学園」の初代園長を務めた。池田太郎、田村一二らとともに、戦後の知的障害児（者）の先駆的な実践を行い、重症心身障害児施設「びわこ学園」に至るまで、7つの施設を設立した。『この子らを世の光に』（柏樹社、1965）や、『福祉の思想』（日本放送出版協会、1967）の著書がある。

第2節　福祉の原理をめぐる思想と理論

には、それぞれの現実から形成された思想がある。問題やその背景をどのように認識するのか、人間の幸せに対してどのような目標を立てるか、具現化に際して重視する価値は何かなど、その都度吟味される必要がある。ゆえに、文化的状況の差異の認識なしに先進的といわれる政策モデルや実践モデルを移入して適合させようとするには慎重でなければならないし、まずは先人の思想や精神（エートス）を学ばなければならない。

そして、平和と人権、平等、自由、共生、民主主義、社会正義といった国や地域の境を越えて求められている思想もある。たとえば、「ソーシャルワーカーの倫理綱領」の前文では、「われわれソーシャルワーカーは、平和擁護、個人の尊厳、民主主義という人類普遍の原理にのっとり、福祉専門職の知識、技術と価値観により、社会福祉の向上とクライエントの自己実現を目指す専門職であることを明示する。」と掲げられている。また、近年では「人間の安全保障」思想が、国や人種を越えて共有されるべきものとして広がりつつある。次に、これら「人類普遍の原理」といわれるものについて見ておこう。

> **ソーシャルワーカーの倫理綱領**
> 対人援助の専門職であるソーシャルワーカーとして、共通して守るべき理念や行動規範を定めたものである。

2．平和擁護と社会的正義の思想

福祉と平和とは密接な関係があることは、あらためていうまでもないことのようにも思われる。しかし日本に限ってみても、明治以降は殖産興業と富国強兵策が優先され、国民の暮らしは後におかれた。また、日露戦争では戦争遂行のための負担により国民生活は疲弊した。そして、第二次世界大戦では、国民生活の全てが戦争への協力体制に組み込まれ、非戦闘員にも多くの犠牲が出るとともに、多くの戦災孤児を生んだ。戦争が起こる背景には貧困が深く関係し、戦争は長期間にわたって新たな貧困や不幸を生む要因となる。

このような貧困に対応した慈善事業家や社会事業家、あるいはその理論家の中に、戦争に反対した者は決して多くはなかったのも事実である。近代を代表する日本の思想家である内村鑑三は、日露戦争に際して多くの慈善事業家が開戦を支持したことに対して、「私は今まで色々の慈善事業を研究し、又之に手をだして見ましたが、然かし戦争廃止を目的とする平和主義に優りて善且つ大なる慈善事業を思付くことは出来ません。（略）戦争廃止を一年早くすることは孤児万人を救ふに優る慈善事業であると思います、社会は其根底より今日の所謂る国際的戦争なる者に由てその安寧秩序を破壊されつゝあります」[2)]と指摘している。福祉に携わる者は、平和と福祉は一つのものであることを強く認識しなければならない。

また、社会的正義（社会正義と略す場合もある）は、社会的に正しいとされ、社会的に実現されるべきとされる道理である（共通の善）。それは、社会的地位による差異や、性別や能力などの個人の属性による差異によって、個人の人格や尊厳が損なわれていることに対する問題意識が生じることを意味している。そして、そのような問題意識は、他者との連帯を通じて解決に向かう

37

ことを指向するものである。

　また、社会的正義の対象は国内的な問題にとどまらず、経済先進国と発展途上国との格差（いわゆる南北問題）、人種問題における差別の是正も重要な問題である。現に、国内においても海外からの労働者やその家族の生活問題など、国内でありながら従来の国の枠組みを越えた問題への対応をせまられている。そのため、国際福祉といわれる分野にも視点を広げるべきであるし、国際機関やNGOの活動から学ぶべきことも多い。

3．人権と平等・反差別の思想

（1）自由権と社会権の認識

　1948年に採択された「人権に関する世界宣言」の第1条には、「すべての人間は、生れながらにして自由であり、かつ、尊厳と権利とについて平等である」と掲げられている。しかし、人類の歴史は人権が蹂躙（じゅうりん）された歴史であり、それを回復しようとした歴史でもある。福祉の基底をなしているのは人権の思想であり、人権の思想なしに福祉は成り立たない。まず、人権があり、その上に個人の人権を達成し擁護するための政策・実践を含めた福祉の方策は考えられなければならない。

　ここでいう人権には、大きくは自由権、社会権（生存権、労働権）の2つがある。自由権は、国家権力によって個人が侵害されない権利として、不当に拘束されない心身の自由、思想・良心の自由、信仰（宗教）の自由、学問の自由、集会・結社・言論の自由、居住・職業選択の自由などが含まれる。しかし、自由権だけでは、窮乏するのも個人の自由であり、個人の責任であることになってしまう。このような自由の裏面としての生活の不安は、結果的な不自由・不平等として存在することが明らかになる。これに対応するものとして、人間に値する生活の保障が社会に期待され、人間に値する生活（生存）を追求する権利として社会権が追加された。

　国際機関による人権に関する声明は、1924年に当時の国際連盟によって採択された「児童の権利に関するジュネーブ宣言」が最も早い。その後、多くの人権が蹂躙された第二次世界大戦を挟んで、1948年に国際連合によって「人権に関する世界宣言（世界人権宣言）」が採択された。ただ、これはまだ宣言の段階で、加盟国に対する法的拘束力はなかった。そして1966年に「国際人権規約」が採択され、法的拘束力を持つに至った。なお、「国際人権規約」には、社会権を規定した「経済的、社会的及び文化的権利に関する国際規約」（A規約）と、自由権を規定した「市民的及び政治的権利に関する国際規約」（B規約）がある。

ハンセン病
らい菌によって引き起こされる感染症であるが、現在は治療によって完治する。かつては、皮膚や外見の変形や、原因や感染についての誤った認識から、感染者は差別や偏見の対象となった。また、伝染性の強い病気と思われていたため強制的に隔離収容されたり、優生政策の一環として断種が行われたりした。このような隔離収容政策が長く続き、社会的な関係を遮断されたため、元患者は病気が完治した後も療養所で生活し続けることを強いられた。これに対して、1988年に国立ハンセン病療養所元患者が国を相手に提訴し、2001年に国は責任を認めて謝罪した。

表３－２　国際機関による主な権利宣言・条約等

- 児童の権利に関するジュネーブ宣言（1924）
- 人権に関する世界宣言（1948）
- 児童の権利に関する宣言（1959）
- 人種差別撤廃条約（1965）
- 国際人権規約（1966）
　［Ａ規約：経済的、社会的及び文化的権利に関する国際規約］
　［Ｂ規約：市民的及び政治的権利に関する国際規約］
- 知的障害者の権利宣言（1971）
- 障害者の権利宣言（1975）
- 女性差別撤廃条約（1979）
- 児童の権利に関する条約（1989）
- 障害者の権利条約（2006）
- 先住民族の権利に関する宣言（2007）

出典：筆者作成

（2）差別と被差別、抑圧と被抑圧

　差別について、「自分は差別などしないし、されたこともない。自分の身近なところに差別はない」という認識は誤りだろう。最も身近なところでは、男性に対して女性の社会的な地位が低くなりがちな性差別は、誰もが差別する側か、される側のいずれかの立場に立っているはずである。また、日本特有の差別としては部落差別があり、民族差別としてはアイヌや在日韓国・朝鮮人に対する差別がある。さらに、**ハンセン病**や **HIV 感染**、**水俣病**などの公害病、原爆の被爆者など特定の病気に罹った人に対する差別、そして障害者差別や高齢者に対する差別など、私たちは日常的に差別に接している。

　福祉は、差別や人権侵害にどう向き合うべきだろうか。差別によって、その人の社会参加の機会が奪われたり、極端に狭まったりする。その結果、本来持っている力が発揮されず、社会的に低い位置に置かれ、経済的にも困窮状態に陥る。そのことをその個人や集団の努力が足らないなどとして、当事者の責任に帰すのではなく、そのような悪循環を生む構造や仕組みに着目して、政策と実践の両面からの支援が求められる。

　差別に対して、政策や社会の仕組みの面では、アファーマティブ・アクション（affirmative action）と呼ばれる積極的改善措置がとられることがある。アファーマティブ・アクションとは、差別され社会的に低い地位におかれている人に対する格差を是正するために、教育や雇用の選抜・登用機会に優先枠を設けるなどの措置をとることをいう。職場等において重要なポジションへの女性の登用枠を設けたり、障害者雇用促進法による企業に対する一定の障害者雇用率達成を義務付けたり、高等教育機関の入学選抜試験における被差別部落の出身や障害者枠を設定することなどがこれにあたる（同義の和製英語で、ポジティブ・アクションといわれることもある）。

HIV 感染
免疫細胞に感染して後天性免疫不全症候群（AIDS）を起こす。性的な交渉による感染や母子間の感染、血液を介しても感染する。日本では、血友病患者に使用された血液製剤を介して感染が拡がったことが「薬害エイズ」問題として知られている。当初は、原因や治療法が不明な「死の病」としての恐怖感や、麻薬の常習者の間で注射器の使い回しによる感染が拡がったことなどから、社会的な偏見が持たれた。また、最初に発見され感染者が同性愛者であったため、同性愛者に対する偏見とも重なって差別されることもあった。

水俣病
チッソ水俣工場から排出されたメチル水銀が魚介類に蓄積され、それを食べた水俣市周辺の住民の間に中毒性の神経疾患が生じた公害病である。母親の胎内で水銀に侵される胎児性の水俣病も存在する。1956 年に発生が確認されたが、経済成長を優先する政策や社会的な風潮の中で、対策が遅れ被害が拡がった。当初は、原因が不明の「奇病」といわれ、差別の対象となった。

また、援助の場面においては、エンパワメント（Empowerment）の概念が注目されるようになった。これは、黒人差別の解消を求める公民権運動の過程において生まれた概念である。集団や個人が、差別的な扱いを受け、否定的な評価が与えられ続けた結果として、力（パワー）が奪われた状態になり、目標を達成するための資源を得たり活用したりすることが出来ない状態になる。そのような差別や抑圧によって、自らコントロールする力を失った状態から、力を取り戻していく過程をあらわしたのがエンパワメントである。

日本でも被差別部落や「スラム地区」などで、成人を対象にした識字学級は、エンパワメントの概念を含んだ取り組みであると言えるだろう。被差別部落では、十分に学習する機会もままならない環境があり、十分な学力が養えない。そのため、安定した仕事に就けず、生活が困窮したままになり、さらにその子どもが十分に学習する機会が得られないという連鎖がある。そして、識字学級は、文字の読み書きを習うことにとどまらない。むしろ、なぜ読み書きを習う機会が得られなかったのかを知り、そのことについて怒り、本来もつべきだった力を取り戻していくところにその本質がある。

4．ノーマライゼーションとソーシャル・インクルージョン

ノーマライゼーション（Normalization）は、社会的に排除されていた知的障害児者の、地域社会で普通の暮らしを実現する基本理念であったが、現在では知的障害以外の障害児者や高齢者の分野にも広がっている思想・理念である。

ヨーロッパやアメリカでは、19世紀から知的障害者の入所施設が作られていたが、20世紀に入ってその規模が巨大化し、収容人数が1,000人を超えるような入所施設が作られていった。第二次世界大戦後の、デンマークやスウェーデンといった北欧諸国では、知的障害者がこのような大規模入所施設に収容されることや、そこでの暮らしが市民としての生活からかけ離れたものであり、非人間的であることが問題となっていった。

デンマークの社会福祉分野の行政官であった**バンク‐ミケルセン**は、知的障害者の親の会と協同して、知的障害者も人格をもつ1人の人間であり、障害のない人と同じように生活する権利があり、障害のない人びとと同じ生活条件をつくりだすべきであると訴え、その過程で「ノーマライゼーション」という用語を提唱した。（デンマーク語ではNormaliserlingと表記され、日本でも「ノーマリゼーション」と表記されたり、発音されることもある。）

また、スウェーデンの**ベンクト・ニィリエ**は、「ノーマライゼーションの原理とは、生活環境や彼らの地域生活が可能な限り通常のものと近いか、あるいは、全く同じようになるように、生活様式や日常生活の状態を、全ての知的障害や他の障害をもっている人びとに適した形で、正しく適用することを意味している」と定義し、ノーマライゼーションを具体化するための8つの

バンク‐ミケルセン
(Bank-mikkelsen,N.E.)
(1919 – 1990)
ノーマライゼーションの提唱者の1人である。デンマーク社会省の行政官で、ノーマライゼーションの考え方を盛り込んだ「1959年法」の制定に主導的に関与した。第二次世界大戦中にナチスに対するレジスタンス活動に参画し、強制収容所に収容された経験があった。その経験から、障害者の人間的な施設処遇に疑問をもった。(p.241参照)

ベンクト・ニィリエ
(Nirji,B)
(1924 – 2006)
スウェーデンの知的障害児童・青少年・成人連盟（FUB）の事務局長兼オンブズマン、後に障害福祉分野の行政責任者として活動した。1959年に「ノーマライゼーションの原理」を著し、その具現化に具体的な指針を与えるとともに、ノーマライゼーションの思想を世界に広げることに貢献した。

原理を導き出した。

> ① ノーマルな1日のリズム
> ② ノーマルな1週間のリズム
> ③ ノーマルな1年間のリズム
> ④ 子どもから大人になっていくという、ノーマルなライフサイクル
> ⑤ ノーマルな自己決定権と個人としてのノーマルに尊厳を受ける権利
> ⑥ その人の住む文化圏にふさわしいノーマルな性的生活のパターン
> ⑦ その国におけるノーマルな経済的パターン
> ⑧ その人の住む社会にふさわしいノーマルな環境面の要求

　しかし、ノーマライゼーションは提唱者の意図に反して誤解されやすく、ニィリエも度々誤解に対して反論している。そもそもノーマライゼーションは、ノーマル（正常）でないものをアブノーマル（異常）として社会から排除する傾向に対する反省から生まれてきた考え方である。ゆえに、ノーマライゼーションは、機能的な障害を除去して、（ノーマルな）「健常者」に近づけようとしたり、社会から隔離された施設の中で生活条件を改善して「普通の生活」に近づけたりということを意味しない。また、障害のある人も存在する社会がノーマルな社会であるといわれる場合もあるが、むしろこれはノーマライゼーションの基盤をなす考え方の1つというべきであろう。

　近年、ノーマライゼーション具現化の方法の1つとして、ユニバーサルデザインの考え方が注目されている。障害者や高齢者、子ども、文化や言語の違いを含めて、多様性をもった多くの人が使うことを想定して、建築物や製品を設計・デザインしようという思想である。そして、この思想の根底には、すべての人がハンディキャップをもつ可能性があるという考え方がある。

　また、ポスト・ノーマライゼーションというべき思想も取り上げられるようになってきた。従来のメインストリーミング（主流化：mainstreaming）インテグレーション（統合：Integration）を批判的に発展させたソーシャル・インクルージョンは、障害児教育分野におけるインクルージョン（または、インクルーシブ エデュケーション［Inclusive Education］（包括的教育））として発展してきた。これは、ソーシャル・エクスクルージョン（社会的排除：Social exclusion）に対置する用語として、「健常児」社会への組み入れではなく、人には障害や差異があるものとして、大多数を占める社会の側からすべての人びとを包み込もうとする考え方である。

引用文献

1）岡田藤太郎『社会福祉学一般理論の系譜』相川書房、1995、p.5
2）内村鑑三「秋の到来」『新希望』第67号、1905.9

参考文献

1．孝橋正一『全訂 社会事業の基本問題』ミネルヴァ書房、1962
2．岡村重夫『社会福祉原論』全国社会福祉協議会、1983
3．真田是編『戦後日本社会福祉論争』法律文化社、1979
4．仲村優一『仲村優一社会福祉著作集第一巻 社会福祉の原理』旬報社、2003
5．武川正吾『福祉社会 社会政策とその考え方』有斐閣、2001
6．室田保夫編著『人物でよむ近代日本社会福祉のあゆみ』ミネルヴァ書房、2006
7．室田保夫編著『人物でよむ社会福祉の思想と理論』ミネルヴァ書房、2010
8．ベンクト・ニィリエ著、ハンソン友子訳『再考・ノーマライゼーションの原理 その広がりと現代的意義』現代書館、2008
9．糸賀一雄『福祉の思想』日本放送出版協会、1968
10．パウロ・フレイレ著、三砂ちづる訳『被抑圧者の教育学』亜紀書房、2011

第4章

社会福祉の歴史

第1節 イギリスの社会福祉の歴史

1．救貧法の成立

イギリスだけでなく、ヨーロッパ諸国の社会福祉はキリスト教が基盤となっている。キリスト教の愛の概念である「**アガペー**」が宗教的動機による慈善（charity）へと発展するのである。

中世には教区が形成され、そこでは慈善事業が行われ、教会は身寄りのない人、病者、障害者の福祉施設の役割を担った。

封建社会になると強い身分制により、領主の支配下に農奴がおかれる。ところが15世紀になると羊毛工業が盛んになり、領主は多くの羊を飼うために土地を囲い込むことになる。この「囲い込み運動」（enclosure movement）によって、土地を奪われた農民は浮浪貧民になった。そしてこの大量の浮浪貧民が社会不安や社会秩序を乱すとされ治安維持のために、他方では羊毛工業に従事する労働者を確保することを目的として、1601年に「エリザベス救貧法」（Elizabethan Poor Law）が登場することになる。

救貧法は労働能力の有無を基準に、貧民を3つに分類して救済した。①労働能力のある貧民には強制労働、②老人や障害者など労働能力のない貧民には施設収容、③身寄りのない児童には徒弟奉公とした。貧民救済の財源は教区民による救貧税でまかなわれ、貧民監督官が税を徴収し、また地方の治安判事が具体的な救済の職務を担った。

この救貧法はその後、社会状況に応じて変化していく。1722年制定の「労役場テスト法」（Work House Test Act）は、労働能力ある貧民を「恐怖の家」と呼ばれる**労役場**に収容し過酷な労働を強制することによって、救済の申請を思いとどまらせようとした。ところが産業革命の進行は労働者の失業と貧困を増大させた。そのため1782年には「ギルバート法」（Gilbert's Act）が制定され、労働能力ある貧民の院外救済（outdoor relief）による一般雇用を行った。さらに1795年には「スピーナムランド法」（Speenhamland Act）が制定され、院外救済による一般雇用の賃金では、生存が困難な労働能力ある貧民に対して、救貧税からパンを買うことのできる程度の賃金補助をした。しかし、これらの政策展開は救貧費を急増させることになった。

1798年にマルサス（Malthus, T.）は『人口論』を著し、貧困の原因は食糧生産のスピードを超える人口増加にあるとし、貧困に陥らないようにするには、労働者の自助（self help）と産児制限が重要であるとした。そして救貧法による救済をしないことが貧民に自助精神を教え込む最良の方法であるとした。さらに救貧法による救済を受ける者には市民社会の一員に値しない「二流の市民」として恥辱（**スティグマ**）を与えるべきだとした。このマルサ

アガペー
新約聖書においてあらわれる「神の愛」であり、他者を絶対的に愛する宗教的愛である。この他者を絶対的に愛する考え方は、社会福祉の始まりである宗教的福祉の原動力につながるものである。（p.28参照）

労役場
イギリス救貧法による貧困者の収容施設であり、ワークハウスと呼ばれる。時代の状況に応じて、救済を制限するために労働能力ある貧民に対し、厳しく懲罰的な処遇を行ったりした。

スティグマ
社会的な烙印のことである。救貧法やその後の社会福祉の歴史において、救済を受けることの代わりに、人権を侵害されたり、差別的な扱いを受け、恥ずかしい思いをさせられることである。（p.30、128参照）

スの理論は、急増する救貧費にあえぐ救貧法の全面的改正、特に「劣等処遇の原則」の拠り所となった。

そして 1834 年に「新救貧法」（New Poor Law）が制定された。この新法は 3 つの原則を特徴とした。①中央集権的な救貧行政機構の確立による「救貧行政の全国的統一の原則」、②労働能力ある貧民の院外救済を廃止し、労役場に収容させる「収容保護の原則」、③労働能力ある貧民の救済を、最低階層の自立した労働者の生活よりもさらに低くする「劣等処遇の原則」である。この新法により一時的には救済の抑制、救貧費の抑制に転化したが、貧困問題は解決したわけではなかった。

2．社会事業の形成

19 世紀後半から 20 世紀始めにかけて、都市部を中心に労働者の貧困問題が拡大し深刻になった。こうした中、救貧法による公的救済の抑制のかたわら、民間の慈善活動が盛んになってくる。

スコットランドの牧師チャルマーズ（Chalmers, T.）は貧民への友愛訪問を行う **隣友運動**（1819 年）を始めた。そして、この影響を受けてロンドンで生まれたのが「慈善組織協会」（COS：Charity Organization Society 1869 年）である。COS はそれまでバラバラに行われていた慈善団体の活動を調整、組織化した。そして、救済対象をそれに「値する貧民」と「値しない貧民」に分け、後者を救貧法にまかせる一方で、前者の「値する貧民」には訪問活動を行い物質的救済よりも道徳的改善を目的とした。この COS 活動は個別援助技術（ケースワーク）や地域援助技術（コミュニティオーガニゼーション）の原型となり、後にアメリカに移入して大きく開花する。

デニソン（Denison, S.）は COS 活動だけでは貧困の解決は困難であるとしてセツルメント運動を始めた。そこでは貧民の教育的環境を整えることに主眼を置き、知識人がスラム地区に住み込み貧民に教育的感化を及ぼし、貧民とともに地域を改良していくことが重要であるとした。この影響を受けてバーネット（Barnett, S.）は 1884 年に世界最初のセツルメント・ハウスである **トインビー・ホール**（Toynbee Hall）をロンドンのスラム地区に建設した。

20 世紀前後になると、ブース（Booth, C.）とラウントリー（Rowntree, B.）により相次いで貧困調査が行われる。海運経営者であったブースはロンドンのスラム地区、イースト・エンドで労働者家族の実態調査（1889 － 1891 年）を行った。そして報告書『ロンドン民衆の労働と生活』を著し、その中でロンドン人口の 3 分の 1 が貧困状態にあると報告した。一方、地方都市ヨーク市の製菓工場の経営者であったラウントリーは、ヨーク市の全世帯対象の生活状況調査を行った。そして『貧乏 － 地方都市生活の研究』（1901 年）を著し、その中で全市人口の約 3 割が貧困状態にあるとした。そして、この両者に共通する主張は、貧困の原因は不安定労働や低賃金といった雇用上の問題であ

隣友運動
チャルマーズがグラスゴーの教区で始めた運動である。地域をいくつかに分け、家庭訪問者が貧困者の友人として、貧困者の調査を行い、金銭支給よりも他に活用できる社会資源を探して救済活動を行った。

トインビー・ホール
セツルメント運動に投じ、30 歳の若さで亡くなったオックスフォード大学の経済史学者アーノルド・トインビーを記念して名づけられた世界最初の大学人によるセツルメントハウスである。

るとしたことであった。こうして「貧困の発見」と呼ばれる貧困の科学的解明がなされたのである。

そして1905年には、当時の保守党政府が「救貧法および貧困救済に関する王命委員会」を任命した。そして、この王命委員会は救貧法を根本的に改良することを求める報告書を1909年に提出した。しかし、この報告書は多数派と少数派に分かれて別々に提出された。多数派はCOSのメンバーによって占められ、救貧法の拡大・強化・人間化を主張した。そして、貧困の原因は個人の精神的・道徳的問題にあるとし、治療的処遇の必要性を主張した。これに対して少数派は**フェビアン協会**のウェッブ（Webb, B.）ら4人の委員であり、救貧法を解体して、すべての人々に対する「**ナショナル・ミニマム**」（national minimum 国民最低限）の普遍的保障を主張した。結果は多数派が通過して、救貧法は廃止されなかったが、劣等処遇原則は否定され、貧困児童や障害者などは社会福祉施設に移行し、労働能力ある貧民は院外救済が認められるようになった。

こうした中で、社会問題に対する世論も高まり、1906年から翌年にかけて労働争議法、教育（学校給食）法、1908年には無拠出の老齢年金法と児童の法的権利を明らかにした児童法、1909年には最低賃金法、1911年には国民保険法が制定された。この国民保険法は拠出制の給付であるが2部構成で第1部が健康保険、第2部が失業保険となっていて、最初の社会保険として画期的なものであった。これら一連の社会立法は「リベラル・リフォーム」と呼ばれるもので、救貧から防貧への時代転換を示すものであった。

さらに1934年には失業法が制定された。これは拠出制の失業保険（第1部）と無拠出の失業扶助（第2部）で構成されていた。これにより、救貧法で受給していた失業者を失業扶助が引き受けることになり、救貧法は労働能力のない貧民の制度に転化した。救貧法の廃止は正式には国民扶助法成立の1948年であるが、実質的にはこの時点で、その歴史的役割を終えることになった。

3．社会保障と福祉国家の成立

第二次世界大戦の最中、1942年に『社会保険および関連サービス』（Social Insurance and Allied Services）という報告書が発表された。『ベヴァリッジ・レポート』（Beveridge Report）と呼ばれるもので、ベヴァリッジ（W.Beveridge）を委員長とする報告書である。これは民主主義と反ファシズムのために戦っているイギリス政府が戦時下の国民を鼓舞し、戦後の新しい生活を約束するための報告書であった。そしてこれは「揺りかごから墓場まで」と呼ばれる戦後イギリス「**福祉国家**」実現の骨格となった。

この報告書では、窮乏（Want）、怠惰（Idleness）、疾病（Disease）、無知（Ignorance）、不潔（Squalor）を問題解決すべき5大悪（Five Giant's Evils）とし、その中で最大の敵は窮乏であるとし、「ナショナル・ミニマム」の保障

フェビアン協会
民主的な方法で社会改良を積み上げていくことにより、社会主義国家を実現していこうとする考え方を持つ社会改良家によって結成された政治団体である。イギリスの戦後福祉国家建設への政治的な原動力となった。

ナショナル・ミニマム
19世紀末にイギリスのウェッブ夫妻により提唱されたもので、すべての国民に保障される生存・生活水準のことであり、国民最低限と訳される。（p.12、201参照）

福祉国家
国民福祉の増進と確保を重要な目的の1つとする国家のことであり、完全雇用と社会保障、社会福祉等の政策を実現する国家をいう。戦後のイギリスや北欧諸国などを特定する場合もある。

を基本目標とした。また保障の3つの方法として、基本的ニーズに対応する社会保険、これを補完する国民扶助、基本的ニーズを超えるものに対応する任意保険をあげた。そして強制加入の社会保険には均一拠出・均一給付のフラット原則を採用した。さらに無差別無料の国営医療サービスが実施されることになった。こうしてイギリスは国家が積極的に国民の福祉を守る「福祉国家」として歩み始めたのである。

そして戦後イギリスの社会保障制度は、1945年の家族手当法、1946年の国民労働災害保険法、国民保険法、国民保健サービス法、1948年の児童法、国民扶助法と体系的に整備されていった。

イギリスの福祉国家は順調に進展するかにみえたが、1951年の朝鮮戦争は軍事費の増大と社会保障費の削減を招き、「大砲かバターか」の論議を呼び起こした。1961年には高齢者人口の増大にともなう年金支出額の急増により新年金法が制定された。そこでは所得比例制度が導入され、ベヴァリッジのフラット原則は崩れた。また、すでになくなったかにみえた貧困が、高齢者を中心として増大していること、しかも多数の人々が恥辱（スティグマ）意識のために扶助を申請しないことが各種調査により明らかにされた。このことにより1966年には国民扶助制度から保護請求権を明確にした補足給付制度へ変更になった。そしてこの頃、盛んに論議されたことは、ベヴァリッジ原則に基づいた全国民への均一サービスによる**普遍主義**か、あるいは真に必要な者にサービスを限定する**選別主義**かということであった。しかし、イギリス経済の低落と社会保障財源の逼迫により、時代はベヴァリッジ原則から離脱していくことになった。

4．シーボーム報告から現在まで

1968年にシーボーム（Seebohm, H.）を委員長とする『地方自治体とパーソナル・ソーシャル・サービスに関する委員会報告書』が発表された。いわゆる『シーボーム報告書』である。この報告書は、戦後におけるイギリス社会福祉行政の基本的な枠組みを改革することを提言した。この提言の背景には、それまで施設入所中心であった社会福祉ニーズが在宅福祉中心へ変わってきたこと、それにともない社会福祉サービスの量的拡大を図りながら、その質的な保障をどうするか、さらにそのためのソーシャルワーカー養成と実践のあり方をどうすべきかという問題があった。報告書ではコミュニティを基盤とした家族志向のサービス提供を行うこと、地方自治体に社会サービス部を設置すること、ソーシャルワーカー養成やその実践は、それまでのスペシフィックからジェネリックに変えることなどを提案した。そして、この提案を受けて1970年に「地方自治体社会サービス法」が制定された。

1970年代後半になると、イギリス経済はいよいよ危機状況に陥った。そこでサッチャー（Thatcher, M.）の**新保守主義**政権の下、「小さな政府」による「福

普遍主義・選別主義
すべての国民に対して所得に関係なく給付・サービスを配分する考え方が普遍主義であり、資力調査（ミーンズ・テスト）をともなわない。これに対し選別主義は生存にかかわるニーズに限定して給付・サービスを配分し、資力調査をともなう。

パーソナル・ソーシャル・サービス
イギリスにおけるシーボーム報告や地方自治体社会サービス法により確立したもので、対人社会サービスのことである。個人や家族に対面的、個別的に援助するところに特色があり、利用者の個別ニーズに総合的に対応し援助する。

新保守主義
「大きな政府」である福祉国家体制を批判し、個人の自由と自助努力を強調し、「小さな政府」と市場原理を重視する考え方である。福祉においては規制緩和や民営化を主張するところに特色がある。

祉見直し」が断行され、それまでの福祉国家路線は大きく転換することになった。他方では、シーボーム改革によって公的部門の組織が肥大化し、官僚制の問題などが指摘される中で、社会福祉の民間活力に注目が集まった。1980年代になると、高齢者や障害者など要援護者のコミュニティケアの問題が社会福祉の大きな課題になってきた。それとともに社会福祉サービスの供給体制をどうすべきかという課題も生じてきた。

こうした中で1988年に**コミュニティケア**のあり方について、グリフィス（Griffiths, R.）は、いわゆる『グリフィス報告書』を提出した。そこではコミュニティケアに関して地方自治体が責任を持つこと、サービスの購入者と提供者を分離し、地方自治体は個人のニーズのアセスメントに基づいて、必要なサービスを営利・非営利を含む多元的なサービス供給主体から購入することなどが提案された。すなわち国民の多様なニーズに対応するために、多元的なサービス供給主体の参入とサービス供給量の増大により国民のサービス選択を増やし、他方ではサービス供給主体間の競争により、効果的・効率的なサービス供給の確保を図ろうとするものであった。そしてこのグリフィスの提案を受けて、1989年に『人々のためのケア』というコミュニティケア白書が発表され、翌1990年に「国民保健およびコミュニティケア法」が成立した。

サッチャー以後の新保守主義政策に終止符を打ったのは1997年に政権を握った労働党のブレア（Blair, T.）である。ブレアはいわゆる「第3の道」をめざした。それはこれまでの労働党の「大きな政府」による福祉国家でもなく、保守党の「小さな政府」による反福祉国家でもないとする政策路線である。このブレアの労働党（ニューレイバー）は「福祉から就労へ」（welfare to work）を福祉政策の核心とする。そこでは貧困の世代的再生産などの社会的排除という問題に対し、社会参加を促進し、社会の一員として自立し、市民の役割を遂行できるようにしていくソーシャル・インクルージョン（社会的包摂）政策を重要視する。そして自治体・企業・NPOなどが協力し合ってみんなで包み支え合う社会、いわゆる「インクルーシブ・ソサイエティ」の実現をめざしている。この政策路線は今日のイギリス社会福祉に大きな影響を与えている。

なお、2010年には自由民主党と連立した保守党政権に移行した。

> **コミュニティケア**
> 長期のケアを必要とする障害者や高齢者等が、在宅や施設でサービスを利用しながら、その人らしい地域生活を実現できるように支援するサービスや政策を示す考え方である。「地域福祉」とほぼ同義である。（p.188参照）

第2節 アメリカの社会福祉の歴史

1．救貧制度の成立

1602年にイギリスから清教徒がアメリカに移住してきた。以降、1776年の

第2節　アメリカの社会福祉の歴史

独立までアメリカはイギリスの植民地であった。そして1900年前後まで、新天地を求めて多くの国々から多数の人々が移民してきた。まさにアメリカは多種多様な人種・民族のるつぼの国となった。しかし、移民者たちは新天地への夢とは裏腹に、貧困、疾病、犯罪などの社会問題にも直面することになった。

アメリカにおける救貧制度の始まりは、1642年に制定されたプリマスやバージニアの植民地救貧規程である。以後、各植民地でこうした救貧規程が制定される。代表的なものとして1683年のニューヨーク植民地救済法がある。これらの公的救済制度はいずれも宗主国であるイギリスの救貧制度を移入したものである。したがって救済方法はイギリスと同様に、労働の強制による抑制的な救済であった。

1800年代初めになるとアメリカは産業革命を経験するが、一方で失業、貧困、犯罪などの社会問題に悩まされる。そこで貧民の実態調査が行われ、1821年にマサチューセッツ州の『クインシー報告』（Queency Report）、1824年にニューヨーク州の『イエーツ報告』（Yate's Report）が議会に提出された。両報告とも、在宅救済の廃止と労働能力ある貧民の強制労働を奨めるものであった。そこでニューヨーク州を始め、各州で救貧院が設置された。

当時のアメリカでは**自由放任主義**や**社会ダーウィン主義**が支配的で、救貧法による救済は不健全とみなされ、未開の西部に行けば自活できるという考え方が一般的であった。

2．民間慈善活動と社会事業の萌芽

1776年の独立革命後のアメリカは連邦制度をとり、州権を尊重し、連邦の中央政府の権限を制限するという方針をとった。これは救貧政策でも同様であった。しかし、実際に救貧策が行われたのは州レベルではなく、タウン（町）やカウンティ（郡）などの地方行政単位であり、また教会の慈善活動であった。さらには移民の出身地・出身国・人種・民族・宗教ごとの民間相互扶助団体の活動であった。他方では「**ラッセルセージ財団**」のような19世紀末以降の資本家による慈善活動助成の財団・基金であった。そしてこれらがその後、アメリカ独特の民間福祉活動を発展させていくことになる。

南北戦争（1861－1865年）以後、アメリカ産業資本は著しく発展するが、1873年には不況を経験し、多くの労働者が貧困に陥った。こうした中で、制限的な公的救貧制度に対して民間の援助活動が活発に展開していく。

1877年にはバッファロー慈善組織協会が設立された。これはロンドンの慈善組織協会をモデルに、それまで各地でバラバラに行われていた慈善活動を組織化し、救済方法の改善を行ったものである。この慈善組織協会はその後、アメリカ各地に広まり設立された。その活動の重点は、各慈善団体の情報交換、友愛訪問員のケース調査、物質的援助に代わる人格的かかわりに置かれた。この活動を母体にしてケースワークやコミュニティオーガニゼーションと呼

自由放任主義
国家による干渉をできる限り少なくし、個人の利己心を自由に発揮させ、個人的な利益追求の競争をさせることにより、社会全体が繁栄し、最大の経済効果をあげるという考え方である。

社会ダーウィン主義
ダーウィンの進化論を人間社会に適用して社会の進化を説明する理論をいう。スペンサーがその代表で、人間社会における生存競争、適者生存によって社会組織や規範も進化するとした。

ラッセルセージ財団
私財の一部を割いて、慈善事業やセツルメント活動の助成をする金融資本家の財団の1つであり、社会福祉の分野では代表的な財団である。リッチモンドや多くのソーシャルワーカーがその財団の資金助成により研究や教育を推進した。

ばれるソーシャルワークが生み出されていく。

1880年から90年代にかけてアメリカはイギリスを抜いて、世界一の生産額を誇る国になった。労働者は都市に流入し、都市人口が急増する一方で、スラム地区が目立ち始めた。このスラム地区の劣悪な環境を改善するために起こってきたのがセツルメント運動であった。1889年に社会改良主義者アダムズ（Addams, J.）はシカゴに「ハル・ハウス」（Hull House）を設立した。

1910年から20年頃には慈善活動や社会改良活動などを社会事業（social work）と呼ぶようになった。また「ケースワークの母」リッチモンド（Richmond, M.）は1917年に名著『社会診断』（Social Diagnosis）を発表し、ケースワークの基礎を確立し、その後のソーシャルワークの発展を導くことになった。

3．社会保障法の成立

1929年のウォール街での株式大暴落に始まる大恐慌は、これまでにない大量の失業者を生み出した。1933年に大統領に就任したルーズベルト（Roosevelt, F.）はニューディール政策を発表し、大規模な公共事業プログラムの実施による雇用機会の創出を図った。

そして1935年には世界で最初の「社会保障法」（Social Security Act）を成立させた。この社会保障法は、①老齢年金と失業保険の2種類の社会保険、②高齢者扶助、視覚障害者扶助、要扶養児童扶助の3種類の公的扶助、③母子保健サービス、肢体不自由児サービス、児童福祉サービスの社会福祉サービス、という3部構成になっていた。

こうしてアメリカは連邦政府を中心とした社会保障制度の枠組みを形成する。しかしその枠組みのすべてが連邦政府による中央集権ではなかった。連邦政府の直営は年金保険だけであり、失業保険、公的扶助、社会福祉サービスは州政府の事業とされた。連邦政府は枠組みと運営に関する基準を設定し、必要とされる費用の一定の割合について補助金を交付するだけであった[1]。またこの社会保障法の大きな特徴は、医師会の強力な反対により医療保険を欠落させていたことであった。

この社会保障法の制定により、貧困救済は公的機関で実施されることになり、多くのソーシャルワーカーが公的部門に移った。他方、私的福祉機関のソーシャルワーカーは家族関係調整に重点をおく心理主義的なケースワークを発展させていった。

4．偉大な社会と貧困戦争

第二次世界大戦後のアメリカは名実ともに世界のリーダー国になり、「アメリカン・ドリーム」や「パックス・アメリカーナ」（アメリカによる平和）を謳歌した。ところが1960年代に入ると社会問題が深刻化してきた。ベトナム戦争の長期化、人種差別、麻薬、失業、貧困等々である。

ハル・ハウス
アダムズによって設立された代表的なセツルメントハウスであり、労働組合運動、平和運動、児童福祉運動と結びついて活動したところに社会的意義があり、社会福祉のみならず社会改良の近代化に大きな貢献をした。

ニューディール政策
第32代大統領ルーズベルトが当時の大恐慌対策として打ち出した「新規まきなおし」政策で、それまでの自由競争の原理を捨てて、政府が積極的に経済活動の統制、干渉に乗り出す思い切った政策の遂行を提唱したものである。

1950年から60年代にかけ、アメリカは「**ニューバーグ事件**」（1961年）に代表されるように公的扶助の引き締め政策を行った。しかし、扶助受給者は増加の一途をたどっていた。1964年の『大統領経済報告』では総人口の5分の1が貧困状態にあることが報告された。戦後の豊かさの中で消えたかに見えた「貧困の再発見」であった。そこでケネディ（Kennedy, J.）大統領とその後継者であるジョンソン（Johnson, L.）大統領によって「**貧困戦争**」が展開され、一連の貧困対策が実施された。しかし、自助を前提としたこれらの対策は貧困問題の根本的解決にはならなかった。かえって公的扶助受給者たちによる**福祉権運動**を喚起させることになった。この福祉権運動は、黒人差別撤廃を求めた公民権運動の流れを受けて全国運動にまで発展した。それは当事者の社会参加という点で、アメリカの社会福祉の歴史において画期的な意味をもつものであった。

5．社会保障法タイトルXXの成立と新保守主義改革

アメリカの社会保障法は1950年代から70年代にかけて、たびたび改正された。これらの改正で重要な意味をもつのは1965年の「高齢者医療保険・医療扶助」の改正である。この改正によりアメリカ社会保障は初めて医療保険（メディケア）と医療扶助（メディケード）を持つことになった。しかし前者は制度としては社会保険であるが、その適用範囲は65歳以上の高齢者に限定され、後者は公的扶助の一環としての医療提供の制度であった[2]。

1974年には社会保障法タイトルXX（Social Security Act：Title XX）が制定された。これは公的扶助の実施からケースワークなどの福祉サービスを分離し、福祉サービス自体の拡大発展を図ろうとするものであった。これにより福祉サービスは州の権限とされ、高齢者や障害者などの地域生活を個別的に支援する対人福祉サービスとして確立されることになった。

1980年代になると、レーガン（Regan, R.）大統領による新保守主義改革の下、「強いアメリカの再生」がスローガンとされた。そこでは軍事費拡大とは裏腹に「小さな政府」による社会福祉費削減の政策がとられた。そして、アメリカの伝統的な考え方である自助の精神と個人責任が強調された。

なお、1990年には、障害者の市民的権利を保障する「**障害をもつアメリカ人法**（ADA：American Disabilities Act）」が誕生した。

「小さな政府」という政策路線は新自由主義とも呼ばれ、政府の介入をできるだけ少なくして、企業活動を最大限に活発化させる市場原理主義を採る。特に世界が1991年のソ連崩壊により米ソ対立からアメリカ一極体制に変化したこと、またIT技術の進行により知識集約型のポスト産業社会が到来したこと、さらに21世紀のブッシュ（Bush, G.）政権時代においてヒト、モノ、カネ、情報が高速度に世界を駆け巡るグローバル社会が到来したことにより、市場原理主義は世界を席巻することになった。

ニューバーグ事件
ニューヨーク州のニューバーグ市で1961年に、公的扶助の受給を制限するために、扶助の受給をできるだけ抑制し、不快なものにする条例が制定されたことを意味する事件である。

貧困戦争
1960年代のアメリカにおいて、依然として黒人などマイノリティを中心に貧困が存在することが認識され、ジョンソン大統領により「貧困戦争」が宣言された。具体的にはメディケア、メディケードなどの創設がなされた。

福祉権運動
1960年代のアメリカにおける貧困戦争の批判から、1960年に始まった公的扶助の受給要件の改善、差別撤廃と福祉権の確立をめざした急進的な運動のことである。この運動の背景には人種差別問題がある。

障害をもつアメリカ人法
1990年に制定された障害者差別の撤廃と障害者の経済・社会への参加、アクセスを可能とすることを目的とする包括的な連邦法である。障害者差別禁止法の代表として国際的にも注目された。

この市場原理主義はサブプライムローンに端を発した2008年9月のリーマンショックにより、世界同時不況を招き、アメリカのみならず世界中の人々を貧困の危機に直面させるというリスク社会に追いやることになった。そして、この難局に対応すべく2008年11月には初の黒人大統領であるオバマ（Obama,B.H.）政権が誕生し、2010年3月に医療保険改革法が成立した。

第3節　わが国の社会福祉の歴史

1．前近代社会における貧困救済

　中国の「唐律」をモデルに制定された**大宝律令**（大宝元（701）年）によって、わが国は律令国家の骨組みを築いた。そして、その中に収められている戸令（718年）には貧困救済について規定している。

　戸令では「凡鰥寡孤独貧窮老疾、不能自在者」を救済対象とするとしている。「鰥」とは61歳以上で妻のない者、「寡」とは50歳以上で夫のない者、「孤」とは16歳以下で父のない者、「独」とは61歳以上で子のない者、「貧窮」とは生活に困窮している者、「老」とは66歳以上の者、「疾」とは廃疾の者である。そして、すべてこれら自活できない者は近親が扶養し、扶養すべき近親がいない場合には、その村で保護すべきこととしている。同じ戸令の中で、行路病人がある場合には村で看病し、病気が治ったら当人の戸籍のある土地に送るべきことが規定されている。また、災害や凶作の時に備えて穀物を備える「**義倉**」という備荒の制度についても規定している。これがわが国最初の公的救済制度である。そして、この戸令の近親や隣保による相互扶助という法思想は、戦前のわが国の救護法まで1,000年以上にわたって継続することになる。

　民間の慈善救済としては、552年の仏教伝来とその興隆により、慈悲の思想のもとでの救済事業が展開された。最古のものとして聖徳太子によって建立されたと伝えられる四箇院（推古天皇元（593）年）がある。聖徳太子は四天王寺に悲田院（貧窮者や孤児の入所施設）、療病院（貧窮病人の入院施設）、施薬院（貧窮者に薬を提供する施設）、敬田院（仏教の布教施設）を建立したとされている。また僧の行基は布教とともに民衆救済のための土木・慈善事業を行った。

　中世になると明恵、叡尊、忍性らの僧により、貧困者、らい病患者、孤児などの慈善救済活動が行われた。また、封建領主や戦国大名による救済活動も各地で行われる。さらにキリスト教の伝来により、宣教師ザビエル（Xavier, F.）やアルメイダ（Almeida, L.）らにより、伝道とともに病院や孤児院が設けられたりした。

大宝律令
律6巻、令11巻の古代の法典であり、大宝元（701）年に刑部親王、藤原不比等らにより編纂され、ただちに施行された。天智朝以来の法典編纂事業の大成で、養老律令施行まで、律令国家盛期の基本法典となった。

義倉
大宝律令の賦役令により、住民各自がその分に応じて籾（もみ）を供出して貯蔵し、災害や凶作の時の救済に用いられた。その後、一時中断したりしたが、徳川幕藩体制時には復活して災害救助の時に大きな効果があった。

第3節　わが国の社会福祉の歴史

徳川幕藩体制になると、身分制による社会秩序が形成され、中央集権体制が確立される。それとともに民生安定のための各種の救済施策が講じられる。御救小屋（貧窮者の入所施設）、御救金・御救米（貧窮者のための生活資金）、五人組制度（相互扶助による救済等の連帯責任制度）、七部積立金制度（災害や貧民救済の資金積立制度）などである。この頃は、地域で共同体が形成され、相互扶助を基本として民衆の生活が支えられていた。

2. 近代国家の形成と恤救規則

近代の明治期になると、政府は富国強兵、殖産興業の政策を推進していく。しかし、他方で政治経済の変革により全国的に多くの貧困者が現れた。

そこで政府は人心安定の必要に迫られ1874（明治7）年に「恤救規則」を制定した。この規則の救済原理は「済貧恤窮ハ人民相互ノ情誼ニ因テ」講ずるべきとして近隣の相互扶助である「隣保相扶」を基本とした。その上で親族扶養や隣保の救済が困難な「無告の窮民」を救済対象とした。この無告の窮民とは、廃疾にある独身者、70歳以上の老衰の独身者、疾病のために労働不能な独身者、13歳以下の孤児のことである。このように規則ではいわゆる天涯孤独の窮民を救済対象とし、しかも戸籍上の確認を要件としたために定住が条件となり、浮浪貧民は除外された。こうして恤救規則は、公的救済よりも隣保相扶という情誼性を基本に、1932（昭和7）年の救護法実施に至るまで60年近く続くことになる。

この間には1890（明治23）年の**窮民救助法案**などが提出されたが、公的救済は怠惰な国民を養成するという**惰民観**やあるいは自由放任思想の影響が強く、法案成立には及ばなかった。

こうした中で、恤救規則を補足する各種の救済立法が制定された。1880（明治13）年には備荒諸蓄法、1899（明治32）年には備荒諸蓄法を改正した罹災救助基金法、さらには行旅病人及び死亡人取扱法などである。そして、1900（明治33）年には非行少年のための感化法、精神障害者を自宅に監置することを認める精神病者監護法などが制定された。

軍事関係の救済立法は優先的に整備された。1904（明治37）年の下士兵卒救助令、1906（明治39）年の廃兵院法、さらに1917（大正6）年には、富国強兵のための人的資源の確保と下士兵卒の生活困窮救済のために軍事救護法が制定された。

この時期には各種救済施設が創設され、慈善事業家が活躍した。1872（明治5）年の浮浪者収容のための「東京養育院」、1887（明治20）年の石井十次による「岡山孤児院」、1891（明治24）年の石井亮一による知的障害児施設「滝乃川学園」、1899（明治32）年の留岡幸助による感化院「家庭学校」などである。また1895（明治28）年には山室軍平が日本「救世軍」を創設し、**廃娼運動**や**囚人保護**の活動を行った。さらに1897（明治30）年には片山潜に

窮民救助法案
内相の板垣退助が恤救規則の改正を目的として立案した法案である。内容的にはそれまでと比べて一定の近代的性格を備え、慈善施設の増設、多種化、国家補助の増加、行政権限の拡大による指導・監督の強化を盛り込んでいた。

惰民観
生活に困窮して公的な援助を受ける者は、それに依存して怠惰になるという考え方である。さらには、生活困窮者は怠惰その他の問題ある性格をもっており、それが公的援助により助長されるという考え方である。

廃娼運動
広義には売春廃止運動であるが、狭義には主として公娼制度の廃絶を目的とした明治以降の運動をさす。公娼制度とは国家が売春を許可し、鑑札を与えて課税し、営業を保護するもので、1956（昭和32）年の売春防止法まで継続した。

囚人保護
法令に基づいて監獄につながれている監獄収容者の人権尊重や待遇改善などの監獄改良、さらに社会復帰のための活動などをさす。留岡幸助、山室軍平など明治期のキリスト社会事業家の果たした役割が大きい。

よるセツルメント施設「キングスレー館」が設立された。

日清戦争（1894（明治27）～95（明治28）年）、日露戦争（1904（明治37）～05（明治38）年）を経て、わが国の資本主義は興隆したが、反面、貧困者は急増した。横山源之助は1899（明治32）年に貧民の実態を『日本の下層社会』で著した。しかし当時の救済行政は消極的であり、実際の救済は民間にまかせ、国民を天皇制的慈恵の下で思想教化することにより社会問題の緩和・解決を図ろうとした。こうした救済のあり方を「感化救済事業」と呼ぶ。なお、1908（明治41）年には慈善事業組織化のための「中央慈善協会」、1911（明治44）年には「恩賜財団済生会」が設立された。

3．社会事業と救護法

第一次世界大戦（1914（大正3）～1917（大正6）年）により、わが国は好景気となるが、終戦とともに不況と物価高に国民は苦しむことになる。1918（大正7）年には**米騒動**が富山県の漁村で起こり、全国に波及した。河上肇は1916（大正5）年に『貧乏物語』で国民の窮状を著した。1920年代になると労働運動や農民運動などが活発化した。キリスト教社会事業家、賀川豊彦が神戸で活躍したのはこの頃である。そして、1925（大正14）年には大正デモクラシーの影響もあって、普通選挙法が成立した。

こうした中で、1917（大正6）年に岡山県で「**済世顧問制度**」、1918（大正7）年には大阪府で、小河滋次郎の協力により「方面委員制度」が創設された。これは地域に密着した委員が、貧困者の調査や相談に応じることで効果的な救済を行うことを目的とした。この方面委員制度は大正末期には全国に普及した。

また1920（大正9）年には内務省に社会局が設置され、各府県にもこれに対応する部局が設置された。そして、この頃からそれまでの慈善・救済事業に代わって「社会事業」という用語が一般化するようになり、そこでは自由放任思想に代わって国民相互の**社会連帯思想**が基盤となった。

そして、1929（昭和4）年には方面委員など社会事業関係者の努力もあって、「救護法」が制定された。この救護法は公的救護義務主義により、法的に貧困者救済の公的責任を認めた点で画期的であった。その実施主体は市町村であり、救護対象は65歳以上の高齢者、13歳以下の幼者、妊産婦、障害者、病者とし、保護内容は生活・医療・助産・生業扶助とした。居宅救護を原則として、補充的に施設救護（養老院・孤児院・病院）を認めた。そして、方面委員が救護委員の名称で補助機関になった。この救護法の実施により救済を受ける人は大幅に増加した。しかし、著しく素行不良や怠惰な人は救護を受けられないこと、救護を受ける人は普通選挙法の選挙権が与えられないことなどの問題点があった。

1929（昭和4）年の世界大恐慌により国民の生活難は深刻化した。娘の身

米騒動
1918（大正7）年7～9月に、米価の暴騰により生活難に陥った民衆が米屋、資産家、警察などを襲った。富山県魚津町の主婦たちの騒動を発火点として、100万人を巻き込む全国的な飢饉暴動に発展した。

済世顧問制度
1917（大正6）年、岡山県知事笠井信一によって創設されたもので、精神的感化や物質的斡旋による防貧活動を使命とする救済制度である。わが国の民生委員制度の源となるものであった。

社会連帯思想
諸個人間の相互依存関係をさす。社会保障や社会福祉では慈善や救貧を乗り越える社会的責任論として積極的役割を果たした。特に社会保険制度における所得再分配の基本理念であり、戦後社会福祉の基本理念でもある。

売りや児童の虐待が頻発する中で、1933（昭和8）年に「児童虐待防止法」が制定された。また同年に、それまでの「感化法」に代わり、教育的保護に主眼を置く「少年教護法」も制定された。さらに1937（昭和12）年には母子家庭の貧困化、母子心中の頻発化に対応して「母子保護法」が制定された。

なお、精神障害者の私宅監置の弊害と入院治療の必要性を訴えた呉秀三の啓蒙活動の影響もあって、1919（大正8）年には「精神病院法」が制定されている。また1907（明治40）年に制定された「癩予防に関する件」が1931（昭和6）年に「癩予防法」に改正され、ハンセン病患者全員の隔離収容政策が進められた。戦後「らい予防法」に改正されるが、強制隔離は1996（平成8）年の法廃止に至るまで継続した。

1937（昭和12）年の日中戦争開始により、翌1938（昭和13）年には戦争遂行のための**国家総動員法**が制定された。そして、同年には国防充実のための国民の健康増進を目的として厚生省が設置された。こうした戦時体制下で、社会事業は「厚生事業」と呼ばれ戦争遂行という大きな国家政策に組み込まれた。民間の社会事業の強い要望によって生まれた同年制定の「**社会事業法**」もその役割を果たすことなく大きな波に呑み込まれていった。

4．戦後社会福祉の成立

1945（昭和20）年に第二次世界大戦が終了し、わが国は敗戦国としてアメリカを中心とする連合国軍最高司令部（GHQ）の占領統治下に入った。GHQは、わが国の非軍事化と民主化を占領政策の基本方針とした。

1946（昭和21）年には新憲法が制定され、その第25条では「健康で文化的な最低限度の生活」という生存権が国民の権利として規定され、また社会福祉、社会保障、公衆衛生の向上と増進が国の責務として規定された。

GHQは1946（昭和21）年に「社会救済に関する覚書」（SCAPIN第775号）として、国家責任、公私分離、無差別平等、必要充足の4つの基本原則をわが国政府に示した。そしてこの原則が戦後の社会福祉政策の基本となった。

わが国政府は4原則を受けて、1946（昭和21）年に「旧生活保護法」を制定した。しかしこの旧法には**欠格条項**があり、また不服申し立ての権利保障を欠いていたために、1950（昭和25）年には「新生活保護法」が制定された。この新法では方面委員が民生委員に改称され、協力機関として位置づけられた。

1947（昭和22）年には、戦災孤児や浮浪児など緊急対応を要する問題を抱えて「児童福祉法」が制定された。これは福祉の名称をもつ初めての法律であり、保護法から福祉法への画期的な転換を図るものであった。さらに傷痍軍人の問題対応も緊急を要した。そこでGHQ提示の無差別平等原則に配慮し、軍事色を薄めた形で、1949（昭和24）年に「身体障害者福祉法」が制定された。

こうして生活保護法、児童福祉法、身体障害者福祉法のいわゆる「福祉三法」が整備された。さらに1951（昭和26）年には「社会福祉事業法」（現・社会

国家総動員法
日中戦争の開始後、1938（昭和13）年4月に企画院の立案により、人的・物的資源の統制管理を目的として制定された。この法の下で国民の労務、賃金、事業、生産、配給等の統制が勅令により行われるようになった。

社会事業法
民間社会事業関係者からの強い要望を受けて、1938（昭和13）年4月に制定された。施設経営者に対する監督ならびに助成を含めて制定されたとするが、監督面が強く財政面では空疎であった。戦後制定の社会福祉事業法により抜本的に改正された。

欠格条項
障害があることを理由として、免許、資格取得等の制限・禁止を定めている法令あるいは条文のこと。旧生活保護法では、勤労を怠る者、生計維持に努めない者、素行不良な者は法の適用除外とされた。

福祉法）が制定された。この法律は社会福祉全般の基本的事項を定めたもので、これにより社会福祉主事、福祉事務所、社会福祉法人など戦後の社会福祉制度の枠組みが整備された。

明治期に創設された中央慈善協会（1908（明治41）年）はその後、中央社会事業協会（1921（大正10）年）と名称を変えたが、これを母体として戦後、1951（昭和26）年に中央社会福祉協議会がつくられ、さらに1955（昭和30）年には全国社会福祉協議会（全社協）となった。そして、都道府県や市町村でも社会福祉協議会がつくられていった。そこでは地域住民の参加による社会福祉の推進が目的とされた。

なお、1950（昭和25）年には、新憲法の精神に基づき精神障害者の人権尊重と適切な医療と保護の機会提供のために「精神衛生法」が制定された。

そしてGHQの強力な指導もあって、ケースワーク、グループワーク、コミュニティオーガニゼーションなどの社会福祉援助技術が、福祉事務所や児童相談所の行政機関を始めとして、社会福祉協議会、病院、施設など福祉の実践現場に本格的に導入されていった。

5．高度経済成長期の社会福祉

わが国は1950年代後半に入ると、戦後の混乱期を脱して高度経済成長を遂げていく。物質的に豊かになり、生活の利便性は増した。しかしその反面、都市における住宅難、核家族や共働き家庭の増大、公害汚染の拡大、農村における過疎化といった社会問題が生じてきた。

こうした中で、社会福祉への国民の関心は高まっていった。そして国の基本政策も、その目的を国民の福祉向上に重点を置く「福祉国家」路線をとることになった。1958（昭和33）年には国民健康保険法、1959（昭和34）年には国民年金法が制定され、**国民皆保険・皆年金体制**が実現した。

1960年代に入ると福祉三法から「福祉六法」へと社会福祉の制度が整備されていった。1960（昭和35）年には、それまで18歳未満は児童福祉法が対応していたが、18歳以上になると法的な保障がなかった知的障害者に対し、「精神薄弱者福祉法」（現・知的障害者福祉法）が制定された。また1963（昭和38）年には、それまで貧困老人のための養老院のみの対応であった老人問題について、総合的に対応する「老人福祉法」が制定された。そして1964（昭和39）年には厳しい生活環境にある母子世帯に対し、「母子福祉法」（現・母子及び寡婦福祉法）が制定された。

1957（昭和32）年には、生活保護の「適正化」（引締め）政策を背景として、「人間裁判」と呼ばれる「朝日訴訟」が提訴された。これは生活保護の基準が、憲法第25条で規定する「健康で文化的な最低限度の生活」を保障するかどうかをめぐって争われた裁判である。第1審では原告が勝訴するが、第2審では敗訴し、最高裁では原告死亡により、結果的に敗訴となった。しか

国民皆保険・皆年金体制
国民すべてが医療および年金が受けられるような体制のことをいう。わが国では1958（昭和33）年の国民健康保険法、1959（昭和34）年の国民年金法の制定にともない、1961（昭和36）年の両制度の全国民適用実施によりこの体制になった。

しこの裁判は生活保護のみならず、社会保障全体の水準向上へ導くことになった。さらにこの訴訟を契機に、社会保障運動のみならず公害運動、労働運動、保育運動などが活発化していった。

このような住民運動を背景に1970年前後には東京都や大阪府、さらにはいくつかの大都市で革新自治体が生まれた。これらの自治体では国の福祉政策を先導する形で、老人医療費無料化や各種の福祉施策が実施された。また地方自治体の役割の拡大とともに、コミュニティ政策の報告書が出された。1969（昭和44）年には国民生活審議会による『コミュニティ－生活の場における人間性の回復』、1971（昭和46）年には中央社会福祉審議会による『コミュニティ形成と社会福祉』が発表された。それらでは公害問題に代表される経済重視から地域生活環境を大切にする生活重視への転換が主張された。こうしてコミュニティケアや地域福祉が注目され始めた。

障害者福祉については、1963（昭和38）年に作家・水上勉がその貧困を訴えた『拝啓総理大臣殿』という書簡を総合雑誌に発表し、社会的反響を呼んだ。1968（昭和43）年には、知的障害児施設「近江学園」の園長であった糸賀一雄が、「この子らを世の光に」と訴え『福祉の思想』を著し、**発達保障論**を提起した。また、障害者の親の会や当事者自身の運動も活発化していった。

そして、1971（昭和46）年には「社会福祉施設緊急整備5カ年計画」が実施され、施設の量的整備が図られていった。しかし一方で、コロニーと呼ばれる大規模施設が人里離れた地域に建設されたりする問題を残した。

精神障害者については1965（昭和40）年に「精神衛生法」が改正された。これは**ライシャワー事件**（1964（昭和39）年）を契機とする社会防衛的な側面と、保健所への精神衛生相談員の配置など地域精神保健的な側面をあわせもつ法改正となった。

6．低経済成長期の社会福祉と福祉改革

わが国は高度経済成長にともない、1960年代から70年代にかけて社会保障費予算はずっと上昇を続けた。1972（昭和47）年には70歳以上の老人医療費無料化が図られた。そして、1973（昭和48）年は「福祉元年」と呼ばれた。

ところが福祉元年のまさにその秋に、中東戦争を契機として石油ショックが起こり、日本経済は以降、低成長の時代に入っていった。そして財政難により「福祉見直し」が叫ばれるようになった。

1979（昭和54）年に政府は「新経済社会7カ年計画」を公表した。そこでは個人の自助努力と家族・近隣の相互扶助に基盤を置いた「日本型福祉社会論」が強調された。1980（昭和55）年には、膨張した行政の仕組みの減量化と効率化を目的に「第2次臨時行政調査会」が設置された。内容は民間活力の推進や規制緩和などを旗印とする「小さな政府」という国家観の転換の下で、補助金の削減、福祉の有料化、民間サービスの導入、施設福祉から在宅福祉サー

発達保障論
すべての人が等しく、その能力を全面的に発達させる権利をもち、教育・医療・福祉・労働・生活などの諸権利を、発達を保障するという観点から統一的にとらえようとする考え方である。

ライシャワー事件
1964（昭和39）年3月にライシャワー駐日米国大使が、統合失調症の少年に負傷させられた事件である。この事件により社会治安上、問題のある患者の警察への届出を医師に義務付けることとされた。

123号通知
1981（昭和56）年11月17日付で厚生省から各都道府県・指定都市に出された通知「生活保護法の適正実施の推進について」（社保第123号）のことである。不正受給防止を目的としたこの通知により金融機関調査などの資産調査が徹底化した。

社会福祉関係八法改正
「老人福祉法等の一部を改正する法律」のことであり、8つの社会福祉関係各法（老人福祉法、身体障害者福祉法、知的障害者福祉法、児童福祉法、母子及び寡婦福祉法、社会福祉事業法、老人保健法、社会福祉・医療事業団法）の一部改正および付則からなる一括法である。

ノーマライゼーション
「障害をもつ人も、もたない人も共にすむ社会こそが、あたりまえの社会である」という基盤のもと障害者福祉の分野のみならず、社会福祉の全分野において「ごく普通のあたりまえの生活を実現する」ことを目的とする社会福祉の基本理念とされている。
(p.40、240参照)

ビスへの転換が提案された。これを背景として、1981（昭和56）年には生活保護において厚生省（現厚生労働省）から**123号通知**が出され、保護「適正化」（引締め）政策が展開していく。そして1982（昭和57）年には保健・医療・福祉の連携を図る老人保健法が制定され、老人医療費の一部自己負担の導入や老人保健施設の設置がなされた。

1985（昭和60）年以降は、福祉見直しから「福祉改革」へと論議が転換していく。1985（昭和60）年には国庫補助率の暫定引下げ（1989（平成元）年固定化）、1986（昭和61）年には団体委任事務化が図られ、福祉における補助金削減と地方分権化が進められる。また1987（昭和62）年には専門職制度として「社会福祉士及び介護福祉士法」が制定された。この時期には高齢化率が10％を超え、迫りくる高齢社会に向けて、社会福祉改革の構想と具体的な計画化が始められる。そしていわゆる「平成の福祉改革」の時代に突入していくのである。

1989（平成元）年3月には福祉関係三審議会の意見具申「今後の社会福祉のあり方について」が発表された。そこでは、①市町村主体による施策の重視、②在宅福祉の充実、③シルバービジネス、福祉公社など民間サービスの育成、④福祉と保健・医療の連携強化、⑤福祉の担い手の養成と人材確保、⑥サービスの総合化・効率化が課題とされた。また、1989（平成元）年12月には高齢者の福祉サービス拡充を目的とした「高齢者保健福祉推進十か年戦略」（ゴールドプラン）が策定された。そして1990（平成2）年には**社会福祉関係八法改正**が行われ、そこでは市町村重視、在宅福祉充実、民間福祉サービス育成を目的とした。

人口高齢化とともに、結婚・出産年齢の上昇や未婚率の増加により、少子化も進行していた。そこで1994（平成6）年に「今後の子育て支援のための施策の基本方向」（エンゼルプラン）が策定された。そこでは子育てと仕事の両立、多様な保育サービスの充実が目的とされた。

障害者については、1993（平成5）年にノーマライゼーション理念に基づき「障害者基本法」が制定された。そして1995（平成7）年には「障害者プラン」（ノーマライゼーション7か年戦略）が策定された。精神障害者については1984（昭和59）年の宇都宮病院事件を契機に、人権擁護の入院制度整備と社会復帰施策の導入を図った「精神保健法」が1987（昭和62）年に制定された。その後、1995（平成7）年には、精神障害者保健福祉手帳や社会復帰施設など福祉施策の充実を図るための「精神保健及び精神障害者福祉に関する法律」（精神保健福祉法）が制定された。そして、1997（平成9）年には専門職制度として「精神保健福祉士法」が制定された。

ボランティア活動への関心が阪神・淡路大震災を契機に高まり、1998（平成10）年には「特定非営利活動促進法」（NPO法）が成立し、福祉サービス供給の多元化を促進することになった。

バブル崩壊後の国家財政の大幅な赤字、他方では中央集権型行政から**地方分権**型行政へのシステム転換の必要性を背景として、1995（平成7）年に「地方分権推進法」が成立した。さらに1999（平成11）年には「地方分権一括法」が制定され、翌年の施行により**機関委任事務**が廃止され、福祉サービスの事務のほとんどが市町村の事務となった。

こうした中で、わが国の社会福祉が終戦後につくられた法制度の枠組みを前提としたものであり、すでに半世紀を経て、時代の状況に適合しがたくなっているとして、1997（平成9）年以降、「社会福祉基礎構造改革」の本格的な検討が進められた。1997（平成9）年12月には、そこでの検討意見を取り入れた「介護保険法」が成立し、2000（平成12）年4月から実施された。そして2000（平成12）年6月には、社会福祉事業法を大幅に改正した「社会福祉法」が成立した。

社会福祉法施行により、わが国の社会福祉は「措置」から「契約」へのシステム移行とともに、地域福祉重視のいわゆる「地域福祉主流」の時代に入った。そして、障害者福祉分野では2003（平成15）年の障害者支援費制度の導入を経て、2005（平成17）年には「障害者自立支援法」が成立し、2013（平成25）年4月には「障害者総合支援法」が施行された。

なお21世紀に入り、これまでの新自由主義の政策展開にともなう格差社会の進行、およびグローバル社会の到来、さらに世界同時不況の襲来という状況にあって、国民の生活リスクが深刻化した。こうした背景のなか2009（平成21）年9月、長年続いた自民党政権に代わって民主党政権が誕生したが、2012（平成24）年12月に再び自民党に政権が交代した。

そして、2011（平成23）年3月11日に未曾有の東日本大震災が発生した。

地方分権
中央集権に対応する用語で、国がもっている権力や統治機能を、できるだけ地方に分散することをいう。わが国では、戦前・戦後を通じて長らく中央集権の政治構造であったが、1980年代以降から社会潮流、財政逼迫などから地方分権の動きが加速した。

機関委任事務
国の事務の処理方式の1つで、国の事務を地方公共団体ではなく、地方公共団体の機関に委任して処理させるものである。これまで生活保護決定にかかわる事務をはじめ、社会福祉諸法における福祉の措置の多くは機関委任事務とされていた。

引用文献

1）古川孝順「社会福祉の歴史」、窪田暁子・古川孝順・岡本民夫編『世界の社会福祉⑨アメリカ カナダ』旬報社、p.48
2）同上書、p.54
3）同上

参考文献

1．右田紀久恵、高澤武司、古川孝順編『社会福祉の歴史』有斐閣、1977
2．一番ヶ瀬康子、高島進編『講座社会福祉2 社会福祉の歴史』有斐閣、1981
3．窪田暁子、古川孝順、岡本民夫編『世界の社会福祉⑨アメリカ カナダ』旬報社、2000
4．岩田正美、武川正吾、永岡正己、平岡公一編『社会福祉基礎シリーズ①社会福祉の原理と思想』有斐閣、2003
5．菊池正治、清水教惠、田中和男、永岡正己、室田保夫編『日本社会福祉の歴史』ミネルヴァ書房、2003

第5章

社会福祉基礎構造改革以降の制度

第1節 新たな社会福祉システムとしての「契約による利用制度」

1．措置制度から契約による利用制度への移行

（1）わが国の社会情勢と社会福祉

　1990年代になると、わが国の社会福祉に大きな変化がみられるようになった。わが国の社会構造の変化、女性の社会進出、核家族化等の変化に加え、1980年代以降の少子高齢化、介護問題、社会福祉ニーズの多様化や普遍化、その一方での福祉サービスの画一化や均一化の問題、慢性的な不景気に伴う財政難といった社会福祉を取り巻く情勢が大きく変化した。このような社会情勢の中で、従来の**措置制度**を中心とした社会福祉の仕組みでは対応できなくなってきた。

　戦後生まれた措置制度は、行政の権限で緊急性や必要性の高い人に優先的に福祉のサービスが提供される（中立性と公平性）、一定基準の福祉サービスが保障される、公共性が高い、といったメリットがあった。この措置制度の果たしてきた役割は非常に大きかったといえよう。

　しかし、上述のような社会情勢の変化とともに、措置制度の問題が指摘されるようになった。まず、措置制度は、行政の判断と責任のもと福祉サービスの内容や提供者まで決められていた。いわゆる行政処分であった。そこには、利用者の権利性が認められておらず、**反射的利益**を受けているに過ぎないとされてきた。行政処分された利用者は、自分では生活できない人だから公的な恩恵が必要であり、一段劣った価値の低い存在とみなされてきた。第二に、福祉サービスを提供している事業者や施設は、最低限の基準は設けられていたが、その基準さえ満たしていれば行政からとがめられることはなかった。したがって、最低基準が最高基準となり、福祉サービスの質の向上が遅々として進まなかった。つまり、画一的・均一的な処遇しかできず、1人ひとりに応じたきめの細かい福祉サービスが提供されにくくなってしまった。第三に、措置制度でまかなわれていた措置費の使い道が厳格に規定されていたため、型にはまった福祉サービスしか提供できず、先駆的な取り組みや独創性のある取り組みを実施することが困難であった。

　以上のような理由で、措置制度ではこれからの社会福祉を担うことに限界がみられた。限られた財源を最大限有効活用するための新たな社会福祉の仕組みが必要となってきたのである。

（2）契約による利用制度の提言

　社会福祉関係の審議会などから様々な意見書や報告書が出され、今後のわが国の社会福祉のあり方が検討された。「保育問題検討会の報告書」（保育問

措置制度
戦後出来上がったわが国の社会福祉の仕組み。社会福祉の援助が必要な人々に対し、行政の判断と責任のもと福祉サービスの内容や提供先が決定される仕組みである。多くは、社会福祉法人や公的機関によって提供されていた。社会福祉法人は、民間団体であるが公に属する団体とみなされ、行政から委託を受けて福祉サービスを提供していた。(p.12、68、131参照)

反射的利益
措置制度では、行政処分として社会福祉のサービスが提供されていた。したがって、利用者には福祉サービスを受けることは権利として認められるというよりも、法に規定されたとおりの行政執行がなされていただけであった。

第1節　新たな社会福祉システムとしての「契約による利用制度」

題検討会、1993)、「二十一世紀福祉ビジョン－少子・高齢社会に向けて－」(高齢社会福祉ビジョン懇談会、1994)、「社会保障将来像委員会第2次報告」(社会保障制度審議会、1994)、「新たな高齢者介護システムの構築を目指して」(高齢者・介護自立支援システム研究会、1994)、「今後の障害保健福祉施策の在り方について（中間報告）」(障害関係三審議会合同企画分科会、1997)等の意見書が相次いで出されたが、これらは従来の措置制度から新たな社会福祉の仕組みとして契約による利用制度を提言している。

1997（平成9）年から社会福祉の基礎構造改革についての検討がなされるようになり、1997（平成9）年には「介護保険法」が制定され、2000（平成12）年度から実施されている。また、1997（平成9）年の「児童福祉法」の改正にともない、1998（平成10）年度から保育所入所が行政との契約方式へと変わった。

このような動きのなかで、1998（平成10）年には「社会福祉基礎構造改革について（中間まとめ）」と「社会福祉基礎構造改革を進めるにあたって（追加意見）」（中央社会福祉審議会社会福祉構造改革分科会）が出され、契約による利用制度に向けた本格的な取り組みが提言された。

そして、2000（平成12）年には、「社会福祉事業法」はじめ**福祉関係八法が改正・廃止**され、契約による利用制度、地域福祉推進に向けた法整備がなされた。具体的には、「社会福祉事業法」は「社会福祉法」へと改題され中身が大幅に改正された。

2001（平成13）年度から母子生活支援施設と助産施設が行政との契約方式へと移行し、2003（平成15）年度からは身体障害児者、知的障害児者の福祉サービスの主要部分において支援費制度が導入された。まさに、福祉サービスは契約による利用制度の時代へ突入したといえる。

2．社会福祉基礎構造改革

社会福祉の仕組みを措置制度から契約による制度へと転換するにあたっての直接的な意見書が「社会福祉基礎構造改革について（中間まとめ）」と「社会福祉基礎構造改革を進めるにあたって（追加意見）」といえよう。社会福祉の仕組みを基礎から改革していく必要がある、という意見書である。

そこで、「社会福祉基礎構造改革について（中間まとめ）」を詳しくみていくこととする。

（1）趣旨

社会福祉基礎構造改革の趣旨は、社会福祉の目的を従来のように限られた者の保護・救済にとどまらず、国民全体を対象として、社会連帯の考え方に立った支援を行い、個人が人としての尊厳をもって、その人らしい安心のある生活が送れるよう自立を支援することにある。そして、他人を思いやり、お互いを支え、助け合おうとする精神でもって、すべての国民が社会福祉をつくり、

福祉関係八法が改正・廃止

「社会福祉事業法」は「社会福祉法」に題名改正されたほか「身体障害者福祉法」、「知的障害者福祉法」、「児童福祉法」、「民生委員法」、「社会福祉施設職員等退職手当共済法」、「生活保護法」が一部改正され、「公益質屋法」が廃止された。

支えていくという社会福祉を実現することにある。

(2) 改革の方向
改革の基本的方向として、
①対等な関係の確立
②地域での総合的な支援
③**多様な主体の参入促進**
④質と効率性の向上
⑤透明性の確保
⑥公平かつ公正な負担
⑦福祉の文化の創造　の7項目をあげている。

(3) 主な改正の内容
主な改革の内容は、福祉サービス利用者とサービス提供事業者とが対等な関係となり、利用者本位に基づき利用者自ら福祉サービスを選択し利用する制度を構築することにある。そして、地域において総合的かつ継続的に利用者の需要を把握し、効率的に福祉サービスを提供する体制を利用者のもっとも身近な地域において構築するという地域福祉を推進していく。利用者と福祉サービス提供者との権利義務関係を明確にすることで利用者の個人としての尊厳を重視するために、契約による利用制度を導入し、多様な事業主体の参入を認め、お互いが競争するという市場原理を活用することによって効率的に福祉サービスを提供するとともに福祉サービスの質の向上をめざそうとしている。

社会福祉法人の公共性、信頼性、効率性を確保するとともに、会計・経理、経営管理体制の改革、経営管理指標の設定、職員の専任・常勤規則および業務の外部委託についての制限の緩和や省力化の推進を行う必要がある、としている。

利用制度をスムーズにするために、利用者への分かりやすい情報提供や体験入所の提供、契約書の記載事項、契約の際の事前説明、解約事由、広告内容の正確性などについて明確に定める必要があるとし、権利擁護の制度を整理している（成年後見制度や苦情解決事業）。また、地域福祉をより推進するために、地域福祉計画の策定の提言や市町村を主体とした福祉サービスの提供をあげている。福祉サービスの質の向上のために、ケアマネジメントを用いて効果的な福祉サービスの提供の必要性や規制緩和、専門職の確立や専門職以外の人材の必要性を述べている。さらに、社会福祉の信頼を高めるため**サービス評価**等の情報を開示し、事業運営の透明性を図ることを求めている。一方、費用負担について公平かつ公正な負担の必要性も提言している。

この社会福祉基礎構造改革は、今日の社会福祉の仕組みをつくっていく布

多様な主体の参入促進
措置制度の時代は、社会福祉は極めて公共性の高いことから、福祉サービスを提供するのは公的機関、社会福祉法人など特殊な団体に限定されていたが、契約による利用制度では、民間企業やNPO法人などにも福祉サービス提供者として認めていこうとするものである。

サービス評価
各事業者・施設が提供している福祉サービスの内容や質の評価を行うことで、提供者側は自らの質を確認でき、一方、利用者側は事業者・施設を選択する際の参考となる。このサービス評価は、事業者・施設がチェック項目に基づいて自己評価するもの、利用者が評価するもの、第三者が評価するものがある。サービス評価を公開することで、事業の透明性を図ることにもつながる。

石となっている。

3．「社会福祉事業法」等の改正

「社会福祉基礎構造改革について」を受けて、2000（平成12）年に、「社会福祉増進のための社会福祉事業法等の一部を改正する等の法律」に基づき「社会福祉事業法」他、福祉関連八法等が改正された。これは、社会福祉基礎構造改革を推進するための法整備である。その概要は以下のとおりである。

（1）趣旨

社会福祉事業、社会福祉法人、措置制度など社会福祉の共通基盤制度について、今後増大・多様化が見込まれる国民の福祉への要求に対応するため、見直しを行うものである。また、介護保険制度の円滑な実施や成年後見制度の補完、地方分権の推進、社会福祉法人による不祥事の防止などに資するものである。

（2）改正の主な内容

①利用者の立場に立った社会福祉制度の構築のための身体障害、知的障害児者領域の利用制度化（支援費制度）と利用者保護制度の創設

②福祉サービスの質の向上のための第三者評価の導入や事業者の情報公開

③社会福祉事業の充実活性化のための各種相談事業等の追加や社会福祉法人設立のための規制緩和や社会福祉法人の運営弾力化

④地域福祉推進のための地域福祉計画作成や**市町村への権限委譲**

などがあげられる。社会福祉法にこれらの事業が盛り込まれたり、身体障害、知的障害児者の主な領域で2003（平成15）年度から支援費制度が導入されることとなった。これらの法整備によって、社会福祉基礎構造改革が推し進められることとなった。特に、「社会福祉法」に新規に規定された事業は地域福祉を推進していくための事業で、理念だけでなく具体的な制度としても地域福祉が推し進められるようになった。

4．契約による利用制度とは

契約による利用制度とは、福祉サービスを利用する利用者本人と福祉サービスを提供する事業者・施設とが対等な関係のもとに、契約に基づいて福祉サービスの授受を行う仕組みである。どの事業者・施設と契約を取り交わすかは、利用者の自己選択・自己決定に委ねられている。つまり、利用者が福祉サービスを選べる制度である。

従来の措置制度は、行政処分として福祉サービスが提供されており、行政が福祉サービスの内容や事業者・施設まで決定しており、福祉サービス提供事業者・施設は、行政から委託されて利用者を預かっている、という感覚が

市町村への権限委譲
福祉サービス提供の事務を取り扱うのは、住民にもっとも身近な行政機関である市町村が行うのが適切であることから、その権限を都道府県から市町村に委譲した。介護保険や障害者自立支援法に基づくサービスの実施主体は各市町村となっている。

契約による利用制度
利用制度へ移行した福祉サービスも措置制度が全くなくなったわけではない。虐待されている高齢者や障害者、きわめて緊急の高い人が福祉サービスを必要とする場合など契約になじまないケースにおいては行政権限で措置を行うことができる。

強かった。そこには、行政、事業者・施設、利用者の関係がきわめて上下関係のようなとらえ方が色濃く反映されており、福祉サービス利用者は単なる福祉の対象者としてしかみなされていなかった。

契約による利用制度は、利用者と事業者・施設が契約を交わし、利用者が福祉サービスを利用する、という考えである。したがって、措置制度のような行政処分という考えではなく、利用者は福祉サービスの消費者として位置付けられることになった。

契約とは、「取り決め、約束を交わすこと」という意味である。どのような福祉サービスを提供するのか、利用者自身があるいは事業者・施設が遵守すべきことはどのようなことかを明確にし、双方が納得したうえで契約を交わすことになる。契約書に福祉サービスの内容を記し、重要な項目については口頭での説明も加え、双方納得のうえで契約書に署名・捺印することとなる。なお、福祉サービス利用に際し、事業者・施設には**応諾義務**が課せられている。

応諾義務
契約による利用制度では、利用者が利用を希望する限り事業者・施設が不当な理由をもとに利用を拒んではならないことになっており、これを応諾義務という。施設の定員が満杯、明らかに提供できる福祉サービスと利用者のニーズが異なっているなどが正当な理由となる。

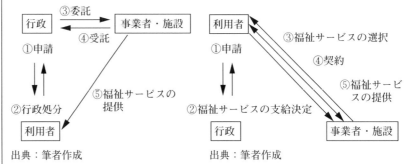

図5-1 措置制度の概念図　　図5-2 契約による利用制度の概念図

出典：筆者作成　　　　　　　出典：筆者作成

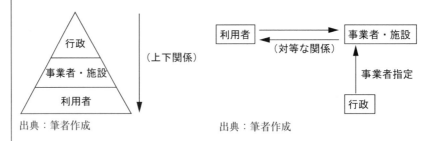

図5-3 措置制度による利用者、行政、事業者・施設間の関係　　図5-4 契約制度による利用者、行政、事業者・施設間の関係

出典：筆者作成　　　　　　　出典：筆者作成

5．契約による利用制度の意義と課題
(1) 意義

契約による利用制度の意義として次のことがあげられる。
①利用者と福祉サービス提供者との間に権利義務関係が明確となり、対等な関係で契約を結ぶことができる

②自己選択・自己決定できることで利用者の主体性や自主性につながる
③競争原理が働いて福祉サービスの質の向上につながる
④福祉サービスに対して苦情がいえる仕組みができた（苦情解決事業、運営適正化委員会の設置）
⑤利用者保護の制度が整った（成年後見制度、日常生活自立支援事業）
⑥在宅サービスが充実したことで地域福祉が理念だけでなく具体的に実践に移されることとなった
⑦福祉サービスの実施主体が市町村に委譲されたことで住民にもっとも近い行政が窓口となり地域に密着した福祉サービスの提供が可能となった
⑧規制緩和にともない先駆的・創造的な福祉サービスの提供が可能となる
などがあげられる。契約による利用制度は、措置制度を克服する形で生まれてきたものといえよう。

（2）課題

契約による利用制度の課題として次のことがあげられる。
①どの事業者・施設からの福祉サービスを利用するかは利用者の自己選択に委ねられ利用者と事業者・施設との契約には行政は介入しないため公共性が薄れる
②契約による利用制度の福祉サービスは認知症高齢者、知的障害者といった判断能力の不十分な利用者を対象としているものが多く、利用者が本当に福祉サービスの内容を充分理解した上で契約を交わすことが困難であり、そのことへの対応が不十分なまま実際には家族などが代筆しており本人との契約になっていない
③ニーズの少ない分野ではサービスが滞ってしまう
④選べるほど福祉サービスの量や種類が存在していない
⑤需要が供給を上回っている領域では福祉サービス提供者側が利用者を選ぶという逆転現象が生じている
⑥**応益負担**にともない自己負担金が支払えず、サービスを制限している利用者がいる
⑦市町村に権限が委譲されたことで市町村格差が激しくなる
⑧専門性の向上といわれながらも規制緩和によって**多様な雇用形態の職員**が採用されるようになり、不安定な身分の職員が急増し利用者との具体的な場面でのかかわりで福祉サービスの質の低下につながる恐れがある
⑨出来高払いであるため事業者・施設の収入が不安定となり効率性や経費削減が強調されすぎる
などがあげられる。
契約制度の意義を尊重しつつ、抱える課題もあわせて理解しておく必要がある。

応益負担
福祉サービスの内容や量によって利用者や扶養家族の自己負担額が変わる仕組みをいう。たとえば、介護保険では、1割が自己負担となっている。障害者自立支援法では、定率負担という名称となっている。これに対して、利用者や扶養家族の支払能力に応じて自己負担額が変わる仕組みを応能負担という。（p.127参照）

多様な雇用形態の職員
介護保険など公金を使って福祉サービスを提供する場合、国で職員の配置基準が決められている。従来の措置制度であれば、職員は原則、正規職員を配置することとされていたが、規制緩和により正規職員と同じ時間の労働力が確保されていれば職員の雇用形態は臨時職員、パート、アルバイトを雇い入れても良いこととなった。これを常勤換算方式という。

6．様々な形態の契約による利用制度

契約による利用制度は、社会福祉の領域によって具体的な実施方法が異なっている。高齢者領域では「介護保険制度」として、児童福祉の保育所や母子生活支援施設では「行政との契約方式」として、また、障害児者領域では「障害者総合支援法に基づくサービスの給付」として実施されている。同じ契約による利用制度であっても、それぞれの制度によって、福祉サービス提供の仕組みや流れ、財源、利用者負担などは異なっている。ここでは主な契約による利用制度として、「介護保険制度」と「障害者総合支援法に基づくサービスの給付」について説明を行うこととする。

第2節 介護保険制度

1．介護保険制度とは

（1）介護保険制度の目的

介護保険制度は、1997（平成9）年に制定された「介護保険法」によって規定されており、2000（平成12）年から実施された。

わが国では、1970年代から高齢化社会に突入し、諸外国にも例がないほどの速さで高齢化が進み、要介護高齢者や認知症高齢者の増加、介護期間の長期化などの問題が生じてきたが、在宅介護における基盤整備が不十分であったため、**社会的入院**や寝たきり高齢者が増加し、老人医療費も増大していった。さらに、核家族化や老々介護などにより、家族介護にも限界が認められるようになってきた。そのため、要介護高齢者が尊厳ある自立した生活を営むことができるように、高齢者の介護を社会全体で支え合う仕組みづくりが求められるようになり（介護の社会化という）、これが今日の介護保険制度の創設へとつながっている。

なお、介護保険制度の主な目的は、介護の社会化以外にも次のような目的がある。

介護保険制度が開始されるまでの福祉制度や福祉サービスの提供は、**措置制度**であったため、利用者の自己決定や自己選択はなく、救貧的な色合いが強かったが、給付と負担の関係性が明確な社会保険方式を採用している介護保険制度では、利用者が給付の権利性をもちやすく、利用するサービスやサービス事業者を自ら選択し、契約することができるようになり（**契約制度**）、利用者とサービス事業者が対等な関係を保つことを目的にしている。

また、措置制度下では、地方公共団体やそこから委託された社会福祉法人が福祉サービスを提供していたが、介護保険制度では、民間企業やNPO法人

社会的入院
症状が落ちついており、特に入院する必要もないが、家族介護者の不足や拒否などによる家庭の事情によって入院している状態のことであり、社会的入院の増加が老人医療費の増大の一因といわれている。

措置制度
地方公共団体などが、申請に基づいて、サービス利用の開始や廃止の審査・決定を行う行政権限である。本制度は、利用者本位や自己決定などが反映されにくいことからも、利用者の意思を尊重することが困難になりやすいといえる。(p.12、62、131参照)

契約制度
利用者がサービス事業者との直接的な契

など多様な運営主体が参入することにより、競争原理が働き、サービスの質の向上をはかることや、利用者がそれぞれのニーズに応じたサービスを選択しやすくなるようにしている。さらに、従来からの縦割りサービスを見直し、福祉サービスと医療・保健サービスを統合した形で提供することにより、サービスの重複や漏れを防止することや、利用者にとって利用しやすいような仕組みに変え、より効果的な介護サービスの提供をめざしている。

約に基づいて、サービス利用の開始や廃止を行うことからも、本制度は、利用者本位や自己決定、利用者とサービス事業者との対等性などが確保されやすいといえる。

（2）介護保険制度改正の必要性

介護保険制度は、制定当初から実施5年後に見直しを行うこととされており、2005（平成17）年に大幅改正された。なお、高齢者の「自立」と「尊厳の保持」を基本としつつ、明るく活力ある超高齢社会の構築、制度の持続可能性、社会保障の総合化を柱として改正された。

改正のポイントは、以下のとおりである。

①増大する介護ニーズに対応すべく予防重視型システムへの転換（**地域支援事業**と**予防給付**の創設）

②施設入所者と在宅生活者との負担格差を是正するための施設給付の見直し（居住費・食費の見直し、低所得者に対する配慮）

③新たなサービス体系の確立（住み慣れた地域で生活できるように地域密着型サービスの創設、新たな地域ケアシステムの拠点として「**地域包括支援センター**」の創設、居住系サービスの充実など）

④サービスの質の確保・向上（介護サービス情報の公表、事業者規制の見直し、ケアマネジメントの見直しなど）

⑤負担のあり方・制度運営の見直し（65歳以上の第1号保険料の見直し、市町村の保険者機能の強化、要介護認定の見直し、費用負担割合等の見直しなど）

また、2012（平成24）年度から、高齢者が地域で自立した生活を営めるよう、医療、介護、予防、住まい、生活支援サービスが切れ目なく提供される「地域包括ケアシステム」の実現に向けた取組を進めることを目的とした、介護サービスの基盤強化のための介護保険法等の一部を改正する法律が施行されている（一部は、2011（平成23）年度からすでに施行されている）。

改正のポイントは、以下のとおりである。

①医療と介護の連携の強化等（日常生活圏域ごとに地域のニーズや課題把握を踏まえた介護保険事業計画の策定、単身・重度の要介護者等に対応できるよう24時間対応の**定期巡回・随時対応型訪問介護看護**や**複合型サービス**の創設、保険者の判断による予防給付と生活支援サービスの総合的な実施（**介護予防・日常生活支援総合事業の創設**）、介護療養病床の廃止期限の猶予など）

②介護人材の確保とサービスの質の向上（介護福祉士等の介護職員による

地域支援事業
要支援・要介護など介護が必要になる前から介護予防を推進し、要介護状態になった場合でも、高齢者が地域において自立した生活を継続できるように、介護予防・日常生活支援総合事業、包括的支援事業、任意事業が実施されている。

予防給付
要支援1・2の人を対象としたサービスであるが、2016（平成28）年4月以降の認定期間開始日より、介護予防訪問介護及び介護予防通所介護は、予防給付から、介護予防・日常生活支援総合事業内の介護予防・生活支援サービス事業へ移行する。

地域包括支援センター
地域住民の心身の健康維持や生活の安定、保健・医療・福祉の向上と増進のために必要な援助、虐待防止など、様々な課題に対して、包括的に課題解決に取り組む地域の中核機関である。実施主

たんの吸引等の実施、介護福祉士の資格取得方法の見直しの延期など）
③高齢者の住まいの整備等（有料老人ホーム等における前払金の返還に関する利用者保護規定の追加、厚生労働省と国土交通省の連携によるサービス付き高齢者向け住宅の供給の促進（高齢者の居住の安定確保に関する法律（高齢者住まい法）の改正）など）
④認知症対策の推進（市民後見人の育成及び活用など市町村における高齢者の権利擁護の推進、市町村における地域の実情に応じた認知症支援策の推進）
⑤保険者による主体的な取組の推進（介護保険事業計画と医療サービス、住まいに関する計画との調和など）
⑥介護保険料の上昇の緩和（**財政安定化基金**の取り崩しにより、介護保険料の上昇の緩和への活用）

さらに、2014（平成26）年度の改正に伴い、地域における医療及び介護の総合的な確保を推進するため、地域包括ケアシステムの構築と費用負担の公平化が見直された。

改正のポイントは、以下のとおりである。
①地域包括ケアシステムの構築に向けた地域支援事業の充実（在宅医療・介護連携の推進、認知症施策の推進、地域ケア会議の推進、生活支援サービスの充実・強化）
②全国一律の予防給付（訪問介護・通所介護）から市町村が取り組む地域支援事業への移行（介護事業所だけでなく、NPOや民間企業、住民ボランティア、協同組合等による多様なサービスの提供など）
③特別養護老人ホームによる中重度の要介護者を支える機能の重点化（既入所者を除き、原則、要介護3以上が入所可能（ただし、要介護1・2の要介護者でも、やむを得ない事情により入所可能な場合もある））
④低所得者の保険料軽減の拡充
⑤一定以上の所得のある利用者の自己負担の引上げ（自己負担が1割から2割へ引上げ）
⑥低所得の施設利用者の食費・居住費を補う「補足給付」の要件への資産追加

2．介護保険サービス利用に至るまでの流れ

介護保険制度下のサービスは、図5－5のとおりである。

（1）介護給付・予防給付によるサービス利用までの流れ

介護保険制度の保険者は、市町村および特別区となっている。また、被保険者は、40歳以上の者となっており、第1号被保険者（65歳以上の者）と第2号被保険者（40歳以上65歳未満の医療保険加入者）に分けられる。なお、第2号被保険者は、**特定疾病**にかかった場合、介護保険を利用することがで

体は、市町村、もしくは、市町村から委託された法人などであり、おおむね人口2～3万人を圏域（おおむね中学校区）とした中に設置されている。配置されている職員は、社会福祉士、保健師、主任介護支援専門員などである。そして、主な機能は、総合相談・支援事業、権利擁護事業、介護予防ケアマネジメント事業、包括的・継続的ケアマネジメント事業、地域ケア会議の実施などである。

定期巡回・随時対応型訪問介護看護
要介護高齢者の在宅生活を支えるため、日中・夜間を通じて、訪問介護と訪問看護が連携を図りながら、短時間の定期巡回型訪問と随時の対応を行うサービスである。

複合型サービス
新設される複合型サービスは、看護と介護の一体的な提供により、医療ニーズの高い要介護者への支援の充実を図るため、小規模多機能型居宅介護と訪問看護を組み合わせた複合型事業所を創設し、提供するサービスである。

介護予防・日常生活支援総合事業
市町村が中心となって、地域の実情に応じて、住民等の多様

第2節 介護保険制度

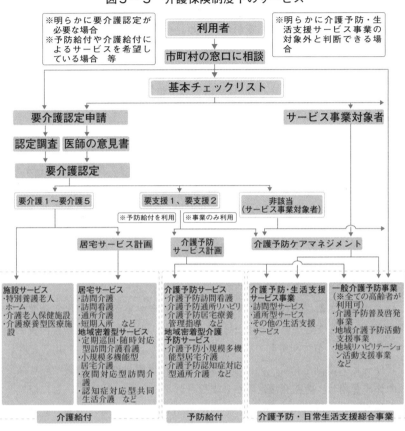

図5-5 介護保険制度下のサービス

出典：厚生労働省「介護保険の解説」筆者一部加筆

きる。さらに、年齢要件のほかに、住所を有することが要件となっている。

要介護認定の申請からサービス利用までの手続きは、以下のとおりである。

①要介護認定の申請

介護保険の被保険者や家族などが市町村に介護保険の要介護認定の申請を行う。他にも、指定居宅介護支援事業者や介護保険施設のうち厚生労働省令が定めるもの、地域包括支援センターなども、被保険者に代わって申請することができる。

②認定調査（一次判定）

申請を受けた市町村は、認定調査員を派遣し、計74項目からなる全国共通の調査票に基づいて、被保険者の心身状況などの聴き取り調査を行う。必要に応じて、認定訪問調査員が特記事項に記載することもある。そして、この調査結果をコンピュータで集計処理し、判定する。このとき、かかりつけ医師の意見書が必要となる。

③**介護認定審査会**（二次判定）

一次判定の結果と認定訪問調査における特記事項、かかりつけ医師の意見

な担い手による多様なサービスを充実することにより、地域の支え合いの体制づくりを推進し、要支援者等に対する効果的かつ効率的な支援を目指す事業である。具体的には、介護予防・生活支援サービス事業（介護保険で要支援1・2の認定を受けた人や基本チェックリストにより生活機能の低下がみられた人が対象）と一般介護予防事業（65歳以上の人が対象）に分けられる。

財政安定化基金
介護保険財政に不足が生じることとなった場合に、市町村に貸与・交付される基金のことであり、都道府県に設置されている。

特定疾病
加齢や老化により生ずる心身の変化に伴い、介護や支援を必要とする疾病を指している。具体的には、初老期における認知症（アルツハイマー病、ピック病、脳血管性認知症、クロイツフェルト・ヤコブ病等）、脳血管疾患（脳出血、脳梗塞等）、筋萎縮性側索硬化症（ALS）、後縦靱帯骨化症、骨折を伴う骨粗鬆症、シャイ・ドレーガー症候群、脊髄小脳変性症、脊柱管狭窄症、早老症、糖尿病性神経障害・糖尿

病性腎症・糖尿病性網膜症、パーキンソン病、関節リウマチ、閉塞性動脈硬化症、慢性閉塞性肺疾患、両側の膝関節または股関節に著しい変形を伴う変形性関節症、末期がん、などがある。

認定調査員
中立性・公平性の観点から、新規申請の場合は、原則として、市町村が認定調査を行う。また、更新・区分変更申請の場合は、市町村に加えて、指定居宅介護支援事業者や介護保険施設、または介護支援専門員（厚生労働省令で定めるもの）に認定調査を委託することができる。なお、認定調査員は、調査内容の秘密を厳守しなければならない。

介護認定審査会
要介護認定を専門的な立場から公平かつ公正に行うため、市町村が設置している。なお、審査会の構成員は、市町村長によって任命された保健・医療・福祉の専門家である。

基本チェックリスト
相談窓口において、必ずしも要介護認定を受けなくても、必要なサービスを介護予防・日常生活支援総合事業で利用できるよう、利用者の状況を確認するツールとして用いられている。

書をもとに、各市町村に設置された介護認定審査会において、一次判定が適正であるかどうかの審査と判定が行われる。

④認定

介護認定審査会は、審査・判定の結果を報告し、市町村が要介護度を認定する。原則として、申請から30日以内に認定結果を通知することになっている。判定は、「非該当（自立）」、「要支援1」、「要支援2」、「要介護1」、「要介護2」、「要介護3」、「要介護4」、「要介護5」に区分され、各要介護度に応じた支給限度基準額内で介護保険サービスを受けることができるようになる。なお、要介護認定の有効期間は、新規申請の場合、原則として6ヶ月、更新の場合、原則として12ヶ月であるが、被保険者の心身の状況によっては、有効期限が短縮されたり、延長されたり（最長24ヶ月）することもある。さらに、有効期間内であっても、被保険者の心身の状況に変化があれば、その時点で申請できる。また、認定結果に不服がある場合、都道府県に設置されている介護保険審査会に不服申し立てができるようになっている。

⑤介護サービス計画（ケアプラン）作成

介護サービス計画の作成は、利用者自身が作成するか、指定居宅介護支援事業者に依頼してもよいことになっている。その場合は、介護支援専門員（ケアマネジャー）が、利用者の心身の状況や希望なども含めて、利用者と共に介護サービス計画を作成する。なお、介護支援専門員による介護サービス計画の作成費用は、全額介護保険から支給される。また、要支援1・2に認定された場合は、地域包括支援センターなどが介護予防サービス計画（介護予防プラン）を立てることになっている。

⑥事業者等との契約とサービス開始

利用者が了承した介護サービス計画（ケアプラン）に基づき、利用者が介護サービスを提供している指定事業者・施設を選択し、介護支援専門員が調整を行ったうえで、利用者は契約を結ぶ。そして、契約が締結されると、サービスが開始となる。なお、介護サービスにかかった費用は、全額を自己負担し、利用者負担額の1割（もしくは2割）を除いた9割（もしくは8割）が保険者から払い戻される（このような方式を償還払いという）。ただし、現物給付の場合は、利用者は利用者負担額の1割（2割）を支払い、介護サービス提供事業者や施設は、残りの9割（8割）を保険者から受け取る。

（2）介護予防・日常生活支援総合事業によるサービス利用までの流れ

市町村や地域包括支援センターなどが相談窓口となって、利用者や家族からの相談に応じ、原則、利用者と対面して基本チェックリストから利用者の状況を確認し、（介護予防・生活支援）サービス事業対象者であると判断できれば、アセスメントによって、**基本チェックリスト**の内容をさらに深め、利用者の状況や希望なども踏まえて、自立支援に向けたケアプランを作成し、

サービス利用につなげる。また、サービス事業の対象外と判断された場合でも、一般介護予防事業のサービスを利用することができる。

3．保険料

介護保険は、40歳以上の者が加入する強制保険であるため、40歳以上の者が保険料を納付することになっている。なお、介護保険の保険料を納めずに滞納した場合、介護保険制度のサービスを利用する際には、利用料の全額をいったん自分で払ったり、自己負担の割合が高くなったりすることもある。

（1）第1号被保険者の保険料

65歳以上の第1号被保険者の保険料は、各市町村によって異なる。市町村は、3年間を1期とした介護保険事業計画期間ごとに、介護サービス施設の整備状況やその地域の高齢化率によって、介護保険の保険料の基準額を定める。そして、基準額をもとに、所得に応じて、保険料が段階的に算出される。また、保険料の徴収方法は、年金受給額が年額18万円以上の者は、年金から天引きされる（特別徴収という）が、年額18万円未満の者は、市町村が徴収する（普通徴収という）。なお、厚生労働省によると、平成27～29年度の第6期における全国平均基準額は、月額5,514円である（参考：平成12～14年度の第1期における全国平均基準額は、月額2,911円）。

（2）第2号被保険者の保険料

40～65歳未満の第2号被保険者の保険料は、加入している医療保険ごとに被保険者と事業主（国民健康保険の場合は国）が半額ずつ負担する。なお、保険料の徴収方法は、各医療保険料に上乗せして一括に納付することになっている。

4．財源

（1）財源負担割合

介護保険の財源負担割合は、利用者負担を除くと、保険料（50%）と公費（50%）である。社会保険でありながら、公費を財源の一部に組み込んでいるのは、介護保険制度の公的責任や他の制度との整合性、被保険者の負担軽減のためである。

図5－6のように、施設サービスおよび居宅サービス・介護予防・日常生活支援総合事業では、保険料50.0%のうち、第1号保険料が22.0%、第2号保険料が28.0%を占めている。そして、公費50.0%のうち、施設サービスの場合は、国が20.0%（調整交付金5.0%も含む）、都道府県が17.5%、市町村が12.5%を占めており、居宅サービス・介護予防・日常生活支援総合事業の場合は、国が25.0%（居宅サービスの場合は、**調整交付金**5.0%も含む）、都道府県と市町村共に、各12.5%を占めている。

一方、包括的支援事業・任意事業の場合は、第1号保険料が22.0%、公費

調整交付金
75歳以上の高齢者の比率が高い市町村や、高齢者の所得が全国平均よりも低い市町村に対して、市町村間の格差を調整する目的で国から交付されるものである。

図5-6 介護保険の財源負担割合

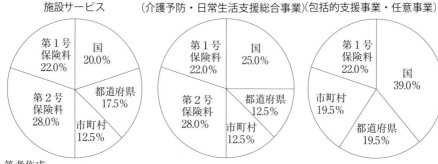

出典：筆者作成

78.0%のうち、国が39.0%、都道府県と市町村共に各19.5%を占めており、第2号保険料は含まれていない。

（2）利用者負担

介護保険制度を利用する際に、介護サービス費用の1割が利用者負担となっている。ただし、2015（平成27）年8月から、一定以上の所得がある場合は、利用者負担が2割となっている。なお、低所得層に配慮して、利用者負担が高額になる場合は、負担の上限が設けられており、高額介護サービス費が支給される。

また、2005（平成17）年の介護保険法改正にともない、入所施設利用者については、在宅で生活している要介護者との公平を図るため、居住費や食費などのホテルコストに関しても利用者の負担としているが、低所得層への負担軽減制度が設けられている。

5．今後の課題

介護保険制度下における今後の課題として、わが国は**申請主義**であるため、潜在的なニーズの掘り起こしが困難であることや、身体機能に偏重した調査のため、在宅での介護の状況が加味されていないこと、応益負担であるため、低所得の要介護高齢者にとっては介護保険サービスが利用しづらいこと、介護保険制度下のサービスのみですべての高齢者問題が解決するわけではないこと、そして、市町村間において保険料や介護サービスの内容や質に格差が生じやすいことがあげられる。

なお、2005（平成17）年の改正で見送られた被保険者と受給者の範囲を拡大することについては、これからの検討課題となっている。今後も、障害者福祉サービスとの関係性を整理しつつ、すべての人が住み慣れた地域で安心して生活を送ることができるように、介護保険制度改革を進めていくことが求められている。

申請主義
いくら受給する資格をもっていても、当事者自らの意思で申請しなければ、給付が支給されない考え方である。これは、私たち国民が申請できる権利を手に入れることになったが、同時に、様々な情報を知る権利も手に入れないと申請できる権利を効果的に活用することが困難であるともいわれている。

第3節 障害者総合支援法に基づくサービスの給付

1．支援費制度
（1）措置から契約による利用制度へ
　1999（平成11）年に出された「今後の障害保健福祉施策のあり方について」の意見具申では、「障害者福祉サービスの利用制度への移行」といった内容が盛り込まれた。これを踏まえ、2000（平成12）年に「社会福祉増進のための社会福祉事業法等の一部を改正する等の法律」により身体障害者福祉法、知的障害者福祉法、児童福祉法が改正され、障害福祉分野の多くが2003（平成15）年度に措置制度にかわって契約による利用制度（支援費支給方式）が導入された。いわゆる支援費制度である。

　支援費制度は、障害者の自己決定を尊重し、利用者本位に基づくサービスの提供を目的に、利用者自らが事業者・施設を選択し、事業者・施設との対等な関係のもと契約を結び、福祉サービスを利用する仕組みである。措置制度から契約による利用制度へと転換され障害者福祉に新たな方向を示したことで意義ある制度である。しかし、この支援費制度は、いくつかの問題点が指摘され、新たな制度の必要性を生じさせ、「障害者自立支援法」へと受け継がれ、2013（平成25）年度から「障害者総合支援法（障害者の日常生活及び社会社会生活を総合的に支援するための法律）」へと改正された。

（2）支援費制度の問題と限界
　支援費制度は、わずか実施1年で様々な問題が表面化し、今後維持できないことが明らかになった。主な問題点として以下のことがあげられる。①在宅サービスの急速な伸びにともなう財政難に陥ったことである。国が当初予想した以上に、在宅サービスのニーズが多かったため、**裁量的経費**でまかなわれていた予算枠では対応できなくなった。②介護保険制度とは異なり、支給決定基準やプロセスがあいまいであり、担当ワーカーや地域によって支給量の格差が大きく広がってしまった（人口1万人あたりの都道府県別支給量格差は最大7.8倍）。そのため明確な支給決定の基準設定やケアマネジメントの制度化を求める声が現場サイドからも出されていた。③精神障害者が支援費制度によるサービス対象から除外されていたため、精神障害者保健福祉施策の遅れが指摘された。

裁量的経費
国や地方公共団体の歳出のうち、政策によって柔軟に削減できる裁量性の高い経費をいう。

2．新たな障害児者福祉制度としての「障害者総合支援法」
　このような問題点を受け、厚生労働省は、障害保健福祉施策の試案として、「今後の障害保健福祉施策について～改革のグランドデザイン案～」を出した。

これを具体的に制度化して施策を進めていくために2005（平成17）年に「障害者自立支援法」が制定された。支援費制度に代わる新たな障害者施策が盛り込まれた法律である。

　「障害者自立支援法」は、2013（平成25）年に「障害者総合支援法」へと名称が変更され、新たな障害福祉サービスが盛り込まれることとなった。「障害者総合支援法」は、地域社会における共生の実現に向けて、障害福祉サービスの充実等障害者の日常生活及び社会生活を総合的に支援するため、新たな保健福祉施策として講じられたものである。

　「障害者総合支援法」では、「障害者基本法」の目的や基本原則にのっとり、次のような基本理念が規定されている。①全ての国民が、障害の有無にかかわらず、等しく基本的人権を享有するかけがえのない個人として尊重されるものであるとの理念に基づいている、②全ての国民が、障害の有無によって分け隔てられることなく、相互に人格と個性を尊重し合いながら共生する社会を実現する、③可能な限り、その身近な場所において必要な支援を受けられること、④社会参加の機会を確保する、⑤どこで誰と生活するかについての選択の機会が確保され、地域社会において他の人々と共生することを妨げられないこと、⑥社会的障壁の除去、以上である。

　「障害者総合支援法」では、「障害者自立支援法」を受けて、介護給付、訓練等給付、自立支援医療、補装具等の自立支援給付と地域生活支援事業を柱とした総合的な自立支援システムの構築が示されている（図5－7）。介護給付を利用するには、障害支援区分の判定に基づき、本人の意向や生活状況などを勘案し、一定の手続きのもと支給決定を行うこととなっている。訓練等給付のみの場合は、障害支援区分の判定は不要である。

　また、いくつかの改正が行われた。①障害者の範囲の見直しが行われ、難病患者等が障害福祉サービス支援の対象とした。②障害程度区分を障害支援区分へと名称・定義を改正した。これにより、障害特性や心身の状態に応じて必要とされる標準的な支援の度合いを総合的に示す区分へと変更された。③重度訪問介護の対象を拡大し、重度の肢体不自由者に加え、重度の知的障害者・精神障害者に対象拡大された。④ケアホームをグループホームへ統合し一元化され、地域生活の基盤となる住まいの場の確保を促進する。⑤地域移行支援の対象を障害者支援施設入所者や精神病院に入院している精神障害者に加え、保護施設や矯正施設を対処する障害者などにも拡大した。⑥地域生活支援事業の必須事業を追加した。⑦サービス基盤の計画的整備などが規定され、障害者の地域生活支援を総合的に支援するための施策が多くも盛り込まれた。

　とりわけ、「障害者自立支援法」を継承し、障害児者の相談支援事業を充実させ、障害児者の地域移行、地域定着をより一層推進しようとしている。相談支援は、基本相談支援、地域相談支援、計画相談支援に分類され、それぞ

図5－7　相談支援の枠組み

- 基本相談支援（第5条16）
- 地域相談支援（地域移行、地域定着）（第5条18、19）
- 計画相談支援（サービス利用支援、継続サービス利用支援）（第5条20、21）

れの役割が規定されている（図5－7）。

　基本相談支援とは、地域の障害児者の福祉に関する様々な問題に対し障害者やその保護者、介護を行っている者からの相談に応じ、必要な情報の提供や助言を行い、障害福祉サービス提供事業者等との連絡調整など総合的な便宜を供与するものである。

　地域相談支援は、地域移行支援と地域定着支援とに分類されている。地域移行支援とは、障害者支援施設に入所している障害者や精神科病院に入院している精神障害者などに対して、地域生活への移行に向けて、住居の確保その他の地域移行に向けた活動に関する相談等を行うものである。地域定着支援とは、現に地域で生活している障害者に対して地域生活の継続に向けた相談支援を行うものである。

　計画相談支援は、サービス利用支援と継続サービス利用支援とに分類されている。サービス利用支援とは、障害福祉サービス等を申請した障害者等の心身の状況や意向を勘案して、また関係機関との連絡調整のもと、障害福祉サービス等の種類や内容などの利用に関する計画（**サービス等利用計画**）を作成するものである。継続サービス利用支援とは、サービス利用支援の支給を受けた者が継続してサービスを利用できるよう、これまでのサービスが適切であったかどうかの検証を行い、サービスの変更や新たなサービスの検討などを行うものである。

　基本相談支援と地域相談支援のいずれも行う事業を一般相談支援事業といい、都道府県知事から指定を受けることとなっている。また、基本相談支援と計画相談支援のいずれも行う事業を特定相談支援事業といい、市町村長から指定を受けることとなっている。

　これらの相談支援事業は、ケアマネジメントの手法を用いることが有効とされており、まさに、障害者ケアマネジメントとして位置づけられているといえよう。そして、この相談支援を担う専門職として**相談支援専門員**が規定されている。

3．「障害者総合支援法」の今後

　2016（平成28）年に障害者総合支援法及び児童福祉法の一部改正され、障害者の地域生活支援や障害児支援の充実化が図られた。具体的には、①障害者の望む地域生活の支援として、地域生活を支援するための自立生活援助、

サービス等利用計画
障害者の心身の状況、置かれている環境、障害福祉サービスまたは地域相談支援の利用に関する意向その他の事情を勘案し、利用する障害福祉サービスまたは地域相談支援の種類および内容その他厚生労働省令で定める事項を定めた計画を指す。国は、すべての障害福祉サービス利用者に対してこのサービス等利用計画を作成することを目指しており、特定相談支援事業所において作成が進められている。

相談支援専門員
指定相談支援事業所に配置される相談支援に従事する専門職を指す。相談支援専門員になるには、障害分野での相談支援（保健、医療、福祉、就労や教育）や介護業務などの実務経験があり、都道府県で実施される相談支援従事者初任者研修を受講しなければならない。

就労定着に向けた就労定着支援、重度訪問介護の医療機関入院時の支援、高齢障害者の介護保険サービスの利用者負担の軽減の仕組みが盛り込まれた。②障害児支援のニーズの多様化へのきめ細かな対応として、居宅訪問により児童発達支援を提供するサービスの創設、保育所等訪問支援の支援対象の拡大、医療的ケアを要する障害児に対する支援、障害児のサービス提供体制の計画的な構築が盛り込まれた。③サービスの質の確保・向上に向けた環境整備として、補装具費の支給範囲を購入及び貸与に拡大、障害福祉サービス等の情報公開制度の創設、自治体による調査事務・審査事務の効率化が盛り込まれた。

第4節 今後の社会福祉の動向

　社会福祉の制度改革は、今後も大小にかかわらず進められていくことであろう。2015（平成27）年に、厚生労働省から「誰もが支え合う地域の構築に向けた福祉サービスの実現―新たな時代に対応した福祉の提供ビジョン―」が出された。これは、家族・地域社会の変化に伴い複雑化する支援ニーズへの対応の必要性、人口減少社会における福祉人材の確保と質の高いサービスを効率的に提供する必要性の高まり、誰もが支え合う社会の実現の必要性と地域の支援ニーズの変化への対応の必要性から、①新しい地域包括支援体制の確立（全世代・全対象型地域包括支援や地域の実情に見合った総統的なサービス提供体制の確立）、生産性の向上と効率的なサービス提供体制の確立、総合的な福祉人材確保・育成が示されている。

　さらに、2016（平成28）年に「社会福祉法」が改正された。社会福祉法人制度が大きく見直され、地域における交易的な取り組みを実施する責務、経営の透明性の向上、経営ガバナンス強化、財務規律の整備などが大きな柱とされた。社会福祉法人の存在意義が再認識されたとともに地域貢献の必要性が改めて強調された改正といえよう。

　このように、時代のニーズや社会情勢に応じてより柔軟なサービスシステムが整えられていくことが求められており、今後さらに変革が予想される。このような中、社会福祉の動向をしっかりと見据えていく必要があろう。

参考文献

1．北場勉「規制改革と社会福祉改革の交錯～措置制度見直しと供給主体多元化に焦点をあてて～」『月刊福祉』2004年11月号、2004、pp.32－35

2．福祉士養成講座編集委員会編『社会福祉士養成講座3障害者福祉論』中央法規出版、2004
3．福祉士養成講座編集委員会編『社会福祉士養成講座1社会福祉原論』中央法規出版、2004
4．福祉士養成講座編集委員会編『社会福祉士養成講座2老人福祉論』中央法規出版、2004
5．間隆一郎「支援費制度の課題と対応」『ノーマライゼーション』2004年5月号、財団法人障害者リハビリテーション協会、2004、pp.10－14
6．伊藤周平『介護保険と社会福祉－福祉・医療はどう変わるのか－』ミネルヴァ書房、2000
7．日本弁護士連合会　高齢者・障害者の権利に関する委員会編『契約型福祉社会と権利擁護のあり方を考える』あけび書房、2002
8．ホームヘルパー養成研修テキスト作成委員会編集『ホームヘルパー養成研修テキスト1級課程　第1巻社会福祉関連の制度とサービス』財団法人長寿社会開発センター、2004
9．特定非営利活動法人地域ケア政策ネットワーク「みんなで育てる介護保険」編集部編『みんなで育てる介護保険』、NPO法人地域ケア政策ネットワーク、2005
10．厚生労働省「介護保険制度改革の概要－介護保険法改正と介護報酬改定－」2006
11．厚生労働省資料「障害保健福祉関係主管課長会議(平成17年11月11日)」
12．相澤譲治編著『改訂新・ともに学ぶ障害者福祉－ハンディをもつ人の自立支援に向けて－』みらい、2006
13．相澤譲治、橋本好市、直島正樹編『障害者への支援と障害者自立支援制度』みらい、2013
14．厚生労働省「介護事業所・生活関連情報検索」内「介護保険の解説」
15．厚生労働省「介護予防・日常生活支援総合事業のガイドラインについて」（平成27年6月5日）
16．厚生労働省「公的介護保険制度の現状と今後の役割」（平成27年度）
17．全国社会福祉協議会傾斜協議会編『社会福祉法改正のポイント－これからの社会福祉法人経営のために－』全国社会福祉協議会、2016

第6章

福祉政策における
ニーズと資源

第1節 需要とニーズの概念

1．福祉ニーズの意味

「ニーズ」とは何か。「ニーズ」は、「欲求」、「必要」、「要求」といった言葉に訳することができる。私たちは暮らしを営む上で、様々な欲求を抱えている。たとえば、のどが渇いたとき水を飲みたいと思うのも、1つの欲求である。またもっとお金を持って、ぜいたくな暮らしをしたいと思うのも、欲求である。さらに人に自分のことを誉めてもらいたいと思うのも欲求といえる。

このように私たちはたくさんの欲求、つまり「ニーズ」を抱えながら生きている。私たちが抱える「ニーズ」について、心理学者のマズロー（A.H .Maslow）は「欲求の階層構造説」によって整理している（図6－1）。彼によれば、私たちがまず最初にいだく欲求、すなわち「ニーズ」は生理的なものであるとされる。空腹におそわれているときにもつ「食べたい」という気持ち、のどが渇いているときにもつ「水を飲みたい」という気持ち、これらをマズローは「生理的欲求」と考えた。これは人が生きていくうえで、最も基底的なニーズであるとされる。

図6－1　マズローの「欲求の階層構造説」

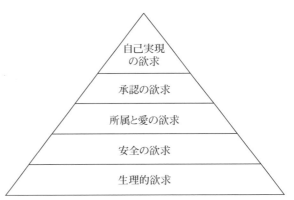

この「生理的欲求」が満たされると、次に人は、戦争や略奪などがないように安全を望む。さらに、この「安全の欲求」が満たされると、人は「所属と愛の欲求」をいだくようになるとされる。人は友だち、恋人、家族などから愛されたいと望み、自分が愛される場所をしっかりと確保したいと思うようになる。これが十分に充足されると、「承認の欲求」があらわれる。これは人から認められることで、自尊心をもちたいと思う欲求である。そして、以上すべての欲求が満たされたときに、最後に人は「自己実現の欲求」をもつ。

ニードとニーズ

ニーズ（needs）は、ニード（need）の複数形である。ニードは、人びとの欲求、必要、要求を集合的・抽象的に表したものであり、ニーズは個々の具体的な欲求、必要、要求をさす。本章では、原則としてニーズという言葉を用いる。

ニーズの訳語

福祉サービスを必要とする当事者たちが理解できない言葉を使うべきではないとして、ニーズというカタカナ表記ではなく、必要という訳語を使うべきだとする研究者もいる。この主張にはうなずける点も多いが、これまで福祉の領域ではニーズというカタカナ表記が用いられていること、しかもニーズ自体が日本語として一般的にも十分流布していることを考え合わせ、必要ではなくニーズで統一した。

これは、マズロー自身、説明が困難であると述べているが、自分が自分らしくありたいと思う気持ちのことだといえる。

このように、人は「生理的欲求」、「安全の欲求」、「所属と愛の欲求」、「承認の欲求」、「自己実現の欲求」といった様々なニーズを抱えながら生きている。

それでは社会福祉の領域において、ニーズとは何を意味するのだろうか。もちろん「福祉ニーズ」も、以上5つの欲求と同じ側面をもっている。しかし、「福祉ニーズ」には、それだけではない、この領域特有の定義がある。この定義を確認しておかないと、社会福祉の対象、課題、サービス供給体制のあり方など、社会福祉を方向づける論理を理解することができなくなってしまう。以下で、「福祉ニーズ」の定義をみていくことにしよう。

三浦文夫によれば、「福祉ニーズ」とは、「ある種の状態が、一定の目標なり基準からみて乖離の状態にあり、そしてその状態の回復・改善等を行う必要があると社会的に認められたもの」[1]であるとされる。これは、どのような意味だろうか。

まず、「ある種の状態が、一定の目標なり基準からみて乖離の状態にある」とは、どういうことだろうか。具体例をあげた方が分かりやすいかもしれない。たとえば、汚れた布団の中で寝たきりとなっており、何年間もお風呂に入れないでいる高齢者がいたとしよう。こうした状態は、人間らしい生活を送るための基準からみればかけ離れた状態にあると言えないだろうか。現在の「状態」が、人間らしい生活を送るための「基準からみて乖離の（かけ離れた）状態にある」こと、ここに「福祉ニーズ」が生じる。

しかし、そうしたニーズが社会的にケアされていくべきだと考えられない限り、それらは制度化されないであろうし、制度化されなければ実際にケアにあたるスタッフも確保されないことになる。その意味で、「その状態の回復・改善等を行う必要があると社会的に認められ」ることもまた、「福祉ニーズ」にあっては重要な要素となる（図6-2）。

図6-2　福祉ニーズとは

福祉ニーズ ─┬─ 現在の「状態」が基準からみて乖離の状態にあること
　　　　　　└─ 回復・改善等を行う必要があると社会的に認められていること

このことを児童虐待の問題で考えてみよう。現在、児童虐待は非常に深刻な社会問題となっている。保護者たちから食事をさせてもらえない、屋外に自由に出してもらうこともできない、学校にも行かせてもらうこともできない、体に多くの傷がつけられる、こうした状態にいる子どもたちが増えつつある。彼らの状態は、子どもたちが幸せに安定した生活を送るという「目標なり基準からみて乖離の（かけ離れた）状態にある」。ここに、児童虐待に関

マズロー（A.H.Maslow）（1908-1970）
欲求階層説をとなえたアメリカの心理学者。心理学、社会福祉学のみならず、教育学、看護学、経営学など多くの領域で、彼の主張がとりいれられている。

三浦文夫（1928-2015）
日本の社会福祉学者。日本社会事業大学、武蔵野大学等で教鞭をとる。主な著書に、『社会福祉政策研究』（全国社会福祉協議会）などがある。

する「福祉ニーズ」は生まれる。

しかし、十数年前は、こうした状態も「しつけ」として考えられている場合があり、社会的に彼らに対するケアを制度化していく必要があるとはそれほど認められていなかった。そのため、児童虐待は「福祉ニーズ」として定義されてこなかった。しかし、近年はまさに、緊急にケアすることで、「その状態の回復・改善等を行う必要があると社会的に認められ」てきたため、「福祉ニーズ」として重要視されるようになっている。

このように「福祉ニーズ」という場合、「ある種の状態が、ある種の目標や一定基準からみて乖離の状態にある」ということ、その「回復・改善等を行う必要があると社会的に認められ」ていること、この2つの要素をもっていなくてはならないのである。三浦は、前者を「依存的状態（dependency）」あるいは「広義のニーズ」と呼んでおり、後者を「要援護性」あるいは「狭義のニーズ」と呼んでいる。

2．社会福祉ニーズの把握方法
（1）ニーズの種類

以上、「福祉ニーズ」の定義についてみてきたが、では「福祉ニーズ」にはどのような種類があるだろうか。**岡村重夫**は、「福祉ニーズ」の種類を以下、7つに分類している。

①経済的安定ニーズ

　社会生活を営む上で、産業・経済が安定していることは大切である。このことはまた、人びとが健やかで安定した生活を保障できるという社会保障制度の安定をはかることにもつながっている。

②職業的安定ニーズ

　人びとが仕事につき安定した収入を得ることは、日々の生活を安心して送る上でなくてはならない要素である。これに関連して、失業した人びとのために失業保険制度の充実も大切なものである。

③家庭的安定ニーズ

　家庭生活が安定していると、人は精神的にも落ち着く。その際には、家庭生活を安定させる上で重要となる住居も、「福祉ニーズ」において見過ごすことはできないものとなるだろう。

④保健・医療の保障ニーズ

　適切な場所やタイミングにおいて保健・医療サービスを受けることは、福祉にあって必要不可欠だといえる。特に幼い子どもや抵抗力のない高齢者にとって、保健・医療の充実は欠かせないものである。

⑤教育の保障ニーズ

　すべての人は等しく教育を受ける権利をもつ。もちろん、それは学校教育だけではない。いま生涯教育が重要視されているように、社会教育

岡村重夫
（1906－2001）
日本の社会福祉学、特に地域福祉の研究において、多大な貢献をしてきた研究者。大阪市立大学、関西学院大学、佛教大学等で教鞭をとった。

制度を充実させていくことも大切となっている。
⑥社会参加ないし社会的協同の機会ニーズ

人が生きていく上で、社会に参画することは非常に重要なことである。こうした機会を保障することは、「福祉ニーズ」において見過ごすことができない事柄だといえよう。
⑦文化・娯楽の機会ニーズ

私たちは文化的な営みにふれ参加することで、豊かな人生を送ることができる。文化だけではなく、娯楽も同様である。精神的にリラックスし楽しめることは、生きる上で無視できない要素であろう。

以上のような「福祉ニーズ」をみてくると、これらは人びとが生活をしていく上で基本的な生活欲求であることが分かる。これらの項目のどれが欠けても、人間らしい豊かな生活を送ることはできない。

（2）ニーズの性質

次に、「福祉ニーズ」の特質について考えてみよう。このことを理解しておくことは、利用者にとっても、援助者にとっても重要である。以下、「福祉ニーズ」の性質を整理し、具体例をあげて説明していこう。

①「潜在的（客観的）ニーズ」と「顕在的（主観的）ニーズ」

まず「福祉ニーズ」には、「潜在的（客観的）ニーズ」と「顕在的（主観的）ニーズ」がある。ある状態が一定の目標なり基準から乖離の（かけ離れた）状態にあり、しかも、その状態の解決が「社会的に」必要であるという場合でも、そのことを本人が自覚していないときもある。「潜在的（客観的）ニーズ」とはまさに、そうしたニーズをさす。これに対して「顕在的（主観的）ニーズ」とは、その解決の必要性を本人が自覚していたり、感じていたりする場合をいう。

たとえば、要介護状態にある一人暮らしの高齢者が、認知症の症状が出始めたために徘徊をするようになった。家に帰れなくなるたび地域住民が通報し、頻繁に警察の世話になる。しかし、本人は「今まで1人で生きてきた。自分は他人の世話にはなりたくない」と、民生委員の訪問さえも拒絶する。この事例は、本人がニーズの存在を自覚していない「潜在的（客観的）ニーズ」のケースである。

また、生後3ヶ月の検診に母親が**保健センター**に訪れた際に、体重が標準体重より極端に減っており、不自然なあざがあった。これに**保健師**が気づいたとしよう。母親に「ミルクをどの程度与えていますか」と話を聞くと、母親が急に怒り出し「うちの子どもはあまりミルクを飲まないだけで問題ありません」と子どもを連れて帰ってしまった。その後、保健師が何度自宅を訪問しても、全く受け入れてくれない。この状態も解決が「社会的に」必要であるにもかかわらず、そのニーズに母親自身

保健センター
保健センターは、市町村保健センターといわれている。1997（平成9）年から市町村は、健康診査や保健指導などの基本的な対人保健サービスを行っており、都道府県（保健所）との業務を分けた。地域住民の健康診査だけを行うのではなく、生活上の適切なアドバイスも行っている。

保健師
保健師とは、保健師国家試験に合格し、保健指導に従事する専門職である。母子保健、精神保健、生活習慣病などの予防を中心に業務を行っている。児童福祉関連業務としては、母性及び乳幼児の健康管理や育児指導、障害児の早期発見・早期療育などに関するものである。他機関との連携が非常に重要な専門職である。

が気づいていない事例といえよう。

②「自覚されたニーズ」と「表明されたニーズ」

　また自分自身に「福祉ニーズ」があることを自覚していたり感じていたりする場合でも、実際に公的に相談したり支援を求めたりしているとは限らない。単に自分のニーズについて自覚しているにとどまり、誰にも支援を求めていない場合、これを「自覚されたニーズ」と呼び、実際に相談や支援を求めている「表明されたニーズ」と区別する。

　たとえば母親は自分が子育てに悩んでおり、子どもを虐待していることも自覚している。そしていつも、「この状態から脱け出たい」、「誰かに助けて欲しい」と思っている。このように母親もニーズを自覚しているのに、サービス情報が欠如しており、どこに相談に行けばよいのか分からない場合もある。たとえどの機関に相談に行ったらよいかが分かっていても、自分が子どもに虐待をしている事実を話すことをためらい、どうしても児童相談所などの窓口に行くことができないケースも考えられる。このような場合、自覚されたニーズはまさに「表明」されないままになっているのである。

③「規範的ニーズ」と「比較ニーズ」

　しかし自覚されたニーズが本人や関係者によって「表明」されたとしても、それが明確な基準のもとでなされているかどうかは分からない。研究者や政策策定者をはじめとする専門家によって、ニーズがそこに成立するか否かの判定基準を設けられ、それと照らし合わせることで考えられるとき、これを「規範的ニーズ」という。つまり「規範的ニーズ」とは、何らかの価値基準や科学的判断に基づく絶対的基準によって、ある乖離状態を認識することをさすのである。たとえば生活保護の保護基準などが、これに相当する。「生活保護基準は、マーケット・バスケット方式→エンゲル方式→格差縮小方式→水準均衡方式と変遷してきたが、その背後には各方式を支える科学的な理論があることはよく知られている」[2]。

　これに対して「比較ニーズ」とは、他者との比較を通してニーズを判定していこうとする場合をいう。その判定基準は絶対的なものではなく、他者や他集団との比較によって成り立つ相対的なものである。障害や虐待などの問題に関して、同じ特性を抱えているのに、一方はサービスを受けていて、他方は受けていない。そうした場合に、サービスを受けていない人にも「福祉ニーズ」があるはずだといった考え方が、これに相当するといえよう。

④「貨幣的ニーズ」と「非貨幣的ニーズ」

　さらに三浦は「福祉ニーズ」の性質について、「貨幣的ニーズ」と「非貨幣的ニーズ」に分け説明している。彼の言葉を用いるならば、「貨幣的

ニーズ」とは「ニーズそのものが経済的要件に規定され、貨幣的に測定されうるものであり、さらにそのニーズの充足は主として金銭給付によって行われているもの」であるのに対して、「非貨幣的ニーズ」とは、「そのニーズを貨幣的に測ることが困難であり、その充足にあたっては金銭（現金）給付では充分に効果をもちえず、非現金的対応を必要とするもの」であり、また「貨幣的に測ることが困難であり、その充足にあたっては現物または役務（人的）サービス等によらなければならないもの」である[3]。要するに「貨幣的ニーズ」とは金銭に換算できるもので、「非貨幣的ニーズ」とは金銭ではあらわすことができないものをいう。

「福祉ニーズ」を把握する上で重要となるのは、「非貨幣的ニーズ」である。三浦は、戦後の社会福祉にあっては、家族や親族の中で充足されてきた「介護・日常生活援助・情緒安定」などのニーズが充足できなくなり、これを社会福祉政策の立場から「非貨幣的ニーズ」として取りあげる必要が出てきたと述べている。このように時代の流れとともに、「貨幣的ニーズ」の充足から「非貨幣的ニーズ」への充足へと、「福祉ニーズ」の重心が変化してきている。

しかし、こうした三浦の考え方にも、様々な批判があることも事実である。たとえば、「貨幣的ニーズ」と「非貨幣的ニーズ」の２つを、これほど明確に分けることはそもそも不可能ではないかといった批判がある。これについては三浦自身も気づいていたのだが、理論的にはともかく実践現場からすれば、これら２つを分けて切り離すことは、確かにかなりの無理がともなうであろう。

（3）ニーズの判定基準

ある人間が「福祉ニーズ」を抱えているかどうかを判定する際に、何を基準とすれば良いのだろうか。実は、以上整理してきた「福祉ニーズ」の性質にそって、人びとが抱えるニーズを判定する基準も考え得る。ブラッドショウ（J.Bradshaw）は、ニーズの概念を４つに区分し「判定基準」を整理しようとしている[4) 5)]。

①ノーマティブ・ニーズ（規範的ニーズ）

ノーマティブ・ニーズにあっては、ニーズがそこに成立するか否かについて、研究者や政策策定者をはじめとする専門家によって絶対的かつ規範的な判断基準が設けられ、その基準と照らし合わせながらニーズが判定されるのである。

②フェルト・ニーズ（感じられたニーズ）

フェルト・ニーズにあっては、利用者本人がサービスの必要性について気づき自覚しているか否かによって、ニーズが判定される。これによってニーズを判定しようとする場合、絶対的かつ規範的な基準からすれば

ブラッドショウ（J.Bradshaw）
「ノーマティブ・ニーズ（規範的ニーズ）」、「フェルト・ニーズ（感じられたニーズ）」、「エクスプレスト・ニーズ（表明されたニーズ）」、「コンパラティブ・ニーズ（比較されたニーズ）」というように、福祉ニーズを分類した論文「ソーシャルニードの分類法（A Taxonomy of Social Need）」は、現在も重要な文献である。

ニーズが成立すると考えられたとしても、本人がニーズを自覚し、サービスの利用を望まなければ何もはじまらない。それが、この基準の限界ということができる。

③エクスプレスト・ニーズ（表明されたニーズ）

エクスプレスト・ニーズにあっては、本人がニーズを自覚した上で、実際にサービスの利用を申し出てはじめて、ニーズが成立すると判定される。これもやはり、フェルト・ニーズと同じ限界をもつといえよう。

④コンパラティブ・ニーズ（比較されたニーズ）

コンパラティブ・ニーズにあっては、他者との比較を通じてニーズが判定される。同じ特性をもっているのに、サービスを利用している人としていない人がいた場合に、利用していない人にもニーズがあると判断されるのである。

以上、4つの判定基準を概観してみると、それぞれにはメリットとデメリットがあることに気づくだろう。ノーマティブ・ニーズ（規範的ニーズ）は客観的で絶対的な判定基準によって、すべての人の「福祉ニーズ」について公正に判定し得るが、他方では、個々人の価値観や環境の微妙な違いを考慮できないというデメリットをもっている。フェルト・ニーズ（感じられたニーズ）やエクスプレスト・ニーズ（表明されたニーズ）は逆に、「福祉ニーズ」の判定がそれぞれの判断に委ねられており、個々人の価値観や環境の微妙な違いを考慮し得るが、公正性に欠けることもあるというデメリットをもっている。

それゆえ4つの判定基準の特性を最大限に活かしながら、「福祉ニーズ」をとらえていく必要があるだろう。つまり単一の判定基準によって、「福祉ニーズ」を統一的に把握するのではなく、多様な基準を併用しながら「福祉ニーズ」をとらえていく視点が必要なのである。たとえば、国がすべての国民に対して、社会保障その他の公共政策の上で「最低生活水準」を保障しなければならない場合（これを「ナショナル・ミニマム」という）、「福祉ニーズ」に関する客観的で絶対的な判定基準が必要となる。その場合には、ノーマティブ・ニーズ（規範的ニーズ）によってニーズを判定することが最も良いだろう。しかし、市民が個々人で自らの「最低生活水準」を設定していこうとする場合（これを「シビル・ミニマム」という）、「福祉ニーズ」はフェルト・ニーズ（感じられたニーズ）やエクスプレスト・ニーズ（表明されたニーズ）によって「福祉ニーズ」を判定していった方が良いだろう。「幸せだ」と実感し「満たされている」という充足感を得る際には、どうしても主観性を重視しなくてはならない。そうした場合には、個々人の価値観や選択に委ねうるフェルト・ニーズ（感じられたニーズ）やエクスプレスト・ニーズ（表明されたニーズ）といった判定基準を重視した方がよいだろう。

第2節 福祉ニーズを抱える人の理解

1．ニーズと需要（ディマンド）の違い

「ニーズ」とよく似ているが、明確に区別されるべき言葉として「需要（ディマンド：demand)」がある。「需要（ディマンド）」とは、欲望、要望といった意味である。この「需要（ディマンド）」は必ずしも「ニーズ」と一致するとは限らない。「需要（ディマンド）」は日々の生活の中での人間の欲望をさすが、この日々の生活の中で生じる人間の欲望のすべてが、本当に福祉において支援を必要としているのかどうか、つまり真の意味で「ニーズ」であるのかは分からないのである。場合によって、人は「福祉ニーズ」にそぐわない「需要（ディマンド）」を表明することもある[6]。

たとえば、糖尿病を患っている高齢者に適切な食事サービスを提供しようと援助者が考えていたとしよう。しかし、その利用者は、「食事サービスのごはんは、自分が食べたい味ではなく薄味なので食べた気がしない」と言って拒み続けている。この利用者は、日頃味付けの濃いものが好きだから、そういった食事を好んで食べているのである。しかし、いくら味付けを濃くするということが、利用者の要望だからといって、そうした要望に沿うことが「福祉ニーズ」に適したことであるだろうか。先に述べたように、「福祉ニーズ」を考える上で、「ある種の状態が、ある種の目標や一定基準からみて乖離の状態にあり」、その「回復・改善等を行う必要があると社会的に認められ」ていることが必要不可欠である。この利用者が糖尿病を克服するためには、食事療法はなくてはならないものであるとするならば、味付けを濃くするという利用者の「需要（ディマンド）」（欲望、要望）は「福祉ニーズ」に反したことであろう。

ただし、ここで援助者にとって大切なのは、食事療法を拒み続ける利用者に対して、それが単なる「需要（ディマンド）」であると責めることなのではない。そうではなく、「どうして、この利用者は食事療法を拒み続けているのだろう」ともう一度考え直してみることが大切である。本当に薄味の食事が嫌なだけなのか。援助者に別の訴えがあって、そのような行動に出ているのではないのか。そうしたことを、よく考えてみなくてはならない。そうすると利用者が本当に望んでいたのが、糖尿病を克服し自宅で「家族とともに」食卓を囲むことであったことが分かったりする。これが分かってはじめて、利用者のニーズに沿った支援が可能となるのではないか。

利用者の「需要（ディマンド）」は日々変化し、時には「福祉ニーズ」の遂行に反する言動があらわれることもある。その際には、利用者を本当の意味で理解しようとする姿勢がソーシャルワーカーには要求されているのである。

2．本当の意味で利用者の「ニーズ」を理解するとは

しかし、利用者を本当の意味で理解するというのは、なかなかできることではない。それは大変、難しいことであるには違いない。

たとえば、あるソーシャルワーカーが直面した例を考えてみよう。児童委員から児童虐待のおそれがあると、児童相談所に通報があり、ソーシャルワーカーがその家庭に訪問に行った。子どもは無事であったが、母親は無表情で生気がない。母親は時々、鬼気迫る表情になって「この子は未熟児で生まれてきて、同じ歳の子どもより発達が遅いんじゃないかと心配しているんです」と話したという。

その様子から、ソーシャルワーカーは母親が心配する「子ども」のことを考え、地域の保健センターと連携を取ろうとしたのだが、母親の腑におちない態度がどうしても気になった。しかし、母親に理由をたずねても、全く答えようとしない。このソーシャルワーカーは、母親の心配は「子ども」のことだと思い込み、そこにこそニーズが存在すると考えていたのだが、実はこの母親のニーズは別のところにあり、「子ども」が心配であると言いながら、子どもが生まれる前から冷え切っていた「夫婦関係の修復」を望んでいたのだった。

このように表面的に見えているものが、必ずしもニーズではなく、もっと内面の隠された次元にこそ本当の意味でのニーズが存在していることも案外多く見受けられる。利用者のニーズが「言葉」の裏の隠された部分にある。そのようなこともあるのだとソーシャルワーカーは理解しておかなければならない。援助者が利用者を理解したいと思っていても、人にはそれぞれタイプもあり、言葉や態度で自分の気持ちを十分に伝えられない人もいる。たとえ、言葉や態度で自分の気持ちをあらわすことができたとしても、まだ援助者を本当に信じて良いのかわからずに不安になっていることもある。援助者が答えてほしいことにすべての人が明確に答えるわけではないことを念頭に置いておくことも大切であろう。

結局、ソーシャルワーカーは利用者と信頼関係を積み重ねていきながら、利用者とのコミュニケーションを根気強く繰り返していかなくては、彼らの本当の心がどこにあるのかを把握することはできない。福祉ニーズを抱える人の理解をする場合には、利用者が発するメッセージやサインに気づき、利用者が何を求め、「ニーズ」がどこにあるのかを考え、間違った援助に結びつけないようにしていかなくてはならない。

3．利用者理解の方法

では利用者のニーズを本当の意味で理解しようとするには、どうしたら良いのだろうか。その際に手がかりになるものとして、利用者を「状況のなかの人間」、「生活のなかの人間」、「存在としての人間」の3つの側面からとら

える視点を示しておきたい[7]。

（1）状況のなかの人間

人は真空の中で生きているのではない。人は必ず自分をとりまいている状況の中で生きている。それゆえ、利用者に問題が生じているのだとすれば、それは、本人の障害などが原因となっているのではなく、利用者とその人をとりまいている状況・環境との不適切な交互作用が原因だと考えることができる。このような人間理解の方法を示したのは、ジャーメイン（C.Germain）らのエコロジカル・アプローチである。

（2）生活のなかの人間

利用者にもこれまで生きてきたライフヒストリーがあり、そのライフヒストリーを知ることが現在の利用者を理解することにつながる。それは、利用者を「生活のなかの人間」として理解しようとする視点である。

たとえば、ある利用者が特別養護老人ホームに入所してきたが、他の利用者とは一向になじむ気配がない。しかも他の利用者とは全く合わないと言ってトラブルばかり起こす。一見、この状態だけをみると問題行動ばかり起こす利用者になるが、この利用者のライフヒストリーをみると、大企業の管理職で数年前までバリバリと働き、人に指示してきた会社人間であり、人に介助されるという今の自分の状態を自分が受け入れられないでいることが分かる。そうすると、それが他の利用者とトラブルを起こす要因になっていると気づいたりする。

（3）存在としての人間

どのような状態に置かれていても人としての「価値」や「尊厳」を認められ、「自分はなくてはならない存在である」という気持ちを持ち続けること、それは利用者であれ、援助者であれ関係なく、人間にとってなくてはならないことである。このことは簡単なようにみえて、実に難しいことである。そのため自分が病気になり患者の立場になってはじめて、治療を受ける不安や苦しみを経験し患者の気持ちがわかったという医師も少なくないのである。

> **ジャーメイン（C. Germain）**
> その人をとりまいている様々な環境とのかかわりの中で人間をとらえ、人と環境の相互作用を考慮しながら、ソーシャルワーク実践を展開しようとした。この考え方は「エコロジカル・アプローチ」といわれている。

第3節 資源の概念

1. 資源の種類

利用者の「福祉ニーズ」を充足させる上で役立つもの、これを「資源」という。この「資源」の種類には、次のようなものがある。

①貨幣的資源

　　貨幣的資源とは、「福祉ニーズ」にとって必要なサービス、物品などを購入するための金銭をさす。サービスを受けるための利用券（バウチャー）も、これに相当する。前述したような「貨幣的ニーズ」は大部分これによって充足できるものである。それに対して「非貨幣的ニーズ」は以下のものによって充足されることが多いであろう。

②物的資源

　　物的資源とは、車いす、特殊寝台、歩行器、手すり、スロープ、入浴補助用具、簡易浴槽、移動用リフトのつり具など、「福祉サービス」充足に必要な物品のことを意味する。また、手すりやスロープなどの設備が備わった住宅も物的資源に含められるであろう。

③制度的資源

　　制度的資源とは、生活保護法・児童福祉法・身体障害者福祉法・母子及び寡婦福祉法・知的障害者福祉法・老人福祉法・精神保健及び精神障害者福祉に関する法律などによって規定されている社会福祉法制度などのことをさす。

④人的資源

　　社会福祉の仕事に携わっていたり、その仕事を支えていたりする人は、社会福祉サービスを提供する上で不可欠なものである。人的資源とは、これら社会福祉サービスにおいてなくてはならない人びとをさしている。

⑤ネットワーク的資源

　　社会福祉の仕事に携わる人びとや関係機関が、それぞれ別々に存在しているのではなく、お互いがつながり合い、緊密に連携し合うことで、より充実した社会福祉サービスを提供することができるようになる。こうしたつながりをネットワーク的資源という。

　このようにみてくると、貨幣的資源とは金銭や利用券（バウチャー）など〈カネ〉の形で利用者のニーズに役立つものであり、物的資源とは車いすなどの〈モノ〉の形で利用者のニーズに役立つものといえる。さらに制度的資源とは法制度などの事柄すなわち〈コト〉、人的資源は社会福祉の仕事に携わる人びとといった〈ヒト〉、ネットワーク的資源は人と人、施設と施設をつなぐ〈ネットワーク〉の形でニーズ充足に役立つものだと整理することができる。

2．資源をめぐる問題

　以上のように整理しうる資源を提供するのは、国や都道府県庁や市区町村役場などの公的機関、老人福祉施設や児童福祉施設などの社会福祉施設、NPOなど社会福祉活動の従事者、家族・地域社会・学校、社会福祉活動に力をそそぐ民間企業などである。これらが資源の供給主体となって、利用者の「福

祉サービス」の充足をはかっているのである。

ただしその際、考えておくべき問題が大きく分けて2つある。1つは「資源確保」にかかわる問題である。

たとえばある福祉ニーズにとって人的資源の確保が非常に重要であるとして、社会福祉の仕事に携わる人はどのように養成されるべきか、そのような人びとを養成する大学・短大・専門学校をどのように支援していくべきか、また彼らを雇用する費用はどのようにして賄われるべきか。このように「資源確保」については、多くのことを考慮に入れていかなくてはならない。税や社会保険料も、これに深く関連しているのである。

もう1つ重要な問題として、「資源分配」にかかわる問題がある。資源は決して無尽蔵ではなく、量的に限られている。そのように限られた資源を、どのような原則のもとで分け合っていくのか。最も必要とする人をきちんと選別して、そこに集中的に資源を配分していくのか（選別主義）、それともみんなにできるだけまんべんなく配分していくのか（普遍主義）。もしきちんと選別して、必要とする人に集中的に資源を配分していくとしても、それは誰が、どのような基準のもとで、どのような手続きのもとで決めるのか。万一、社会に不公平感が生じた場合には、どのように是正されるべきなのか。このように「資源分配」についても、実に多くの問題が存在しているのである。

さらにいえば、こうした「資源確保」と「資源分配」は、政策や政治的イデオロギー（**社会主義、新自由主義**など）の分析といったマクロ的な視点（社会を大きく全体としてとらえようとする視点）とも関連付けながら考えていくべき問題であると言えよう。

引用文献

1）三浦文夫『増補改訂　社会福祉政策研究－福祉政策と福祉改革』全国社会福祉協議会、1995、p.127
2）中井健一『社会福祉原論』文理閣、2004、p.144
3）福祉士養成講座編集委員会編『新版　社会福祉士養成講座1　社会福祉原論　第2版』中央法規出版、2003、p.64
4）定藤丈弘、坂田周一、小林良二編『これからの社会福祉8　社会福祉計画』有斐閣、1996、pp.120 － 123
5）精神保健福祉士養成セミナー編集委員会編『改訂　精神保健福祉士養成セミナー第9巻　社会福祉原論』へるす出版、1998、pp.68 － 69
6）足立叡編『新・社会福祉原論』みらい、2005、p.63
7）前掲書5）、pp.78 － 82

参考文献

1．足立叡編『新・社会福祉原論』みらい、2005

社会主義
国家が個人の自由を束縛することもあるが、財産などはできるだけ平等に社会の中で分配していこうとする政治的な考え方。

新自由主義
個人の自由を束縛しないが、財産などの不平等については「自己責任」として各個人の裁量に委ね、国家はできるだけ介入しないでおこうとする政治的考え方。（p.22、208参照）

2．A.H.マズロー著、小口忠彦訳『改訂新版　人間性の心理学－モチベーションとパーソナリティ』産業能率大学出版部、1987
3．福祉士養成講座編集委員会編『新版　社会福祉士養成講座1　社会福祉原論　第2版』中央法規出版、2003
4．星野貞一郎『社会福祉原論　新版』有斐閣、1998
5．中井健一『社会福祉原論』文理閣、2004
6．精神保健福祉士養成セミナー編集委員会編『改訂　精神保健福祉士養成セミナー第9巻　社会福祉原論』へるす出版、1998
7．社会福祉士養成講座編集委員会編『新・社会福祉士養成講座4　現代社会と福祉－社会福祉原論　第2版』中央法規出版、2009
8．仲村優一、一番ヶ瀬康子、右田紀久恵監修、岡本民夫、田端光美、濱野一郎、古川孝順、宮田和明編『エンサイクロペディア社会福祉学』中央法規出版、2007

第7章

社会福祉のしくみ

第1節 社会福祉の法体系

社会福祉基礎構造改革
社会福祉の共通基盤を利用者主体や権利擁護へ転換させることを目的に、1997(平成9)年11月28日より中央社会福祉審議会社会福祉構造改革分科会にて審議された。1998(平成10)年6月17日に「社会福祉基礎構造改革について(中間まとめ)」が公表された。(p.129、229参照)

生存権の保障
生存権の保障には①プログラム規定説、②抽象的権利説、③具体的権利説といった3つの解釈があるとされるが、①プログラム規定説(国家の政治的・道徳的義務を明らかにしたもので、国民の具体的な権利を定めたものではないとする説)が通説とされる。

幸福追求権
「すべて国民は、個人として尊重される。生命、自由及び幸福追求に対する国民の権利については、公共の福祉に反しない限り、立法その他の国政の上で、最大の尊重を必要とする」(憲法第13条)。「公

わが国の社会福祉は、日本国憲法をはじめとする多くの法制度に基づいて実施されている。社会福祉のしくみとは、法制度で規定される実施体制や財政、それらに基づいて展開される実践活動の総称ということができる(図7−1)。社会福祉のしくみを理解することは、日々の実践活動の根拠を知ることであり、同時に実践活動において不可欠な社会資源を知ることである。

特に、今日の社会福祉のしくみは、**社会福祉基礎構造改革**以降、大きく転換しており、こうした社会福祉全般の動向をふまえて理解する必要がある。このような観点から、以下では、社会福祉の法体系、実施体制並びに社会福祉施設、財政について概説する。

図7−1 社会福祉のしくみ(概念図)

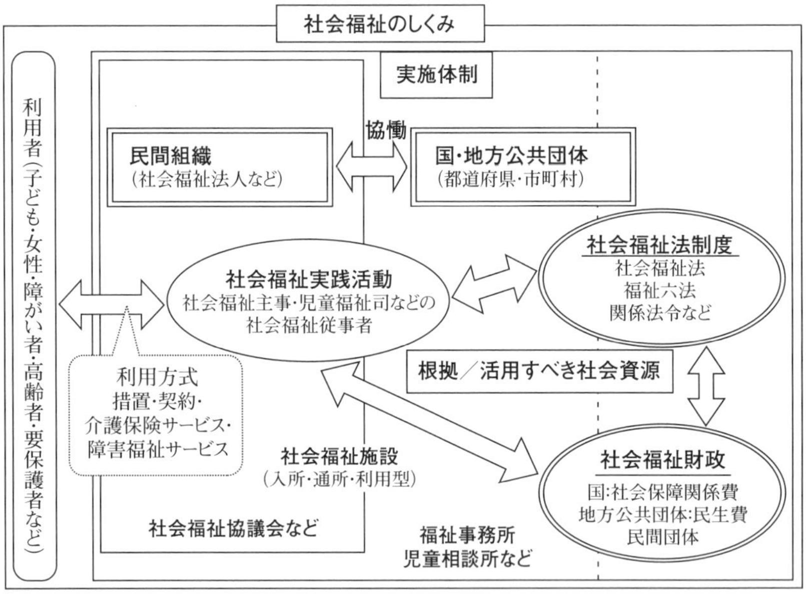

```
社会福祉のしくみ
┌─────────────────────────────────┐
│  実施体制                                         │
│     協働                                          │
│  民間組織   ←→   国・地方公共団体                │
│  (社会福祉法人など)  (都道府県・市町村)          │
│                                                   │
│  利用者     社会福祉実践活動    社会福祉法制度    │
│  (子ども・  社会福祉主事・児童福祉司などの  社会福祉法 │
│   女性・    社会福祉従事者      福祉六法       │
│   障がい者・                     関係法令など  │
│   高齢者・                                       │
│   要保護者  利用方式            根拠/活用すべき社会資源 │
│   など)    措置・契約・                          │
│            介護保険サービス・    社会福祉財政    │
│            障害福祉サービス     国:社会保障関係費│
│                                 地方公共団体:民生費│
│            社会福祉施設          民間団体        │
│            (入所・通所・利用型)                  │
│  社会福祉協議会など    福祉事務所                │
│                        児童相談所など             │
└─────────────────────────────────┘
```

出典:筆者作成

1. 日本国憲法と国際条約

社会福祉は、基本的人権の1つである生存権を保障する制度である。日本国憲法第25条で、「すべて国民は、健康で文化的な最低限度の生活を営む権利を有する。②国は、すべての生活部面について、社会福祉、社会保障及び公衆衛生の向上及び増進に努めなければならない。」と規定しており、**生存権の保障**並びに国の責務を規定する。憲法ではこの生存権のほか、**幸福追求権**

（第13条）、平等権（第14条）などの基本的人権を規定しており、社会福祉の実現を支えている。

また、人権宣言や**障害者の権利に関する宣言**、国際人権規約や**児童の権利に関する条約**など多くの宣言や条約が、社会福祉の法制度の発展において重要な役割を果たしている。

2．社会保障制度に関する勧告

社会福祉の基礎構造は、1950（昭和25）年の「社会保障制度に関する勧告」により体系付けられた。この勧告において社会福祉は、国家扶助（公的扶助）受給者、身体障害者、児童など援護育成を要する者に対する生活指導、更生指導、その他の援護育成を行うこととされた。そして、生活保護制度による「国家扶助（公的扶助）」、疾病や失業などを原因に発生する経済的問題を被保険者の保険料の支払いに基づいた給付を行うことにより解決をはかる**年金保険**や**医療保険**などの「社会保険」、各種の保健制度や感染症対策および環境保全で構成される「公衆衛生（医療を含む）」とともに社会保障制度の一部門として位置付けられた（表7－1）。

表7－1　社会保障の体系と社会福祉関係法

1．国家扶助（公的扶助）
①生活保護
2．社会保険
①年金保険等
国民年金　厚生年金　国民年金基金　厚生年金基金　国家公務員共済組合 　地方公務員共済組合　私立学校教職員共済組合　その他年金 　労働者災害補償保険（年金給付・休業補償給付）　雇用保険（失業給付）
②医療保険
国民健康保険　健康保険（政府管掌健康保険、各種健康保険組合）　船員保険 　国家公務員共済組合　地方公務員共済組合　私立学校教職員共済組合 　生活保護（医療扶助）　労働者災害補償保険（医療給付） 　公費負担医療（結核・その他）　長寿医療（後期高齢者医療）
③社会手当
児童手当　児童扶養手当　特別児童扶養手当
3．公衆衛生
①一般保健（健康増進、保健対策（母子、高齢者、精神等））
②感染症対策（疾病対策等）
③生活環境（生活環境施設、食品保健、化学物質等）
④労働衛生（事業場の衛生管理、職業病、職場環境等）
⑤環境保全（自然環境保全、大気汚染、水質汚濁、廃棄物等）
⑥学校保健（学校保健、学校給食等）

共の福祉」とは自分の権利実現のために他人の権利を侵害しないことを意味する。

障害者の権利に関する宣言
国際連合総会において1975（昭和50）年12月9日に決議された宣言。第3条後段で「障害者は、その障害及び能力不全の原因、性質及び程度のいかんを問わず、同年齢の同市民と同じ基本的権利を有し、この権利は、とりわけ、できる限り通常で完全な、相当の生活を享受する権利を含む。」と明記している。

児童の権利に関する条約
1989（平成元）年11月20日、第44回国際連合総会で採択された条約で、全54条から構成される。児童は受動的権利主体のみならず能動的権利主体であることを明らかにするとともに、児童の最善の利益の考慮や児童本人による意見表明権などが規定されている。

年金保険
老齢、障がい、死亡を主たる保険事故とする長期保険で、原則として被保険者による保険料の拠出を受給要件とする。国民年金法（昭和34年

4月法律第141号)により国民皆年金が成立し、1986(昭和61)年4月にはすべての女性に年金権が保障されるとともに基礎年金に厚生年金などの報酬比例年金が上積みされる2階建ての制度となった。

医療保険
被保険者並びにその者の被扶養者の疾病、負傷、死亡、分娩といった短期的な経済的損失に対し、原則として医療を現物給付する制度。なお、保険給付では、被保険者の一部負担金がある。国民健康保険法(昭和33年12月法律第192号)が1961(昭和36)年4月に全面実施されたことにより国民皆保険が成立した。また、2008(平成20)年より75歳以上の高齢者を対象とする長寿医療制度(後期高齢者医療制度)が実施された。

4.社会福祉(関係法令)

＊社会福祉一般

【社会福祉共通事項・対象者を横断した施策事項】 社会福祉法(昭和26年法律第45号) 社会保障制度改革推進法(平成24年法律第64号) 持続可能な社会保障制度の確立を図るための改革の推進に関する法律(平成25年法律第112号)

【社会福祉の担い手】 民生委員法(昭和23年法律第198号) 理学療法士及び作業療法士法(昭和40年法律第137号) 視能訓練士法(昭和46年法律第64号) 社会福祉士及び介護福祉士法(昭和62年法律第30号) 義肢装具士法(昭和62年法律第61号) 精神保健福祉士法(平成9年法律第131号) 言語聴覚士法(平成9年法律第132号)

【福祉の行政組織】 地方自治法(昭和22年法律第67号) 厚生労働省設置法(平成11年法律第97号)

【その他】 日本赤十字社法(昭和27年法律第305号) 社会福祉施設職員等退職手当共済法(昭和36年法律第155号) 独立行政法人福祉医療機構法(平成14年法律第166号) 消費生活協同組合法(昭和23年法律第200号) 特定非営利活動促進法(平成10年法律第7号)

＊対象者の属性に対応した法律

①高齢者福祉・介護保険
・高齢社会対策基本法(平成7年法律第129号) 老人福祉法(昭和38年法律第133号) 介護保険法(平成9年法律第123号) 高齢者虐待の防止、高齢者の養護者に対する支援等に関する法律(平成17年法律第124号)
・高年齢者等の雇用の安定等に関する法律(昭和46年法律第68号) 高齢者の医療の確保に関する法律(昭和57年法律第80号) 地域における公的介護施設等の計画的な整備等の促進に関する法律(平成元年法律第64号) 福祉用具の研究開発及び普及の促進に関する法律(平成5年法律第38号) 高齢者の居住の安定確保に関する法律(平成13年法律第26号) 高齢者、障害者等の移動等の円滑化の促進に関する法律(平成18年法律第91号) 介護従事者等の人材確保のための介護従事者等の処遇改善に関する法律(平成20年法律第44号)

②障害者福祉・自立支援
・障害者基本法(昭和45年法律第84号) 特定障害者に対する特別障害給付金の支給に関する法律(平成16年法律第166号) 障害者の日常生活及び社会生活を総合的に支援するための法律(平成17年法律第123号) 障害者虐待の防止、障害者の養護者に対する支援等に関する法律(平成23年法律第79号) 障害者の雇用の促進等に関する法律(昭和35年法律第123号) 国等による障害者就労施設等からの物品等の調達の推進等に関する法律(平成24年法律第50号) 障害を理由とする差別の解消の推進に関する法律(平成25年法律第65号)
・身体障害者福祉法(昭和24年法律第283号) 身体障害者補助犬法(平成14年法律第49号) 身体障害者の利便の増進に資する通信・放送身体障害者利用円滑化事業の推進に関する法律(平成5年法律第54号) 高齢者、身体障害者等が円滑に利用できる特定建築物の建築の促進に関する法律(平成6年法律第44号)
・知的障害者福祉法(昭和35年法律第37号)
・精神保健及び精神障害者福祉に関する法律(昭和25年法律第123号) 心神喪失等の状態で重大な他害行為を行った者の医療及び観察等に関する法律(平成15年法律第110号) 自殺対策基本法(平成18年法律第85号)
・発達障害者支援法(平成16年法律第167号)

③児童家庭福祉・次世代育成支援、母子及び父子並びに寡婦福祉(母子保健・売春防止を含む)

- 次世代育成支援対策推進法（平成15年法律第120号）　少子化社会対策基本法（平成15年法律第133号）　子どもの貧困対策の推進に関する法律（平成25年法律第64号）　育児休業、介護休業等育児又は家族介護を行う労働者の福祉に関する法律（平成3年法律第76号）
- 児童福祉法（昭和22年法律第164号）　児童買春、児童ポルノに係る行為の処罰及び児童の保護等に関する法律（平成11年法律第52号）　児童虐待の防止等に関する法律（平成12年法律第82号）　配偶者からの暴力の防止及び被害者の保護に関する法律（平成13年法律第31号）　就学前の子どもに関する教育、保育等の総合的な提供の推進に関する法律（平成18年法律第77号）　子ども・若者育成支援推進法（平成21年法律第71号）　子ども・子育て支援法（平成24年法律第65号）
- 児童扶養手当法（昭和36年法律第238号）　特別児童扶養手当等の支給に関する法律（昭和39年法律第134号）　児童手当法（昭和46年法律第73号）
- 母子及び父子並びに寡婦福祉法（昭和39年法律第129号）　母体保護法（昭和23年法律第156号）　売春防止法（昭和31年法律第118号）　母子保健法（昭和40年法律第141号）母子家庭の母及び父子家庭の父の就業の支援に関する特別措置法（平成24年法律第92号）

④低所得者福祉・生活保護等
- 生活保護法（昭和25年法律第144号）　行旅病人及行旅死亡人取扱法（明治32年法律第93号）　ホームレスの自立の支援等に関する特別措置法（平成14年法律第105号）　生活困窮者自立支援法（平成25年法律第105号）

⑤その他
- 民法（明治29年法律第89号・明治31年法律第9号）　任意後見契約に関する法律（平成11年法律第150号）
- 労働基準法（昭和22年法律第49号）　職業安定法（昭和22年法律第141号）　雇用対策法（昭和41年法律第132号）　職業訓練の実施等による特定求職者の就職の支援に関する法律（平成23年法律第47号）
- 少年法（昭和23年法律第168号）　更生保護法（平成19年法律第88号）　更生保護事業法（平成7年法律第86号）
- 災害対策基本法（昭和36年法律第223号）　災害救助法（昭和22年法律第118号）
- スポーツ基本法（平成23年法律第78号）

注：戦傷病者戦没者等援護関連法を除く
出典：『国民の福祉と介護の動向2015／2016』（厚生労働統計協会）p.323、および『社会福祉六法（平成28年版）』（新日本法規出版）、『福祉小六法（2016年版）』（みらい）を参照して作成

　社会福祉は、「社会保障制度に関する勧告」の定義に基づき、要援護者に対する援護育成を行う制度として位置づけられてきたという経緯がある。そして、社会福祉基礎構造改革を経て、今日では国民全体の生活の安定を支える制度への移行がはかられている。

3．社会福祉法（昭和26年3月29日法律第45号）

　社会福祉法は、社会福祉基礎構造改革を具体化する形で、2002（平成14）年、社会福祉事業法の改正により成立した法律であり、全12章、134条と附則から構成される（表7－2）。

表7-2　社会福祉法の内容（2017（平成29）年4月1日施行後）

章・条文		内　容
第1章　総則	第1条～第6条	法律の目的 社会福祉事業の定義 福祉サービスの基本的理念 地域福祉の推進 福祉サービスの提供の原則 福祉サービスの提供体制の確保等に関する国及び地方公共団体の責務
第2章　地方社会福祉審議会	第7条～第13条	地方社会福祉審議会
第3章　福祉に関する事務所	第14条～第17条	福祉に関する事務所
第4章　社会福祉主事	第18条・第19条	社会福祉主事
第5章　指導監督及び訓練	第20条・第21条	指導監督及び訓練
第6章　社会福祉法人	第1節（第22条～第30条）	通則
	第2節（第31条～第35条）	設立
	第3節（第36条～第45条の22）	機関
	第4節（第45条の23～第45条の35）	計算
	第5節（第45条の36）	定款の変更
	第6節（第46条～第55条）	解散及び清算並びに合併
	第7節（第55条の2～第55条の4）	社会福祉充実計画
	第8節（第56条～第59条の3）	助成及び監督
第7章　社会福祉事業	第60条～第74条	社会福祉事業
第8章　福祉サービスの適切な利用	第1節（第75条～第79条）	情報の提供等
	第2節（第80条～第87条）	福祉サービスの利用の援助等・運営適正化委員会
	第3節（第88条）	社会福祉を目的とする事業を経営する者への支援
第9章　社会福祉事業等に従事する者の確保の促進	第1節（第89条～第92条）	基本指針等
	第2節	福祉人材センター
	第1款（第93条～第98条）	都道府県福祉人材センター
	第2款（第99条～第101条）	中央福祉人材センター
	第3節（第102条～第106条）	福利厚生センター
第10章　地域福祉の推進	第1節（第107条・第108条）	地域福祉計画
	第2節（第109条～第111条）	社会福祉協議会
	第3節（第112条～第124条）	共同募金
第11章　雑則	第125条～第130条	
第12章　罰則	第130条の2～第134条	

出典：社会福祉法の目次に基づき筆者作成

　社会福祉法は社会福祉を目的とする事業の全分野における共通的基本事項を定め、社会福祉を目的とする他の法律と相まって社会福祉の増進に資することを目的とする。特に、①福祉サービスの利用者の利益の保護、②地域における社会福祉の推進、③社会福祉事業の公明かつ適正な実施の確保、④社会福祉を目的とする事業の健全な発達、を内容とし、福祉サービスの提供体制の確保に関する国および地方公共団体の責務を規定している（第1条）。

第1節　社会福祉の法体系

社会福祉法では、福祉サービスの基本的理念を「個人の尊厳の保持を旨とし、その内容は、福祉サービスの利用者が心身ともに健やかに育成され、又はその有する能力に応じ自立した日常生活を営むことができるように支援するものとして、良質かつ適切なものでなければならない」（第3条）とする。

さらに、社会福祉事業経営者などが福祉サービスを提供する際は、「その提供する多様な福祉サービスについて、利用者の意向を十分に尊重し、かつ、保健医療サービスその他の関連するサービスとの有機的な連携を図るよう創意工夫を行いつつ、これを総合的に提供することができるようにその事業の実施に努めなければならない」（第5条）と規定している。そして、社会福祉事業経営者は、提供する福祉サービスの質の評価に努め、利用者が福祉サービスを適切かつ円滑に利用できるよう情報提供を行うこと、また利用契約の申込み時に契約内容などを利用者に説明し、契約成立時にはサービスの内容などを記載したものを交付するとともに、その提供する福祉サービスに関する苦情解決に努めることとされている。

また、地域住民や社会福祉事業経営者などには、「相互に協力し、福祉サービスを必要とする地域住民が地域社会を構成する一員として日常生活を営み、社会、経済、文化その他あらゆる分野の活動に参加する機会が与えられるように、地域福祉の推進に努めなければならない」（第4条）とし、第9章で「社会福祉事業に従事する者の確保及び国民の社会福祉に関する活動への参加の促進を図るための措置に関する基本的な指針」の策定が、また第10章では**市町村地域福祉計画**並びに**都道府県地域福祉支援計画**の策定が規定されている。

社会福祉法では社会福祉の定義付けを行ってはいない。しかしながら、社会福祉を目的とする事業については、同法第2条において、入所型の社会福祉施設を基本とする第1種社会福祉事業と、通所・利用型を中心とする第2種社会福祉事業に区分し列挙している（表7-3）。

表7-3　社会福祉法第2条に規定される社会福祉事業

第1種社会福祉事業	第2種社会福祉事業
・生活保護法に規定する救護施設、更生施設 ・生計困難者を無料または低額な料金で入所させて生活の扶助を行う施設 ・生計困難者に対して助葬を行う事業 ・児童福祉法に規定する乳児院、母子生活支援施設、児童養護施設、障害児入所施設、情緒障害児短期治療施設、児童自立支援施設	・生計困難者に対して日常生活必需品・金銭を与える事業 ・生計困難者生活相談事業 ・生活困窮者自立支援法に規定する認定生活困窮者就労訓練事業 ・児童福祉法に規定する障害児通所支援事業、障害児相談支援事業、児童自立生活援助事業、放課後児童健全育成事業、子育て短期支援事業、乳児家庭全戸訪問事業、養育支援訪問事業、地域子育て支援拠点事業、一時預かり事業、小規模住居型児童養育事業、小規模保育事業、病児保育事業、子育て援助活動支援事業 ・児童福祉法に規定する助産施設、保育所、児童厚生施設、児童家庭支援センター ・児童福祉増進相談事業（利用者支援事業など）

市町村地域福祉計画
①地域における福祉サービスの適切な利用の推進、②地域における社会福祉を目的とする事業の健全な発達、③地域福祉に関する活動への住民の参加の促進に関する事項を内容とし、住民などの意見を反映して策定または変更される計画である。

都道府県地域福祉支援計画
①市町村の地域福祉の推進を支援するための基本的方針、②社会福祉を目的とする事業に従事する者の確保又は資質の向上、③福祉サービスの適切な利用の推進及び社会福祉を目的とする事業の健全な発達のための基盤整備に関する事項を内容とし、住民などの意見を反映し策定または変更される計画である。

障害者の日常生活及び社会生活を総合的に支援するための法律

障害者総合支援法と称される。障害者基本法の基本的な理念にのっとり、障害者及び障害児の福祉に関する法律と相まって、障害者及び障害児が基本的人権を享有する個人としての尊厳にふさわしい日常生活又は社会生活を営むことができるよう、必要な障害福祉サービスに係る給付、地域生活支援事業その他の支援を総合的に行い、もって障害者および障害児の福祉増進を図るとともに、障害の有無にかかわらず国民が相互に人格と個性を尊重し安心して暮らすことのできる地域社会の実現に寄与することを目的とする。

精神保健及び精神障害者福祉に関する法律

制定時は精神衛生法であったが、1987（昭和62）年の精神保健法を経て、1995（平成7）年、精神障害者の人権擁護と社会復帰促進を目的とする現行法となった。精神障害者の自立と社会経済活動への参加の促進、国民の精神的健康の保持および増進を目的として、医療、保健、福祉の施策を総合的に規定している。

- 老人福祉法に規定する養護老人ホーム、特別養護老人ホーム、軽費老人ホーム
- 障害者総合支援法に規定する障害者支援施設
- 売春防止法に規定する婦人保護施設
- 授産施設
- 生計困難者に無利子または低利で資金を融通する事業
- 共同募金を行う事業

- 就学前の子どもに関する教育、保育等の総合的な提供の推進に関する法律に規定する幼保連携型認定こども園
- 母子及び父子並びに寡婦福祉法に規定する母子家庭日常生活支援事業、父子家庭日常生活支援事業、寡婦日常生活支援事業
- 母子及び父子並びに寡婦福祉法に規定する母子・父子福祉施設
- 老人福祉法に規定する老人居宅介護等事業、老人デイサービス事業、老人短期入所事業、小規模多機能型居宅介護事業、認知症対応型老人共同生活援助事業、複合型サービス福祉事業
- 老人福祉法に規定する老人デイサービスセンター（日帰り介護施設）、老人短期入所施設、老人福祉センター、老人介護支援センター
- 障害者総合支援法に規定する障害福祉サービス事業、一般相談支援事業、特定相談支援事業、移動支援事業、地域活動支援センター、福祉ホーム
- 身体障害者福祉法に規定する身体障害者生活訓練等事業、手話通訳事業又は介助犬訓練事業若しくは聴導犬訓練事業
- 身体障害者福祉法に規定する身体障害者福祉センター、補装具製作施設、盲導犬訓練施設、視聴覚障害者情報提供施設
- 身体障害者更生相談事業
- 知的障害者更生相談事業
- 生計困難者に無料または低額な料金で簡易住宅を貸し付け、または宿泊所等を利用させる事業
- 生計困難者に無料または低額な料金で診療を行う事業
- 生計困難者に無料または低額な費用で介護老人保健施設を利用させる事業
- 隣保事業
- 福祉サービス利用援助事業
- 各社会福祉事業に関する連絡
- 各社会福祉事業に関する助る助成

出典：『厚生労働白書（平成28年版）』p.194

なお、社会福祉法人改革を柱とする2016（平成28）年改正により、福祉サービスの供給体制の整備及び充実をはかるため、経営組織のガバナンスの強化、事業運営の透明性の向上等の改革に関する規定が追加された。

4．福祉六法

社会福祉は社会福祉法をはじめとする多くの法令に基づいて実施される。その中でも、社会福祉の主要分野の実施体制やサービスの内容などを規定する法律を福祉六法と呼んでいる。また、福祉六法の内、昭和20年代に成立した3つの法律を特に福祉三法という。

①生活保護法（昭和25年5月4日法律第144号）

　生活保護法は1946（昭和21）年10月に施行されたが、1950（昭和25）年、憲法第25条に基づく国家による最低限度の生活保障と自立助長を目的とした現在の法律に改正された。生活保護法では、この国家責任の他、最低生活保障、無差別平等、保護の補足性の4つの原理と、申請保護、厚生労働大臣の定める基準及び程度による保護、必要即応、世帯単位の4つの原則が規定されるとともに、8つの扶助（生活扶助、教育扶助、住宅扶助、医療扶助、介護扶助、出産扶助、生業扶助、葬祭扶助）、5つの保護施設、被保護者の権利と義務などが規定されている。今日ではこの法律の主旨に基づいて、被保護者の自立助長を目的とした自立支援プログラムが導入されている。特に2014（平成26）年7月より、就労による自立の促進、不正受給対策の強化、医療扶助の適正化等を行うための措置が講じられた。

②児童福祉法（昭和22年12月12日法律第164号）

　児童福祉法は、第二次世界大戦後の戦災孤児などの保護にとどまらず、すべての児童の福祉の保障を目的とする総体的な法律として制定された。2016（平成28）年6月の改正では、児童の福祉を保障するための原理として、「全て児童は、児童の権利に関する条約の精神にのっとり、適切に養育されること、その生活を保障されること、愛され、保護されること、その心身の健やかな成長及び発達並びにその自立が図られることその他の福祉を等しく保障される権利を有する。」（第1条）、「全て国民は、児童が良好な環境において生まれ、かつ、社会のあらゆる分野において、児童の年齢及び発達の程度に応じて、その意見が尊重され、その最善の利益が優先して考慮され、心身ともに健やかに育成されるよう努めなければならない。」（第2条）が明記された。この法律では18歳未満を児童と定義するほか、児童福祉審議会、児童相談所などの実施機関、療育の指導、小児慢性特定疾病医療費の支給、居宅生活の支援、障害児入所給付費、障害児相談支援給付費、要保護児童の保護措置、被措置児童等虐待の防止等、事業・養育里親及び施設、費用の支弁などについて規定する。

　2004（平成16）年12月の改正では、児童相談における市町村ならびに児童相談所の役割の明確化、地方公共団体に要保護児童に関する情報の交換などを行うための協議会の設置、要保護児童に係る措置に関する家庭裁判所の関与などが盛り込まれた。また、2011（平成23）年には、障がいのある児童の定義に発達障害者支援法に規定される発達障害児を含む精神に障害のある児童が追記された。加えて、これまでの事業の体系が4つの障害児通所支援と障害児相談支援、障害児支援利用援助等に再編されるとともに、施設の体系も障害児入所施設と児童発達支援センターに再編された。

児童虐待の防止等に関する法律

児童虐待を児童に対する人権侵害と位置付け、児童虐待の防止並びに被虐待児の保護および自立支援を規定する。法律では児童虐待を身体的虐待、性的虐待、ネグレクト、心理的虐待と定義づけており、2004（平成16）年10月に改正で児童虐待の定義が一部見直され、また虐待に係る通告義務も拡大された。また、2007（平成19）年の改正では児童相談所が有する権限が強化された。

配偶者からの暴力の防止及び被害者の保護に関する法律

配偶者からの生命又は身体に危害を及ぼすような暴力に係る、通報、相談、保護、自立支援などの体制を整備することにより、配偶者からの暴力の防止、被害者の保護を目的とする法律。

発達障害者支援法
発達障害の早期発見、学校教育や就労など生活全般での支援により発達障害者の福祉の増進をはかることを目的とする。なお、発達障害者とは低年齢で発現する広汎性発達障害など発達障害がある者であって発達障害及び「社会的障壁」により日常生活・社会生活に制限を受けるものと規定する。2005（平成17）年の施行後、約10年が経過したことを受け、基本理念の新設など法律全般について改正され、2016（平成28）年8月より施行された。

高齢者虐待の防止、高齢者の養護者に対する支援等に関する法律
高齢者虐待の防止、養護者に対する支援等に関する施策を促進し、もって高齢者の権利利益の擁護に資することを目的とし、虐待を受けた高齢者に対する保護のための措置、養護者の負担の軽減を図ること等の養護者に対する支援のための措置等を定めている。この法律では「高齢者」を65歳以上の者とし、「高齢者虐待」を養護者及び養介護施設従事者等による身体的虐待、ネグレクト、心理的虐待、性的虐待、経済的虐待と定義付けている。

③身体障害者福祉法（昭和24年12月26日法律第283号）

「障害者の日常生活及び社会生活を総合的に支援するための法律（平成17年法律第123号）と相まつて、身体障害者の自立と社会経済活動への参加を促進するため、身体障害者を援助し、及び必要に応じて保護し、もつて身体障害者の福祉の増進を図ることを目的」（第1条）とする法律である。この法律では、身体障害者更生相談所、身体障害者福祉司などの実施機関、障害福祉サービスや障害者支援施設等への入所等の措置、社会参加の促進等、身体障害者社会参加支援施設などが規定される。なお、身体障害者福祉法での「身体障害者」は、この法律の別表において規定される「身体上の障害がある18歳以上の者であつて、都道府県知事から身体障害者手帳の交付を受けたもの」（第4条）である。なお、障害者の日常生活及び社会生活を総合的に支援するための法律に基づく障害福祉サービスに係る身体障害の程度区分については、別途規定されている。

④知的障害者福祉法（昭和35年3月31日法律第37号）

知的障害者福祉法は「障害者の日常生活及び社会生活を総合的に支援するための法律（平成17年法律第123号）と相まつて、知的障害者の自立と社会経済活動への参加を促進するため、知的障害者を援助するとともに必要な保護を行い、もつて知的障害者の福祉を図ることを目的」（第1条）とする法律である。そして、知的障害者はその有する能力を活用し社会経済活動に参加するよう努めること、国民は社会連帯の理念に基づき、知的障害者の社会経済活動への参加に協力するよう努めること、国および地方公共団体職員は知的障害者に対する更生援護（知的障害者の福祉について国民の理解を深めるとともに、知的障害者の自立と社会経済活動への参加を促進するための援助と必要な保護）が児童から成人まで関連性をもって行われるよう相互に協力することが規定されている。この法律では、知的障害者更生相談所、知的障害者福祉司などの実施機関、障害福祉サービスおよび障害者支援施設等への入所措置が規定されている。なお、この法律には知的障害の定義はなく、療育手帳制度において障害程度区分が規定されている。また、障害者の日常生活及び社会生活を総合的に支援するための法律に基づく障害福祉サービスでは、知的障害の程度区分が別途規定されている。

⑤老人福祉法（昭和38年7月11日法律第133号）

老人福祉法は、「老人の福祉に関する原理を明らかにするとともに、老人に対し、その心身の健康の保持及び生活の安定のために必要な措置を講じ、もつて老人の福祉を図ること」（第1条）を目的とする。この法律では基本理念を、「老人は、多年にわたり社会の進展に寄与してきた者として、かつ、豊富な知識と経験を有する者として敬愛されるとともに、生きがいを持てる健全で安らかな生活を保障され」、「老齢に伴つて生ず

る心身の変化を自覚して、常に心身の健康を保持し、又は、その知識と経験を活用して、社会的活動に参加するように努める」とともに、「その希望と能力とに応じ、適当な仕事に従事する機会その他社会的活動に参加する機会を与えられる」と規定している。また、福祉の措置の対象を65歳以上の者（65歳未満の者であって特に必要があると認められるものを含む。）とするほか、老人の日と老人週間をはじめ、老人居宅生活支援事業および老人福祉施設、老人福祉計画等が規定されている。なお、要介護状態にともなう入浴、排せつ、食事等の介護、機能訓練並びに看護及び療養上の管理その他の医療を要する者等への保健医療サービス及び福祉サービスの給付については、別途、介護保険法（平成9年12月17日法律第123号）において規定されている。また、近年では介護保険法の改正をとともに、高齢者が地域で自立した生活を営めるよう、医療、介護、予防、住まい、生活支援サービスが連携した要介護者等への包括的な支援（地域包括ケア）を推進するための法律改正が行われている。

⑥母子及び父子並びに寡婦福祉法（昭和39年7月1日法律第129号）

　母子福祉法として成立し、1981（昭和56）年に寡婦を含む改正が行われた。また、次代の社会を担う子どもの健全な育成を図るため、ひとり親家庭、特に父子家庭に対する支援施策の充実を目的として、2016（平成28）年10月より現行の名称に改められた。この法律は「母子家庭等及び寡婦の福祉に関する原理を明らかにするとともに、母子家庭等及び寡婦に対し、その生活の安定と向上のために必要な措置を講じ、もつて母子家庭等及び寡婦の福祉を図ること」（第1条）を目的とし、母子および父子家庭について、児童が心身ともに健やかに育成されるための必要な諸条件と、その母などの健康で文化的な生活の保障が規定される。この法律では、配偶者のない女子、配偶者のない男子、寡婦、母子家庭等などを定義しているが、児童を20歳未満とする点は児童福祉法と異なっている。母子家庭等及び寡婦の生活の安定と向上のための措置に関する基本的な方針、自立促進計画をはじめ、母子福祉資金、父子福祉資金、寡婦福祉資金の貸付、母子家庭や父子家庭、寡婦を対象とする日常生活支援事業、就業支援事業、母子家庭と父子家庭を対象とする自立支援給付金や母子・父子福祉施設などが規定されている。

5．その他の社会福祉関係法令

　福祉六法以外にも社会福祉に関係する重要な法律は数多く制定されている（表7－1参照）。

　たとえば、障害者基本法（昭和45年5月21日法律第84号）、高齢社会対策基本法（平成7年11月15日法律第129号）、少子化社会対策基本法（平成15年7月30日法律第133号）、犯罪被害者等基本法（平成16年12月8

就学前の子どもに関する教育、保育等の総合的な提供の推進に関する法律
小学校就学前の子どもに対する教育および保育並びに保護者に対する子育て支援の総合的な提供を推進するため、幼稚園または保育所等がもう一方の機能を有する認定こども園を都道府県知事の認定を受け設置することができる旨を定めた法律。

障害者虐待の防止、障害者の養護者に対する支援等に関する法律
障害者虐待の防止に資する支援のための措置等を定めることで、障害者虐待の防止、養護者に対する支援等に関する施策を促進し、障害者の権利利益の擁護に資することを目的とする法律。この法律では「障害者」を障害者基本法第2条第1号に規定する者とするとともに、「障害者虐待」を養護者、障害者福祉施設従事者及び使用者による身体的虐待、ネグレクト、心理的虐待、性的虐待、経済的虐待と定義づけている。

生活困窮者自立支援法（平成25年12月13日法律第105号）
生活困窮者自立相談支援事業の実施、生活困窮者住居確保給付金の支給その他の生活困窮者に対する自立の支援に関する措置を講ずることにより、生活困窮者（現に経済的に困窮し、最低限度の生活を維持することができなくなるおそれのある者）の自立の促進を図ることを目的とする法律。法では国及び地方公共団体は生活困窮者の雇用の機会の確保を図るため、職業訓練の実施、就職のあっせんその他の必要な措置を講ずるように努めることが規定されている。

日法律第161号）、自殺対策基本法（平成18年6月21日法律第85号）などの施策の基本方向を規定する法律や、介護保険法（平成9年12月17日法律第123号）、**精神保健及び精神障害者福祉に関する法律**（昭和25年5月1日法律第123号）、**児童虐待の防止等に関する法律**（平成12年5月24日法律第82号）、**配偶者からの暴力の防止及び被害者の保護に関する法律**（平成13年4月13日法律第31号）、**発達障害者支援法**（平成16年12月10日法律第167号）、障害者自立支援法（平成17年11月7日法律第123号）、**高齢者虐待の防止、高齢者の養護者に対する支援等に関する法律**（平成17年11月9日法律第124号）、**就学前の子どもに関する教育、保育等の総合的な提供の推進に関する法律**（平成18年6月15日法律第77号）、子ども・若者育成支援推進法（平成21年7月8日法律第71号）、**障害者虐待の防止、障害者の養護者に対する支援等に関する法律**（平成23年6月24日法律第79号）子ども・子育て支援法（平成24年8月22日法律第65号）子どもの貧困対策の推進に関する法律（平成25年6月26日法律第64号）、障害を理由とする差別の解消の推進に関する法律（平成25年6月26日法律第65号）、**生活困窮者自立支援法**（平成25年12月13日法律第105号）といった新たな施策やサービスを規定する法律などがあり、こうした法律にも留意する必要がある。

なお、法律に基づいた制度の運用は、政令、省令、通知、地方公共団体の条例や規則などによって詳細に規定されることから、法律とあわせてそれらについても確認することが必要である。

第2節 社会福祉の組織と実施体制

社会福祉は国、地方公共団体、そして民間組織の連携、協働により実施される。

国および地方公共団体における社会福祉の実施体制は図7－2のとおりである。社会福祉は厚生労働省の雇用均等・児童家庭局、社会・援護局、老健局などで所管されている。また、内閣府などの省庁でも、社会福祉関連の法律が所管されている。

都道府県並びに市町村では、健康福祉部、保健福祉部、民生部、福祉課などの名称の部署が社会福祉関連の業務を担っている。

その他、厚生労働大臣や都道府県知事などからの諮問に対して答申を行う審議会や、福祉事務所、児童相談所、身体障害者更生相談所、知的障害者更生相談所、婦人相談所などの相談機関が社会福祉に関する機関として設置されている。

第2節　社会福祉の組織と実施体制

なお、地方分権の推進がはかられるなか、2000（平成12）年には、地方公共団体の事務から国の行政組織として指揮監督を受け事務を執る機関委任事務が廃止され、国からの委託により事務を執る法定受託事務と地方公共団体が独自に行う自治事務に再編された。また、地域の自主性及び自立性を高めるための地方分権改革を推進するため、社会福祉をはじめとする関係事務・権限の地方公共団体への移譲等による地方分権改革が進められている。

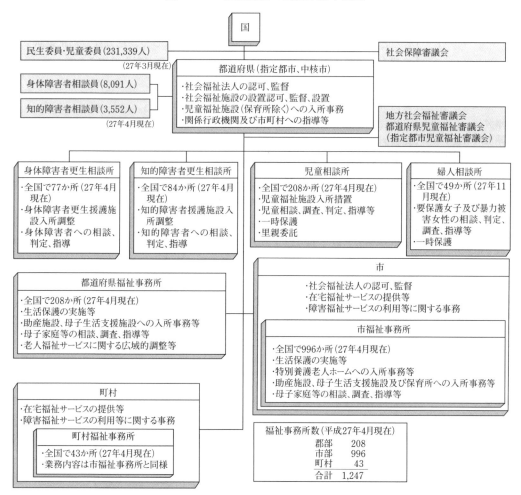

図7－2　社会福祉の実施体制の概要

出典：『厚生労働白書（平成28年版）』p.193

1．社会保障審議会と地方社会福祉審議会

社会保障審議会は厚生労働省設置法（平成11年7月16日法律第97号）第6条に基づく、厚生労働大臣などの諮問により社会保障などに関する重要事項を調査審議する合議制の機関である。30人以内の委員で構成され、福祉文

化分科会などの分科会と福祉部会、児童部会、障害者部会などの部会が設置されている。2001（平成13）年1月に中央社会福祉審議会などが再編され現在に至っている。

地方社会福祉審議会は、社会福祉法第7条以下により、社会福祉に関する事項を調査審議するための合議制の機関として、都道府県、指定都市、中核市に設置されている。都道府県、指定都市、中核市の長からの諮問に答えるとともに関係行政庁に意見具申する役割を担っている。民生委員審査専門分科会、身体障害者福祉専門分科会、老人福祉専門分科会などの専門分科会が設置されており、児童福祉に関する事項は条例により調査審議することができるとされている。また地方分権改革の一環として、地方社会福祉審議会にて調査審議できる事項に精神障害者福祉に関する事項を追加された。

2．福祉事務所（福祉に関する事務所）

社会福祉法第3章（第14条～第17条）において規定される福祉事務所は、都道府県および市（特別区）は義務設置であり、町村については任意設置とされている。所員数は国の**標準数**に基づいて条例で定められる。都道府県福祉事務所の業務は、生活保護法、児童福祉法および母子及び父子並びに寡婦福祉法に定める援護又は育成の措置に関する事務であり、市（特別区）では福祉六法に定める援護、育成又は更生の措置に関する事務である。社会福祉主事が配置されており、これらの業務を担っている。町村では福祉六法の内の老人福祉法、身体障害者福祉法及び知的障害者福祉法に定める援護又は更生の措置に関する事務を担っているが、社会福祉主事は任意配置である。なお、福祉事務所には所長、指導監督を行う所員、**現業員**などが配置されている。また、福祉事務所に設置される家庭児童相談室では、家庭相談員が専門的技術を必要とする家庭児童福祉に関する業務を行っている。

3．児童相談所

児童福祉法第12条に基づき都道府県などに義務設置される児童福祉の機関であり、市町村相互間の連絡調整、市町村に対する情報の提供、その他必要な援助を行うこと及びこれらに付随する業務を行うことのほか、①児童に関する家庭その他からの相談のうち、専門的な知識および技術を必要とするものに応ずる、②児童およびその家庭につき、必要な調査並びに医学的、心理学的、教育学的、社会学的および精神保健上の判定を行う、③児童およびその保護者につき、調査又は判定に基づいて必要な指導を行なう、④児童の一時保護に加えて、障害者の日常生活及び社会生活を総合的に支援するための法律に係る障害児福祉サービス支給要否決定等に関する業務を行っている。特に児童養護施設等への入所に係る措置は児童相談所の特徴的な業務である。

2004（平成16）年の児童福祉法の改正において、児童相談所の役割は専門

標準数
都道府県福祉事務所では、生活保護法被保護世帯数65に対して1を標準とし、被保護世帯数が390以下で6、被保護世帯数が65を増すごとに1を加える。また、市町村の福祉事務所では、被保護世帯数80に対して1を基準に、市では被保護世帯数が240以下で3、町村では160以下で2とされる。

現業員
ケースワーカーと一般的に呼ばれる。要援護者や関係者との面接を家庭訪問などの方法により実施し、要援護者の資産、環境などを調査した上で、保護その他の措置の必要性や必要となる内容を判断するとともに、要援護者に生活指導を行う。

的知識や技術を必要とする事例への対応並びに市町村に対する後方支援と位置づけられた。また、2016（平成28）年6月の改正により、政令で定める特別区には児童相談所を設置すること、都道府県は児童相談所に①児童心理司、②医師又は保健師、③指導・教育担当の児童福祉司を置くとともに弁護士の配置又はこれに準ずる措置を行うことに加え、都道府県（児童相談所）の業務として里親の開拓から児童の自立支援までの一貫した里親支援ならびに養子縁組に関する相談・支援を位置付けることが規定された。

4．身体障害者更生相談所・知的障害者更生相談所

身体障害者更生相談所（身体障害者の更生援護に関する相談所）は、身体障害者福祉法第11条により、身体障害者の更生援護の利便並びに市町村の援護の適切な実施の支援を目的として、都道府県などに義務設置されている。身体障害者更生相談所では、①障害福祉サービス、障害者支援施設等への入所等の措置に関して、市町村の援護の実施に関し、市町村相互間の連絡調整、市町村に対する情報の提供その他必要な援助を行うこと及びこれらに付随する業務を行うこと、②身体障害者に関する相談及び指導のうち、専門的な知識及び技術を必要とするものを行うこと、③身体障害者の医学的、心理学的及び職能的判定を行うこと、④必要に応じ障害者の日常生活及び社会生活を総合的に支援するための法律第5条第23項で規定される補装具の処方及び適合判定を行うこと、⑤その他障害者の日常生活及び社会生活を総合的に支援するための法律に係る支給要否決定等に関する業務などを行っている。

知的障害者更生相談所は、知的障害者福祉法第12条により都道府県などに設置される。知的障害者更生相談所では、①障害福祉サービス、障害者支援施設等への入所等の措置に関して、市町村の更生援護の実施に関し、市町村相互間の連絡及び調整、市町村に対する情報の提供その他必要な援助を行うこと並びにこれらに付随する業務を行うこと、②知的障害者に関する相談及び指導のうち、専門的な知識及び技術を必要とするものを行うこと、③18歳以上の知的障害者の医学的、心理学的及び職能的判定を行うこと、④その他障害者自立支援法に係る支給要否決定等に関する業務などを行っている。

5．婦人相談所

婦人相談所は、売春防止法（昭和31年5月24日法律第118号）第34条により都道府県などは義務設置とされ、要保護女子（性行又は環境に照らして売春を行うおそれのある女子）の保護更生に関する問題に対して相談に応じ、要保護女子およびその家庭について必要な調査並びに医学的、心理学的、職能的判定や指導、要保護女子の一時保護を業務とする。また、配偶者からの暴力の防止及び被害者の保護に関する法律第3条に基づく配偶者暴力相談支援センターとして、配偶者からの暴力の防止と被害者保護のため、①被害者

福祉サービス第三者評価事業

社会福祉事業者が自らその提供するサービスの質の評価その他の措置を講ずるために第三者機関による評価を受けることにより、事業運営における問題点を把握し、サービスの質の向上に結びつけることを目的とする。第三者評価を受けた結果が公表されることで、結果として利用者の適切なサービス選択に資するための情報となる。

生活福祉資金の貸付

低所得者、障害者または高齢者に対して、更生資金、福祉資金、緊急小口資金などの資金の貸付けと民生・児童委員による必要な援助指導を行い、安定した生活を送れるようにすることを目的とする制度。

日常生活自立支援事業

利用促進の観点から、従来より分かりにくいとの指摘があった事業名称を「地域福祉権利擁護事業」から改めたものであり、「定期的な訪問による生活変化の察知」を援助内容に明記するとともに、事業を担当する専門員は原則として社会福祉士、精神保健福祉士等で一定の研修を受けた者と規定している。

の相談に応じること又は婦人相談員もしくは相談機関を紹介すること、②被害者の心身の健康を回復させるため、医学的、心理学的な指導その他の必要な指導を行うこと、③被害者並びに同伴する家族の緊急時における安全の確保及び一時保護、④被害者が自立して生活することを促進するため、就業の促進、住宅の確保、援護等に関する制度の利用等についての、助言、関係機関との連絡調整その他の援助、⑤保護命令の制度の利用に関する情報提供、助言、関係機関への連絡その他援助、⑥被害者を居住させ保護する施設の利用に関する情報提供、助言、関係機関との連絡調整などを業務とする相談機関である。

6．民間組織

社会福祉事業を行う民間組織は、利用者に対して直接サービスを提供するものや、社会福祉事業を行う組織や団体の人材の確保や費用の配分を行うものなど、様々な活動を行っており、社会福祉の発展において重要な役割を果たしてきた。

①社会福祉法人

社会福祉事業を行う民間組織の多くは、社会福祉法人格を有している。社会福祉法人とは、前出の表7-1にあるような社会福祉法第2条に定められた社会福祉事業の実施を目的として、社会福祉法第6章(第22条～第59条)の規定に基づき設立された法人である。社会福祉法第60条において、第1種社会福祉事業の経営主体は、国、地方公共団体又は社会福祉法人であることが原則とされていることから、社会福祉法人は社会福祉事業の中核的な位置付けにあるということができる。

社会福祉法人は都道府県知事、指定都市・中核市長に所管されるが、2以上の都道府県の区域にわたる場合は、厚生労働大臣の所管となる。社会福祉法人の設立、運営にあたっては、社会福祉事業の公益性から厳格な要件が課せられている(表7-4)。また、2016(平成28)年の社会福祉法の改正により、福祉サービスの供給体制の整備及び充実を図るため、社会福祉充実計画の策定等、経営組織のガバナンスの強化、事業運営の透明性の向上等の改革に取り組むことが規定された。社会福祉法人数は2015(平成27)年3月末時点で20,303(内、厚生労働大臣所管分480)となっている。

以下、社会福祉協議会、福祉人材センター、共同募金会について概説する。

ⓐ社会福祉協議会

社会福祉協議会は、2015(平成27)年4月現在で全国に1ヶ所、都道府県・指定都市に67ヶ所、そして市区町村に1,851ヶ所が結成されており、そのほとんどが社会福祉法人である。

社会福祉協議会では地域福祉の推進を目的に、地域の実情に関する調査をふまえて、訪問介護や食事サービス、家族介護講習会などの在宅福

表7-4　社会福祉法人設立の要件

社会福祉法人を設立するに当たっては、主に以下の要件を満たす必要がある。
(以下、平成12年「社会福祉法人の認可について(局長通知)」等より主要部分を抜粋)

1. 組　織
   社会福祉法人の役員は、6名以上の理事及び2名以上の監事で構成等すること。理事には、社会福祉事業について学識経験を有する者又は地域の福祉関係者及び法人の経営する施設の施設長を参加させること。
   また、関係行政庁の職員や、実際に法人運営に参画できない者を名目的に選任することは適当ではなく、親族等の特殊な関係にある者の選任についても制限されている。
   なお、次に掲げる事業のみを行う法人を除いて、評議員会を設置すること。
   ①都道府県又は市町村が福祉サービスを必要とする者について措置をとる社会福祉事業
   ②保育所若しくは幼保連携型認定こども園を経営する事業又は小規模保育事業(保育所若しくは幼保連携型認定こども園を経営する事業又は小規模保育事業と併せて行う、児童福祉法第34条の11の規定に基づく地域子育て支援拠点事業、同法第34条の12の規定に基づく一時預かり事業、同法第34条の18の規定に基づく病児保育事業及び子ども・子育て支援法第59条第1号の規定に基づく利用者支援事業のいずれか又は複数の事業を含む。)
   ③介護保険事業
2. 資　産
   基本財産として、社会福祉事業を行うために必要な土地、建物等の資産を用意すること。
   運用財産として、法人設立時に年間事業費の12分の1以上(一部介護保険法等に係る事業を主とする法人は12分の2以上が望ましい。)に相当する額を、現金、預金等で準備すること。
3. 事　業
   社会福祉法に掲げる社会福祉事業のほか、公益事業及び収益事業を行うことができる。
   公益事業とは、公益を目的とする事業で社会福祉事業以外の事業(社会福祉と全く関係のないものを行うことは認められない。)をいい、具体的には居宅介護支援事業、介護老人保健施設、有料老人ホームを経営する事業等であること。
   収益事業とは、その収益を法人が行う社会福祉事業又は公益事業の財源に充てるために行われる事業で、法人所有の不動産を活用して行う貸ビル、駐車場売店の経営等であること。
   公益事業及び収益事業は、ともに本来事業である社会福祉事業に対し従たる地位にあること。また、その用に供する財産は、基本財産、運用財産とは明確に分離して管理すること。
4. 情報開示
   毎年5月末までに事業報告書・財産目録・貸借対照表及び収支計算書(以下「事業報告書等」という。)を作成し、6月末までに事業報告書及び監事監査意見書並びに現況報告書を所轄庁へ届け出なければならない。
   そして、上記書類と定款を各事務所に備えておき、正当な理由がある場合を除いて、これらを外部の閲覧に供しなければならない。また、現況報告書等について、インターネットを活用し、公表すること。
   また、公認会計士、税理士等による外部監査の活用を積極的に行うことが適当である。
5. 設立の相談
   設立の際は、各都道府県、市(特別区を含む)の社会福祉法人担当部局に相談すること。
6. その他
   施設長の資格
   社会福祉施設の施設長は、厚生労働省令及び旧厚生省令、昭和47年「社会福祉法人の経営する社会福祉施設の長について(局長通知)」に規定する適格者でなければならない。

出典:『厚生労働白書(平成28年版)』p.195を一部改変

祉サービスを実施している。また、ボランティアセンターを設置しボランティア活動の推進をはかるとともに、**福祉サービス第三者評価事業**や**生活福祉資金の貸付**を行うなど、社会福祉に関する多くの事業を展開している。

また、都道府県並びに指定都市社会福祉協議会では、市町村社会福祉協議会を窓口として**日常生活自立支援事業**を実施している。**運営適正化委員会**では利用者からの福祉サービスに関する苦情解決に取り組んでいる。

運営適正化委員会
社会福祉、法律または医療に関する学識経験者で構成される委員会で、福祉サービス利用援助事業者に必要な助言、勧告をすることができる。また、福祉サー

ビスに関する苦情などの相談に応じ、福祉サービス提供者の同意により苦情の解決のあっせんを行うことができる。

ⓑ福祉人材センター

　福祉人材センターは社会福祉法第9章第2節（第93条から101条）に規定される、社会福祉事業等に関する連絡及び援助を行うこと等により社会福祉事業等従事者の確保を図ることを目的として設立された社会福祉法人である。都道府県福祉人材センターは、都道府県ごとに1ヶ所、都道府県知事により指定される。

　業務内容は、①社会福祉事業に関する啓発活動、②社会福祉事業従事者の確保に関する調査研究、③社会福祉事業従事者の確保に関する相談その他の援助、④社会福祉事業従事者および社会福祉事業に従事しようとする者に対する研修、⑤社会福祉事業従事者の確保に関する連絡、⑥社会福祉事業に従事しようとする者への就業援助などである。

　また、全国には、上記に加えて都道府県福祉人材センターの健全な発展を図ることを目的として、1ヶ所、厚生労働大臣が指定する中央福祉人材センターが設置されている。

ⓒ共同募金会

　社会福祉法第113条に規定される共同募金会は、第1種社会福祉事業である共同募金を行う事業の実施を目的とする社会福祉法人である。

　共同募金会では、都道府県を単位に、「国民たすけあい」の精神を基調として毎年10月から12月の間に寄附金の募集（「赤い羽根募金」）を行い、その区域内の社会福祉事業、更生保護事業などの社会福祉事業経営者に翌年度末日までに寄附金を配分することとされている。

　また、寄附金を公正に配分するため、共同募金会には配分委員会を置き、この配分委員会の承認を得て募金は配分されている。なお、災害の発生時には、区域以外の社会福祉事業経営者に対しても配分委員会の承認を得て配分することができるとされている。

②特定非営利活動法人

　今日では、多くの特定非営利活動法人（NPO法人）が社会福祉に関する事業を行っている。NPO法人は特定非営利活動促進法（平成10年3月25日法律第7号）に基づき、不特定かつ多数のものの利益の増進に寄与することを目的として、「保健、医療又は福祉の増進を図る活動」、「子どもの健全育成を図る活動」をはじめとする20の特定非営利活動に該当する活動を行う法人である。内閣府によると、2016（平成28）年3月31日までに保健、医療又は福祉の増進を活動内容として認証を受けたNPO法人は29,852で、全体の58.7％となっている。

第3節 社会福祉施設の概要

　社会福祉施設は、児童、障がい者、高齢者など社会生活を営む上で様々なサービスを必要とする人々に対して、必要とするサービスを提供することにより福祉の増進をはかる施設をいう。

　社会福祉施設は、法令で定められた基準に沿って、国、地方公共団体および社会福祉法人が設立、運営する。社会福祉施設を利用形態からみた場合には、第1種社会福祉事業を主とする入所の形態、第2種社会福祉事業が中心となる通所あるいは利用の形態に分類することができる。また、利用対象者の点からみた場合、保護施設、老人福祉施設、障害者支援施設、婦人保護施設、児童福祉施設などに分類することができる。社会福祉施設総数は、2014(平成26)年10月1日現在で、126,411ヶ所、利用者定員が4,829,278人となっている。その内、私営施設が99,551ヶ所、3,809,576人であり、施設数全体の約78.8％、定員では78.9％を占めている。また、年齢別では成人施設が91,456ヶ所、2,375,821人に対して、児童施設は34,955ヶ所、2,453,457人となっている(章末資料参照)。

　なお、児童福祉施設の施設・サービスの人員・設備・運営基準の制定が都道府県等の条例に委任されることを受け、これまで厚生労働省が省令で定めていた基準の取扱いについて見直しが行われた。

　また、2011(平成23)年の児童福祉法改正で障がいのある児童を対象とする社会福祉施設が、障害児入所施設(福祉型・医療型)ならびに児童発達支援センター(福祉型・医療型)に再編された。加えて2017(平成29)年4月より児童福祉法第43条の2で規定される情緒障害児短期治療施設は児童心理治療施設に名称が変更される。

第4節 社会福祉の財政

　国および地方公共団体の費用は、一会計年度(4月1日から3月31日まで)における歳入および歳出として予算計上され、議会の事前承認を得て執行される。

　なお、社会福祉の財政のしくみは、国庫補助金の削減、地方交付税の削減および税源移譲といった3つの制度改革を同時に行うことにより、国から地方に権限を委譲し、地方公共団体による独自の地域づくりをすすめることをめざした三位一体の改革や持続可能な社会保障制度の確立を図るための改革など、社会保障制度に関する国の行財政改革の動向にともなって議論の対象として取り上げられることから、その動向についても注意する必要がある。

1．国

　社会福祉の費用は、社会保障関係費として計上される。社会保障関係費は少子高齢化が進む中にあって増加している。2016（平成28）年度の予算額は31兆9,738億円であり、一般会計歳出の96兆7,218億円の33％を占めており、2015（平成27）年度からは4,412億円増加した。内訳は、持続可能な社会保障制度の確立を図るための改革の推進に関する法律（平成25年12月13日法律第112号）を踏まえ、消費税の使途である社会保障4経費（年金、医療、介護及び少子化対策）に関する予算額を明確にする観点から、2016（平成28）年度に見直しが行われており、年金給付費（11兆3,130億円）、医療給付費（11兆2,739億円）、介護給付費（2兆9,323億円）、少子化対策費（2兆241億円）、生活扶助等社会福祉費（4兆8億円）、保健衛生対策費（2,865億円）、雇用労災対策費（1,360億円）とされた（表7－5）。また、社会保障関係費の多くは厚生労働省の予算となっている。2016（平成28）年度の同省の社会保障関係費の予算額は29兆8,631億円であり、2015（平成27）年度からは4,126億円の増となっている。

表7－5　社会保障関係費の内訳

（億円）

	平成28年度要求額		前年度予算額		比較増△減額
一般会計歳出総計(A)	967,218		963,420		3,799
事項					
社会保障関係費(C)	319,738	100.0%	315,326	100.0%	4,412
年金給付費	113,130	35.4%	111,194	35.3%	1,936
医療給付費	112,739	35.3%	112,123	35.6%	616
介護給付費	29,323	9.2%	28,294	9.0%	1,030
少子化対策費	20,241	6.3%	19,742	6.3%	499
生活扶助等社会福祉費	40,080	12.5%	40,034	12.7%	46
保健衛生対策費	2,865	0.9%	2,540	0.8%	324
雇用労災対策費	1,360	0.4%	1,399	0.4%	△39
(C)／(A)	33.1%		32.7%		

（注1）計数はそれぞれ四捨五入している。
（注2）27年度予算額は28年度との比較対照のため組替え掲記している。
（注3）消費税の使途である社会保障4経費（年金、医療、介護及び少子化対策）に関する予算額を明確にする観点から、社会保障関係費の内訳を見直している。
出典：財務省「平成28年度予算：社会保障関係予算のポイント」に基づいて作成

　なお、今日の**少子化対策**や高齢社会対策をはじめとするわが国の社会福祉の動向は、各種事業への予算配分から知ることができる。たとえば、2016（平成28）年度厚生労働省予算案の福祉に関連する主要事項には、「安心で質の高い医療・介護サービスの提供」、「子どもを産み育てやすい環境づくり～人口減少社会への対応～」、「自立した生活の実現と暮らしの安心確保」「障害者支援の総合的な推進」など、9つの項目が示されている。特に「自立した生活の実現と暮らしの安心確保」では、「地域の福祉サービスに係る新たなシス

少子化対策

少子化対策は、2003（平成15）年7月成立の少子化社会対策基本法と次世代育成支援対策推進法に基づき展開される。少子化社会対策基本法の規定により「少子化社会対策大綱」が2004（平成16）年6月に策定され、同年12月に「子ども・子育て応援プラン」が策定された。また、次世代育成支援対策推進法が施行された2005（平成17）年4月からは、地方公共団体並びに企業において次世代育成支援のための行動計画に基づく取組みが進められている。2010（平成22）年1月には新しい大綱の「子ども・子育てビジョン」が策定された。なお、次世代育成支援対策推進法の有効期限は2025（平成37）年3月31日まで延長された。

第4節　社会福祉の財政

テムの構築」「生活困窮者の自立・就労支援等の推進及び生活保護制度の適正実施」「社会福祉法人制度改革への対応」「福祉・介護人材確保対策の推進」「『社会的包容力』の構築」等、これからの社会福祉のあり方に関わる重点的な項目が列挙されている。

２．地方公共団体

　地方公共団体の歳入は、地方税、**地方交付税**といった一般財源並びに国庫支出金、地方債などの特定財源から構成されている。2014（平成 26）年度の決算額は 102 兆 835 億円となっている。

　地方公共団体の社会福祉に関する費用は、民生費として計上される。2014（平成 26）年度決算額は 24 兆 4,509 億円で、全体の 24.8％を占め、前年度比 4.2％増となっている（図 7 − 3）。これは消費税率の引上げに際した臨時福祉給付金、子育て世帯臨時特例給付金が増加したこと等による。なお、民生費は介護保険制度の実施により 2000（平成 12）年度は減じたが、生活保護費および児童福祉費における扶助費の増加にともない、その後は増加傾向にある。

地方交付税
地方交付税は、都道府県と市町村の自主性を損なうことなく財源の均衡化をはかり、都道府県と市町村の計画的運営に基づいた独立性の強化を目的として国が都道府県と市町村に交付する税。毎年度、財源不足額を基本に交付される。

図 7 − 3　目的別歳出の状況

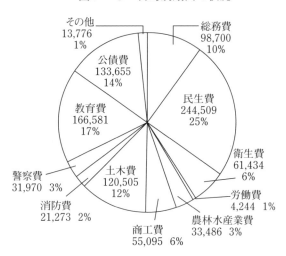

出典：総務省編『地方財政白書（平成28年版）』p.17をもとに作成

　地方経費の内訳は目的別と性質別に区分して集計される。民生費を目的別に内訳を見た場合、児童福祉費が全体の 31.7％を占め、最も多くなっている。以下、社会福祉費、老人福祉費、生活保護費、災害救助費の順となっている（表 7 − 6）。性質別では、人件費や補助費などに比べて、生活保護費や保育所の措置費などの扶助費の割合が高く、全体の 50.4％を占めているが、都道府県での割合は 10％であるのに対して、市町村では 58.3％を占める。一方、補助

費等は都道府県が76.6％であるのに対して市町村は3.7％となっており、福祉サービスの提供における両者の役割の違いをあらわすものとなっている。

表7-6 民生費の状況（目的別内訳）

（単位：百万円・％）

区分	平成26年度 都道府県		平成26年度 市町村		平成26年度 純計額		平成25年度 純計額		比較 増減額	比較 増減率	前年度増減率
社会福祉費	2,331,554	30.7	4,981,523	25.1	6,231,155	25.5	5,645,346	24.1	585,809	10.4	1.4
老人福祉費	2,931,519	38.6	3,604,800	18.2	5,903,287	24.1	5,662,189	24.1	241,098	4.3	△1.1
児童福祉費	1,547,092	20.4	7,072,842	35.7	7,745,146	31.7	7,183,467	30.6	561,679	7.8	△1.0
生活保護費	271,692	3.6	3,798,464	19.2	4,015,765	16.4	3,963,972	16.9	51,793	1.3	1.5
災害救助費	519,955	6.8	351,685	1.8	555,539	2.3	1,008,349	4.3	△452,810	△44.9	43.8
合計	7,601,812	100.0	19,809,315	100.0	24,450,891	100.0	23,463,324	100.0	987,567	4.2	1.3

出典：総務省編『地方財政白書（平成28年版）』第37表より引用

3．民間組織

民間組織の費用は、国などからの委託費や補助金、共同募金会からの配分金、法人が行う公益事業や収益事業による収入、**独立行政法人福祉医療機構**などからの借入金などによって賄われる。また、社会福祉事業を行う民間組織に対しては税制上の優遇措置が設けられている。

なお、公の支配に属しない慈善、教育、博愛の事業に対して公金を支出することは、憲法第89条により禁止されている。しかしながら、社会福祉法第60条により第1種社会福祉事業の経営主体は国、地方公共団体、社会福祉法人であることを原則として規定し、また、同法第58条に基づき、その法人が実施する事業並びに会計状況を監督することをもって、社会福祉法人に対する公金の支出を認めているところである。

社会福祉法人が経営する社会福祉施設に係る**措置費**は、利用者の負担金を差し引いた額を、国と地方公共団体がそれぞれの負担割合に基づき支弁している（表7-7）。

4．利用者負担

社会福祉に要する費用は、すべてが公費で賄われているわけではなく、その一部は利用者が負担するしくみになっている。

福祉サービスの利用は、これまで、社会福祉施設入所措置をはじめとする行政による措置制度が中心であった。措置制度では、サービスの内容に関係なく、利用者の負担は所得に応じて定められており、利用者はその定められた額を負担する「応能負担」の考えに基づいて徴収される。

また、社会福祉制度がすべての国民を対象として一般化・普遍化されるにともない、これまでの措置制度に加えて、保育所を利用する際の契約制度、

独立行政法人福祉医療機構
独立行政法人福祉医療機構法（平成14年12月13日法律第166号）の規定に基づき、福祉の増進並びに医療の普及および向上を目的に、社会福祉事業施設などの設置などに必要な資金の融通やこれら施設に関する経営指導などを行う独立行政法人である。

措置費
行政が権限として行使する福祉サービスの利用決定を措置といい、措置費はそれに要する費用をいう。社会福祉施設に係る措置費は、事務費と事業費からなり、事務費は職員の人件費と施設修繕費などの管理費に細分される。事業費は利用者の日常生活費に相当する費用となっている。

表7-7　社会福祉施設の措置費（運営費・給付費）負担割合

施設種別	措置権者（※1）	入所先施設の区分	措置費支弁者（※1）	費用負担			
				国	都道府県 指定都市 中核市	市	町村
保護施設	知事・指定都市長・中核市長	都道府県立施設 市町村立施設 私設施設	都道府県・指定都市・中核市	3/4	1/4	—	—
	市長（※2）		市	3/4	—	1/4	—
老人福祉施設	市町村長	都道府県立施設 市町村立施設 私設施設	市町村	—	—	10/10（※4）	
婦人保護施設	知事	都道府県立施設 市町村立施設	都道府県	5/10	5/10	—	—
児童福祉施設（※3）	知事・指定都市長・児童相談所設置市市長	都道府県立施設 市町村立施設 私設施設	都道府県・指定都市・児童相談所設置市	1/2	1/2	—	—
母子生活支援施設 助産施設	市長（※2）	都道府県立施設 市町村立施設 私設施設	都道府県	1/2	1/2	—	—
			市	1/2	1/4	1/4	
	知事・指定都市市町・中核市市長	都道府県立施設 市町村立施設 私設施設	都道府県・指定都市・中核市	1/2	1/2	—	—
保育所 幼保連携型認定こども園 小規模保育事業（所）（※6）	市町村長	私設施設	市町村	1/2	1/4（※7）	1/4	
身体障害者社会参加支援施設（※5）	知事・指定都市市長・中核市市長	都道府県立施設 市町村立施設 私設施設	都道府県・指定都市・中核市	5/10	5/10	—	—
	市町村長		市町村	5/10	—	5/10	

※1.　母子生活支援施設、助産施設及び保育所は、児童福祉法が一部改正されたことに伴い、従来の措置（行政処分）がそれぞれ母子保護の実施、助産の実施及び保育の実施（公法上の利用契約関係）に改められた。
※2.　福祉事務所を設置している町村の長を含む。福祉事務所を設置している町村の長の場合、措置費支弁者及び費用負担は町村となり、負担割合は市の場合と同じ。
※3.　小規模住居型児童養育事業所（以下、「ファミリーホーム」という。）、児童自立生活援助事業所（以下、「自立援助ホーム」という。）を含み、保育所、母子生活支援施設、助産施設を除いた児童福祉施設。
※4.　老人福祉施設については、平成17年度より養護老人ホーム等保護費負担金が廃止・税源移譲されたことに伴い、措置費の費用負担は全て市町村（指定都市、中核市含む）において行っている。
※5.　改正前の身体障害者福祉法に基づく「身体障害者更正援護施設」は、障害者自立支援法の施行に伴い、平成18年10月より「身体障害者社会参加支援施設」となった。
※6.　子ども子育て関連三法により、平成27年4月1日より、幼保連携型認定こども園及び小規模保育事業も対象とされた。また、私立保育所を除く施設・事業に対しては利用者への施設型給付及び地域型保育給付（個人給付）を法定代理受領する形に改められた。
※7.　指定都市・中核市は除く。
出典：『厚生労働白書（平成28年版）』p.200

社会保険制度の1つである介護保険制度、障害者自立支援法に基づく障害福祉サービスが整備されてきたところである。このうち、介護保険制度では利用するサービスの内容に応じて負担額が決定されるなど、また契約に基づくサービス利用においても利用するサービスにより負担額が決定される「応益負担」の考え方が「応能負担」の考えとともに一部で採用されている。

おわりに

　社会福祉のしくみは、社会情勢やそれにともなう制度改革の中でつねに変

新たな時代に対応した福祉の提供ビジョン
厚生労働省が2015（平成27）年9月に、今後の福祉の改革の方向性を示したものであり、内容は①様々なニーズに対応する新しい地域包括支援体制の構築、②サービスを効果的・効率的に提供するための生産性向上、③新しい地域包括支援体制を担う人材の育成・確保を柱とし、全世代・全対象型地域包括支援体制の構築を意図したものになっている。

化するものである。近年では、貧困の拡大に対する対策や大規模な災害による広域的な被災者支援など重層的で複雑な問題に対応していくために、地域を基盤とする包括的な福祉のあり方が問われている。そうした中、今日の社会福祉は、まち・ひと・しごと創生法（平成26年11月28日法律第136号）に基づく基本方針や2015（平成27）年9月に策定された「**新たな時代に対応した福祉の提供ビジョン**」といった新しい政策方針によって大きく転換しようとしている。ソーシャルワーカーが社会福祉専門職としての役割を果たしていくためには、社会福祉ならびに福祉全体を取り巻く動向を、厚生労働省をはじめとする国や地方公共団体などのホームページ、統計や白書、あるいは新聞、雑誌などにより把握し、今日の社会福祉に求められることがらを考えて行動していくことが求められる。そして、特に業務と関連するところで法制度の改正が行われた場合には、その主旨と内容を理解した上で、地域が抱える課題に迅速に対応していくことが求められる。

参考文献
1．厚生労働省ホームページ http://www.mhlw.go.jp/index.shtml
2．内閣府ホームページ　http://www.cao.go.jp/index.html
3．財務省ホームページ　http://www.mof.go.jp/
4．蟻塚昌克『入門社会福祉の法制度〔第3版〕』ミネルヴァ書房、2008
5．厚生統計協会『国民の福祉と介護の動向』各年版
6．厚生労働省編『厚生労働白書』ぎょうせい、各年版
7．総務省編『地方財政白書』国立印刷局、各年版
8．『社会福祉学習双書』編集委員会編『社会福祉概論Ⅱ』全国社会福祉協議会、2016
9．社会福祉法規研究会監修『社会福祉六法』新日本法規、各年版
10．社会福祉の動向編集委員会『社会福祉の動向』中央法規出版、各年版
11．『社会保障の手引き－施策の概要と基礎資料－』中央法規出版、各年版
12．社会保障入門編集委員会編『社会保障入門』中央法規出版、各年版

章末資料：社会福祉施設一覧

＊施設の種類は 2015（平成 27）年現在。施設数および定員は 2014（平成 26）年 10 月 1 日現在

施設の種類	根 拠	種 別	入(通)所	施設の目的と対象者	施設数 126,411	定員 4,829,278
保護施設					291	19,250
救護施設	生保法 38 条	第 1 種	入所	身体上又は精神上著しい障害があるために日常生活を営むことが困難な要保護者を入所させて、生活扶助を行う	183	16,395
更生施設	生保法 38 条	第 1 種	入所	身体上又は精神上の理由により養護及び生活指導を必要とする要保護者を入所させて、生活扶助を行う	19	1,442
医療保護施設	生保法 38 条	第 2 種	利用	医療を必要とする要保護者に対して、医療の給付を行う	60	…
授産施設	生保法 38 条	第 1 種	通所	身体上若しくは精神上の理由又は世帯の事情により就業能力の限られている要保護者に対して、就労又は技能の修得のために必要な機会及び便宜を与えてその自立を助長する	18	603
宿所提供施設	生保法 38 条	第 1 種	利用	住居のない要保護者の世帯に対して、住宅扶助を行う	11	810
老人福祉施設					70,438	1,669,722
養護老人ホーム （一般） （盲）	老福法 20 条の 4	第 1 種	入所	65 歳以上の者であって、環境上の理由及び経済的理由により居宅において養護を受けることが困難なものを入所させ、養護するとともに、自立した日常生活を営み、社会的活動に参加するために必要な指導及び訓練その他の援助を行う	952 901 51	64,443 61,489 2,954
特別養護老人ホーム[2]	老福法 20 条の 5	第 1 種	入所	65 歳以上の者であって、身体上又は精神上著しい障害があるために常時の介護を必要とし、かつ、居宅においてこれを受けることが困難なものを入所させ、養護する	8,940	540,995
軽費老人ホーム （ケアハウス） （経過的旧 A 型） （経過的旧 B 型）	老福法 20 条の 6	第 1 種	入所	無料又は低額な料金で、老人を入所させ、食事の提供その他日常生活上必要な便宜を供与する	2,350 1,989 209 17	93,479 79,717 12,366 818
老人福祉センター （特 A 型） （A 型） （B 型）	老福法 20 条の 7	第 2 種	利用	無料又は低額な料金で、老人に関する各種の相談に応ずるとともに、老人に対して健康の増進、教養の向上及びレクリエーションのための便宜を総合的に供与する	2,132 250 1,435 447	・
老人デイサービスセンター[3) 5)]	老福法 20 条の 2 の 2	第 2 種	通所	65 歳以上の者であって、身体上又は精神上の障害があるために日常生活を営むのに支障があるもの（養護者を含む）を通わせ、入浴、排せつ、食事等の介護、機能訓練、介護方法の指導その他の便宜を供与する	45,913	840,767

	老人短期入所施設[4)5)]	老福法20条の3	第2種	入所	65歳以上の者であって、養護者の疾病その他の理由により、居宅において介護を受けることが一時的に困難となった者を短期間入所させ、養護する	10,251	130,038
（参考）	老人介護支援センター（在宅介護支援センター）	老福法20条の7の2	第2種	利用	地域の老人の福祉に関する各般の問題につき、相談・助言を行うとともに、主として居宅において介護を受ける老人等と関係機関との連絡調整等を総合的に行う		
	認知症グループホーム	老福法5条の2	第2種	利用	認知症高齢者に小規模な生活の場において、食事の支度、掃除、洗濯等を含めた共同生活の場を提供し、家庭的な環境の中で介護職員等による生活上の指導、援助を行う		
障害者支援施設等						5,951	197,867
障害者支援施設		障害者総合支援法5条11項	第1種	入所通所	障害者につき、主として夜間において、入浴、排せつ又は食事の介護等の便宜を供与するとともに、これ以外の施設障害福祉サービス（生活介護、自立訓練、就労移行支援）を行う	2,612	142,868
地域活動支援センター		障害者総合支援法5条25項	第2種	利用	障害者等を通わせ、創作的活動又は生産活動の機会の提供、社会との交流の促進その他障害者が自立した日常生活を営むために、必要な支援を行う	3,183	52,967
福祉ホーム		障害者総合支援法5条26項	第2種	利用	現に住居を求めている障害者につき、低額な料金で、居室その他の設備を利用させるとともに、日常生活に必要な便宜を供与する	156	2,032
（参考）	生活介護事業所	障害者総合支援法5条7項	第2種	入所通所	常時介護を要する障害者につき、主として昼間において、入浴排せつ又は食事の介護等を行うとともに、創作的活動又は生産活動の機会を提供する		
	自立訓練事業所	障害者総合支援法5条12項	第2種	入所通所	障害者につき、自立した日常生活又は社会生活を営むことができるよう、一定期間、身体機能又は生活能力の向上のために必要な訓練を行う		
	就労移行支援事業所	障害者総合支援法5条13項	第2種	入所通所	一般企業への就労を希望する障害者につき、一定期間、就労に必要な知識及び能力の向上のために必要な訓練を行う		
	就労継続支援事業所（A型・B型）	障害者総合支援法5条14項	第2種	通所	一般企業等での就労が困難な障害者につき、雇用契約の締結等により（A型の場合）、働く場を提供するとともに、知識及び能力の向上のために必要な訓練を行う		
身体障害者社会参加支援施設						322	360
身体障害者福祉センター　　（A型）　　（B型）		身障法31条	第2種	利用	無料又は低額な料金で、身体障害者に関する各種の相談に応じ、身体障害者に対し、機能訓練、教養の向上、社会との交流の促進及びレクリエーションのための便宜を総合的に供与する	163 36 127	・ ・ ・
障害者更生センター		身障法31条	第2種	利用	障害者、家族、ボランティア等が気軽に宿泊、休養するための場を提供する	5	360

施設名	根拠法	種別	利用形態	目的・内容	施設数	定員
補装具製作施設	身障法32条	第2種	利用	無料又は低額な料金で、補装具の製作又は修理を行う	17	・
盲導犬訓練施設	身障法33条	第2種	利用	無料又は低額な料金で、盲導犬の訓練を行うとともに、視覚障害のある身体障害者に対し、盲導犬の利用に必要な訓練を行う	12	…
点字図書館	身障法34条	第2種	利用	無料又は低額な料金で、点字刊行物及び視覚障害者用の録音物の貸し出し等を行う	74	・
点字出版施設	身障法34条	第2種	利用	無料又は低額な料金で、点字刊行物を出版する	11	・
聴覚障害者情報提供施設	身障法34条	第2種	利用	無料又は低額な料金で、聴覚障害者用の録画物の製作及び貸し出し等を行う	40	・
児童福祉施設					34,462	2,434,381
助産施設	児福法36条	第2種	入所	保健上必要があるにもかかわらず、経済的理由により、入院助産を受けることができない妊産婦を入所させて、助産を受けさせる	393	3,107
乳児院	児福法37条	第1種	入所	乳児（保健上、安定した生活環境の確保その他の理由により特に必要のある場合には、幼児を含む）を入院させて、これを養育し、あわせて退院した者について相談その他の援助を行う	133	3,870
母子生活支援施設[6]	児福法38条	第1種	入所	配偶者のない女子又はこれに準ずる事情にある女子及びその者の監護すべき児童を入所させて、これらの者を保護するとともに、これらの者の自立の促進のためにその生活を支援し、あわせて退所した者について相談その他の自立のための援助を行う	243	4,930
保育所	児福法39条	第2種	通所	日日保護者の委託を受けて、保育に欠けるその乳児又は幼児を保育する	24,509	2,339,029
児童養護施設	児福法41条	第1種	入所	保護者のない児童（乳児を除く。ただし、安定した生活環境の確保その他の理由により特に必要のある場合には、乳児を含む）、虐待されている児童その他環境上養護を要する児童を入所させて、これを養護し、あわせて退所した者に対する相談その他の自立のための援助を行う	602	33,599
障害児入所施設 （福祉型） （医療型）	児福法第42条	第1種	入所	障害児を入所させて、保護、日常生活の指導、独立自活に必要な知識技能の付与及び治療を行う	276 207	11,287 19,277
児童発達支援センター （福祉型） （医療型）	児福法第43条	第2種	通所	障害児を日々保護者の下から通わせて、日常生活における基本的動作の指導、独立自活に必要な知識技能の付与又は集団生活への適応のための訓練及び治療を提供する	453 111	14,886 3,763
情緒障害児短期治療施設	児福法43条の2	第1種	入所通所	軽度の情緒障害を有する児童を、短期間、入所させ又は保護者の下から通わせて、その情緒障害を治し、あわせて退所した者について相談その他の援助を行う	38	1,734

施設名	根拠法	種別	利用区分	目的・内容	施設数	定員
児童自立支援施設	児福法44条	第1種	入所 通所	不良行為をなし、又はなすおそれのある児童及び家庭環境その他の環境上の理由により生活指導等を要する児童を入所させ、又は保護者の下から通わせて、個々の児童の状況に応じて必要な指導を行い、その自立を支援し、あわせて退所した者について相談その他の援助を行う	58	3,829
児童家庭支援センター	児福法44条の2	第2種	利用	地域の児童の福祉に関する各般の問題につき、児童、母子家庭、地域住民などからの相談に応じ、必要な助言を行うとともに、保護を要する児童又はその保護者に対する指導及び児童相談所等との連携・連絡調整等を総合的に行う	99	
児童館 （小型児童館） （児童センター） （大型児童館A型） （大型児童館B型） （大型児童館C型） （その他の児童館）	児福法40条、平2.8.7厚生省発児123号	第2種	利用	屋内に集会室、遊戯室、図書館等必要な設備を設け、児童に健全な遊びを与えて、その健康を増進し、又は情操をゆたかにする	4,598 2,703 1,787 17 4 1 86	・ ・ ・ ・
児童遊園	児福法40条、平4.3.26児育第8号	第2種	利用	屋外に広場、ブランコ等必要な設備を設け、児童に健全な遊びを与えて、その健康を増進し、又は情操をゆたかにする	2,742	・
婦人保護施設					47	1,270
婦人保護施設	売春防止法36条、DV防止法5条	第1種	入所	性行又は環境に照らして売春を行うおそれのある女子（要保護女子）を収容保護する。又、家族関係の破綻、生活困窮等の理由により生活上困難な問題を抱えた女性及びDV被害女性を入所保護し、自立を支援する	47	1,270
母子・父子福祉施設					59	…
母子・父子福祉センター	母子父子寡婦福法39条	第2種	利用	無料又は低額な料金で、母子家庭に対して、各種の相談に応ずるとともに、生活指導及び生業の指導を行う等母子家庭の福祉のための便宜を総合的に供与する	56	
母子・父子休養ホーム	母子父子寡婦福法39条	第2種	利用	無料又は低額な料金で、母子家庭に対して、レクリエーションその他休養のための便宜を供与する	3	…
その他の社会福祉施設等					14,841	506,428
授産施設	社福法2条2項7号	第1種	通所	労働力の比較的低い生活困難者に対し、施設を利用させることによって就労の機会を与え、又は技能を修得させ、これらの者の保護と自立更生を図る	71	2,254
宿所提供施設	社福法2条3項8号	第2種	利用	生計困難者のために、無料又は低額な料金で、簡易住宅を貸し付け、又は宿泊所その他の施設を利用させる	296	9,434
盲人ホーム	昭37.2.27社発109号		利用	あん摩、はり師又はきゅう師の免許を有する視覚障害者であって、自営し、又は雇用されることの困難な者に対し施設を利用させるとともに、必要な技術の指導を行い、その自立更生を図る	19	380

無料低額診療施設	社福法2条3項9号	第2種	利用	生計困難者のために、無料又は低額な料金で診療を行う	509	…
隣保館	社福法2条3項11号	第2種	利用	無料又は低額な料金で施設を利用させることその他近隣地域における住民の生活の改善及び向上を図る	1,085	・
へき地保健福祉館	昭40.9.1厚生省発社222号		利用	いわゆるへき地において地域住民に対し、保健福祉に関する福祉相談、健康相談、講習会、集会、保育、授産など生活の各般の便宜を供与する	45	・
へき地保育所	昭36.4.3厚生省発児76号	第2種	通所	へき地における保育を要する児童に対し、必要な保護を行い、これらの児童の福祉の増進を図る	493	19,075
有料老人ホーム(サービス付き高齢者向け住宅以外)10)	老福法29条	公益事業	入所	老人を入居させ、入浴、排せつ若しくは食事の介護、食事の提供又はその他の日常生活上必要な便宜を供与する	9,632	391,144
(サービス付き高齢者向け住宅であるもの)					2,691	84,140
(参考) 地域福祉センター	平6.6.23社援地74号		利用	地域住民の福祉ニーズに応じて、各種相談、入浴・給食サービス、機能回復訓練、創作的活動、ボランティアの養成、各種福祉情報の提供等を総合的に行う		
(参考) 老人憩の家	昭40.4.5社老88号	公益事業	利用	市町村の地域において、老人に対し教養の向上、レクリエーション等のための場を与え、老人の心身の健康の増進を図る		
(参考) 老人休養ホーム	昭40.4.5社老87号	公益事業	利用	景勝地、温泉地等の休養地において、老人に対し低廉で健全な保健休養のための場を与え、老人の心身の健康の増進を図る		

資料:厚生労働省政策統括官付社会統計室「社会福祉施設等調査」、「介護サービス施設・事業所調査」
(注)
1. 都道府県・指定都市・中核市が把握する施設について、活動中の施設を集計している。
2. 「介護サービス施設・事業所調査」において、介護老人福祉施設・地域密着型介護老人福祉施設として把握した数値である。
3. 「介護サービス施設・事業所調査」において、通所介護事業所・認知症対応型通所介護事業所として把握した数値である。
4. 「介護サービス施設・事業所調査」において、短期入所生活介護事業所として把握した数値である。
5. 老人デイサービスセンター・老人短期入所施設の定員は、調査票が回収された施設のうち、活動中の施設について集計している。
6. 母子生活支援施設の定員は世帯数であり、定員の総数に含まない。
7. 統計項目のあり得ない場合は、「・」としている。
8. 計数不明又は計数を表章することが不適当な場合は、「…」としている。
9. 平成24年にはサービス付き高齢者向け住宅であるものを一部含む。資料:厚生労働省大臣官房統計情報部「社会福祉施設調査」、「介護サービス施設・事業所調査」

出典:『平成28年版 厚生労働白書』pp. 197-199、『国民の福祉と介護の動向 2015／2016』pp. 296-297、およびpp.320-322、ならびに『社会保障の手引き(平成28年版)』pp.348-358を一部修正の上、引用して作成。

第8章

福祉政策の構成要素

第1節
福祉政策の論点

1．効率性と公平性

　コスト削減という言葉をよく耳にする。より少ないコストで必要とするものを満たすことができるのであれば、それに越したことはない。福祉政策についても、同じ効果が期待できるのであれば、予算が少ない方が望ましい。効率は「同じ費用をかけるのであれば成果のより大きいほうが、効率が高いとか、同じ効果をもたらすものならば費用のより少ないほうが効率が高いというように、費用と効果の比較によって明らかにされるものだから、単に安ければよいという考えではない」[1]。しかし、利用者が必要とする資源やその効果は数値化できるものばかりとは限らず比較が難しいものもある。たとえば、全国のホームレス概数が減少したという結果は数値的には**ホームレス自立支援対策**が効果を表しているように見える。しかし、各地域では**貧困ビジネス**によって、生活保護費を搾取されていたり、一時的にホームレス状態に陥った人たちが比較的単発的な支援によって路上生活から脱却しただけで、複雑な生活課題を抱えているホームレスの人たちは路上に取り残されていることも否めない。結果として、上皿を掬（すく）っただけで根本的な解決には至っていないことも考えられる。よって、ホームレス数を減らすという点では効率的な支援であったかもしれないが、個別支援の視点で公平であったかは疑問である。

　公平性とは福祉サービスの提供が一部の利用者に偏ることなく、すべての利用者が平等に扱われ、同等の利益を享受できる状態をさす。では人間社会において、何をもって「平等」あるいは「不平等」ととらえるというのか。実際のところ、何が平等であるか、あるいはどこからが不平等であるかを明確に示すのはそれほど簡単なことではない。

　そこで政策上のラインを引いて、それを基準に判断するということになる。多くの場合、「数量的平等」の考え方よりも「比較的平等」の考え方を唱えることが多いとされている。「比較的平等」は視点を変えれば「望ましい不平等」ということになる。

　たとえば、ケア1つをとってみても、信頼するワーカーから「おはようございます」と笑顔で挨拶されることを楽しみにしている人もいれば、1日に何度も声をかけてもらわなければ寂しいと感じる人もいる、あるいはゆっくりと話を聴いて欲しい人もいる。これらの利用者について、満足度という側面においては同じくらいの効果が得られているとしよう。しかし、かかわりの時間ということになると大きな差となる。しかも、要介護度が同じであれば支払う費用は同じである。さらには介護老人福祉施設（特別養護老人ホーム）

ホームレス
2002（平成14）年8月7日に公布された「ホームレスの自立の支援等に関する特別措置法」では「『ホームレス』とは、都市公園、河川、道路、駅舎その他の施設を故なく起居の場所とし、日常生活を営んでいる者をいう」と定義されている。路上生活者や野宿者など呼び方も様々で定義も多岐にわたっている。

貧困ビジネス
貧困層に支給される公的扶助などを目当てに展開されているビジネスを表現した造語。

入所指針などでは、施設入所を申し込んだ利用者が「優先度が高い」と判定されれば、先に申し込んだ人を飛び越えて入所できることになっており、「必要に応じて」の公平性がはかられているといえよう。その他にも、サービス利用料の「**応能負担**」と「**応益負担**」のどちらを政策上用いるか、さらに生活保護の受給要件としての「稼動能力の有無」、あるいは「保険料納入の有無」による利用料の設定などは、「望ましい不平等」の視点が取り入れられているといえよう。また、社会手当の支給要件として所得制限に関する議論が市民の関心となったのは「高額所得者にも手当が必要なのか」という点で、高額所得者にも公平に社会手当が支給されることに対する不公平感からの議論といえよう。

2．必要と資源

私たちは、社会生活を営んでいく上で何かを「必要（needs）」とする。社会福祉の現場では「ニーズ」と呼び、ニーズ抽出やニーズ把握といった具合に使用される。武川は必要を「何かが欠けているために非常に好ましくない状態にあること」と定義している[2]。福祉政策の視点から考えると、国が保障する「健康で文化的な最低限度の生活」を営む上で"必要でありながら欠けているもの"というのが最低基準になるといえよう。よって、ここでいう「必要」は必ずしも本人の意思とイコールというわけではない。いわゆる社会福祉の場面では利用者のすべての「要求（demand）」に応えることが望ましいわけではないということである。「介護サービスは、利用者が自立してできるADLに関して、介助を要求されても原則的には介助はしない」し、「誰ともかかわりたくないから放っておいてくれと要求する独居高齢者宅への訪問をやめたりはしない」、「被虐待児が自ら助けてと要求してこないから、**一時保護**はしないということもありえない」、「血糖値の高い状態にある糖尿病の利用者に要求しただけのカロリー摂取を黙認するわけでもない」のである。

社会福祉政策の視点からは市民が何を「必要」としているかの価値基準の明確化が必要となる。この基準が個人的価値や社会的通念ではなく、専門的価値を基準に判断されることが望ましい。

資源は、経済学上、土地・資本・労働力など生産過程に投入される経済的要素をさす。武川は資源について次のように述べている[3]。「人間が必要とする客体、あるいは、それを獲得するための手段」とし、「それは有体物であっても無体物であっても構わないし、モノであってもサービスであっても構わない。また、モノやサービスを購入するための貨幣であっても構わない」。さらにある客体が資源であるか否かにとって重要なことは、①その客体が必要とされている、②必要をみたす上で効果がある、③その客体が入手困難であるとしている。

社会福祉分野ではサービスとしての「社会資源」を次の2つに分類して表

応能負担
利用したサービスの量（利益）ではなく、利用者の所得に応じて費用を負担する仕組み。

応益負担
利用したサービスの量（利益）に応じて費用を負担する仕組み。運用上、サービスの利用量が多ければ多いほど、利用者負担が大きくなるため、支払額の上限設定などの負担軽減措置がとられている。介護サービス等で取り入れられている。
(p.67 参照)

一時保護
児童福祉法第33条に基づき、児童相談所長または都道府県知事等が必要と認めるときは、児童を一時保護所に一時保護することができ、また警察署、福祉事務所、児童福祉施設、里親その他児童福祉に深い理解と経験を有する適当な者に一時保護を委託することができることとなっている。一時保護の期間は2ヶ月を超えてはならないとされている。

現することが多い。「一定の手続きと受給要件を満たしていれば誰でも利用できる、社会的に用意されたサービス」であるフォーマルな資源と「利用者との間の私的な人間関係を通して援助関係が結ばれ、援助が提供される」インフォーマルな資源である[4]。フォーマルな社会資源としては、行政、社会福祉法人、医療法人、NPO法人などがある。インフォーマルな社会資源としては家族、親戚、友人・同僚、地縁組織、ボランティアなどがある。いずれにしても限りある社会資源を対象者にどのように分配していくかは長年にわたる重要課題である。

以上のことから、福祉政策は、市民のすべての要求を福祉ニーズとして取り扱うわけではなく、社会に存在するすべてのモノやサービスが単純に「資源」として取り込まれるわけでもない。

3．普遍主義と選別主義

選別主義や普遍主義という用語は必ずしも共通理解の定義づけがなされているわけではないが**資力調査**をともなう給付が選別主義で、ともなわないものを普遍主義と呼ぶのがイギリスにおける最大公約数的な定義とされている。日本においても同様の定義で福祉政策をとらえることが可能である。選別主義による福祉政策は対象として、**低所得層**を中心にしたサービス供給システムをイメージすることが多い。一方の普遍主義による福祉政策は中流層を中心としたサービス供給システムをイメージすることが多い。

福祉政策を展開していく上での視点は、市民が何を必要としているかによって、システムの選択が異なるということである。そのため、両者のどちらが優れているというわけではなく、それぞれに長所と短所がある。

たとえば、ここに不況の煽りを受けて失業した人がいるとしよう。彼は生活を再建していくために経済的支援を必要とし、生活保護制度を申請した。申請により、行政は生活再建に必要な資力の有無について調査し、本当に公的支援が必要か、それとも自助努力で賄える資力（自己資産）があるのかを選別する必要がある。もし十分な資力をもちながら、公的資金による支援を受けた場合、世論がそれをよしとしないことは明らかであり、世論は厳格な選別を求めることになる。しかし、選別主義のもとでは、ある集団に選別される（たとえば生活保護受給者となる）こと自体が**スティグマ**といった新たな問題を引き起こすことが危惧される。

一方で近年の社会では「何を必要としているのか」といった市民の福祉ニーズが複雑多様化している。これにより、ニーズを補うために供給するサービスは必ずしも資力だけに限定されなくなった。ミーンズテストによって選別しても、効率性や公平性に欠けてしまうといったケースが明らかになりはじめた。たとえば、ソーシャルワークのような相談援助サービスの対象である「ニーズ集団」は、利用者の経済的状況で相談を受けるかどうかを選別したり

資力調査
公的扶助を適用するかどうかを判断するために、対象者やその世帯の資産や所得などの実態を把握するための調査。（p.16参照）

低所得
生活保護基準以下、あるいはその周辺の所得をさす場合が多い。

スティグマ
烙印、汚点、汚名、恥辱といったネガティブイメージをもつものである。たとえば、公的扶助制度を利用することは権利であるのに、制度を利用することによって不名誉や屈辱を引き起こすことによって、利用が抑制されるといったことが危惧される。（p.30、44参照）

表8-1　選別主義と普遍主義

選別主義（selectivity）		普遍主義（universality/universalism）
必要層への資源集中（効率・効果）	長所	①スティグマの欠如 ②福祉受給者の社会統合（Inclusion）
①受給者選別の行政コスト ②スティグマの付与 ③低補足率（漏救） ④自立阻害効果（貧困の罠） ⑤二重のサービス基準 ⑥社会的排除（social exclusion（社会分裂））	短所	①財政負担が大きい ②目標効率が悪い ③選別的給付を廃止できない
新保守主義 福祉国家改革論（福祉資源の集中と効率化）	背景思想	反救貧法 ベヴァリッジの社会保障論

出典：仲村優一、一番ヶ瀬康子、右田紀久恵監修、岡本民夫、田端光美、濱野一郎、古川孝順、宮田和明編『エンサイクロペディア社会福祉学』中央法規出版、2007、p.328

はしない。児童手当の支給などは経済状況や本人が必要としているかどうかではなく、子育て時期にあるかどうかという「リスク集団」に選別されることで、サービス供給が行われる。これら普遍的なとらえ方は今日の**ソーシャル・インクルージョン**の視点に通ずるものといえる。

4．自立と依存
（1）自立

　近年、自立という用語が決まり文句のように使用されている。たとえば、1998（平成10）年6月の「**社会福祉基礎構造改革**について（中間まとめ）」では「安心のある生活が送れるよう自立を支援すること」と明記された。その後の介護保険法でも「自立した日常生活を営むことができるよう」支援すること、生活保護法では「**自立の助長**」が目的として掲げられている。さらに「ホームレスの自立の支援等に関する特別措置法」といった法律名称にまで使用されるに至っている。また、「自分で衣服の着用はできないが、今日どんなデザインの服装で過ごすかを選ぶことができる」、「自分で食事を摂取することはできないが、今日のランチのメニューを選ぶことができる」、「自分で移動は難しいけれども、今日はショッピングに行くことを選択することができる」といった「自律」という表現もある。しかし、その背景や意味するところは時にはまったくの正反対に位置する場合がある。2010（平成22）年1月7日、障害者自立支援法について、政府がその違憲性を認め、障害者自立支援法違憲訴訟の原告団・弁護団と厚生労働省が本法律廃止を含む基本合意文書を取り交わした。この出来事は、公権力によって、障害者の自立、さらに依存という概念解釈に捩れを生じさせ、障害者の尊厳を侵害し

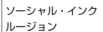

ソーシャル・インクルージョン
社会的包摂、社会的包含、社会的統合などと邦訳されている。社会的に排除されている人たちを社会の構成員として包み込み、お互いが支え合うこと。(p.212参照)

社会福祉基礎構造改革
社会福祉の仕組みを措置制度から契約利用制度に転換、市場化の促進、個人の自立を基本とした制度の確立など、社会福祉の基礎構造の抜本的な改革に向けた取り組み。(p.96、229参照)

自立の助長
生活保護法第1条において、「日本国憲法第25条に規定する理念に基き、国が生活に困窮するすべての国民に対し、その困窮の程度に応じ、必要な保護を行い、その最低限度の生活を保障するとともに、その自立を助長することを目的とする」と明記されている。

表8－2　自立生活の枠組み

労働的・経済的自立	生活に必要な収入があるだけでなく、働くという営みに意義を有している
精神的・文化的自立	学習・文化・スポーツ活動を享受し、自己表現をする機会と方法を有している
身体的・健康的自立	たんに病気でないということや自立歩行ができるという状態像を示すだけでなく、たとえ完治が難しい疾患に罹ったとしても、その疾患と上手くつきあうライフスタイルを確立している
社会関係的・人間関係的自立	地域社会において、孤立、孤独状態に陥ることなく、多様な属性をもった人間との社会関係を豊かに有している
生活技術的・家政管理的自立	自己の日常生活を維持していくための家事能力や管理能力を有している
政治的・契約的自立	自らの生活に関わる意思表示を行い、必要なサービスを自己選択し、自己決定し、契約する能力を有している

出典：社会福祉士養成講座編集委員会編『新・社会福祉士養成講座9　地域福祉の理論と方法－地域福祉論』中央法規出版、2009、p.33 より抜粋し、一部筆者加筆

た問題であり、「自立」という用語が政策上において都合よく用いられ、迷走した結果を象徴するエピソードといえよう。

（2）依存

　依存することは社会生活においてネガティブなイメージが大きい。「人に頼ってばかりで甘えている」といった具合に対象者を非難するケースに当てはまりやすい。しかしながら、そもそも私たちの生活は依存の上に成り立っている。私たちは、制度や各種社会手当を受け、病気に罹れば病院へ行き、娯楽施設等の外部サービスによって余暇を満たし、道に迷えば通行人に尋ねる。私たちは、辛い時には援助を求めたくなるし、休息がとれる居場所が必要になる。私たちが人間社会において、健康で文化的な生活を営んでいくためには、他者や様々な社会制度への依存が必要不可欠であることを自覚しておく必要がある。

（3）依存的自立

　依存的自立とは「たとえ生活の一部を他者や社会福祉制度に依存していたとしても、生活の目標や思想信条、生活の場、生活様式、行動などに関して可能な限り生活者自身による自己選択権や自己決定権が確保されている状態、自分自身で決定し、決定したことに責任を負うことのできる存在、としての自分自身の人生を生きることのできる状態」である[5]。

　たとえば、高齢の生活保護受給者が今後、就労して生活保護から脱却するとは考え難い。むしろ、高齢者を生活保護から脱却させるために、**生活保護ケースワーカー**が就労指導すること自体が常識的ではないといえよう。この場合、生活保護から脱却することだけが自立ではなく、生活保護を受けながら、そ

生活保護ケースワーカー
社会福祉法第15条に規定されている現業員で生活保護を担当している者をさす。その役割は、生活保護の給付管理から自立支援に向けた相談援助業務まで多岐に及ぶ。

の人らしい生活を確立していくことも自立の1つといえよう。

5．自己選択・自己決定とパターナリズム

周知の通り、バイスティック（Biestek F.P.）の7原則の1つに「クライエントの自己決定を促して尊重する（自己決定の原則）」がある。

バイステックは、クライエントの自己決定を尊重するという援助原則について下記のように述べている[6]。

> ケースワーカーが、クライエントの自ら選択し決定する自由と権利そしてニードを、具体的に認識することである。また、ケースワーカーはこの権利を尊重し、そのニードを認めるために、クライエントが利用することのできる適切な資源を地域社会や彼自身のなかに発見して活用するよう援助する責務をもっている。さらにケースワーカーは、クライエントが彼自身の潜在的な自己決定能力を自ら活性化するように刺激し、援助する責務ももっている。しかし、自己決定というクライエントの権利は、クライエントの積極的かつ建設的決定を行う能力の程度によって、また市民法・道徳法によって、さらに社会福祉機関の機能によって、制限を加えられることがある。

近年の社会福祉制度は**措置制度**から利用・契約制度へと移行し、自己選択や自己決定の視点が強調されている。介護保険制度では40歳以上の被保険者は強制加入となっている。これにより、要介護認定で要介護度が認定されると、認定された要介護度の区分支給限度基準額内で必要な介護サービスや介護サービスを提供する介護保険事業所を自己選択できる。そもそも、要介護認定を申請するか否かの選択も自己決定によるものである。また、終戦直後から自己選択・自己決定の仕組みをとっている措置制度がある。その代表が生活保護法といえよう。本法は「申請保護の原則」を謳い、急迫な状態を除き、本人（家族を含む）が申請しない限り、生活保護を給付することはない。

福祉政策において、自己決定、自己選択を尊重することは、民主主義社会あるいは市民社会にとって、市民の権利を尊重しているようにみえる。しかし、すべての市民が自分に望ましいサービスを見つけ出し、自己決定、自己選択できる環境や能力を持ち合わせているわけではない。むしろ制度は複雑多様化し、圧倒的に情報量が不足している。これに加え、精神的、身体的、社会的に危機的状況にあるとすれば、市民がより好ましい自己決定、自己選択することは難しいのではないだろうか。バイステックが述べているように、利用者が好ましい自己決定、自己選択ができるような支援体制の構築が不可欠である。

パターナリズム（paternalism）とは、「元来、父親の子どもに対する保護・統制を意味する言葉であるが、実際には、父子関係に擬せられた支配＝被支

バイスティック（Biestek F.P.）の7原則
ケースワーカーがクライエント（利用者）との援助関係を構築していく上での基本的要素を以下の7つに体系化した。①個別化、②意図的な感情表出、③統制された情緒的関与、④受容、⑤非審判的態度、⑥クライエントの自己決定、⑦秘密保持。

措置制度
措置とは行政処分をさし、行政の責任（公的責任）において、福祉サービスが提供されることをいう。この場合に福祉サービスを提供する措置権者が支出する経費を措置費という。（p.12、62、68参照）

配の社会関係一般につき言及されることが多い」[7]のことである。この「支配＝被支配の社会関係一般」とは、本人の意思に関係なく、他者から強制的行動を強いられるといった関係がイメージできる。これらについて、社会政策の視点でみてみよう。たとえば、日本における**公的社会保険制度**はすべて強制加入である。個人の考えなど一切入る余地はない。自己選択や自己決定の権利は保障されていないのである。サラリーマンとして会社勤めをすれば、自動的に医療保険、年金保険、雇用保険などが給与から天引きされ、労働者災害補償保険などは会社が支払うシステムになっている。

6．ジェンダー

ジェンダー（gender）とは、通常、生物上の男と女の区別とは別のとらえ方として、文化的・社会的に形成される男女の差異をさす。アンソニー・ギデンズ（Anthony Giddens）は著書の中で男性から女性への性転換手術を受けたジェームズ・モリス（James Morris）の体験を紹介している[8]。

> 〔男性と女性の〕双方の役割を自分の人生で経験してきた結果、生活のすべての側面が、毎日の一瞬一瞬が、人とのすべての出会いが、すべての取り決めが、すべての応答が、男性と女性とでまったく違うように私には思える。誰かが私に話しかける際の口調、〔列で〕私の隣に立つ人がとる態度、私が部屋に入ったり、レストランのテーブルについたときのその場の雰囲気は、まさしく絶え間なく私の地位の変更を強調してきた。

私たちは各々が所属している社会で形成された「男らしく」や「女らしく」などの特性を無意識に刻み込まれる。また社会からも「男らしく」や「女らしく」振る舞うように求められることで気質や行動様式などにおいて性差となって現れる。これは人間を男か女かに生物学的に区別していくこととは全く異なり、「男だからこうあるべき」、「女だからこうあるべき」といったように社会的・文化的価値づけを伴った人工的なものといえる。

このジェンダーに伴う偏見や固定観念が社会政策に影響を与えている。そして、その不利益を被っているのは女性の場合が多い。

たとえば、**日本型福祉社会**で介護労働の含み資産として想定されたのは紛れもなく女性であった。これは、夫は仕事、妻は家事・育児（介護）といった日本社会の考え方が労働政策から福祉政策にまで及んだ一例である。近年においても育児休業の取得率は圧倒的に女性が占めており、近年の年齢別女性**労働力率**は依然 M 字型曲線である。

「なぜ、女性が育児や介護の中心的な担い手なのか」、「なぜ、男性が育児休業を取得しないのか」、あるいは「なぜ、出産前後に多くの女性が仕事を辞めるのか」、「なぜ母子世帯に貧困問題が発生するのか」など、ジェンダー視点

公的社会保険制度
国によって加入が義務付けられている社会保険制度である。現在、医療保険、年金保険、雇用保険、労働者災害補償保険、介護保険の5つがある。

日本型福祉社会
公的責任を基盤にした福祉政策ではなく、個人の自助努力と地縁、血縁による相互扶助といった日本の伝統を重視した社会を表現したもの。

労働力率
15歳以上の人口から労働力状態が不詳な者を除いた人口のうち実際の労働力状態にある者の占める割合。

M字型曲線
日本女性の労働力の特徴として、学校卒業後に就職し、結婚・出産で一度退職、子育てが一段落すると再び就労につく傾向がある。年齢階層別の労働力率をグラフに表すと、30歳代前半をボトムとする M 字型の曲線を描く。

から政策が関与すべき点は数多くある。そして、政策自体にも政策立案者の立ち位置や政策実行者の解釈などによって、ジェンダーに伴うネガティブな考えや固定観念が入り込む可能性をもっている。

7．福祉政策の視座

わが国の社会福祉政策は戦後の日本国憲法を基軸にした**福祉六法**を中心に展開されてきた。その後、1990年代後半からの社会福祉基礎構造改革によって、これまでの仕組みから大きく舵を切りはじめた。この改革の柱は福祉サービスの市場化と地方分権化の推進である。改革の過程での重要課題は国家責任の明確化と地方自治体の自治権と分権の保障、並びに市民と協働による地域福祉の推進にあるといえよう。

> **福祉六法**
> 第二次世界大戦後に成立した「生活保護法」、「児童福祉法」、「身体障害者福祉法」を福祉三法と呼び、これに「知的障害者福祉法」、「老人福祉法」、「母子及び寡婦福祉法」を加えたものを福祉六法という。

第2節 福祉政策における政府の役割

1．政府とは

政府とは、「一般には行政権を行使する国の機構である行政府（内閣）をさしてよんでいるが、よりひろい意味では立法権および行政権を行使する機構（立法府および行政府）をそなえた組織のこと」とされ、「自治体は、日本国憲法第94条により自治権すなわち自治立法権および自治行政権を保障され、その権限を行使する代表機関である議会および長をそなえている」[9]。さらには2000（平成12）年の「地方分権の推進を図るための関係法律の整備等に関する法律（地方分権一括法）」により**機関委任事務制度**が廃止され、法的にも国から独立・対等の地方政府といえる。なお地方政府には市町村および東京23特別区による基礎自治体と都道府県の広域自治体がある。

> **機関委任事務制度**
> 国から地方公共団体やその他の機関に対して、法律や政令に基づいて委任された事務のこと。機関委任事務は国に指揮監督権があり、地方自治を推進する上で問題となっていた。（p.24参照）

図8-1 日本の政府

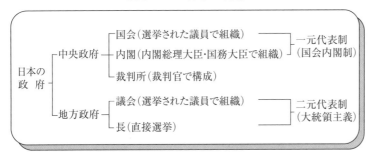

出典：加藤良重『市民・自治体職員のための基本テキスト 政策財務と地方政府』公人の友社、2008、p.11

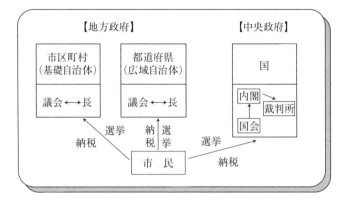

出典：加藤良重『市民・自治体職員のための基本テキスト 政策財務と地方政府』公人の友社、2008、p.11

2．政府の役割

　政府としての存在意義は市民の生活にかかわる公共課題の解決にある。すなわち地方・中央政府は、政府政策の立案、決定および実施を政治・行政という形で行い、地方政府としての自治体は地域の総合的かつ中核的な政策主体として市民福祉の増進をはかるために、地域の政策を自主的・総合的に実施する役割を担っている。

　政府の政策担当領域としての基本は、個人での問題解決能力を超え、家族あるいは地域住民による相互の協力によっても解決が困難な課題に対して取り組む。また、政治は主に政策課題の提起、政策決定および政策実施の監視・制御を行い、行政は主に政策の企画・立案、政策実施を担う。

　近年の**小さな政府**では、サービスそのものを提供していくのではなく、利用者がサービスを利用しやすいように価格の維持や利用するための費用を保障する役割に重きをおいている。

小さな政府
国民の自助努力を強調するとともに、社会福祉費を削減し、一方で市場原理を導入し公共部門の縮小をはかる政府。イギリスではサッチャー政権、アメリカではレーガン政権、日本では中曽根政権が小さな政府への転換政策をはかった。(p.32参照)

第3節　福祉政策における市場の役割

1．市場とは

　そもそも市場とは商品交換の場である。商品の売り手と買い手が接触して取引をする。資本主義では人間の労働力やサービスも商品化されている。ここでは「あくまでもモノを介しての関係であり、互いに相手を自己の目的を達成するための手段と見なすことを本質とするよそよそしい関係である」[10]。

　資本主義経済における資源配分の調整を担っているのは市場である。需要

と供給のバランスが価格競争を生み、必要なモノを必要な量だけ効率的に配分することができるという利点がある。

2．市場の役割

わが国では、1990年後半からの社会福祉基礎構造改革により、社会福祉分野に市場原理を取り入れた。ただし、介護保険制度を例にとると、市場で提供される介護サービスの利用料は保険料に加え、税金が投入され、サービス価格は同一価格に固定されている。このように政府が財源をコントロールし、サービスの配分は提供者が担うといった形態をとり、完全な競争原理を生むものとはなっていない。そのため、「**準市場**」と呼ばれたりもする。準市場が市場と異なる点として次の3点があげられている[11]。①競争はあるが、競争の参加者は利潤の極大化を目指していないことがある。②供給主体が、株式会社のように私的所有されていない場合がある。③消費者の購買力がバウチャーの形態で行使されることがある。中央・地方政府が消費者に代わって一括購入することがある。

準市場
擬似市場。純粋市場とは異なり、サービスの選択はある程度、利用者の選択に任せることで事業者間での競争を促すが、財源コントロールは公的機関が行う。

バウチャー
（voucher）
引換券、クーポン券、利用券。政策的には使途・譲渡制限のある補助金・給付金等を含む。(p.136参照)

第4節
福祉政策における国民の役割

1．国民とは

『大辞泉』によると国民とは「国家を構成し、その国の国籍を有する者。国政に参与する地位では公民または市民ともよばれる」とある。近年では地方分権の流れやシティズンシップの概念も取り入れられ、国民、都道府県民、市区町村民を含めて「市民」と呼ぶことが多い。

2．国民の役割

民主主義は、政治的には国民が国民のために自ら統治することを意味している。「そのためにはすべての国民が政治権力の源でなくてはならない」。これは、「国の政治を最終的に決定する権能＝「主権」は国民に属することに帰着する」ことになる[12]。また日本国憲法前文では「国政は、国民の厳粛な信託によるものであって、その権威は国民に由来し、その権力は国民の代表者がこれを行使し、その福祉はこれを享受する」と規定している。これらのことからも理解できるように、市民は自治権の行使を政府に丸投げしているわけでも、放棄しているわけでもない。

実際のところ、「議会制民主主義」である日本において、政策作成過程において、市民がかかわる場面は限られている。たとえば、地域福祉計画策定な

タウン・ミーティング
政策を策定するにあたり、地域住民の意見を聴く機会として行政が主催する集会などをタウン・ミーティングと称して開催することがある。形態は行政の政策担当部署や政治家などとの対話型集会が主流。

どにおいて、広く市民の意見を聴く機会として、**タウン・ミーティング**の手法がとられたりする。また、各種計画については最終段階で公表し、**パブリックコメント**を募集することによって、市民の意見を取り入れるといった手法もとられている。さらには、計画等の策定委員会の委員として、関係する民間団体や当事者団体のスタッフが出席したり、委員を市民から一般公募するといったことも少なくない。

近年では、伊賀市や上越市などにおいて、自治会やNPOなどが伊賀市住民自治協議会や上越市地域協議会等を設立し、これらに「諮問審議権」、「意見具申権」、「提案権」、「同意権」、「決定権」等の権限を認めるといった取り組みも始まっている。

しかし、政策作成は自分達の利権だけで成り立つものでもなく、自分達の熱意だけで作成できるものでもない。普段から政策作成にかかわっていない者が突然、委員会等に参加しても、自己の利益主張に偏重してしまったり、全く発言できないまま会議が終了してしまうことが危惧される。結果として、作成された計画等がどのようなものであろうと、出席した既成事実だけが残り、計画作成者の1人として取り込まれてしまう恐れがある。

> **パブリックコメント**
> 意見公募手続。平成17年6月の行政手続法改正により法制化された。行政機関が政令、省令などを制定しようとする時に、事前にその案について広く国民から意見や情報を募集する。それらの意見を反映させることで行政運営の公正さの確保と透明性の向上をはかり、国民の権利利益の保護に役立てることを目的とした手法。

第5節 福祉政策の手法と政策決定過程と政策評価

1．福祉政策の手法
（1）現金給付と現物給付

T・H・マーシャル（T.H.Marshall）は、福祉を目的として選択する社会政策が直面する最も基本的な問題の1つとして、「いかに不愉快でない、自尊心を傷つけない、尊大ない方法によって、大量生産的サービスを高度に個別化された成果として分配するか」[13]という給付のあり方をあげている。

給付には現金給付と現物給付がある。現金給付は現金を給付するもので、生活保護における生活扶助や住宅扶助など、老齢年金、障害年金、こども手当、失業手当などがある。現物給付は物やサービス等現金以外のものを給付する。たとえば、生活保護の医療扶助や介護・保育・相談などのサービスや福祉用具・補装具などの直接提供などがある。

また、現金給付と現物給付の中間的な位置づけとして、クーポン券などの**バウチャー方式**による給付もある。たとえば、生活保護の医療扶助による通院などは医療券の交付を受け、この券を使用することで医療サービスを受けることができる。高齢者などへのバス乗車割引券（パス）の配付などもこれに当たる。

> **T・H・マーシャル（T.H.Marshall）**
> 1893年に生まれ、1981年に死去。ロンドン大学名誉教授。社会学者、社会政策学者として戦後イギリスの社会政策に大きな影響を与える。「市民資格」や「ソーシャル・ポリシー」に関する著作が多数あり、『社会政策－20世紀英国における』（1965年）は、社会政策に関する著書として学術的に高い評価を受けている。
>
> **バウチャー方式**
> サービス提供に際して、自治体が利用者

（2）規制と介入

政策は市場や市民生活あるいは家族に介入して規制をかけることもある。各法律に定められている「最低基準」などによってサービスの質的担保をはかったり、指導監督による行政指導あるいは行政処分を行ったりする。被虐待児童に対する一時保護は法律に基づいて家族に介入し、児童の安全を確保するものである。

（3）計画

社会資源の分配について計画を通して行う利点は、中央政府や地方政府などの公権力の介入によって、市場価格とは無関係に、目的意識的に行われることである。

福祉計画についてあげてみると、たとえば、1989（平成元）年の「高齢者保健福祉推進十か年戦略」（ゴールドプラン）、1994（平成6）年の「今後の子育てのための施策の基本方向について」（エンゼルプラン）、1995（平成7）年の「障害者プラン～ノーマライゼーション7か年戦略～」、さらに地方自治体においても「老人福祉計画」、「介護保険事業計画」、「児童育成計画」、「地域福祉計画」「ホームレスの自立の支援等に関する実施計画」等があげられる。

福祉計画は単なる意思表示ではない。具体的な目標を掲げ、政策評価が可能な形での策が求められる。そのためにも数値的な目標を掲げることは有効であり、政府の積極的な姿勢を表す指標ともいえる。

> に利用券を配付したり、使途・譲渡制限のある補助金・給付金を支給するなどして、サービス提供事業所などの選択は利用者に委ねる方法。
> （p.135参照）

2．政策決定過程

福祉政策の展開過程は①政策課題の設定、②政策の立案、③政策の決定、④政策の実施、⑤政策の評価、⑥政策の維持、継受、終了の段階をたどる。以下、大森の政策循環モデルを用いて説明する[14]。

①政策課題の設定

日常の社会生活においては多くの人が生活困難あるいは困窮状態に陥っている。しかし、これらの多くはアジェンダ（政策課題）にまでは発展しない。もし、公共的な問題であっても、マスコミなどに取り上げられる等の可視化を通して、広く社会の関心を引きつけ、政府による対応を促さない限り、政策推進の争点（policy issue）とはならない。社会政策の始点は、**社会問題**として顕在化させていくことにあり、政府が政策課題として組み入れる過程が「政策課題の設定」である。

②政策の立案

政策立案はある種の専門的な技術である。よって「何とかしなければ」の精神論だけで策定できるものではない。また当事者が主義主張を受け入れれば上手くいくものでもない。調査、情報の整理、分析、政策に繋がる構想や表現形式の決定など知的能力が要求される。この政策立案には**官僚**群を中核とした政

> **社会問題**
> 社会の構成員である国民の多数が問題であるととらえ、その問題は個人的問題にとどまらない事柄であり、国民がその解決の必要性を認識した場合に社会問題として取り上げられる。明確な基準があるわけではなく、時代背景や文化、地域によっても異なる場合がある。

> **官僚**
> 官吏、役人。特に国の政策に影響力をもつ立場にある公務員たちをさす。

策知識人や大学や民間調査研究機関などの「組織された知性」（テクノストラクチャー）と呼ばれる人たちが大きくかかわっている。なかには医師や看護師、土木・建築技術者など、政府も無視し得ない影響力をもつ専門職業集団もある。

多くの場合、中央政府では審議会など、地方政府では策定委員会等を使い、知識人や利害関係者を政策作成機構のメンバーとして入れている。

③政策の決定

「政策の決定とは、政策決定権者が特定の政策案の採用・承認、修正ないし、拒否を行うこと」である。政策立案過程では様々な制約や調整が生じるが、ある時点で決断を迫られることになる。政策決定の意義は公的権威を賦与する点にあり、正式な政策決定権者による決裁を経て、市民を拘束しうる正統性をもつ政策になる。

④政策の実施

正式に決定された公共政策の多くは、通常、行政活動を通して実施・執行される。この実施過程によって「政策成果」（policy outputs）が生み出される。

⑤政策の評価

実施・執行活動を通して実行された政策の結果や効果を分析・査定・評定する活動を「政策の評価」と呼ぶ。政府が公共政策を企画立案し、決定し、実施するということは、そこに行政資源（予算、物資・機材、人員）を投入することになる。

政策評価作業を合理的に進めるためには、調査、情報収集、分析、比較考量、質疑討論等の「政策分析」（policy analysis）が必要である。

また、2001（平成13）年6月に「行政機関が行う政策の評価に関する法律」が成立し、国レベルで政策評価が実施され始めている。

⑥政策の維持、継受、終了

近年、財政の逼迫や社会ニーズの変化などを背景に政策評価の動きが強まり、政策効果を評価し、その結果を、維持（そのままの形で同じ目的を達成されるために継続される）・継受（政策目的はそのままであるが、政策の内容に修正が加えられて実施される）・廃止といった政策選択に活用されるようになっている。

3．政策評価

近年、行政管理理論としてNPM（New Public Management：ニュー・パブリック・マネジメント）といった考え方の広がりや国民に対する情報公開、**説明責任（accountability）**が重要視され、政策に対する「効率性」、「成果」、「説明」を明確化していくことが求められている。

日本においても、2001（平成13）年に制定、翌年より施行となった「行政機関が行う政策の評価に関する法律」により、中央政府の政策評価が本格化した。本制度の目的は①国民に対する行政の説明責任を果たすこと、②国民本位の効率的で質の高い行政を実現すること、③国民の視点に立ち、成果重

説明責任（accountability）
アカウンタビリティ。社会福祉基礎構造改革によって契約概念が強調され、権利擁護の観点から強調されるようになった。また、公的サービスには公費が投入されているため、その用途については明確化が求められる。

視の行政を実現することがあげられている。また、2010（平成22）年の行政評価機能強化検討会においても「効率的」、「成果重視」、「説明責任」が強調されている。

また、政策評価に際して数値目標の達成にとらわれすぎると、本来の政策目標・目的を見失う恐れがあるので注意が必要である。たとえば、あるマンパワーを10万人養成しようと数値目標を掲げたとして、10万人達成したことで、次は30万人、その次は50万人と政策の維持・継受に新たな予算が投入されるが、そもそも養成されたマンパワーは本来の養成目的である役割を果たせているのかについての評価はほとんど実施されないといったことである。

図8-3　政策評価の観点

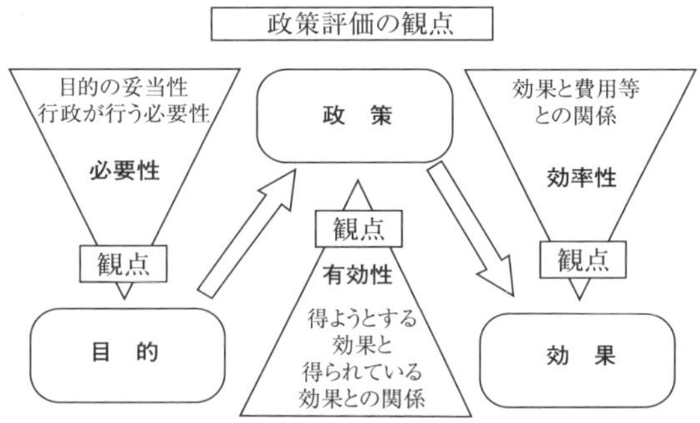

資料：総務省行政評価局「政策評価Q&A」p.26

第6節 福祉供給部門

1. 政府セクター

これまで地縁・血縁を中心とした民間部門により半ば自然発生的な相互扶助によって賄われてきた福祉供給は、社会構造の変化により限界を来し始めた。現在においては地縁・血縁による自然発生的な供給では市民の福祉ニーズが満たされず、政府などの公的部門による政策的介入によって、福祉ニーズを満たす必要性が出てきた。現在では政府による政策的な福祉供給は補完的でも恩恵的でもなく、市民の福祉ニーズを満たす中核へと移行している。

2. （非営利）民間セクター

（1）社会福祉法人

社会福祉法人は社会福祉法第22条に規定されている**社会福祉事業**を行うことを目的に設立された法人である。第1種社会福祉事業は原則として、国、

社会福祉事業
社会福祉法において第1種社会福祉事業と第2種社会福祉事業に分けられている。第1種社会福祉事業は国、地方公共団体または社会福祉法人が経営することを原則としている。第2種社会福祉事業は都道府県知事への届出により経営することができる。（p.228参照）

地方公共団体、社会福祉法人が経営することになっている。

しかし、2000(平成12)年の介護保険制度の導入と社会福祉法(社会福祉事業法の改正)の施行により、社会福祉法人の事業体制も大きく変化した。社会福祉事業が措置制度から利用・契約制度へと移行し、民間営利事業者の参入も認められるようになった。いわゆる福祉分野の準市場化である。これにより、社会福祉法人は民間営利事業者と肩を並べて社会福祉事業を担うことになり、利用者との関係も公権力によって一方的に保護されるのではなく、自らが自己決定、自己選択により、契約に基づいてサービスを消費する対等な関係となった。

また、医療法人や生協、農協、**ワーカーズコレクティブ**なども社会福祉事業に参入してきており、医療法人に至っては介護保険事業における居宅サービス事業者数において、社会福祉法人(社協を含む)を上回っている。現在、社会福祉法人は社会福祉事業を担う1つとして事業運営および経営の見直しが図られている。ただ、市場化の流れの中で経営面へ意識が集中しがちであるが公益性・公共性の観点から社会福祉法人の存在意義について政策的に再確認する必要もある。

ワーカーズコレクティブ
組合員自らが出資することで、経営権をもち、そこで仕事をすることによって報酬を得る。直接民主主義を重視する協同組合の一形態。

(2) 特定非営利活動法人(NPO法人)

牧里は「現代の地域福祉は、自治体福祉行政と同じものではないし、住民福祉運動や相互扶助活動だけでもない。まさに公私協働、官民ミックスのネットワークこそ地域福祉の到達目標なのである。**コアリッション**やNPOは、まさにこの住民の福祉計画への参加・参画の母集団、訓練の場、結節点として存在しうるのではないか」と述べている[15]。近年の複雑多様化した市民の福祉ニーズに対応する上で、地域に基盤をおくNPO法人の役割は大きいといえる。現代社会において政策課題の解決にはNPO法人との協働が有効な手段といえるのである。

コアリッション
政党や派閥などの互いに連携し合う集まり。

2016(平成28)年3月31日現在における特定非営利活動の種類として最も多いのが20分野別、複数回答で「保健・医療又は福祉の増進を図る活動」の、29,852法人でNPO法人全体の58.6%を占めている。たとえば、介護保険制度の導入はこれまで措置制度のなかで社会福祉法人などの一部にしか認められてこなかった福祉事業に市場原理が導入された。これにより、多くのNPO法人が介護保険事業に参入し、公共政策を支えるサービス供給者となっている。

3. (営利)民営セクター

民営セクターは営利を目的とした民間企業である。介護保険制度などにおいては民間企業の事業参入が認められた。

厚生労働省「介護サービス施設・事業所調査の概況」によると、2015(平成27)年10月1日現在の介護サービスの開設(経営)主体別事業所数の構

成割合は、訪問介護、訪問入浴介護、訪問看護ステーション、通所介護、特定施設入居者生活介護、福祉用具貸与、特定福祉用具販売、定期巡回・随時対応型訪問介護看護、夜間対応型訪問介護、小規模多機能型居宅介護、認知症対応型共同生活介護、地域密着型特定施設入居者生活介護及び複合型サービス（看護小規模多機能型居宅介護）において、「営利法人（会社）」が最も多くなっている。さらに介護予防支援事業所（地域包括支援センター）では「社会福祉法人」が53.6％と最も多いものの、居宅介護支援事業所では「営利法人（会社）」が48.7％と最も多くなっている。このことからも、多くの介護サービスにおいて、営利法人（会社）の占める割合が大きくなっており、その担い手として、その存在が重要となっていることがわかる。

4．インフォーマルセクター

既述の3セクターが主に公的サービスを提供するのに対して、インフォーマルセクターは公的サービスの限界を補う機能として重要な福祉供給部門として位置付けられる。

また自治会・町内会は「生活環境整備や地域コミュニティ維持といった地域公益機能」にその魅力を発揮する集団である。その機能としては①地域問題を解決していく機能、②地域住民の生活を充実していく機能、③地域コミュニティを育てていく機能、④行政補完機能をあげることができる[16]。

普段は近所付き合い的な形態で運営されている場面が多く、ややもすれば厄介なものとしてとらえられる傾向もある。近年、自治会運営は役員のなり手不足など運営面での課題も多い。しかし、これらの**コミュニティ**を維持していくことは、災害などによる危機的状況に陥った時、かけがえのない存在となって顕在化する。

5．公私（民）関係

19世紀以降、イギリスにおいて公的責任において貧民救済を行う福祉国家の誕生が公的救済と、これまで慈善事業などによって展開されてきた民間による救済活動との関係性が取りざたされた。その中での論争が平行棒理論と繰り出し梯子理論である。

平行棒理論では、貧民を「価値のある貧民」と「価値のない貧民」に分け、前者の救済を民間が担当し、後者の救済を政府（救貧法）によって行うとし、これにより、民間による救済と公的救済は平行棒のように交わることがないとした。一方、繰り出し梯子理論では、民間の救済活動は公的救済を基軸におき、民間は不足を補う形あるいは独自的に救済を行うことで、梯子を繰り出すように救済が展開されるというものである。

近年では政府セクター、民間セクター、民営セクター、インフォーマルセクターの4通りのセクターに分け、多様な主体によって社会資源を配分するといった**福祉多元主義**の考え方が有効視されている。また、イギリスのブレ

コミュニティ
地域、共同体、近隣、生活の場などその範囲は論者によって異なり、明確ではない。地域性と共同性によって構成されている社会集団。アメリカの社会学者マッキーバー(R.M.MacIver)によって定式化された。

福祉多元主義
行政による一元的な管理システムではなく、民間の様々な組織を最適な形態で組み合わせることにより、サービスの供給体制を構築しようとする考え方。(p.24、227参照)

ア政権によって取り入れられた政府と民間の協働による新しい公私関係としての「第三の道」も注目された。ここでは「公」＝「政府（公的機関）」という認識を政府（公的機関）だけでなく、民間組織も含んだ上での「公共」としてのとらえ方が強調された。近年では、地方政府としての行政機関と民間の福祉団体、NPO等の市民的活動団体、住民などが単なる横並びによる協力や分担関係ではなく、対等な関係の下で協働するといった**ローカルガバナンス**の視点がわが国においても強調されている。

ローカルガバナンス
協治。地方自治体レベルでの地域住民と協働による政策展開。

6．財政

社会福祉の財源をどのようにして賄うかは大きな課題といえる。一般的には、その多くが公的扶助を中心に租税によって賄われているが、身近では介護保険制度のように保険方式が導入されているものもある。

近年、国および地方自治体の厳しい財政事情が前面に押し出され、社会保障費の削減が余儀なくされてきた。そんな中、「お金がないのだから我慢するしかない」という考えに落ち着いてもよいものだろうか。経済情勢が厳しい中、福祉に費やす財源を縮小させることは、より一層国民の生活を圧迫させることにつながる。

だからといって、財源の確保に向けての増税の議論も容易ではない。北欧を中心としたヨーロッパ諸国と日本とでは事情が異なる。北欧諸国などは国民負担率が高くなっても、そのことが社会福祉や社会保障の水準の向上に結びついていることを市民が経験的に理解している国である。日本のように格差社会が取りざたされ、小さな政府志向の強い国において、増税によって社会福祉や社会保障の拡充をはかると謳うことでどれだけの国民に合意を得られるであろうか。

第7節
福祉利用過程

1．スティグマの影響

マーシャルは「救済を受ける人々は、市民のコミュニティを、貧窮者（the destitute）という追放された団体から隔てる、道路を横切らなければならないと理解されていた」と述べている[17]。このことからも1800年代のイギリスにおいて貧民救済を受けるにあたっては、市民社会から排除されたグループに属さなければならないというスティグマが付着していたことがみてとれる。

わが国においても劣等処遇の原則を位置づけた恤救規則や救護法などに対する国民の意識は、「福祉の世話になることは恥」といったスティグマを助長

させた歴史がある。さらに戦後も社会福祉は貧困・低所得者対策を中心に展開され、高度経済成長によって、福祉は一般国民には関係ないものかのような距離感を生じさせた歴史がある。措置制度における選別主義によるサービス提供も「福祉サービスを利用する人は自分たちとは別世界の人」のような「排除」、「蔑視」を国民の意識に根付かせた。

このことは国民が政策に辿り着く前にスティグマという別の壁を乗り越えなければならない環境を作り出してしまった。これは社会からの**ステレオタイプ**によるネガティブなイメージに対する戦いと自分のアイデンティティとの戦いでもある。

また、生活保護制度においては保護の要件を満たしているかどうかの資力調査（ミーンズテスト）をはじめ、プライベートな側面まで厳密に調査されることがサービス利用を抑制させる要因ともなっている。

その点では、社会保険は加入者の保険料拠出によって受給権が発生するためスティグマは生じにくい。

> **ステレオタイプ**
> 固定的なイメージによるものの見方や態度。情報過多の社会において効率的な情報処理として機能する一方で、否定的なイメージ化による偏見を伴い、差別的な態度として問題となることがある。

2．情報の非対称性の影響

近年、福祉ニーズの多様化に伴い、それに対応するために福祉政策も多様化している。そこから展開される福祉サービスあるいは様々な介護サービス事業者は、より一層複雑多様化し、市民には理解困難なものとなってしまっている。介護保険制度の利用において、「どこかいい施設はないですか」といった抽象的な表現でしか介護サービスを照会できない実情は利用者側に情報不足が生じているに他ならない。

このように利用者とサービス提供者側との間で情報量の格差が生じているといった情報の非対称性がある。情報の非対称性があった場合、対等な利用契約を結ぶことにも支障を生じやすい。近年においては、第三者評価事業や介護サービスの情報の公表などによって、福祉サービスの情報公開が進められている。

しかし、一方的に大量の情報を流し、その収集・整理・分析はいざサービスを必要とする利用者の自己責任、自己決定というのはあまり現実的とは言い難い。利用者の福祉ニーズに合った、まさに利用者の欲しい情報を分かりやすいように整理して、的確に提供する「情報のサポート」が求められる。

3．シティズンシップと申請主義

マーシャルはシティズンシップについて「コミュニティの完全な成員である人々に与えられる地位（status）である。その地位を所有するすべての人々は、その地位に与えられる権利と義務に関して平等である」と述べている[18]。

確かに市民にとって福祉サービスが誰でも利用可能なものとして、身近なものになりつつある。しかし、市民の平等の権利が発生していても、サービ

スにつながるまでの環境は平等とは言い難い。

　公的福祉サービスにはそれぞれ受給資格の基準が設けられている。しかし、事実上の受給資格を得るには利用者からの申請が必要となる。シティズンシップの立場からすれば、自らの意思によって権利を行使するということになるが、生活困窮・困難状態に陥った利用者が自分のニーズに合った制度にアクセスし、申請するには限界がある。

引用文献

1 ）仲村優一、一番ヶ瀬康子、右田紀久恵監修、岡本民夫、田端光美、濱野一郎、古川孝順、宮田和明編『エンサイクロペディア社会福祉学』中央法規出版、2007、p.455
2 ）武川正吾『社会政策の社会学－ネオリベラリズムの彼方へ』ミネルヴァ書房、2009、p.20
3 ）同上書、pp.21 － 22
4 ）日本地域福祉学会編『新版　地域福祉事典』中央法規出版、2006、p.420
5 ）前掲書1 ）、p.285
6 ）F.P.バイステック著、尾崎新、福田俊子、原田和幸訳『ケースワークの原則－援助関係を形成する技法』誠信書房、1996、p.165
7 ）森岡清美、塩原勉、本間康平編『新社会学辞典』有斐閣、1993、pp.1181-1182
8 ）アンソニー・ギデンズ著、松尾精文・西岡八郎・藤井達也ほか訳『社会学（改訂第3 版）』而立書房、1998、p.122
9 ）加藤良重『市民・自治体職員のための基本テキスト　地方政府と政策法務』公人の友社、2008、p. 7
10）前掲書7 ）、p.551
11）武川正吾、大曽根寛編著『新訂 福祉政策Ⅱ 福祉国家と社会福祉のゆくえ』放送大学教育振興会、2006、pp.226 － 227
12）上田正一『日本国憲法綱要』高文堂出版社、1997、p.55
13）T・H・マーシャル著、岡田藤太郎訳『社会政策－二十世紀英国における』相川書房、1981、p. 8
14）大森彌、松村祥子編著『改訂版 福祉政策Ⅰ 福祉政策の形成と実施』放送大学教育振興会、2006、pp.65 － 77
15）牧里毎治「非営利民間組織（NPO）とネットワーク－地域福祉の供給主体の新たな形態－」右田紀久恵編著『地域福祉総合化への途－家族・国際化の視点をふまえて－』ミネルヴァ書房、1995、p.68
16）松下啓一『政策法学ライブラリー6 新しい公共と自治体』信山社、2002、p.29
17）T・H・マーシャル著、岡田藤太郎、森定玲子訳『社会学・社会福祉学論集「市民資格と社会的階級」他』相川書房、1998、p.94
18）同上書、p.98

参考文献

1. 武川正吾『社会政策の社会学－ネオリベラリズムの彼方へ』ミネルヴァ書房、2009
2. 武川正吾、大曽根寛編著『新訂 福祉政策Ⅱ 福祉国家と社会福祉のゆくえ』放送大学教育振興会、2006
3. 大森彌、松村祥子編著『改訂版 福祉政策Ⅰ 福祉政策の形成と実施』放送大学教育振興会、2006
4. 坂田周一『改訂版社会福祉政策』有斐閣、2007
5. 古川孝順『社会福祉の拡大と限定－社会福祉学は双頭の要請にどう応えるか－』中央法規出版、2009
6. 武川正吾『福祉社会の社会政策－続・福祉国家と市民社会』法律文化社、1999
7. 仲村優一、一番ヶ瀬康子、右田紀久恵監修、岡本民夫、田端光美、濱野一郎、古川孝順、宮田和明編『エンサイクロペディア社会福祉学』中央法規出版、2007
8. 坂田周一『改訂版社会福祉政策』2007、有斐閣
9. 加藤良重『市民・自治体職員のための基本テキスト 地方政府と政策法務』公人の友社、2008
10. 加藤良重『市民・自治体職員のための基本テキスト 政策財務と地方政府』公人の友社、2008
11. 山本啓編『ローカル・ガバメントとローカル・ガバナンス』法政大学出版局、2008
12. 第1回行政評価機能強化検討会『資料2：行政評価機能の抜本的機能強化ビジョンの具体化プロセス』2010年2月17日
13. 渡辺律子『高齢者援助における相談援助の理論と実際』医歯薬出版、1999

第9章

社会福祉の実践分野

第1節 貧困と福祉

1．貧困の意味

　貧困ということについて、我々はどんなイメージをもつだろうか。ある人はアフリカやインドで飢餓状態の日々を送っている人々をイメージするであろう。またある人は都会の片隅の不潔なアパートの一室で、貯えもなく、ひとり淋しく暮らしている高齢者をイメージするであろう。さらにある人は、多くの家財道具に囲まれながらもカード破産、多重債務により、少ない収入では返済できる見通しもなく、困りきっている人をイメージするかもしれない。さらにまたある人は繁華街近くの公園で、ホームレスとして暮らしている人をイメージするであろう。

　イメージする人によって貧困の姿は様々である。しかし生活（暮らし）に、それも物質的、経済的に困っているということでは共通するであろう。

　それでは、何をもって貧困といいうるのであろうか。どのような尺度で貧困を測ることができるのであろうか。世界で最初に貧困を社会調査により、客観的、実証的に解明を試みたのは、19世紀末のイギリスのブース（Booth,C.）やラウントリー（Rowntree,S.）であった。彼らは客観的尺度として貧困線を設定して、それ以下の人々は、収入が肉体的能率を保持するに満たない「絶対的貧困」にあるとした。

　ところが時代が下がって20世紀後半のイギリスになると、豊かさの中の貧困が叫ばれ、それまでの貧困線によるとらえ方では、貧困が測定できないということがタウンゼント（Townsend,P.）により提起された。彼は貧困を生活上の諸権利が剥奪された状態（相対的剥奪 relative deprivation）であるとし、一方で社会的標準生活様式を想定した。そして貨幣に限定された所得の代わりに生活資源、消費の代わりに生活様式を尺度指標としてあげた。そこでは貧困を完全な窮乏状態としてとらえるのではなく、生活が一般的水準よりも劣っている状態として、すなわち社会的不平等による「相対的貧困」としてとらえたのである。

　現在の先進国では、見える貧困としての「絶対的貧困」は影をひそめ、見えない貧困としての「相対的貧困」が問題とされている。そしてそれを予防・救済するために、福祉国家を建設し社会保障制度を整備してきた。ところが一方では、ホームレス問題に代表されるように社会的諸関係から排除された「社会的排除」（social exclusion）という新しい貧困が現れてきている。

社会的排除
障害、疾病、貧困などの理由で地域社会や行政制度から排除されていること。

2．貧困の予防・救済のための制度

　我々は社会生活をしていく上で病気、障害、離婚、失業、介護などの様々

な生活リスクに直面する。そしてそのリスクが深いほど貧困に直結することになる。しかし生活リスクは、我々をいつ襲ってくるか分からない。

このような生活リスクに対応するために、先進国は社会保障制度を整備している。社会保障は貧困の予防や救済のための制度である。そして貧困の予防のためには社会保険、貧困の救済のためには公的扶助という制度が、社会保障を構成している。

社会保障は所得の再分配を通じて、生活リスクの分散をはかるセーフティネット（安全網 safety net）の役割を果たしている。所得の再分配には、公的扶助のように高所得の人から低所得の人への垂直的再分配、社会保険のように、たとえば健康な人から病気の人へという水平的再分配の2種類がある。そしてこうした所得の再分配機能を通じて生活リスクが発生した場合に、それが深くならないように、国民が連帯して生活リスクの分散をはかることになる。このように社会保障制度によって、我々は生活の安定と安心がもたらされることになる。社会保障がセーフティネットといわれるのは、こうした機能があるからである。とりわけ公的扶助は、国民生活の最後のセーフティネットと呼ばれている。

貧困に対応する制度である社会保険と公的扶助の相違についてふれておこう。社会保険は貧困を予防する防貧的機能をもつ。国民が保険料を拠出しあい、それをプールし、そこから一定の生活リスクが生じた時に、金銭・サービス給付が画一的に行われる普遍的（universal）制度である。わが国では医療保険、雇用保険、年金保険、労災保険、介護保険の5種類の社会保険がある。

これに対して公的扶助は、貧困に陥った人を事後的に救済する救貧的機能をもち、社会保険を補足する制度である。租税を財源とし、資力調査（ミーンズテスト means test）による要件確認を通じて、金銭・サービス給付が個別的に行われる選別的（selective）制度である。ここでは恥辱（スティグマ stigma）感情が伴いやすい。

わが国では生活保護制度がこれに該当する。生活保護制度は、憲法第25条の生存権規定に基づき、最低生活の保障と自立助長を目的とし、4つの基本原理（国家責任・無差別平等・最低生活・補足性）と4つの基本原則（申請保護・基準及び程度・必要即応・世帯単位）により実施されている。また保護の種類には8つの扶助（生活・住宅・教育・医療・介護・出産・生業・葬祭）がある。

なお社会保険と公的扶助の中間的性格として社会手当がある。租税を財源とするが、公的扶助のような資力調査を伴わない。わが国では児童手当、児童扶養手当、特別児童扶養手当制度がある。

またこれらのほかに低所得対策として、生活福祉資金貸付制度や公営住宅制度がある。

3．貧困予防・救済のための制度の課題

貧困予防の社会保険制度については、国民年金制度における未納問題に象

徴されるように、国民の社会保障に対する信頼をいかに回復するかが重要である。国民生活のセーフティネットとして社会保障が機能するためには国民の社会連帯が必要不可欠である。そのためには国民を納得させる明確な将来ビジョンが求められる。

社会保険と公的扶助との関係では、本来、社会保険は国民が生活保護に落層することを防止する役割をもつ。したがって、生活保護基準とリンクした基礎年金の保障が必要である。

貧困救済の生活保護制度については、貧困脱出のスプリング・ボード（跳躍台）として機能すべく、生活保護申請の際には、スティグマを感じさせない受給手続の簡素化が求められる。そして本来、生活保護を必要とするすべての人をカバーするような生活保護制度のあり方が求められている。

なお、わが国では1990年代後半以降、いわゆるバブル崩壊後の経済悪化とグローバル化にともなう格差拡大社会の進行により、**ワーキングプア**や非正規雇用、あるいはホームレスなどの問題が顕在化し、国民生活がきわめて不安定化してきた。さらに2008（平成20）年の秋には世界同時不況が襲来した。こうした中、国民生活の最後のセーフティネットとしての生活保護制度の役割は、ますます重要となってきている。

> **ワーキングプア（Working Poor）**
> 文字通り「働く貧困層」のことで、仕事をしているのにもかかわらず、その収入が生活保護水準以下の状態にある場合をさす。（p.209）

第2節 児童の福祉

1．子ども家庭福祉の概念
（1）子ども家庭福祉とは

わが国の**子ども家庭福祉の理念**は、日本国憲法（1946（昭和21）年）、児童福祉法（1947（昭和22）年）、児童憲章（1950（昭和25）年）などにみることができる。2016（平成28）年に改正された児童福祉法では児童の権利に関する条約の精神が反映され、子どもの最善の利益という言葉が明文化された。子どもは発達途上にある存在であり、また、様々な権利を有する独立した人格であるという視点を忘れてはならない。

子ども家庭福祉について、柏女は、「理念的には人格主体として理解されながら、実際には自分たちの立場を主張したりそれを守る力の弱い児童を、その保護者とともに、国、地方自治体および社会全体がその生活と発達、自己実現を保障する活動の総体」と定義している。そしてその構成要素は、子どもの育ちや子育て環境などの社会環境、子ども家庭福祉の理念、制度、方法であるとしている。

（2）子ども家庭福祉の対象

子ども家庭福祉の対象として、①子ども自身の成長および発達を支援する子

> **子ども家庭福祉の理念**
> 日本国憲法では第11条（基本的人権）、第13条（尊厳性の原則）、第14条（無差別平等の原則）、第25条（自己実現の原則）などがあてはまる。児童福祉法では第1条に児童福祉の理念、第2条に児童育成の責任、第3条に児童福祉の原理の尊重が明記されている。

育ち支援、②親の生活や、仕事と育児の両立など、親が心身ともに豊かに子どもの育ちを見守れるよう支える子育て支援、③親子の関係性を支援する親育ち支援の３点があげられる。親子の関係はますます複雑かつ多様化しており、親子の愛着関係の基盤の形成が困難になっている現代社会においては、虐待その他様々な問題に対応するためにも、親育ち支援はますますその重要性を増している。

２．子ども家庭福祉の現状

（１）子ども家庭福祉の法体系

子ども家庭福祉に関する法律は、児童福祉法を基本とする**児童福祉六法**を中心に、総合的に推進されている。そのほかにも、社会福祉、教育、労働、医療・公衆衛生、司法、社会保険など、子ども家庭福祉に関連する法律・法令は多岐にわたっている。

（２）子ども家庭福祉の実施体制

子ども家庭福祉は、公的な制度に基づいて実施されるものと、地域活動やボランティア活動等により実施されるものがある。公的な制度に基づいて実施されるものの担い手は、行政機関、児童福祉施設等に代表される。子ども家庭福祉にかかわる行政機関として、児童福祉法には児童相談所、福祉事務所、保健所の３つが規定されている。

児童相談所は都道府県、政令市に設置が義務付けられており（中核市は任意設置）、児童相談の重要な機関である。児童福祉司や児童心理司、医師、その他の専門職員が配置されている。子どもや家族に関する各種の相談に対して専門的な視点から調査、診断、判定を行い、必要な指導や措置を行っている。福祉事務所では主として社会福祉主事が相談に応じている。

福祉事務所には家庭児童相談室が設置されており、家庭相談員が子どもに関する相談に応じている。

児童虐待相談件数の増加を受け、高度な専門的対応が求められる一方で、育児不安等を背景に、身近な子育て相談への対応も必要性を増している。そうした状況を受け、児童福祉法の改正に伴い、2005（平成17）年４月より児童相談の第一線が市町村となった。より専門的な知識や技術を要する相談については児童相談所が後方支援をとることとなり、児童相談所と市町村のより円滑な連携が求められるようになった。

保健所では医師、保健師などが母子保健業務を行っている。2009（平成21）年の児童福祉法改正により**養育支援訪問事業**、**乳児家庭全戸訪問事業**といった事業でも保健師などの専門職と社会福祉専門職との連係が期待されている。

（３）子ども家庭福祉のサービス

子ども家庭福祉サービスを、サービス分野や対象によって類型化すると、

児童福祉六法
児童福祉法（1947（昭和22）年）、児童扶養手当法（1961（昭和36）年）、特別児童扶養手当等の支給に関する法律（1964（昭和39）年）、母子および父子並びに寡婦福祉法（1964（昭和39）年）、母子保健法（1965（昭和40）年）、児童手当法（1971（昭和46）年）。

養育支援訪問事業
心や体に病気を抱えていたり、強い育児ストレスをため込んでいたりする保護者に対して、保健師らが育児指導などを通してサポートすることで虐待を未然に防ぐことが期待される。

乳児家庭全戸訪問事業
生後４か月までの乳児がいるすべての家庭を、保健師や助産師らが訪問し、相談に応じて子育て情報を提供する事業。保健師らは家庭のニーズを把握し、必要に応じて児童福祉の関係機関に連絡する。

欄外用語

3つのP
Popularization（普及）子どもを愛護し健やかに育成し、子育て家庭のウェル・ビーイングをはかるための思想・理念の普及、Promotion（増進）子どもの心身の健康・発達の増進や子育て家庭の養育力の向上の増進、Prevention（予防）胎児および子どもの発達上の障害や問題の発生予防。

3つのS
Support（支援）子どもの発達上の障害や問題の軽減・除去および子育て家庭への支援、Supplement（補完）発達上の障害や問題が生じている子どもの養育の補完、Substitute（代替）発達上の障害や問題が生じている子どもの養育の代替。

合計特殊出生率
期間合計特殊出生率。ある年の15歳から49歳までの年齢別出生率を合計したもの。同一出生集団（コーホート）ごとに一女性が一生の間に産む平均子ども数を表す。(p.4、183、254参照)

1.57ショック
1990（平成2）年の合計特殊出生率は1.57で、それまで史上最低の出生率だっ

本文

①母子の健康・保健の確保と増進をはかるための母子保健サービス、②家庭や地域の子どもたちの健全育成をはかる健全育成サービス、③保育に欠けるもしくは保育を求める親子に対する保育サービス、④養護に欠けるもしくは養護の必要な親子に対する児童養護サービス、⑤非行を犯した子どももしくはそのおそれがある子どもに対する非行児童サービス、⑥障害のある子どもに対する保健福祉サービス、⑦ひとり親家庭の福祉の向上をはかるひとり親家庭サービス、に類型化される。

また、子ども家庭福祉のサービスは、「3つのP」と「3つのS」で構成される。これらは独立して機能するものではなく、実際の支援においてはそれぞれが隣接したり重なり合ったりして取り組まれる。子ども家庭福祉は、保護者の私的責任（自助）を核にして、社会的責任（法人や事業体などによるもの：共助）が関与し、それらを包んで国や地方公共団体による公的責任（公助）が関与している。3つのPの段階においては私的責任のウエイトが高く、3つのSにおいては公的責任のウエイトが高くなる。

3．子ども家庭福祉の課題

（1）少子化対策から次世代育成支援へ

わが国の人口及び社会保障・経済・労働市場を長期的に維持していくためには、**合計特殊出生率**2.08以上が期待される。しかし、日本の出生数は1973（昭和48）年の第二次ベビーブーム時の209万人をピークに、年々減少傾向にある。1990（平成2）年の**1.57ショック**以降、少子化対策は大きな政策課題となった。1994（平成6）年に策定されたエンゼルプランや緊急保育対策等5カ年事業は、その後の子育てと仕事の両立支援の推進、家庭における子育て支援等の推進に大きな影響を与えた。1997（平成9）年の児童福祉法改正では、少子化の進行や家庭や地域の子育て機能の低下に対応したものである。放課後児童健全育成事業法定化、保育所入所を措置から利用選択方式に、さらに保育所の機能として地域住民への相談助言の役割が付け加えられるなどの改正が行われた。1999(平成11)年にはエンゼルプランの見直しが行われ、新エンゼルプランが策定された。

これらの取り組みは、子育てと仕事の両立支援の視点から、保育に関する施策を中心としたものであったが、少子化対策はより総合的に取り組まれなければならないという認識の高まりにより、2002（平成14）年には、男性を含めた働き方の見直し・地域における次世代支援・社会保障における次世代支援・子どもの社会性の向上や自立の促進を柱とする少子化対策プラスワンが出されている。2003（平成15）年にはこれからの子育て支援、次世代育成支援の基本法となる少子化社会対策推進法および次世代育成支援法が制定され、児童福祉法の改正がなされた。

次世代育成支援対策推進法は、国による行動計画策定指針の策定と、次世代

育成支援に関する、市町村行動計画、都道府県行動計画、一般事業主行動計画及び特定事業主行動計画策定等により次世代育成支援対策を迅速かつ重点的に推進しようとするものである。2015（平成27）年3月末まで10年間の時限立法であったが、10年の延長がはかられている。少子化対策基本法に基づいて、内閣府に少子化社会対策会議が設けられ、2004（平成16）年には少子化社会対策大綱案が策定され、その具体的実施計画として子ども・子育て応援プランが出された。このときの児童福祉法改正は地域子育て支援の強化が大きなポイントとなった。子育て支援事業を法定事業として位置づけ（法第21条の27）、すべての子育て家庭を視野に入れた地域子育て支援の強化がはかられた。

また、子育てと就労の両立支援施策としての保育サービスの充実強化を図るため、2015（平成27）年4月から、子ども子育て支援法が施行され、認定こども園法の改正法、児童福祉法等の関係整備があわせて行われた。

（2）要保護児童対策の現状と課題

児童福祉法が制定されたのは、第二次世界大戦終了後の混乱期であった。当時は戦争により家庭を失った子どもたちの収容保護が喫緊の課題であった。その後、時代とともに子ども家庭福祉のニーズは変化していくが、近年の大きな課題は児童虐待問題への対応である。わが国においても児童虐待が深刻な社会問題として認識されるようになっていったのは1990年代になってからのことである。1997（平成9）年の児童福祉法改正では、児童家庭支援センターの創設、児童相談所の機能強化として都道府県児童福祉審議会の意見聴取など、児童相談体制の強化がはかられた。また、これまで児童の保護に重点をおいていた児童福祉施設の機能を自立支援へと見直したことに伴い、それぞれの施設の名称や機能の見直しがはかられた。

2000（平成12）年には児童虐待の防止等に関する法律が制定、施行された。この法律の特徴は、①**虐待の定義**を明確化した点、②早期発見のための通告義務が課された点、③児童にかかわる専門職の児童虐待発見の努力義務が課された点などがあげられる。2004（平成16）年の改正では、児童虐待の定義がさらに拡大され、同居人による虐待行為を放置した場合もネグレクトとし、子どもの前での配偶者への暴力も心理的虐待に含まれることとなった。この改正に伴い、同年児童福祉法も改正が行われた。大きな柱となったのは児童相談体制の見直しである。これまで児童相談所が児童相談の第一線機関として位置づけられていたが、市町村が窓口の機能をもつこととなり、児童相談所はその後方支援に位置づけられることとなった。また、この改正で児童福祉施設や里親のあり方の見直し、虐待事例などへの司法関与の見直しが行われた。

2008（平成20）年には、地方公共団体による**要保護児童対策地域協議会**の設置が努力義務として規定されたほか、児童の安全確認のための立ち入り調査を保護者が拒否した場合の罰則が強化されるなど、虐待の発生予防、早期

た丙午の1966（昭和41）年の1.58を下回ったことから、少子化傾向が深刻化したことを象徴的に示す。

虐待の定義
児童虐待の防止等に関する法律第2条では、18歳未満の児童に対して保護者によって加えられる行為を前提として、身体的虐待、性的虐待、ネグレクト、心理的虐待の4つを児童虐待として定義している。

要保護児童対策地域協議会
2000年度に、保健・医療・福祉等の子供や家族にかかわる関係機関が情報交換や事例検討を行う児童虐待防止市町村ネットワーク事業が創設された。要保護児童対策地域協議会は、このネットワーク事業が2004（平成16）年の児童福祉法改正によって法定化されたものである。

発見・早期対応から虐待を受けた子どもの保護・自立に至るまでの切れ目のない支援の充実をめざした改正が行われた。2009（平成21）年には、研修の義務付けや金銭的支援の拡充などといった里親制度の改正や、児童養護施設等を退所したあとの自立支援の強化など、困難な状況にある子どもや家族に対する支援の強化が行われた。家庭で虐待を受けた児童が、児童福祉施設や一時保護所などで専門職による虐待を受けるといった、いわゆる施設内虐待の防止についても規定がされた。児童虐待の発生の背景には、親の孤立感や育児不安が存在する。そのため、児童虐待の予防には、親の孤立の防止、子育て支援策の充実に向けての取り組みも重要である。そのための専門職間の連携の強化や専門職の資質の向上も大きな課題である。

第3節 母子および女性の福祉

1. 母子家庭の実情と、その背景について

グローバル化した市場
市場における競争原理に基づく経済システムが次第に拡大し、国際的な規模にまで発展している。促進させている要因は、情報化が進み地球規模での情報の共有化が進展し、投機や投資による金融市場などが世界経済の動向に大きく関与している。

格差問題
市場経済がグローバル化し、市場を支える事業所が生産品のコストダウン、研究費のコスト削減のために従来の「終身雇用」、「正規雇用」から「成果主義」を取り入れるなど事業所体質を改善したため、多くの非正規雇用者が生まれ、賃金格差を生じるなど問題が表面化している。

わが国は、昭和の高度成長期によって、大きく転換期を迎えた。その変化は、経済活動はもとより生活スタイルなど、様々な方面に影響を及ぼした。目に見えるものとしては、「都市化」を急速に促進させ華やかに都市の風景を変貌させた。反面、農山村は人口の流出で、深刻な「過疎化」が進み農山村の風景を変えてしまった。また、我々の労働のスタイルは、高度成長期を契機に第一次産業から第二次産業、そして第三次産業へと加速し、農林水産物の生産従事から、賃金労働へと大きく様変わりした。この転換は、功罪あわせもっていたといえる。わが国は、近代化を短期間に達成し、その後に高度成長を成し遂げたとして、経済発展をめざす途上国のモデルにもなった。ちなみに、わが国の高度に発展した経済活動を維持するには、**グローバル化した市場**での競争に挑まなければならないという課題がある。これが、わが国のきびしい現状である。

このような現状から生まれる問題は様々で、技術立国ゆえに、自ずと厳しい労働環境が生まれ、雇用・就労問題を抱える結果となっている。また、経済の動向と連動して、景気の動向は生活基盤を直撃し、生活面の**格差問題**などの福祉問題を引き起こしている。なかでも、市場に左右される経済問題は、雇用・就労へつながり非正規雇用問題、リストラによる解雇問題など深刻な雇用・就労問題が社会問題として浮上している。これらの経済事情を抜きには母子家庭および女性の福祉を考えることはできないといえるであろう。

（1）雇用・就労問題と経済格差

ここでは、深刻な問題として女性のひとり親の雇用・就労環境に、焦点を

あてることにしたい。女性のひとり親が「子育て」という事情を抱え、就労のハンディとなることも少なくない。このことと関係して、女性のひとり親は、深刻な経済問題に直面している。この理由は、雇用・就労問題との関係が色濃く、常用雇用の希望をもっていても、子育て期の女性を雇用する事業所が少ないという実情が背景にある。さらに、ますます専門特化する職能・職域の壁などが立ちはだかっている。現実的には、かけもちのパートタイム労働や長時間のアルバイト労働で生活を営まなければならない「きびしい実状」となっている。このような不安定な雇用・就労事情のなかで、景気の変動に左右される苦しい状況におかれている。

女性のひとり親の経済事情を2011（平成23）年度全国母子世帯等調査のデータでみてみると、「母の80.6％は働いているが、そのうち正規の職員・従業員が39.4％である。年間収入は平均291万円であり、世帯平均は455万円である。また、母子家庭の母の預貯金額50万円未満が47.7％である。このように多くの子育て期の女性のひとり親が経済問題に直面している実情が理解できる。

また、深刻な問題として、生活の基盤である家族規模が縮小し**核家族**となり、弱体化し地域の人々の関係は分断されていることも影響している。かつての第一次産業は労働集約型で、**拡大家族**と地域の連帯と家族の結束なしには成立しなかった。すなわち、地域の関係は「助け合い」によって営まれていた。高度成長期以降、核家族化が促進し、家族規模が小さくなり、十分に機能を果たすことができない機能不全に陥る家族が増えている。このような状況のなかのひとり親世帯は、経済・生活問題が深刻さを増している。

（2）母子世帯の実情

母子世帯の実態について、厚生労働省が行った「全国母子世帯等調査」のデータを比較してみると、「母子世帯となった理由」は2006（平成18）年には、死別が9.7％であり、生別が89.6％という集計結果であった。そのなかで離婚が79.7％という集計結果である。その後の2011（平成23）年の調査データと比較してみると、死別が7.5％と減少し、生別が92.5％と増加した集計結果である。そのなかで離婚が80.8％と増加した集計結果である。

また、母子世帯数の増加の傾向をみると、1978（昭和53）年の調査時には母子世帯数が63万3,700世帯という集計結果である。その後の2010（平成22）年の調査データでは、75万5,972世帯と著しく増加している。このように母子世帯は、あきらかに増加の傾向にあることが調査結果から読み取ることができる。

2．母（父）子家庭の抱える問題と、その支援策

経済を優先する社会構造のなかで母子家庭のおかれている状況は、弱い立場に立たされている。多くのひとり親の抱える問題を整理すると、次にあげる3つになる。それは、「子育てに関する問題」であり、「就労に関する問題」

核家族
夫婦と未婚の子どもからなる家族形態で、夫婦を中心とする近代家族。わが国では近代化以降、産業形態が変わり急速に核家族化している。「近代化」以降の労働システムから生まれた「核家族」は、果たすべき機能が少なく十分な機能をもたない。

拡大家族
三世代以上の家族形態、親子を中心とする伝統的な直系家族。農業のような労働集約型では必然的に家族形態が大きくなる必要があった。拡大家族は結束が強固で、家父長制などによる「権威」や「しきたり」を重んじた家族形態。

であり、「経済的な問題」である。それぞれについての対策や施策は次のようになっている。

（1）子育て問題と、その支援策

ひとり親と子どもが安心した生活を営むための対策と施策が講じられている。まず、保育所の入所を希望した場合は、優先的に入所が配慮されている。また、2015（平成27）年からスタートした子ども・子育て支援制度に基づく保育や地域子ども・子育て支援事業等のサービスで支援策が講じられている。

（2）就労問題と、その支援策

ひとり親の就労はきわめて重要な課題であり、その対策や施策が取り組まれている。ひとり親が就労までを一貫して、結びつけることをねらいとして母子家庭等就業・自立支援センター事業とハローワークが連携して就労支援を行っている。福祉事務所には、**母子・父子自立支援員**を配置して、就労問題やその他の生活問題についての相談体制をとっている。

（3）経済問題と、その支援策

①児童扶養手当

児童扶養手当法は、生別した母子世帯に対して経済的支援策として制度化されたもので、その後改正され、適応範囲が拡大し、「父又は母と生計を同じくしない児童が育成される家庭の生活の安定と自立の促進に寄与するため、当該児童について児童扶養手当を支給し、もつて児童の福祉を図ることを目的とする。」（「児童扶養手当法」第1条）法律として1961（昭和36）年の11月に成立し最終改正は2016（平成28）年である。現在、母（父）子世帯やこれらに準ずる世帯の経済面の生活保障として重要な「役割と機能」を果たしている。

②母子父子寡婦福祉資金の貸し付け

母子父子寡婦福祉資金の貸付制度は、2014（平成26）年改正され母子家庭父子家庭の「親と子」が自立を図る際、経済的なハンディを抱えないために成立した制度である。この法律は、母子福祉の基本法として、1952（昭和27）年に戦争遺家族の母子の経済的な援護として成立した母子福祉貸付金の貸付等に関する法律である。その後の1964（昭和39）年に、母子福祉を総合的に推進する基本法として母子福祉法として制定された。また、子どもが成人した後の「**寡婦**」も母子同様に福祉サービスが受けられるよう法改正が行われ、1981（昭和56）年に母子及び寡婦福祉法となり、2002（平成14）年に総合的な法律とするべく、一部改正が行われて2014（平成26）年の法改正で父子家庭の父と児童本人にも拡大されて現在に至っている。この貸付制度は、経済的に不安定になりがちな母子家庭父子家庭の経済的自立の支援の制度と

ひとり親の就労
グローバル化した市場と事業所の置かれた経営環境は厳しい。雇用条件もおのずと厳しく、専門特化したスキルやきびしい労働条件のもとにある。

母子・父子自立支援員
母子及び寡婦福祉法が2014（平成26）年の法改正により「母子相談員」から名称変更されたものである。その数は、2014（平成26）年、1,664人である。

児童扶養手当
2010（平成22）年から支給対象が父子家庭の父にも拡大された。

寡婦
配偶者のない女子で、すでに子が20歳以上のもの、または20歳以下の子を養育したことのあるもの。母子と同様に寡婦も経済問題を中心とする生活問題を抱えている実態がある。

して特に重要である。貸付制度は1952（昭和27）年に「母子福祉資金の貸付等に関する法律」として制度化され、翌年から実施された。貸付制度ははじめ7種類であったが新設や増額され、現在は12種類と整備されている。なお、償還期間は、貸し付けの内容にもよるが、3年以内から20年以内で、その利子は無利子もしくは保証人がない場合でも年1.0％となっている。

3．母子・父子福祉施設

母子生活支援施設は、従来母子寮という名称で親しまれてきたもので、この施設の機能としては宿泊提供が主なものであったが、様々な機能の強化をはかるために、1997（平成9）年の児童福祉法の改正にともない、名称変更されて「母子生活支援施設」となったものである。この設置数と入所者数は、2015（平成27）年では、248ヵ所に設置され3,844世帯が入所している。

母子・父子福祉センターは、母子及び父子並びに寡婦福祉法に規定された母子・父子福祉施設であり、2014（平成26）年では56ヵ所に設置されている。同センターは、「無料又は低額な料金で、母子家庭等に対して、各種の相談に応ずるとともに、生活指導及び生業の指導を行う等母子家庭等の福祉のための便宜を総合的に供与することを目的とする施設とする。」（「母子及び父子並びに寡婦福祉法」第39条の2項）として目的が定められて設置され運営されている。

母子・父子休養ホームは、母子及び父子並びに寡婦福祉法に規定された母子・父子福祉施設で、2014（平成26）年3ヵ所に設置されている。同ホームは「無料又は低額な料金で、母子家庭に対して、レクリエーションその他休養のための便宜を供与することを目的とする施設とする。」（「母子及び父子並びに寡婦福祉法」第39条の3項）として、その目的が定められて設置され運営されている。

4．配偶者からの暴力の防止対策

女性のきびしい福祉問題として、配偶者からの暴力が大きな社会問題となっている。これらの発生にかかわる要因として、さまざまな精神的ストレスと、その背景に地域社会の人間関係が希薄となり、また、家族の規模が縮小し近隣からも孤立し、生活が「密室化」していることが指摘されている。配偶者からの暴力行為、いわゆるDV（ドメスティック・バイオレンス）が多発したことから、2001（平成13）年に配偶者からの暴力の防止及び被害者の保護に関する法律（DV防止法）が成立した。その後、2004（平成16）年に第1次改正DV防止法が、2008（平成20）年に第2次改正DV防止法が施行され対策が盛り込まれた。さらに、2013（平成25）年にはDV法の改正により適用範囲が拡大されて現在に至っている。

> **母子・父子福祉施設**
> 「児童福祉法」に規定された母子生活支援施設と、「母子及び父子並びに寡婦福祉法」に規定された母子・父子福祉センターと母子・父子休養ホームがある。

5．婦人保護

　婦人保護については、その根拠となる法律である売春防止法に基づき、要保護女子の保護と売春の未然防止を目的にして対策と施策が打ち立てられている。同法より、のちに成立した「配偶者からの暴力の防止及び被害者の保護に関する法律（DV防止法）」と連携して、その対策・施策がはかられている。そのための相談の実施機関としては、婦人相談所が要保護女子等とその家族に対し必要な指導と一時保護などの業務を行う機能を果たしている。そこには婦人相談員が配置され相談業務に従事している。また、要保護女子を「保護」するための施設として、婦人保護施設が設置されている。その設置数は2015（平成27）年では、48カ所が開設されて運営されている。

　ひとり親と子のおかれた環境は、経済面だけでなく、子育てなど様々な面からの総合的な支援を必要としている。それは女性のひとり親ばかりではなく、男性のひとり親も同じ条件におかれている。いまや世界規模で金融・流通面で熾烈な競争が展開されており、そのことが人々の生活を直撃している。この状況のなかで、どのような条件をもった人であっても「共生」して支え合い包まれ、安心して生きることのできる社会の実現を拓く必要がある。

第4節　障害者の福祉

1．「障害」・「障害者」とは

　「障害者の福祉」を学ぶにあたっては、その中心テーマである「障害」・「障害者」とはなにかを理解しておかなければならない。

　ここでは「障害」・「障害者」のみかた、捉え方の変遷をたどり、それが現在の「障害者支援システム」にどのように反映しているかを見ていく。

　なお、「しょうがい」の表記について、「しょうがい・障がい・障碍」など様々な取り上げ方があるが、本稿ではわが国の障害者関連法制度に準拠して「障害」・「障害者」と表記することとする。

（1）「障害」観とその転換

　「障害」という言葉から連想されるイメージは「邪魔・妨害・障害物・不調・異常・病患・過失・欠損・不具合・欠陥・短所」などと多様である。「障害」にともなう多様なイメージのままでは、「障害者支援システム」の方針が一定しない。「障害者支援システム」の構築には、基本となる「障害観」が定まっている必要がある。

　その障害観として、これまでに「医学的」モデルと「社会的」モデルの二

障害
現在、障害者観は、「障害者は、その社会の他の異なったニーズをもつ特別の集団と考えられるべきではなく、その通常の人間的なニーズを満たすのに特別な困難をもつ普通の市民と考えられるべきなのである」の見方である。

つの「障害観」モデルがあり、それらが「障害者支援システム」の構築に大きな役割を果たしている。

まず「障害者支援システム」の構築において、「医学的」モデルによる障害観が先行していた。「医学的」モデルによる障害観は、「障害」とは主に「医療を必要とする状態（機能障害や活動障害）にある個人の問題」としてとらえるものである。その観点にたって「病気・外傷やその他の健康状態に対して障害のある人の障害の解消・軽減や社会適応・参加の実現のためには医学的な多様な方法・手段を講じていく」とする「障害者支援システム」が構築された。わが国においては、1949（昭和24）年に制定された「身体障害者福祉法」により実施されるようになった一連の障害者福祉サービスが、ほぼ「医学的」モデルに準拠した「障害者支援システム」といえる。

ついで1981年には、国際障害者年（International Year of Disabled Persons：IYDP）が展開された。国際障害者年のテーマは、「障害者が経済、社会及び政治活動の多方面に参加し、貢献する権利を有する」として、「完全参加と平等」（Full Participation and Equality）であった。

この国際障害者年の取り組み以降、「障害は基本的に個人に帰属するものではなく、その多くが社会環境によって作り出されたものである」とする「社会的」モデルの障害観が広まり、それまで以上に「障害」の理解が深まってきた。

障害の捉え方を医学モデルと社会モデルとで比較すると、医学モデルでは、障害とは「問題」であり、この「問題解決」を図り、障害のある人が社会適応・参加する方法として「治療・リハビリテーション」など医療・医学的手段を講じる「問題解決」型の取り組みが展開される。

一方、社会モデルは、「障害」を「個人の特性のひとつ＝個性」と捉えている。この観点にたって「社会的」モデルの障害観は「個性と社会との間に起こるストレスを解消して、障害のある人が社会適応・参加を果たすためには、障害のある人を取り巻く環境の整備、社会の側の改善を優先すること」、あわせて「障害＝個人の特性のひとつ」が活かせるような社会の実現を志向する「障害者支援システム」の目指すものとなっている。

現在わが国における障害観は、なお「医学的」モデルを基本にしながらも、2011（平成23）年改正の障害者基本法、2012（平成24）年制定の障害者総合支援法、それ以降の障害福祉関連法制度において、「社会的」モデルの障害観を反映した「障害者支援システム」に移行しつつある状況にある。

（2）国際障害分類・国際生活機能分類による「障害」の理解

ところで「障害」・「障害者」の国際的な共通理解を推進するための概念として、1980年に世界保健機構（WHO）が「国際障害分類」（ICIDH：International Classification of Impairment, Disabilities and Handicaps)」を提唱している。

「国際障害分類（ICIDH）」では「障害」を
1. 機能障害（impairment）「心理的、生理的、解剖的な構造、機能の一部またはすべての喪失又は異常」
2. 能力低下（disabilities）「人間として正常とされる範囲で活動していく能力の機能障害に起因して起こる制限や欠如」
3. 社会的不利（handicaps）「機能、能力低下によって個人に生じた不利益が原因で、年齢、性別、社会・経済・文化的など生活上で正常な役割を果たすことが制限されたり妨げられたりすること」

の3つの概念で規定し、障害に対する理解の啓発を図った。

これにより国際的には「障害」の共通の捉え方が整ったが、障害を個人的なものとしてとらえ、「障害者」の病理、虚弱、欠陥などのマイナス面が強調されることが問題となっていた。

これに対して「障害」は、社会的な解決が進んでいない結果として生み出された問題であり、「障害者」とは、「障害になった原因や理由、時、場所、条件等には関係なく、日常生活や社会生活に支障や制限・制約を受ける人のことを指す」とする障害観が提案された。

これが2001年に世界保健機構（WHO）が示した「国際生活機能分類」（ICF : International Classification of Functioning, Disability and Health）である。

世界保健機構（WHO）は「国際生活機能分類」（ICF）の目的として3点挙げている。

第1は、「共通言語」を障害分野において確立することにある。障害分野に

国際生活機能分類（ICF）
身体構造・心身機能と活動の次元は、PT、OTなどのリハビリテーションアプローチが対象となる。また、環境面はノーマライゼーションアプローチとなるが、それだけでなく、上田敏が主張した「体験としての障害」の指摘も重要である。当事者の障害需要も含め、心理的な面の理解と支援が不可欠といえる。

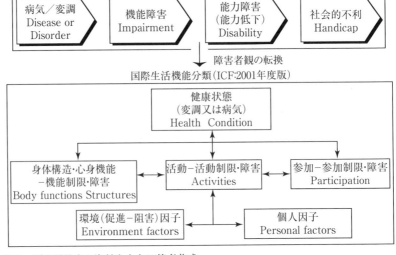

図9-1　障害（者）観の転換　国際障害分類（ICIDH）から国際生活機能分類（ICF）へ

出典：厚生労働省の資料をもとに筆者作成

おいては保健、医療、社会福祉、教育、職業、介護など学問、専門職分野、行政機関が多くかかわっているが、障害問題の解決には、これら様々な分野の理解と協力が不可欠である。そのためには各分野の「障害」に関する捉え方に統一性一貫性が求められ、ここに各分野にまたがる共通言語をもつ根拠がある。

第2は、障害分野に関する保健、医療、福祉、介護、教育、職業などの実際の場面において活用できる「障害」の総合評価、サービス計画などの臨床的方法ならびに実際的手段を提供することである。

第3は、障害分野の諸問題に関する国内的・国際的な比較のため調査・統計の標準的な枠組みを提供することとしている。ICFの活用により、障害者の「参加の障害」を解消・軽減する多様な社会的モデルアプローチが可能となる。環境の障壁を有効に取り除くことができ、機能障害や活動障害を軽減する医学的モデルアプローチにも有効となる。

この点で「国際生活機能分類」(ICF)は「社会的」モデルの障害観といえよう。

こうしたことから「国際生活機能分類」(ICF)の「障害・障害観」が現在、グローバルスタンダード化されつつある。

(3) 「障害」・「障害者」の捉え方

前節で、「障害」とは何か？の共通理解をすすめる手段として、「障害」の医学的モデル・社会的モデル及び国際障害分類・国際生活機能分類を示した。

これによって「障害」「障害者」の定義には、世界に共通する「定義」はなく、それぞれの国の政治、経済、社会、文化等の影響下において定められ、それぞれの「障害者支援システム」を運用するため「障害（者）」の定義もなされ

図9-2 「障害のある人」と「障害のない人」による「障害」「障害者」

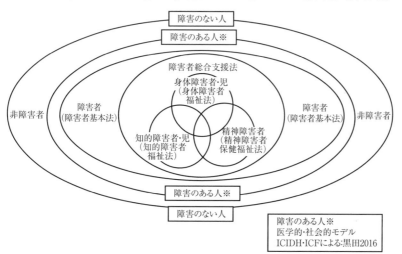

出典：厚生労働省の資料をもとに筆者作成

ている。
　「障害」「障害者」とは何かを規定することは、視点を変えると「障害のない人」「障害のある人」とを区分することにほかならない。「障害のない人」「障害のある人」に、後述のわが国における「障害者支援システム」における「障害」「障害者」の規定を加えると、図9－2のような構造になる。
　これは「障害者支援システム」における「障害」「障害者」とは「障害のある人」をさらに厳密に規定（定義）したものであることを示している。

2．わが国における「障害者」の定義

　「相互扶助（互いに助け合う）」を基本的な理念とする社会保障・社会福祉の具体的な展開において、生活上に様々なリスクを負っている人を保護し支援して、社会参加を促進することも社会保障・社会福祉の範疇にあり、「障害者」に対しては様々な「障害者支援システム」がそれに担っている。
　近年、わが国における障害者支援システムは、1947（昭和22）年の児童福祉法と1949（昭和24）年の身体障害者福祉法の施行に始まり、その後、時代の変化、社会の要請を受けて、順次障害福祉関連法・制度が制定、施行され、支援の対象の拡大、サービス内容の充実を伴って今日に至っている。こうした「障害者福祉に関連する法・制度の歩み」は表9－1のとおりである。障害者福祉関連法・制度の歩みに合わせ、国における障害者支援にかかわる法・施策も整備され、支援のためのサービスも多岐にわたって拡張され、表9－2「わが国の各省庁別による主な障害者施策と関連法・制度」に見るとおり展開している。

表9－1　障害者福祉に関連する法・制度の歩み

制定年	法　令
1947（昭22）	児童福祉法
1949（昭24）	身体障害者福祉法
1950（昭25）	精神衛生法・精神保健法
1951（昭26）	社会福祉事業法
1954（昭29）	盲学校、聾学校及び養護学校への就学奨励に関する法律
1956（昭31）	公立養護学校整備特別措置法
1957（昭32）	盲学校、聾学校及び養護学校の幼稚部及び高等部における学校給食に関する法律
1960（昭35）	精神薄弱者福祉法
1960（昭35）	障害者の雇用の促進等に関する法律
1964（昭39）	特別児童扶養手当等の支給に関する法律
1970（昭45）	心身障害対策基本法
1987（昭62）改正改称	精神保健及び精神障害者福祉に関する法律（旧　精神衛生法・精神保健法）
1993（平5）	身体障害者の利便の増進に資する通信・放送身体障害者利用円滑化事業の推進に関する法律

1993（平5）改正改称	障害者基本法（旧　心身障害対策基本法）
1993（平5）	福祉用具の研究開発及び普及の促進に関する法律
1994（平6）	高齢者、身体障害者等が円滑に利用できる特定建築物の建築の促進に関する法律（ハートビル法）
1995（平7）改正	精神保健及び精神障害者福祉に関する法律
1998（平10）改称	知的障害者福祉法（旧精神薄弱者福祉法）
2000（平12）	高齢者、身体障害者等の公共交通機関を利用した移動の円滑化の促進に関する法律
2000（平12）改称	社会福祉法（旧　社会福祉事業法）
2002（平14）	身体障害者補助犬法
2005（平17）	障害者自立支援法
2005（平17）	発達障害者支援法
2011（平23）改正	障害者基本法
2012（平24）	障害者の日常生活及び社会生活を総合的に支援するための法律（障害者総合支援法：旧障害者自立支援法）
2012（平24）	障害者虐待防止法
2012（平24）	障害者優先調達推進法
2013（平25）	障害を理由とする差別の解消の推進に関する法律（障害者差別解消法）
2013（平25）	障害者雇用促進法　改正
2014（平26）	障害者権利条約　承認
2014（平26）	難病の患者に対する医療等に関する法律
2016（平28）	障害者の雇用の促進等に関する法律の一部改正

出典：筆者作成

表9－2　わが国の各省庁別による主な障害者施策と関連法・制度（内閣府）

関係省庁	施　策	関係法令等
内　閣　府	障害者基本計画の策定、啓発広報（障害者の日・記念の集い、障害者施策推進地域会議、心の輪を広げる障害者理解促進事業等）など	障害者基本法
厚生労働省	障害の予防、早期発見・治療、各種の福祉措置、生活保障、医療措置など雇用対策、職業訓練、労働者災害補償など	母子保健法、児童福祉法、身体障害者福祉法、知的障害者福祉法、精神保健及び精神障害者福祉に関する法律、特別児童扶養手当等の支給に関する法律、戦傷病者特別援護法、生活保護法、国民年金法、厚生年金保険法、国民健康保険法など障害者の雇用の促進等に関する法律、雇用対策法、職業安定法、職業能力開発促進法、労働者災害補償保険法など

総 務 省	点字郵便物等の郵便料金減免、身体障害等による簡易保険の保険料の払込免除、NHK放送受信料の減免、視覚障害者の利用に配慮したATM等の設置、福祉用電話機器の提供など税制上の配慮（地方税）	郵便法、簡易生命保険法、放送法、有線テレビジョン放送法、電気通信事業法、身体障害者の利便の増進に資する通信・放送身体障害者利用円滑化事業の推進に関する法律、地方税法
国土交通省	公共交通施設の改善など障害者向け公営住宅の供給、公団公庫住宅にかかる優遇措置、官庁建物及び道路等の改善、有料道路の通行料金割引措置など土砂災害特別警戒区域における災害弱者関連施設等の開発行為に対する許可制	高齢者、身体障害者等の公共交通機関を利用した移動の円滑化の促進に関する法律、公営住宅法、都市基盤整備公団内規、住宅金融公庫法など土砂災害警戒区域等における土砂災害防止対策の推進に関する法律
外 務 省	障害者リハビリテーション関係分野に対する技術協力	国際協力事業団法
財 務 省	税制上の配慮（国税）	所得税法、消費税法、相続税法、租税特別措置法、関税定率法など
文部科学省	特殊教育など医療・福祉関連機器の委託開発	学校教育法、盲学校・聾学校及び養護学校への就学奨励に関する法律、学校保健法など
経済産業省	福祉関係機器の開発、機器の標準化など	工業標準化法、福祉用具の研究開発及び普及の促進に関する法律
警 察 庁	信号機への視覚障害者用付加装置等の設置、駐車禁止規制除外措置、自動車運転適性相談など	交通安全施設等整備事業に関する緊急措置法、道路交通法など
法 務 省	人権相談所の設置（各法務局・地方法務局及びその支局に常設）など	
農林水産省	農林漁業労働災害の未然防止対策、障害者に配慮した農山漁村の生活環境整備、視覚障害者の食生活環境の改善	

出典：筆者作成

　現在、わが国の「障害者支援システム」は、「障害者福祉に関連する法・制度の歩み（表9－1）」や「わが国の各省庁別による主な障害者施策と関連法・制度（表9－2）」にみられるように、障害者の自立支援に向けてきめ細かく多様化し、また複雑化しつつ、多岐にわたる支援サービスが実施されている。これら法・制度は障害者の自立支援に必要なものとして、それぞれの時代やその社会の求めによって整備されてきたものであるが、そのすべてが、個々の「障害児・者」にとって必要であるとは限らない。障害者の自立支援にとって当面必要でないサービスもある。
　しかし、すべての「障害児・者」の自立支援に必要不可欠な法・制度がある。
　それが、わが国の障害者支援システムの中核を担う法・制度である、障害者基本法、身体障害者福祉法、児童福祉法、知的障害者福祉法、精神保健福祉法（精神保健及び精神障害者福祉に関する法律）並びに障害者総合支援法（障害者の日常生活及び社会生活を総合的に支援するための法律）である（表9－3）。

表9-3 わが国の障害者支援システムの中核を担う法・制度の構成

障害者の日常生活及び社会生活を総合的に支援するための法律 (障害者総合支援法) 2013 (平成25) 年			
身体障害者福祉法	児童福祉法	知的障害者福祉法	精神保健及び精神障害者福祉に関する法律
1949 (昭和24) 年	1947 (昭和22) 年	1960 (昭和35) 年	1950 (昭和25) 年 (1995 (平成7) 年改正)
障害者基本法 1970 (昭和45) 年 (2011 改正)			

出典：筆者作成

　これらの法・制度を重点的に学ぶことが、障害者の福祉の現状を理解し、今後の障害者支援を更に発展、充実させていくために、極めて重要であることはいうまでもない。

　本節では、これらの障害福祉関連法を中心に、わが国における公的な障害者支援システムにおける「障害」「障害者」の定義（規定）について概説する。

表9-4 障害者福祉関連法・制度と障害・障害者の定義

法律	障害者基本法	障害者の日常生活及び社会生活を総合的に支援するための法律（障害者総合支援法）	児童福祉法	身体障害者福祉法
制定年	1970 (昭和45) 年 (2011 改正)	2013 (平成25) 年	1947 (昭和22) 年	1949 (昭和24) 年
目的	全ての国民が、障害の有無にかかわらず、等しく基本的人権を享有するかけがえのない個人として尊重されるものであるとの理念にのつとり、全ての国民が、障害の有無によつて分け隔てられることなく、相互に人格と個性を尊重し合いながら共生する社会を実現する（1条）	障害者基本法の基本的理念にのつとり、身体障害者福祉法、知的障害者福祉法、精神保健及び精神障害者福祉に関する法律、児童福祉法その他障害者及び障害児の福祉に関する法律と相まって、障害者及び障害児がその有する能力及び適性に応じ、自立した日常生活又は社会生活を営むことができるよう、必要な障害福祉サービスに係る給付その他の支援を行い、もって障害者及び障害児の福祉の増進を図るとともに、障害の有無にかかわらず国民が相互に人格と個性を尊重し安心して暮らすことのできる地域社会の実現に寄与することを目的とする。（1条）	児童の健全育成、その生活の保障と愛護（1条）	身体障害者の自立と社会経済活動への参加を促進するための援助と必要に応じた保護（1条）
対象	一　障害者　身体障害、知的障害、精神障害（発達障害を含む）その他の心身の機能の障害がある者であつて、障害及び社会的障壁により継続的に日常生活又は社会生活に相当な制限を受ける状態にあるもの。	身体障害者福祉法第4条に規定する身体障害者、知的障害者福祉法にいう知的障害者のうち18歳以上である者及び精神保健及び精神障害者福祉に関する法律第5条に規定する精神障害者（発達障害者支援法第2条に規定する発達障害	満18歳に満たない者（4条）	身体上の障害がある18歳以上の者で、都道府県知事・政令市市長から身体障害者手帳の交付を受けた者（4条）

対象	二 社会的障壁 障害がある者にとって日常生活又は社会生活を営む上で障壁となるような社会における事物、制度、慣行、観念その他一切のもの。(2条)		を除くのうち18歳以上である者並びに治療方法が確立していない、疾病その他の特殊の疾病であって政令で定めるものによる障害の程度が厚生労働大臣が定める程度である者であって18歳以上であるもの。児童福祉法第4条に規定する障害児および精神障害者のうち18歳未満であるもの。(4条)	
障害認定・証明	―		障害支援区分による	身体障害者手帳交付による	身体障害者手帳による
障害者の範囲または程度			区分1 障害程度区分基準時間が25分以上32分未満またはこれに相当すると認められる状態 区分2 障害程度区分基準時間が32分以上50分未満またはこれに相当すると認められる状態 区分3 障害程度区分基準時間が50分以上70分未満またはこれに相当すると認められる状態 区分4 障害程度区分基準時間が70分以上90分未満またはこれに相当すると認められる状態 区分5 障害程度区分基準時間が90分以上110分未満またはこれに相当すると認められる状態 区分6 障害程度区分基準時間が110分以上またはこれに相当すると認められる状態	・視覚障害（1～6級） ・聴覚障害（2～4・6級） ・平衡機能障害（3～5級） ・音声、言語機能障害（3～4級） ・そしゃく機能障害（3～4級） ・肢体不自由（1～6級） ・心臓機能障害（1・3～4級） ・じん臓機能障害（1・3～4級） ・呼吸器機能障害（1・3～4級） ・ぼうこう直腸機能障害（1・3～4級） ・小腸機能障害（1・4～4級） ・免疫機能障害（1～4級） ・肝機能障害者（1～4級）	・視覚障害（1～6級） ・聴覚障害（2～4・6級） ・平衡機能障害（3～5級） ・音声、言語機能障害（3～4級） ・そしゃく機能障害（3～4級） ・肢体不自由（1～6級） ・心臓機能障害（1・3～4級） ・じん臓機能障害（1・3～4級） ・呼吸器機能障害（1・3～4級） ・ぼうこう直腸機能障害（1・3～4） ・小腸機能障害（1・3～4級） ・免疫機能障害（1～4級） ・肝機能障害者（1～4級）

出典：筆者作成

法律	知的障害者福祉法	精神保健及び精神障害者福祉に関する法律	介護保険法	発達障害者支援法
制定年	1960（昭和35）年	1950（昭和25）年 (1995（平成7）年改正)	2000（平成12）年	2004（平成16）年
目的	知的障害者の自立と社会経済活動への参加を促進するための援助と必要に応じた保護(1条)	国民の精神保健の向上と、精神障害者の医療及び保護、社会復帰の促進、自立と社会参加の促進のための援助(1条)	加齢に伴って生ずる心身の変化に起因する疾病等により要介護状態となり、入浴、排せつ、食事等の介護、機能訓練並びに看護及び療養上の管理その他の医療を要する者等について、これらの者が尊厳を保持し、その有する能力に応じ自立した日常生活を営むことができるよう、必要な保健医療サービス及び福祉サービスに係る給付を行うため、国民の共同連帯の理念に基づき介護保険制度を設け、その行う保険給付等に関して必要な事項を定め、もって国民の保健医療の向上及び福祉の増進を図ることを目的とする。(1条)	この法律は、発達障害者の心理機能の適正な発達及び円滑な社会生活の促進のために発達障害の症状の発現後できるだけ早期に発達支援を行うことが特に重要であることにかんがみ、発達障害を早期に発見し、発達支援を行うことに関する国及び地方公共団体の責務を明らかにするとともに、学校教育における発達障害者への支援、発達障害者の就労の支援、発達障害者支援センターの指定等について定めることにより、発達障害者の自立及び社会参加に資するようその生活全般にわたる支援を図り、もってその福祉の増進に寄与することを目的とする。(1条)

対象	18歳以上の知的障害者（ただし知的障害者の定義はない）	精神分裂病、精神作用物質による急性中毒又はその依存症、知的障害、精神病質その他の精神疾患を有する者（5条）	「要介護者」とは、 一　要介護状態にある65歳以上の者 二　要介護状態にある40歳以上65歳未満の者であって、その要介護状態の原因である身体上又は精神上の障害が加齢に伴って生ずる心身の変化に起因する疾病であって政令で定めるもの（以下「特定疾病」という）によって生じたものであるもの。 「要支援者」とは、 一　要支援状態にある65歳以上の者 二　要支援状態にある40歳以上65歳未満の者であって、その要支援状態の原因である身体上又は精神上の障害が特定疾病によって生じたものであるもの。	「発達障害」とは、自閉症、アスペルガー症候群その他の広汎性発達障害、学習障害、注意欠陥多動性障害その他これに類する脳機能の障害であってその症状が通常低年齢において発現するものとして政令で定めるもの。 2　この法律において「発達障害者」とは、発達障害を有するために日常生活又は社会生活に制限を受ける者をいい、「発達障害児」とは、発達障害者のうち18歳未満のもの。（2条）
障害認定・証明	療育手帳による	精神障害者保健福祉手帳による	介護（度）認定区分による	―
障害の範囲または程度	A1　最重度 IQ20以下または IQ35以下かつ身体障害者手帳3級以上 A2　重度 IQ20以上35以下または IQ50以下かつ身体障害者手帳3級以上 B1　中度 IQ35以上50以下 B2　軽度 IQ50以上	1級　日常生活の用を弁ずることを不能ならしめる程度のもの 2級　日常生活が著しい制限を受けるか、または日常生活もしくは社会生活に制限を加えることを必要とする程度のもの 3級　日常生活もしくは社会生活が制限を受ける、または日常生活または社会生活に制限を加えることを必要とする程度のもの	要支援1・要支援2　社会的に支援が必要な状態 要介護1　部分的に介護を要する状態 要介護2　軽度の介護を要する状態 要介護3　中等度の介護を要する状態 要介護4　重度の介護を要する状態 要介護5　最重度の介護を要する状態 非該当　支援や介護が必要であるとは認められない	―

出典：筆者作成

全体の比較は表9－4に示すとおりである。

　各障害福祉関連法は時代動向や社会的変化の求めに応じて、検討され成立してきたものであり、それぞれの支援サービスを実現するための根拠として、「独自」の障害の捉え方（定義）を備えている。

　特にわが国の障害者支援システムにおける「障害」の規定は、あらゆる心身に関わる疾病・欠損等を対象とするものでなく、医学的視点から「身体や精神機能の不全・低下・喪失また身体の一部の欠損等」をもつ肢体不自由、視覚障害、言語聴覚障害、知的障害、精神障害、難病等を対象に限定し、個人の「疾病・欠損等」の臨床症状が消退して一定の状態を維持し、その状態が概ね永続すると認められたとき「障害」があるとされ、所定の手続きを経て、初めて**法的な**「**障害児・者**」と認定される仕組みに特徴がある。

　ここでいう法的な「障害児・者」とは、障害者支援システムが提供するサービスを受給する資格（権利）を得た児・者をいう。

　このように法・制度ごとに「障害」の定義が異なり複雑であることが、わが国の障害者支援システムを理解しにくくさせているといわれている。

法的な障害児・者
身体障害者（児）が福祉サービスを受けるには、身体障害者手帳の交付を受けなければならない。また、知的障害者（児）は療育手帳の交付を受けることによって福祉サービスを受ける要件となっている。精神障害者についても精神障害者保健福祉手帳の交付によって、福祉サービスや所得税の障害者控除など税制上の優遇措置が受けられる。

（1）障害者基本法における「障害者」

　障害者基本法は 2011（平成 23）年に改正され、「障害者」の定義が次のように定められた。

　一　障害者　身体障害、知的障害、精神障害（発達障害を含む）その他の心身の機能の障害がある者であって、障害及び社会的障壁により継続的に日常生活又は社会生活に相当な制限を受ける状態にあるもの。

　二　社会的障壁　障害がある者にとつて日常生活又は社会生活を営む上で障壁となるような社会における事物、制度、慣行、観念その他一切のもの。(2条)

　障害者基本法の「障害者」の定義の特徴は、「障害者」の認定によって、障害のある人と障害のない人を識別する指標とするものでないことを前提としている点である。

　障害者基本法によって、障害のある人が、自立した社会生活を営むために必要と考えられる特別なニーズを支援すべく、社会的に用意されている様々な福祉サービスを利用できることを証明することが究極の目的であると理解しておかなければならない。

　以上から、障害者基本法は、わが国の障害者支援システムの中核である、身体障害者福祉法、児童福祉法、知的障害者福祉法、精神保健福祉法（精神保健及び精神障害者福祉に関する法律）並びに障害者総合支援法（障害者の日常生活及び社会生活を総合的に支援するための法律）の根拠を担うものとなっている。

（2）障害者総合支援法における「障害者」

　障害者総合支援法は、障害者基本法の基本的理念にのっとり、障害の有無にかかわらず国民が相互に人格と個性を尊重し安心して暮らすことができる地域社会の実現に寄与することを目的としている。そのうえで、障害者および障害児の能力および適性に応じ、自立した日常および社会生活を営むために、児童福祉法、身体障害者福祉法、知的障害者福祉法、精神保健及び精神障害者福祉に関する法律（精神保健福祉法）ごとにそれぞれで提供されていた障害支援サービスを、障害者総合支援法により、すべてを一括して給付するシステムにすることによって、障害者および障害児の福祉の増進と自立支援の促進を図ろうとするものとなっている。

　ただし障害者総合支援法の施行によって、もとの法・制度、すなわち児童福祉法、身体障害者福祉法、知的障害者福祉法、精神保健及び精神障害者福祉に関する法律（精神保健福祉法）が廃止されたわけではない。身体障害者福祉法、知的障害者福祉法、精神保健福祉法には、それぞれの法の下での「障害」認定の根拠となる障害者手帳制度があり、また児童福祉法、精神保健福祉法では福祉サービス以外の保育、医療や保健などのサービスがあるからである。

障害者総合支援法にいう「障害児」とは、児童福祉法に規定する障害児及び精神障害者のうち18歳未満である者をいう。「障害者」とは、身体障害者福祉法にいう身体障害者、知的障害者福祉法にいう知的障害者のうち18歳以上である者、精神障害者福祉にいう精神障害者（発達障害者支援法第2条に規定する発達障害者を含み、知的障害者福祉法にいう知的障害者を除く）並びに治療方法が確立していない、疾病その他の特殊の疾病であって政令で定めるものによる障害の程度が厚生労働大臣が定める程度である者（いわゆる難病者）のうち18歳以上である者をいう。

　なお2015（平成27）年現在、障害者総合支援法の対象となる指定難病は332疾病となっている。

　ただし満65歳以上になり、介護保険法（医療保険）で、障害者総合支援法と同じサービスが提供される場合には介護保険法のサービスが優先されるので、障害者総合支援法の対象から除外されることがある。

（3）児童福祉法における「障害児」

　障害のある子どもの福祉サービスは主に児童福祉法によって実施されている。「児童の定義」は児童福祉法第4条で「児童とは18歳に満たない者をいう」と規定され、乳児を満1歳に満たない者、幼児を満1歳から小学校就学の始期に達するまでの者、少年を小学校就学の始期から満18歳に達するまでの者としている。

　このことから障害のある子どもとは、満18歳に満たない身体障害や知的障害のある児童となるが、実際の障害のある子どもに対する福祉サービスにおいて、身体障害者手帳を所持する児童と明記されているのは、補装具の交付・修理と一部の日常生活用具の給付の場合のみである。

　児童福祉法において、障害のある子どもの規定が明確でない理由の1つは、児童期は心身の成長発達が著しく変化し、障害状況も安定しないためであると考えられる。早期発見、早期療育といった「障害」に対する取り組みが行われることによって、今見られている障害が今後どのように変化していくかの予測がつきにくい。このことから「障害のある子ども」の定義を明確にすることによって、早期に「障害が固定化」したかのように受け止められることを懸念するためでもある。

　こうした懸念をできるだけ取り除くために、子どもの持っている潜在的な発達能力と、治療・教育などのリハビリテーションの働きによる相乗効果により、子どもの障害状況に著しい変化をもたらすことへの期待から、児童期に明確な障害規定を当てはめることを避けているのである。

（4）身体障害者福祉法における「障害者」

　身体障害者とは、身体障害者福祉法の第4条ならびに同法別表等級表に掲げる

身体上の障害がある18歳以上の者であって、都道府県知事・政令指定都市長等から「身体障害者手帳」の交付を受けたものをいうと定義されている。

等級表に規定される「障害者」とは、視覚障害、聴覚又は平衡機能の障害、音声機能・言語機能又はそしゃく機能の障害、肢体不自由、心臓・じん臓もしくは呼吸器又は膀胱もしくは直腸もしくは小腸もしくはヒト免疫不全ウイルスによる免疫の機能の障害、肝機能障害を有し、その障害の程度（1級から7級）が法に定める基準に該当するものとされる。

1・2級は重度、3・4級は中度、5・6級は軽度障害といわれる。肢体不自由に関してのみ7級の区分があるが、これは7級に相当する障害が二つ以上存在する場合に6級と認定するためのものである。

身体障害者手帳は、障害認定の基本であり、障害者支援サービス受給の根拠であるが、障害者総合支援法による自立支援サービスの給付を受けるには、さらに「障害支援区分」認定が必要となる。

（5）知的障害者福祉法における「障害者」

知的障害者は、知的障害者福祉法において明確な定義はなされていない。「知的機能の障害が発達期（おおむね18歳まで）にあらわれ、日常生活に支障が生じているため、なんらかの特別な援助を必要とする状態にあるもの」との厚生労働省児童家庭局による「知的障害児（者）福祉対策調査」1991（平成3）年の報告内容が現行制度の指標となっている。

現在は社会通念上、知的障害と考えられるものを視野において、児童相談所ならびに知的障害者更生相談所の専門スタッフによる診断評価に基づき、家族、市町村等の障害福祉担当者を交えて「知的障害か否か」の判定を合議により行う知的障害の認定システムが実施されている。

こうした知的障害の認定システムが行われるようになった理由は、知的障害の定義や範囲が多少とも不明確でも、この方法が知的障害のある人にそれほどの不利益を及ぼさないと考えられたためである。

知的障害の認定システムとしては1973（昭和48）年から「療育手帳制度」が開始された。療育手帳は本人または保護者の申請に基づき都道府県知事・政令指定都市市長等が交付するものとされ、常時介護を要するA判定（最重度、重度）と、その他のB判定（中度、軽度）がある。

なお障害者総合支援法による自立支援サービスの給付には、身体障害者福祉法精神保健福祉法と同様にさらに「障害支援区分」認定が必要となる。

（6）精神障害者福祉法における「障害者」

1995（平成7）年に制定された精神保健及び精神障害者福祉に関する法律（精神障害者福祉法）において、「精神障害者」とは、「統合失調症、精神作用物質による急性中毒またはその依存症、知的障害、精神病質その他の精神疾患

を有する者をいう（第5条）」と、具体的に例示して定義されている。

さらに後述の発達障害者支援法に規定される「発達障害者」も「精神障害者」に含まれることとなった。

精神障害者福祉法による福祉サービスの受給資格は、原則的には精神障害者保健福祉手帳の交付によって証明される。精神障害者保健福祉手帳の交付は、精神疾患を有するか否かだけではない。精神障害者保健福祉手帳制度実施要領によると「障害等級の判定に当たっては、精神疾患（機能障害）の状態とそれに伴う生活能力障害の状態の両面から総合的に判定を行う」とされ、日常生活や社会生活の制限の程度が勘案されている。

なお先述のとおり、障害者総合支援法による自立支援サービスの給付にはさらに「障害支援区分」認定が必要となる。

（7） 発達障害者支援法における「障害者」

発達障害者支援法で「発達障害」とは、「自閉症、アスペルガー症候群その他の広汎性発達障害、学習障害、注意欠陥多動性障害、その他これに類する脳機能の障害であってその症状が通常低年齢において発現するものとして政令で定めるものをいう」（第2条1項）と定義している。さらに施行規則において「脳機能の障害であってその症状が通常低年齢において発現するもののうち、言語の障害、協調運動の障害その他の心理的発達の障害並びに行動及び情緒の障害」となっている。なお、発達障害者のうち18歳未満の者を「発達障害児」として同法の対象とされている。

知的な遅れがあり、広汎性発達障害や軽度発達障害のある児・者については、場合にはよっては福祉サービスの利用は可能であったが、知的な遅れがない場合には、福祉サービスの受給資格がなく、法・制度施策の谷間におかれてきた。これらの障害が、障害者総合支援法における「障害者」に含まれることにより、多くの発達障害児・者が「障害支援サービス」の対象となったことは、障害者の自立にとって一つの前進であるといえよう。

3．わが国における障害者の実態

前節では、わが国における公的障害者支援システムの支援サービスの対象となる「障害」「障害者」を一覧した。

これら公的支援の対象のうち主に障害者総合支援法の対象となる障害児・者の実態について、厚生労働省（2015）によれば、障害児・者総数は約857.3万人で、これは、わが国の人口を約1億2千万人とした場合、およそその0.7％に相当する。

障害児・者の内訳は、身体障害児・者が約391.2万人、知的障害児・者が約73.7万人、精神障害児・者が約392.4万人と推計されている。さらにこれら「法的な障害児・者」に加え「障害のある人」まで範囲を拡張すると、人口の約

障害者の実態
世界的にみると障害者は世界人口の10人に1人である。障害者の出現率は、ニュージーランドとオーストラリアは、20.0％であるが、一方マレーシアは0.3％となっている。これは、調査方法や障害の定義がちがうことなどが要因である。

一割が何らかの「障害のある人」とする国連の指標に近い、約1000万人を超える「障害児・者」がいることになる。

こうした人たちの地域・在宅生活と施設・入院等での生活状況をみると、身体障害児・者では地域・在宅生活と施設・入院等の利用の割合が約50：1であるのに対して、知的障害児・者では約4：1、また精神障害児・者では約10：1となっている。

すなわち障害児・者の生活実態は、身体障害児・者の大半が地域・在宅生活であるのに対して、知的障害・精神障害児・者では身体障害児・者よりも施設・入院等の利用の比率が明らかに高く、知的障害・精神障害児・者には地域・在宅生活に何らかの困難が伴い、身体障害児・者よりも施設・入院等に依存せざるをえない状況におかれていることを示している。

このことから、今後は知的障害・精神障害児・者が身体障害児・者と同じように地域・在宅生活が可能となるよう、障害の理解の促進に取り組みとあわせて、国・地方公共団体等の支援政策・事業を整えていく必要がある。

またわが国の総人口における高齢化率は2011（平成23）年には23.3％であるが、これに比べて障害児・者全体では、65歳未満の障害児・者の420.6万人、65歳以上は430.4万人でその構成比は49.1：50.9となり、障害者の高齢化が進んでいることが明らかである。

障害者の高齢化の内訳は、身体障害では65歳未満30.8：65歳以上69.2、知的障害では90.0：10.0、精神障害では62.9：37.1で、身体障害、精神障害において高齢化率が高く、知的障害ではまだ低いことから、障害による高齢化の違いが認められる。とりわけ身体障害者の場合、高齢化率がほぼ70％と、総人口高齢化率の約3倍と著しく高い状況にある。高齢期になると心身に何らかの「障害」を経験する人が多くなり、人口の高齢化とともに、さらに「身体障害者」が増加する傾向がうかがえる。

障害者問題とは一部の特別な人の問題ではなく、極めて身近で日常的広がりをもち、しかもその問題解決に持続的にあたることが必要である。また、障害者問題は「高齢者福祉対策」の性格を併せ持っていることを理解しなくてはならない。

表9-5　わが国における障害者の実態　　（単位：万人）

障害区分	年令区分	総　数	在宅者数	施設入所者数
身体障害児・者	18歳未満	7.8	7.3	0.5
	18歳以上	383.4	376.6	6.8
	総　計	391.2	383.9	7.3
知的障害児・者	18歳未満	15.9	15.2	0.7
	18歳以上	57.8	46.6	11.2
	総　計	73.7	61.8	11.9
精神障害者		総　数	外来患者	入院患者
	20歳未満	26.9	26.6	0.3
	20歳以上	365.5	334.6	30.9
	総　計	392.4	361.2	31.2

出典：筆者作成

表9-6　障害児・者の年齢構成　　（単位：万人）

障害区分	年令区分	対象数	％
身体障害児・者	18歳未満	7.8	2.0
	18歳以上 65歳未満	112.7	28.8
	65歳以上	270.7	69.2
	総　計	391.2	100
知的障害児・者	18歳未満	15.9	24.4
	18歳以上 65歳未満	37.9	65.6
	65歳以上	19.9	10.0
	総　計	73.7	100
精神障害者	20歳未満	26.9	6.9
	20歳以上 65歳未満	219.7	56.0
	65歳以上	145.8	37.1
	総計	392.4	100

出典：筆者作成

4．障害者総合支援法における自立支援の実際
（1）障害者総合支援法の目的と基本理念

　従来の障害者自立支援法は、地域社会における共生の実現に向けて障害福祉サービスの充実等障害者の日常生活及び社会生活を総合的に支援するために改正され、障害者の日常生活及び社会生活を総合的に支援するための法律（障害者総合支援法）となり、2013（平成25）年4月から施行されることとなった。

　要約すると、障害者総合支援法は「障害者及び障害児の福祉の増進を図りながら、障害のある人もない人も、お互いの人格を尊重し個性を生かしあい、安心して成長し続けることのできる、暮らしやすい地域社会を実現させていくこと」を目的とするものである。

　そのうえで「障害者及び障害児が、地域社会において、日常生活又は社会生活を営む上で、他の人々と共生することの妨げとなるよう社会における事物、制度、慣行、観念その他一切の障壁を除去する努力を総合的かつ計画的に行うこと」を基本理念としている。

この目的と基本理念の実現のために、障害を横断した一元的な障害福祉サービスによる支援に加えて、地域生活支援事業その他の必要な支援を総合的に行うこととなった。

　障害者及び障害児の地域社会における自立を確立するためには、障害者総合支援法の積極的な活用は当然であるが、障害者総合支援法だけで実現するものではない。障害者総合支援法と自らの努力（自助）や家族などの協力並びに、近隣からの援助（互助）、市町村などの地域社会の支援（共助）などの活用を計画的に活用し、問題解決を図なければならい。

（2）障害福祉サービスの一元化の意義

　障害者総合支援法は、従来の障害者支援システムに対する法的な改革を行ったが、その主なものは次の諸点である。

　①障害者施策を三障害一元化、障害範囲の拡張、実施主体を一元化
・三障害（身体、知的、精神）ばらばらの制度体系をあらため、障害範囲を拡張し身体障害、知的障害、精神障害に加えて、発達障害、高次脳機能障害、難病（平成27年4月現在332対象疾病）の6領域の障害を対象として、制度の谷間のない支援を提供することにした。障害福祉サービスによる支援の実施主体を市町村に一元化し、都道府県は市町村をバックアップすることとした。

　②利用者本位の障害者支援サービス体系に再編
・障害種別ごとに33種類に分かれた複雑な施設・事業体系を6つの事業に再編した。
・入所期間の長期化などにより本来の施設目的と利用者の実態とが乖離の解消を図った。

　③就労支援の抜本的強化
・新たな就労支援事業を創設し、あわせて雇用施策との連携を強化することによって、特別支援学校卒業者の半数以上が障害者福祉施設等に入所する現状を緩和し「福祉的就労」の場から、一般就労への道を拡張する施策を準備した。

　④障害者支援サービス支給決定の透明化、明確化
・障害者の自立支援の必要度に関する客観的な全国共通の利用ルールと尺度（障害支援区分）を設定して、支給決定プロセスの透明化を実施した。

　⑤安定的な財源の確保
・障害者支援サービスへの新規利用者は急増することが見込まれたことから、国の費用負担の責任を強化し、実施主体となる市町村の財政負担の軽減を図った。

　このような障害者総合支援法の障害福祉サービスの一元化、実施主体の市町村への移管は、従来の障害者支援システムに比べ、利用者にとって身近な

ところでサービスを利用できるという点で、非常に利便性が高い仕組みになった。その一方で、この一元化に伴う課題として、第一は、市町村の財源には格差があり、全国的に統一され、質の整ったサービス提供体制が整備できるかどうか。第二は、市町村は障害者福祉に携わる専門職を必ずしも配置していない。したがって市町村の専門性の確保は早急な課題となる。第三は、市町村が多様な自立支援サービスの取り組みに対応できる体制を整えられるかどうか、である。少なくともこれらの課題もまた、市町村のみにおいて取り組むものではく、障害当事者を含む障害福祉関係者や国、都道府県、障害者自立支援にかかわる関係者において検討され、地域の実情に合った支援対策が講じられるように行わなければならない。

（3）障害者総合支援法による自立支援給付体系

障害者総合支援法がそれ以前の障害者支援の法制度が実現できなかった、身体・知的・精神障害等の個別のサービスを一元化し、体系化された（図9－3）画期的なシステムである。とはいえ、これを利用できるようにするには、公的制度である限りそれまでの法・制度と同様に、主な自立支援給付サービ

図9－3　障害者総合支援法によるサービス給付体系

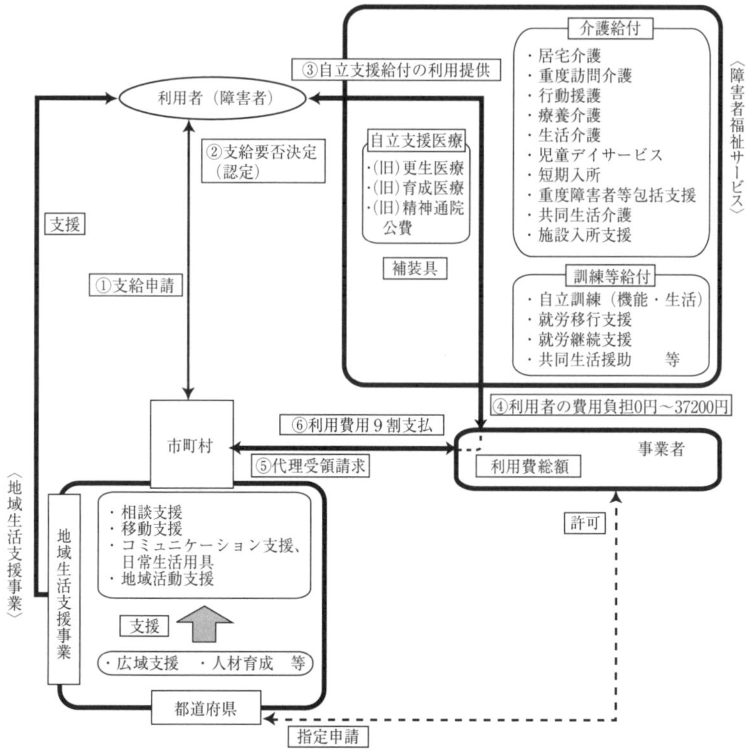

利用者（障害者）

①支給申請　②支給要否決定（認定）　③自立支援給付の利用提供

自立支援医療
・（旧）更生医療
・（旧）育成医療
・（旧）精神通院
公費

補装具

介護給付
・居宅介護
・重度訪問介護
・行動援護
・療養介護
・生活介護
・児童デイサービス
・短期入所
・重度障害者等包括支援
・共同生活介護
・施設入所支援

訓練等給付
・自立訓練（機能・生活）
・就労移行支援
・就労継続支援
・共同生活援助　等

〈障害者福祉サービス〉

④利用者の費用負担0円〜37200円

市町村　⑥利用費用9割支払　事業者
⑤代理受領請求　　利用費総額

許可

地域生活支援事業
・相談支援
・移動支援
・コミュニケーション支援、日常生活用具
・地域活動支援

支援
・広域支援　・人材育成　等

都道府県　指定申請

〈地域生活支援事業〉

出典：厚生労働省の資料をもとに筆者作成

図9－4　自立支援費の申請から給付までのシステム

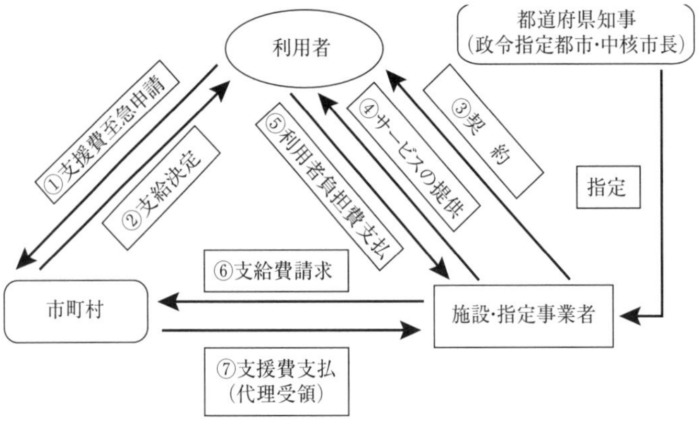

```
                          利用者
                                          都道府県知事
                                         (政令指定都市・中核市長)
    ①支援費支給申請  ④サービスの提供  ③契約
    ②支給決定      ⑤利用者負担費支払
                                              指定
        市町村 ←⑥支給費請求── 施設・指定事業者
              ──⑦支援費支払→
                (代理受領)
```

出典：厚生労働省の資料をもとに筆者作成

スの障害福祉サービス（介護給付・訓練等給付）自立支援医療、補装具給付において最低限の「利用手続」が必要であることには変わりはない（図9－4）。

　障害があり行動等の制限があることを理由に、「利用手続」を怠ると、自立支援給付サービスの利用者とはなりえないのである。すなわち自立支援給付サービスの利用希望者がじっとしていては自立支援給付サービスは機能しないのである。もちろん公的システムの側から、希望者に対して利用を促すようなことはない。

　したがってこうした公的システムを機能させるためには、自立支援給付サービスの利用を希望する者が、障害があり行動等の制限から「利用手続」が困難なものであっても、障害者の福祉に関する専門家（社会福祉士・ケアマネジャーなど）の協力や地域に設けられた障害者支援センター等の相談システムの協力を得て、主体的に「契約」や「申請」などの自立支援給付サービスの利用手続きを予め行っておく必要がある。

　また、市町村が、地域住民として障害者及び障害児に対して、それぞれのニーズや地域の実情にあった「地域生活支援事業」を実施する場合においても、この事前の「利用手続」は同様に行わなければならない。

　こうした自立支援給付サービスの利用手続をへて、障害者及び障害児がその有する能力及び適性に応じ、自立した日常生活又は社会生活を営むことができるよう必要な障害福祉サービスに係る給付が実施されるのである。

（4）自立支援給付サービスの内容と利用者負担

　「障害者総合支援法」による自立支援給付サービス（介護給付、訓練等給付、自立支援医療、補装具）は表9－8のとおりである。

表9－8　自立支援サービスの内容

介護給付費	
サービス名	事 業 内 容
居宅介護	居宅において入浴、排せつまたは食事の介護等の便宜を供与
重度訪問介護	重度の肢体不自由者または重度の知的障害・精神障害であって常時介護を要する障害者につき、居宅における入浴、排せつまたは食事の介護等の便宜および外出時における移動中の介護を総合的に供与
同行援護	視覚障害により、移動に著しい困難を有する障害者等であって、外出時において同行し、移動に必要な情報の提供、移動の援護、排せつおよび食事の介護等を供与
行動援護	知的障害または精神障害により行動上著しい困難を有する障害者等であって常時介護を要するものにつき、当該障害者等が行動する際に生じうる危険を回避するために必要な援護、外出時における移動中の介護等の便宜を供与
療養介護	医療を要する障害者であって常時介護を要する者につき、病院その他の施設において、主として昼間、機能訓練、療養上の管理、看護、医学的管理の下における介護および日常生活上の世話の供与。療養介護医療とは、療養介護のうち医療に係るものをいう
生活介護	障害者支援施設等において、常時介護を要するものにつき、主として昼間において食事や入浴、排せつ等の介護や日常生活上の支援、生産活動の機会等を提供
短期入所	居宅においてその介護を行う者の疾病その他の理由により、障害者支援施設、児童福祉施設その他の以下に掲げる便宜を適切に行うことができる施設等への短期間の入所を必要とする障害者等につき、当該施設に短期間の入所をさせ、入浴、排せつおよび食事その他の必要な便宜を供与
重度障害者等包括支援	常時介護を要する障害者等であって、その介護の必要の程度が著しく高いものにつき、居宅介護その他の厚生労働省令で定める障害福祉サービスを包括的に提供する
施設入所支援	施設に入所する障害者につき、主として夜間において、入浴、排せつまたは食事の介護等の便宜を供与

訓練等給付	
サービス名	事 業 内 容
機能訓練	理学療法や作業療法等の身体的リハビリテーションや、日常生活上の相談支援等を実施利用者ごとに、標準期間（18カ月）内で利用期間を設定
生活訓練	食事や家事等の日常生活能力を向上するための支援や、日常生活上の相談支援等を実施・利用者ごとに、標準期間（24カ月、長期入所者の場合は36カ月）内で利用期間を設定
就労移行支援	一般就労への移行に向けて、事業所内や企業における作業や実習、適性にあった職場探し、就労後の職場定着のための支援等を実施・利用者ごとに、標準期間（24カ月）内で利用期間を設定
就労継続支援A型（雇用型）	通所により、雇用契約に基づく就労の機会を提供するとともに、一般就労に必要な知識、能力が高まった者について、一般就労への移行に向けて支援利用期間の制限なし
就労継続支援B型	通所により、就労や生産活動の機会を提供（雇用契約は結ばない）するとともに、一般就労に必要な知識、能力が高まった者について、一般就労等への移行に向けて支援・利用期間の制限なし
共同生活援助	主として夜間において、共同生活を営むべき住居において相談その他の日常生活上の援助を行う・利用期間の制限はない

	自立支援医療及び補装具費の支給
自立支援医療	障害者に対する公費負担医療制度で ①身体障害者で、その障害を除去・軽減する手術等の治療により確実に効果が期待できる者に対する自立支援医療（更生医療） ②身体に障害を有する児童で、その障害を除去・軽減する手術等の治療により確実に効果が期待できる者に対する自立支援医療（育成医療） ③統合失調症、精神作用物質による急性中毒、その他の精神疾患を有する者で通院による精神医療を継続的に要する病状にある者に対する自立支援医療（精神通院医療）
補装具費の支給	身体障害者・身体障害児等の失われた部位や障害機能を補い、日常生活や職業活動を容易にする義肢、車いす、補聴器、盲人安全つえ、装具などの用具を補装具の支給を行う。所得に応じた負担上限月額が設定されている。

出典：筆者作成

これらを利用するためには、対象となる身体・知的・精神・発達障害者及び難病者において、それぞれ障害者手帳等による障害認定に加えて、「障害支援区分（区分1から区分6まで）の認定が必要になる。区分1は、障害支援区分基準時間が25分以上32分未満またはこれに相当すると認められる状態であり、区分6は障害支援区分基準時間が110分以上またはこれに相当すると認められる状態を示し、それぞれの区分ごとに利用できる「自立支援費」の額が設定される。

この障害者支援区分は、機能障害の程度によって一義的に、福祉サービスの受給範囲を決めるのではなく、日常生活活動等による活動の制限、困難度を加味して、障害程度を決定することによって、身体障害者手帳の種類・等級の判断基準では解消されなかった障害認定上の問題点、矛盾点の解消を図ろうとしている。

自立支援給付サービスの利用希望者は、認定された障害支援区分にしたがい、その区分の自立支援費の範囲内で希望する自立支援給付サービスを受給することになる。

自立支援給付サービスの利用後において、原則としてそれぞれ利用した**サービス料の10％（1割）の負担**が、利用者に課せられることになっている。

一般的に「福祉は無料」といった理解もあるが、わが国の障害者支援システムにおいて、とりわけ「障害者総合支援法」では負担があり「有料」である。

もちろん、費用負担0円と認定される自立支援給付サービスの利用者もある。それらの利用者においては「0円」という費用負担の認定を受けており、制度的には「有料」であり、「福祉は無料」でないことを理解しておく必要がある。

5．その他の障害者支援に関連する法・制度等の動き

（1）障害者雇用促進法（障害者の雇用の促進等に関する法律）

障害者雇用促進法の目的は、障害者が障害のない人と同様に、その能力と適性に応じた雇用の場に就くことができるような社会の実現をめざし、障害

サービス料の1割負担

利用者負担は、所得に応じた応能負担からサービス量と所得に着目した負担のしくみにみなおされるとともに、障害種別で異なる食費、光熱水道費の実費負担もみなおされ、3障害共通した利用者負担となっている。

者の雇用の促進およびその職業の安定に関した施策を総合的にかつ効果的に推進することにある。その施策の方向として、①障害への正しい理解、②「福祉から雇用へ」の移行推進などが示されて実施されてきている。

特に、国・地方公共団体・民間企業等に対して、障害者雇用を率先して行うための指標となる障害者法定雇用率制度を設け、これを満たさない場合の雇用調整金制度が義務化されている。

こうした施策の対象となる障害者雇用促進法第2条1号における障害者とは、「身体障害、知的障害、精神障害（発達障害を含む）その他心身の機能の障害があるため、長期にわたり、職業生活に相当の制限を受け、又は職業生活を営むことが著しく困難な者をいう」と定義されている。

①雇用の継続・安定化・拡大の着実な実施のための障害者雇用義務制度

障害者雇用の状況をみると、民間企業では2014（平成26）年で実雇用率1.82％、法定雇用率達成企業の割合は44.7％であるが、しかし、法定雇用率は2.0％を下回り、法定雇用率未達成企業がまだ50％以上を占めている現状からは、雇用の継続・安定化・拡大を目指す障害者雇用制度が十分にその機能を果たしているとは言えない。

ここでいう障害者雇用義務制度とは、国・地方公共団体・民間企業等の事業者は、①募集、採用、待遇について障害者であることを理由に不当に差別的な取り扱いをしてはならないこと、②支障なく働けること、必要な配慮を講じなければならないこと（合理的配慮の提供義務）、③国はそのための指針を定めること、④事業主は自主的な解決のための機関を設け、都道府県は調停を行うと定めるもので、この促進を促すことを目的とした障害者雇用率制度によって、国・地方公共団体・民間企業の事業者は、一定の割合（法定雇用率）に相当する数以上の障害者を雇用しなければならないとされる。法定雇用率は、表9－9のとおりである。そのうえで障害者法定雇用率（2.0％）未達成の事業主は、法定雇用障害者数に不足する障害者数に応じて1人につき、月額50,000円の障害者雇用納付金を納付しなければならないとされている。

例えば、事業所の就労者規模が200人以上の民間企業では、法定雇用率が2.0％で供すべき障害者数は4名以上になる。もしこの企業が3名しか採用していなかった場合には、雇用率は1名分未達成ということになり、この1名につき月額50,000円、年額にして600,000円の障害者雇用納付金を納入しなければならない。

これは障害者法定雇用率と未達成事業主との間に、障害者雇用に関する社会的責任に差が生じないようにするためのシステムで、障害者雇用納付金を財源として、障害者法定雇用率達成事業主への障害者雇用調整金、報奨金等の各種助成金制度が設けられ、障害者雇用の啓発と推進が図られている。

表9-9　障害者法定雇用率制度

事　業　所		事業所 就労者規模	法定（障害者） 雇用率
国／地方公共団体	国／地方公共団体	48人以上	2.30%
	都道府県市町村教育 委員会	50人以上	2.20%
民間企業 等	一般企業	50人以上	2.00%
	特殊法人	48人以上	2.30%
国／地方公共団体	国／地方公共団体	48人以上	2.15%
	都道府県市町村 教育委員会	50人以上	2.13%
民間企業 等	一般企業	50人以上	2.11%
	特殊法人	48人以上	2.09%

出典：筆者作成

②障害者の一般就労と福祉的就労

　「福祉的就労」とは、主にかつては身体障害者福祉法、知的障害者福祉法、精神保健福祉法による授産施設等の入通所施設、現行では障害者総合支援法による障害者就労施設等において、何らかの生産活動に従事して、「工賃」を得ている就労をいう。福祉的就労は何らかの理由により「一般雇用」に就けない障害者の生活実態を示すものでもあった。

　すなわち福祉的就労と一般雇用との間には、それぞれが連携することによって、障害者の社会参加と自立支援に寄与するという取り組みが試みられはしたものの、障害・障害者に対する理解の隔たりから、大きな成果が得られないままに長年にわたって越えがたい溝が存在してきた。

　この福祉的就労と一般雇用の間の橋渡しを行い、福祉的就労から一般雇用への連続した支援、連携を目指した法・制度が、2006年度に施行された「障害者自立支援法」であり施策である。

（2）障害者優先調達推進法（国等による障害者就労施設等からの物品等の調達の推進等に関する法律）

　障害者優先調達推進法は、障害者総合支援法による障害者就労施設などで「就業」している状況、いわゆる「福祉的就労」に従事する障害者等の平均月額1万円に満たない工賃を改善し、障害年金＋工賃だけでなく、社会参加していける「賃金」に相当するものを得られるようにするために、障害者就労施設等で生産され、供給される物品等を、国・地方公共団体・独立行政法人などが優先的に発注するよう努めることを定めたものである。

　これにより、「福祉的就労」と「一般就労」との「賃金」格差をわずかでも解消し、障害者、在宅就業障害者等の自立を促進するための政策として設けられた制度である。

（3）障害者虐待防止法

障害者虐待防止法は、その目的において「障害者に対する虐待が障害者の尊厳を害するものであり、障害者の自立及社会参加にとって障害者に対する虐待を防止することが極めて重要であること等に鑑み、障害者に対する虐待の禁止、国等の責務、障害者虐待を受けた障害者に対する保護及び自立の支援のための措置、養護者に対する支援のための措置等を定めることにより、障害者虐待の防止、養護者に対する支援等に関する施策を促進し、もって障害者の権利利益の擁護に資すること」と定めている。

障害者虐待防止法では障害者虐待①身体的虐待 ②放棄・放置 ③心理的虐待 ④性的虐待 ⑤経済的虐待の5つにわけ、すべての人がこうした虐待をしてはならないことを規定している。そのうえで、①養護者による障害者虐待、②障害者福祉施設従事者等による障害者虐待、③使用者による障害者虐待、を発見したすべての人は、市町村や都道府県に通報すること、それらの行政機関は調査や虐待停止などの必要な措置をとることが義務づけられている。

（4）障害者差別解消法

障害者差別解消法は、「全ての国民が、障害の有無にかかわらず、等しく基本的人権を享有するかけがえのない個人として尊重されるものであるとの理念にのっとり、全ての国民が、障害の有無によって分け隔てられることなく、相互に人格と個性を尊重し合いながら共生する社会を実現する目的」としている。

本法の対象は、全ての障害者を対象としている。これにより、障害者から何らかの助けを求める意思の表明があった場合、過度の負担になりすぎない範囲で社会的障壁を取り除くために必要な便宜を図ること（合理的配慮）を、国や行政府・独立行政法人などには強制的、義務的に課し、また民間事業者等についても障害者差別対策を取り込む努力義務のあることを示している。

6．障害者の福祉の今後の展望

わが国における障害者支援システムは、1947（昭和22）年から1960（昭和35）年にかけて児童福祉法・身体障害者福祉法・知的障害者福祉法（旧精神薄弱者福祉法）を中心に成立し施行されてきた。

これらの障害者支援システムは、もっぱら身体的・知的・精神的なリスクによって、生きにくい状況にある「障害」のある人に特化して、身体的・知的・精神的に障害のある人に限定してそれぞれの法・制度の理念にしたがい、暮らしむきの条件を整え、「障害」のある人の社会経済活動への援助と参加促進を円滑に実現できるような取り組みが行われてきた。

しかしながら、これら法・制度は相互に連携しあい、それぞれの特徴を生かしあいながら、より効果的な、高度な障害者支援システムを構築するとい

障害者差別解消法
アメリカのリハビリテーション法（1973）では、障害者差別禁止の法的な枠組みを完成させていたが、ADA（障害をもつアメリカ人法、1940）は、従来連邦政府の補助金を受けている機関や契約機関のみが対象だった法の対象を抜本的に拡大した。このADAの影響もあり、1990年代にイギリス、オーストラリア、ニュージーランド、香港、イギリスなどで類似の法律が発効されている。

う意図は持たず、長年にわたって、個別の障害にのみかかわるものでしかなかった。

　国際障害者年（1981（昭和56）年）のメインテーマ「完全参加と平等」は、障害者の人権擁護と社会的な自立の確立を目指すノーマライゼーションの思想を広く啓発、浸透させる契機となり、その後の時代の変動、障害に対する社会的認識の変化とともに、障害者福祉関連の社会方策あるいは社会的な努力が積み重ねられるようになり、障害者支援システムの支援の対象障害の拡大、サービス内容の充実を伴う法・制度改革が一挙に進んで今日に至っている（表9−1、表9−2）。

　すなわち現在、わが国における障害観の主流は、なお「医学的」モデルを基本としながらも、障害者基本法、障害者総合支援法、障害福祉関連法・制度等において、「社会的」モデルの障害観を施策に反映した障害者総合支援法を中心とした「障害者支援システム」に移行しつつある。

　ただこうした新たな法・制度による障害者支援システムが、真に障害者の自立支援に貢献するものとなるには、障害者の福祉に関わるすべての人、国・地方公共団体などの公的機関・民間企業等の事業者が「障害者の福祉は何を実現してきたか」を徹底的に再検討するとともに、「障害者の福祉は何を実現しようとしているか」の視点において、新たな法・制度のシステムを積極的に活用し、それが現実とどのような齟齬があり、その問題点を十分な議論を通して検証し、改善していく姿勢を持ち続けなければならない。

　その意味において、障害者の福祉の現状を理解し、今後の障害者支援を更に発展、充実させ、障害当事者にとっての「障害者の福祉」とするためにも、わが国の障害者支援システムの中核を担う法・制度である、障害者基本法、身体障害者福祉法、児童福祉法、知的障害者福祉法、精神障害者福祉法（精神保健及び精神障害者福祉に関する法律）並びに障害者総合支援法（障害者の日常生活及び社会生活を総合的に支援するための法律）を学ぶことが、極めて重要である。

第5節 高齢者の福祉

1. 高齢者福祉の意味と目的

　人は誰もが老いてゆく。老いは避けることのできない普遍的な事象である。一般に高齢期は稼働と子の扶養から解放され、自由なライフスタイルを選択できる可能性があるが、老いのプロセスの中で、実生活の様々な部面で対応

を要する課題が生じる。

　自身の老いと向き合い、不条理にもそれを受け入れ、日々の生活に適応していかねばならない人生上のステージでもある。心身の健康状態、仕事からの退職と経済生活、家族関係、住まい方、地域社会とのつながり、社会的役割、生きがい、別離や孤独への対処、自己の死の迎え方、などの課題があげられよう。

　すなわち、人の誕生から死に至るまでの加齢において、成熟と衰退のプロセスに現出する不可逆的な変化を伴った老化を1つの契機とする、多様な高齢期の老いの事象、生活上の諸課題に対して包括的に対応していくことが、高齢者福祉の第一義の目的である。また、老いのプロセスは個別性、多様性に富むものであると同時に、万人に共通するプロセスでもあり、このことは社会政策としての高齢者福祉の価値を考える際の基盤となる。

2．少子高齢社会の諸相

　現在、わが国は急速な少子高齢化の流れの中にある。2015（平成27）年10月現在、全人口に対する65歳以上人口の比率を示す高齢化率は26.7％であり、2025（平成37）年には30.3％、2035（平成47）年には33.4％、さらに2060（平成72）年には39.9％となり、全人口の約2.5人に一人が65歳以上人口となる。一方、少子化が確実に進行している。1人の女性が生涯に産む子どもの数を示す**合計特殊出生率**は2005（平成17）年の1.26からすると、2006（平成18）年に1.32と増加に転じ、2007（平成19）年1.34、2012（平成24）年1.41、2015（平成27）年1.46と回復しているが、人口を維持するレベルとの乖離が著しい。

　社会経済状況は、1990年代初頭のバブル経済崩壊以降、恒常的な低経済成長期に入り、税収が減少し財政赤字が拡大している。しかし、高齢化による医療・年金・福祉の社会保障給付の増大は免れず、2012（平成24）年度の社会保障給付費のうち高齢者関係給付費（年金保険・高齢者医療・老人福祉サービス・高年齢雇用継続給付費）は74兆1,004億円と68.3％を占めている。

　社会文化的な側面については、さらなる家族規模の縮小により、高齢者単身世帯、高齢者夫婦世帯が増加し、2014（平成26）年にそれぞれ600万世帯、720万世帯と2000（平成12）年時点と比較すると両者とも倍増している。2015（平成27）年は「**団塊世代**」と呼ばれる約800万人もの大量の世代が高齢期を迎え、さらに2025（平成37）年は団塊世代が**後期高齢者**となる。近い将来に確実に訪れる超高齢社会の状況に対して、高齢者が老いのプロセスを歩みながらも、尊厳ある社会生活を営んでいくための総合的な制度政策の整備と具体的な社会的対応が求められている。

3．高齢者福祉の内容と現状

　高齢者福祉は、広義には高齢者の生活支援に関連する様々な社会的諸制度、

合計特殊出生率
1人の女性が一生の間に産むと推定される平均の子どもの数のこと。2.08を下回ると人口が減少していく。（p.4、152、254参照）

団塊世代
敗戦後1947（昭和22）年から1949（昭和24）年までの第一次ベビーブームに生まれた人たち。

後期高齢者
75歳以上の高齢者のこと。75歳未満の高齢者は、前期高齢者。

サービス体系、援助実践活動（ソーシャルワーク、ケアワーク、ケアマネジメント等）から構成される。狭義には、主に「老人福祉法」（1963（昭和38）年制定）、「介護保険法」（1997（平成9）年制定）等によって規定された、ホームヘルプサービス、デイサービスをはじめとする在宅サービス、特別養護老人ホーム等の施設ケアに関する諸施策、さらに、老人クラブ活動事業、高齢者の生きがいと健康づくり推進事業等の社会活動促進に関する施策がある。

なお、高齢者ケアに関する多くの事業は、制度間の連携・調整において、介護保険法に収斂され実施されている。介護保険サービスは、予防給付に基づくサービスと介護給付に基づくサービスに大きく2区分される（表5-1、p.71参照）。また、各都道府県、市町村において独自の事業が展開されている。

4．高齢者福祉の課題

2015（平成27）年に「団塊世代」が高齢期に突入した。都市部を中心にサラリーマンOBとして厚生年金を受給し、安定した収入を基盤に子ども家族とは一定の距離を置いて自立し、高齢期の生活を享受する高齢者群である。戦後民主主義という時代の洗礼を受け、個人主義に基づく権利意識と消費者意識、多様な価値観を持った高齢者のニーズに対応する制度政策のあり方を質量ともに検討しなければならない。

昨今の不安定な経済情勢や社会構造、社会意識、価値観の転換の中で、少子高齢社会を維持していくコストを誰がどのように負担していくのか。とりわけ、医療、年金、介護問題に対して、政府は国民の積極的な関心と参加を喚起しながら、長期的な展望と情報公開に基づく誠実な姿勢で、政策の実質と負担のあり方についての継続的な検討、審議を行う責任があろう。

図9-4　地域包括ケアシステムの姿

出典：社会保障審議会介護保険部会（第32回（2010年9月17日））より一部筆者加筆

高齢者ケア政策に焦点付ければ、介護保険制度を軸にして進行している。2005（平成17）年の介護保険制度改正により、総合的な介護予防重視型のケアシステムへ転換した。将来急増が予測される介護給付費の抑制とともに、介護保険制度の基本理念である自立支援に照らして、要介護状態をできる限り予防することで高齢者の尊厳を支えることをめざした。さらに、2011（平成23）年の介護保険制度改正では、たとえ障害を抱えても住み慣れた自宅、地域での生活の継続をはかる「エイジング・イン・プレイス（aging in place）」の理念に基づく「地域包括ケアシステム」を提唱し、2014（平成26）年、医療介護総合確保推進法において法制化された。厚生労働省は、団塊世代が75歳以上となる2025年を目標に住まい、医療、介護、予防、生活支援が一体的に提供される地域包括ケアシステムの構築を目指している（図9－4）。

　高齢者福祉の要点を今一度確認すると、冒頭に述べたように、人が老いゆくことは不可避のプロセスであるということである。高齢者自身が老いという不条理をいかに引き受けていくのか、また、周囲の人々も目前の高齢者の老いゆく姿を将来の自身の姿であると肯定的に認めていく、懐の深い地域社会の醸成も重要であろう。

　この意味において、高齢者の社会生活、自立生活を支援し、その「生活の質（QOL：quality of life）」、「ウェルビーイング（well-being）」を高めていくためには、制度施策に基づくサービス以外に地域住民の手による生活支援や世代間交流に基づく助け合い、学び合いの活動等、民間の実践活動も必要である。「NPO法（特定非営利活動促進法）」（1998（平成10）年）が施行されて15年以上経過し、地域社会において様々な市民活動が展開されるようになった。地域社会をベースとした地域住民レベルでの主体的な参加に基づく高齢者福祉活動はこれからの高齢社会にふさわしい新しい高齢者福祉のあり方を提示している。

　老いを肯定的にとらえ、人が老いゆくことの価値から学ぶ姿勢が重要である。「老いのプロセス」をしっかりと受け止め、ターミナル期まで高齢者本人の社会関係の形成、維持を支援し、死を看取ることが高齢者福祉、高齢者ソーシャルワークの最終的な目的であると言っても過言ではない。

第6節 保健医療と福祉

1．保健医療福祉とは

　人は一生のうちで幾度となく病気になり、また健康を損なうことを経験する。今日、私たちは保健医療の恩恵を受けており、生活を送る上で切り離すことができないものとなっている。

保健医療と福祉の関係は歴史的にも古くから存在していた。本来医療は、病気を癒し、いのちと健康を守ることを目的とした営みである。しかし、病や死は、人間の福祉を阻害する原因でもあった。それは、病気やケガにより生活の維持ができなくなり、貧困に陥り、家族関係などにも悪影響を与えることでもある。このように傷病は人間の生活や福祉を脅かすものであり、身体的、精神的影響を与え、経済、教育、労働、家庭などの社会的機能を損ない、社会生活上の様々な困難を生じさせるものである。医療が傷病を対象とするだけでなく、傷病をもった人間を対象にするなら、福祉と医療は相互に深く関係している。わが国で、保健医療が社会福祉の分野として位置付けられたのは第二次世界大戦後のことである。

一般的に、保健医療福祉は、広義には社会福祉サービスや保健・医療サービスに関連する制度・政策をいい、狭義には、医療福祉、医療社会事業、保健医療ソーシャルワーク、保健医療ソーシャルワーカー（Medical Social Worker：MSW）による対人サービスとしてとらえられる。

2．保健医療ソーシャルワークの意味

保健医療ソーシャルワークはメディカルソーシャルワーク（medical social work）の訳語である。以前は医療社会事業と訳されたこともあったが、近年は、医療ソーシャルワーク、略してMSWと呼ばれている。ただし「MSWはイギリスやアメリカでは大学院修士課程修了者（Master of Social Work）のことをさし、医療の場で働くソーシャルワーカーは単にソーシャルワーカーあるいは保健関連ソーシャルワーカー（health related social worker）」[1]と呼ばれる。

保健医療ソーシャルワークとは、保健・医療機関において、保健医療ソーシャルワーカーが社会福祉の立場から、患者・利用者の健康・傷病・障害などをとらえ、家族、病院組織、職場、学校、地域、行政などにおける生活上の問題や課題を解決し、QOLの向上、問題発生の予防などに、ソーシャルワークの方法・技術を用いる活動である。

業務の範囲は、「医療ソーシャルワーカー業務指針」（厚生労働省健康局長通知　平成14年11月改正）によれば、①療養中の心理的・社会的問題の解決、調整援助、②退院援助、③社会復帰援助、④受診・受療援助、⑤経済的問題の解決、調整援助、⑥地域活動となっている。

3．保健医療ソーシャルワークの歴史

日本における保健医療ソーシャルワークの歴史は、1919（大正8）年の泉橋慈善病院相談部の設置や1926（大正15）年の済生会本部病院の社会部の事業にその萌芽をみることができる。済生会病院の事業は生江孝之（1867－1957）がアメリカの医師**キャボット**（Cabot,R.C.）の病院における医療福祉実践をみて、医療社会事業の必要性を痛感し事業を開始した。本格的には1929

キャボット
外来診療部長職であったが、慈善組織協会の幹部兼嘱託医も務めた。施設のソーシャルワーカーが子どもたち1人ひとりに接するケースワークから学び、医療ソーシャルワークを考えた。主著は、森野郁子訳『医療ソーシャルワーク』岩崎学術出版社、1969。

（昭和4）年、東京築地の聖路加国際病院に社会事業部が創設され、浅賀ふさの採用が始まりとされる。

戦後の混乱期では、結核の蔓延、孤児の問題、売春の問題などが社会問題となった。当時は治療にあたる医師などが不足しており、入院施設も不足し医療を受けることができない貧困者が多く存在していた。GHQの指導により、1947（昭和22）年結核対策を含んだ保健所法の改正の中に医療社会事業が保健所事業の1つに加えられた。1948（昭和23）年、国立国府台病院では「社会事業婦」と称する精神科ソーシャルワーカーが配置された。また日本赤十字社は民間医療施設として最初に医療社会事業を導入した。1949（昭和24）年には、第1回医療社会事業従事者養成講習会が開催された。1950（昭和25）年、厚生省（現厚生労働省）は都道府県知事および五大市長あてに「医療社会事業の振興について」自治体の衛生部に医療社会事業係を設ける旨の通達を出し、医療社会事業の活動を促したが1952（昭和27）年、GHQの引き揚げによって縮小される。1953（昭和28）年11月には、全国から200名が集まり、日本医療社会事業協会が設立された。全国的な講習会が開催され、専門的知識や技術の向上や専門性に目が向けられるようになった。しかし医療福祉実践では生活保護受給や施設入所などの生活相談に対する援助が中心であった。

1955（昭和30）年、初めて厚生省（現厚生労働省）によって医療社会事業従事者調査が実施され、2,109名のMSWがいることが分かったが多くは兼務者であった。

1955（昭和30）年から始まった高度経済成長の影で、過疎過密問題、出稼ぎ問題、核家族化、労働災害の多発、公害や環境破壊などの生活不安が深刻化し、社会経済の変化とそれに伴う生活様式の変化により、社会福祉に対するニーズも多様化してきた。保健医療ソーシャルワークはこのような生活問題に対応する必要性に迫られた。また、心身症、精神疾患、アルコール依存症などに対するアプローチ、リハビリテーションソーシャルワークのあり方の検討もされるようになった。このような問題に対応する医療ソーシャルワーカーは、多くのより複雑な相談業務にかかわるようになるのと同時に、周囲の理解も徐々に得られ、専門性が発展する時期であった。

1963（昭和38）年には、**精神科ソーシャルワーカー**の職能団体である日本精神医学ソーシャルワーカー協会（現日本精神保健福祉士協会）が設立された。

1965（昭和40）年から1980（昭和55）年代は、精神衛生法の改正により保健所に精神衛生相談員が配置され、民間病院の医療ソーシャルワーカーの数も増加した。しかし医療社会事業の専門性をめぐる議論が巻き起こる時期でもあった。さらに業務内容や指針の検討、調査などが行われ、資格制度の確立に向け努力をした時期であった。

1987（昭和62）年に、社会福祉士及び介護福祉士法が制定された。しかし保健医療ソーシャルワーカーは厚生省（現厚生労働省）の担当部局の問題

精神科ソーシャルワーカー
(Psychiatric Social Worker：PSW)
厚生省（現厚生労働省）が、公文書の中で使用したのが一般化したもの。精神科ソーシャルワーカーは社会福祉学を学問基盤にして、精神障害者を対象とした、社会参加を援助する専門職である。1997（平成9）年12月に精神保健福祉士として国家資格化された。

や職能団体の事情により、この法律には含まれなかった。保健医療ソーシャルワーカーの国家資格については、日本医療社会事業協会（現日本医療社会福祉協会）を中心として、社会福祉士をジェネリックな基礎資格として保健医療分野の福祉職として位置付けるという考え方を示してきた。その結果、2006（平成18）年4月から社会福祉士の実習指定施設に**医療法**に規定する病院及び診療所、介護保険法に規定する介護老人保健施設及び地域包括支援センターが加えられた。

医療法
病院・診療所・助産所の開設および管理・施設整備等について、また都道府県の定める医療計画や医療法人について定めている法律（1948（昭和23）年法律第205号）。

4．保健医療福祉の課題

　現在、わが国は、少子高齢社会の到来、疾病構造の変化、医療技術の高度化、保健医療社会問題の変化などにより、患者や家族が抱える問題は複雑、多様化してきている。また慢性疾患、精神疾患など継続的に医療を必要とする人びとが地域での生活が行えるように保健医療福祉のシステム作りを当事者参加のもとに進めることが必要となってきている。その他、当事者が治療や療養生活に積極的にかかわり、地域で暮らすことが可能な社会資源の整備、援助過程での疾病・障害受容の問題、ターミナルケアにおける患者本人や残された家族へのかかわり方などは、これからの重要な課題となってきている。

第7節　地域福祉

1．地域福祉の意義

　わが国で地域福祉という概念が登場してきたのは1970年代からである。最初に地域福祉論を提示した岡村重夫は、その著『地域福祉論』（1974（昭和49）年）の中で、地域福祉の構成要素を**コミュニティケア**（community care）、**地域組織化活動**（一般地域組織化・福祉組織化）、予防的社会福祉としている。すなわち、地域福祉の特徴は次の3点にある。①高齢、障害、児童などの人間の属性に着目して対応する専門分化した社会福祉ではなく、地域生活を支援することを社会福祉援助の中軸にすえること。すなわち、地域を基盤として縦割りから横につなぐ視点、属性への対応ではなく人間の生活の全体性を支える援助を重視する社会福祉援助観を有していること。②地域住民や当事者が暮らす地域を、自らの生活課題として福祉化していくための参加・参画を地域組織化活動として含んでいること。すなわち、住民・当事者を社会変革の主体者として明確に位置づけていること。③地域という場は、生活を営む場という意味では問題発生の場であり解決の場であること。このことから、地域という場は、早期発見・早期対応が可能となり、事後的な対応から予防的な対応を可能にすることである。

コミュニティケア
長期ケアを必要とする障害者や高齢者が、できる限り住み慣れた場で生活の継続性を維持しながら自己実現を支えるケア形態。専門サービスとともに地域に支えられることを重視する。（p.48参照）

地域組織化活動
コミュニティワークと呼ばれる福祉コミュニティを形成するための専門的な地域支援活動。当事者組織化、住民組織化、専門機関連携などの取り組みの総称。

以上のように、地域福祉とは、地域生活の観点から住民・当事者を主体として、各種のサービスを再統合したり、福祉社会を形成する機能を有した社会福祉概念である。

　また、今日の**地方分権化**の時代にあっては、市町村の主体的な自治体運営が問われている。すなわち、地域福祉は、社会福祉分野から公民協働の地方自治の機能を高めることを志向するのである。逆に、地方自治が充実しなければ地域福祉は促進されないという相互補完的な関係が両者にある。

２．地域福祉の現状

　社会福祉法（2000（平成12）年）は、社会福祉を地域福祉として進めることを明記した。従来より、地域福祉活動は民間活動として展開されてきたし、在宅福祉サービスの推進は1990（平成2）年の社会福祉八法改正以降、市町村自治体を中心として推進されてきた。しかし、地域福祉という用語が法律に規定されたのは社会福祉法が初めてである。2000（平成12）年以降、地域福祉の本格的な推進の時代がやってきたといえる。このことにより、次の3点が進みつつある。

　第1は、社会福祉法によって**地域福祉計画**が法定化されたことである。任意計画であるが市町村地域福祉計画と都道府県地域福祉支援計画が定められている。市町村地域福祉計画では、策定委員の公募方式の採用や、地域でのワークショップによる広範な住民参加による住民の意見反映、また、それらのプロセスを重視した住民と行政職員の協働による計画策定など、住民の政策への直接参加をより積極的に試みる市町村が増えてきている。

　第2は、社会福祉供給のあり方が、ケアマネジメントシステムの導入とともに、地域生活支援の方向性が強まったことである。相談においては地域生活相談として**ワンストップ・サービス**（one-stop service）による総合相談が検討され、サービスのあり方については、介護保険事業計画における地域密着サービスや障害福祉計画における障害者の地域生活移行の促進などが地域福祉の課題として進められようとしている。特に、今日のコミュニティケアの特徴は、単に施設を含んだ地域でのケアというよりも、地域生活の質の保障の観点から、多様な住まい方と良好な住環境の保障をめざす居住福祉、豊かな地域社会関係の支援をめざすためのサービスの地域密着化と住民参加、生き方の延長にある死への哲学を取り入れたターミナルケアなどが重視されていることにある。

　第3には、これらを支える地域福祉人材としての住民とソーシャルワーカーの養成のあり方が検討され始めている。住民にあっては、特定非営利活動促進法にみられるように、活動としての担い手とともに、自ら必要な事業を経営する市民事業体の担い手としての育成が顕著である。また、ソーシャルワーカーは、地域を基盤として住民・当事者と協働できる**ジェネラリスト・ソーシャ**

地方分権化
国家が保有している権限や統治機能をできるかぎり地方に分散し、基礎自治体中心に住民に密着した地方自治が行えるようにすること。地方自治は団体自治と住民自治から構成される。

地域福祉計画
社会福祉法第107条・第108条に規定される市町村地域福祉計画と都道府県地域福祉支援計画をさす。相互補完的な計画として、社協などが策定する民間計画としての地域福祉活動計画がある。（p.230参照）

ワンストップ・サービス
サービス利用者の相談を総合的に受け止め、確実に送致するしくみ。利用者の相談のたらい回しや拒否を防ぐしくみ。（p.214参照）

ジェネラリスト・ソーシャルワーカー
ソーシャルワークを人と環境、個人と社会制度との交互作用としてとらえ、それを共通基盤として、包括的に援助対象をとらえ、全般的に方法論を活用するワーカー。

ルワーカー (generalist social worker) としての養成がコミュニティソーシャルワーカーや地域福祉コーディネーターとして検討され市町村に配置され始めている。

3．地域福祉の課題

　地域福祉の課題について、先述した現状と対応するものとして述べておこう。

　第1に、地域福祉計画策定プロセスにおいて、住民参加や住民間の協働は促進されるが、住民の生活の総合性に対応する行政職員の縦割り意識や行政庁内の組織間連携が依然として克服されないことである。社会福祉法に地域福祉が明記されたといえども、社会福祉関係の法律は分野別、縦割りのままであり、法令遵守主義の行政庁内においては、縦割りを克服できないままである。地域福祉は、生活の全体性や総合性、継続性に対応する社会福祉である。それは、地域や生活の状況変化に柔軟に対応する社会福祉の形態ともいえ、むしろ、法律や制度の前提である人間中心主義の**ボランタリズム**（voluntarism；voluntaryism）を重視する社会福祉である。その観点から縦割りの法律体系を是正する法改正、生活の全体性に柔軟に対応できる自治体行政機構の改革、自発的な住民層と協働できる行政職員の養成などの取り組みが急務である。

　第2に、今日のコミュニティケアは在宅福祉サービス基盤の一定の充実と民間福祉による先駆的な実践に支えられて展開されつつある。しかし、一方では、市町村自治体への権限委譲と裏腹な財政削減というアンバランスな地方分権改革は、中央集権的地方分権化として、市町村自治体への責任転嫁とともに、むしろ当事者の地域生活基盤を崩しつつある。このような現状における地域生活の志向は、権利としての地域生活実現とは逆に、行政補完としての住民参加や家族に依存した居宅保護として、むしろ在宅介護問題をさらに深刻化させかねない危険性を有している。地域福祉の基盤となる本来の趣旨としての地方自治の実現と地域生活支援サービスの充実が望まれる。

　以上の課題から生じる生活問題は、とりもなおさず地域の場において現れる。新自由主義経済やそのグローバル化による地域衰退や社会的格差の拡大、少子高齢化、世帯の急激な縮小化による地域のつながりの希薄化や社会的孤立の問題として、生活問題が広汎に広がり、そのなかで、見えにくい福祉問題として深刻化している。それらに対応する地域福祉のあり方として、「これからの地域福祉のあり方に関する研究会」（2008（平成20）年　厚生労働省・社会援護局局長）において、公民協働の助け合いを進める具体的な地域福祉推進の条件整備が提示されている。その条件整備のもとで展開される地域福祉実践は、日常生活圏域において、住民・当事者、事業者やソーシャルワーカー、自治体職員等が協働して地域生活問題を診断し、地域生活支援と地域づくりを統合して進めるなかで、暮らしの場から新たな公共性を築く地域福祉の取り組みとして求められている。

ボランタリズム
ボランティア活動における自由意志や自発性を表す言葉。地域福祉は、制度的保障を基盤としつつも、福祉社会をつくる主体としての住民の自発性が尊重される。

引用文献

1）児島美都子、成清美治編『現代医療福祉概論』学文社、2002、p. 9

参考文献

1. 遠藤久江監修・編著『子どもの生活と福祉』中央法規出版、1998
2. 柏女霊峰著「子育て支援と行政の取り組み」『臨床心理学』第4巻第5号、金剛出版、2004
3. 山縣文治、柏女霊峰編『社会福祉用語辞典 第4版』ミネルヴァ書房、2004
4. 厚生統計協会編『国民の福祉の動向 1993・2002・2004・2009・2011/2012年版』厚生統計協会、1993、2002、2004、2009、2011
5. 厚生統計協会編『国民の福祉と介護の動向 2016/2017年版』厚生統計協会、2016
6. 社会福祉の動向編集委員会編『社会福祉の動向 2004・2011』中央法規出版、2004、2011
7. 福祉士養成講座編集委員会編『児童福祉論』中央法規出版、2003
8. 庄司洋子、松原康雄、山縣文治編『家族・児童福祉 改訂版』有斐閣、2002
9. 山田勝美、近江宣彦『児童福祉の原理と展開』一橋出版、2002
10. 日本精神保健福祉協会、日本精神保健福祉学会監修『精神保健福祉用語辞典』中央法規出版、2004
11. 大久保秀子『社会福祉とは何か 全訂版』一橋出版、2002
12. 柏女霊峰、山縣文治編著『増補 新しい子ども家庭福祉』ミネルヴァ書房、2004
13. 岩田正美、岡部卓、清水浩一編『貧困問題とソーシャルワーク』有斐閣、2003
14. 杉村宏『人間らしく生きる』左右社、2010
15. 社会福祉士養成講座編集委員会編『新・社会福祉士養成講座15 児童や家庭に対する支援と児童・家庭福祉制度』中央法規出版、2010
16. 山縣文治・林浩康編『よくわかる養護原理』ミネルヴァ書房、2009
17. 山野則子・金子恵美編『児童福祉』ミネルヴァ書房、2008
18. 柏女霊峰・山縣文治編『家族援助論（保育・看護・福祉プリマーズ）』ミネルヴァ書房、2002
19. 子どもの貧困白書編集委員会編『子どもの貧困白書』明石書店、2009
20. 相澤譲治、栗山直子編著『家族福祉論』勁草書房、2002
21. 林千代『母子寮の戦後史』ドメス出版、1992
22. 林千代『母子福祉を拓く』ドメス出版、2000
23. 澤村誠志編『最新介護福祉全書・リハビリテーション論』メヂカルフ

レンド社、2005、pp.48 - 80
24. 澤村誠志編『新版介護福祉士養成講座4・リハビリテーション論（第5版）』中央法規出版、2007、pp.33 - 70
25. 一番ヶ瀬康子編著『新・社会福祉とは何か　第3版』ミネルヴァ書房、2012
26. 丸山一郎『障害者施策の発展－身体障害者の半世紀　リハビリテーションから市町村障害者計画まで』中央法規出版、1998
27. 澤村誠志監修『社会リハビリテーション論』三輪書店、2007、pp.10 ～ 17、pp.47 - 60
28. 世界保健機関（WHO）『ICF国際生活機能分類－国際障害分類改定版』中央法規出版、2002、p.265
29. 日本医療社会事業協会編『保健医療ソーシャルワーク原論 改訂版』相川書房、2004
30. 成清美治編『第2版 新・社会福祉概論』学文社、2004
31. 児島美都子、成清美治編『現代医療福祉概論』学文社、2002
32. 岡本栄一、岡本民夫、高田真治編著『新版社会福祉原論』ミネルヴァ書房、2004
33. 相澤譲治、奥英久、黒田大治郎、高見正利編『社会リハビリテーション論』三輪書店、2005
34. 日本社会福祉士会、日本医療社会事業協会編集『保健医療ソーシャルワーク実践1』中央法規出版、2004
35. 岡村重夫『地域福祉論』光生館、1974
36. 永田幹夫『改訂地域福祉論』全国社会福祉協議会、1993
37. 右田紀久恵編著『自治型地域福祉の展開』法律文化社、1993
38. 牧里毎治編著『地域福祉論』放送大学教育振興会、2003
39. 「これからの地域福祉のあり方に関する研究会報告書―『地域における新たな支え合いを求めて』」厚生労働省・社会援護局長、2008
40. 『平成22年度版 厚生労働白書』
41. 「障害者自立支援法違憲訴訟に係る基本合意について」2010（平成22）年1月
42. 「障害者総合福祉法の骨格に関する総合福祉部会の提言－新法の制定を目指して－」障がい者制度改革推進会議総合福祉部会、2011（平成23）年8月30日
43. 内閣府『平成23年版 高齢社会白書』印刷通販、2011

第10章

福祉政策の関連政策

第1節 教育政策

1. 教育とは

　教育は、人が自分自身の人生をどのように生きるべきであるのか、という課題に大きくかかわるものである。また、教育によって人はその社会で生きていくために必要な知識や技術等を身につける。そのため、教育は福祉の実践の1つであるともいえる。一方で、教育の内容や方法といった制度、さらに教育政策は、その時代や国家の特性等による社会や人間のあり方、必要とされる知識や技術の質・量に影響を受けている。ここでは、教育は福祉実践の1つであるという観点から、教育思想を概観することにする。

　教育思想の源流をたどれば、ギリシアの哲学者に至る。なかでもアリストテレス（Aristoteles）は、国民の教育の基本的なあり方を『政治学』に論じている。

　近代教育思想の祖、子どもの発見者と呼ばれているのは、**啓蒙思想**家ルソー（Rousseau, J.J.）である。彼は『人間不平等起源論』で民主主義理論を唱え、『エミール』では自由主義教育を説いた。不幸は教育の力で克服できるとしたのである。その影響を受け、ペスタロッチ（Pestalozzi, J.H.）は、すべての子どもは人間としての権利、教育を受ける権利を尊重されるべきであるという思想を論じた。

　18世紀には市民革命、19世紀には産業革命や近代国家成立にともない、社会の変化や技術の発展が目覚ましく、教育について論じられることも多くなった。コンドルセ（Condorcet,M.J.）は、公教育は国民に対する社会の義務であると論じた。なかでも教育を受ける機会の平等、無償制、男女平等、教育の自由競争について説いている。一方、アダム・スミス（Smith,A.）は、分業の進んだ社会における弊害を指摘し、国家による教育への介入の必要性を説いた。地位や財産がある人々は必要な資格を取得する時間もあり、親たちも子どもの教育に熱心で、その費用も負担可能であるが、庶民にはそのような時間も費用もない。よって庶民の教育には国家が配慮すべきであると述べた。そして、ロバート・オーエン（Owen, R.）は、環境としての社会の性格は、その中に存在する人々、特に子どもたちの性格形成に影響を及ぼすと考えた。そこで国民教育制度の確立を説き、自ら幼児学校の実践を行った。これは今日における**オープン・スクール**やインフォーマル教育の源流であるとみなされている。

　アメリカの哲学者デューイ（Dewey,J.）は、シカゴ大学で実験学校を開設した。彼の教育思想は著書『学校と社会』、『民主主義と教育』、『経験と教育』に多く論じられているが、その中心思想は児童中心主義と経験主義（learning

---

啓蒙思想
ヨーロッパで17世紀末に起こり18世紀後半に至って全盛に達した革新的な思想。人間的・自然的理性を尊重し、宗教的権威に反対して合理的思惟の自律を唱え、正しい立法と教育を通じて人間生活の進歩・改善、幸福の増進を行うことが可能であるとした思想。

オープン・スクール
カリキュラム・建物の構造など学習にかかわるすべての諸条件を、子ども中心にし、柔軟で開かれたものにしている学校のことをいう。

デューイ（Dewey,J.）（1859-1952）
アメリカの哲学者であり教育学者。人間の精神発達研究の実験室として、シカゴ大学で付属学校を開設しデューイ・スクールと呼ばれた。経験主義の教育理論を説き、作業は作業として学ぶだけではなく、社会的な意味を理解させると論じた。

by doing）に集約される。今日、様々な教育スタイルの存在とともに、デューイの教育思想は再認識されている。

モンテッソーリ（Montessori,M.）は、子どもの要求によって環境を整え、教具を準備し、感覚運動教育を行い、知育や徳育を積み重ねるというモンテッソーリ・メソッドを唱えた。その教育方法は世界各国に広まった。

社会学の観点から教育を定義したのはフランスの**デュルケーム（Durkheim,E.）**である。その定義は、成熟した世代が未成熟な世代に対して実行する方法的社会化である、というものであった。

2．日本の教育制度と政策

幕末には蘭学を中心とした私塾として鳴滝塾、適塾、福沢塾（慶応義塾）が実績をあげた。**福沢諭吉**は家庭教育や学校教育、社会教育についての著書、論文が多数ある。なかでも、教育というのは教えることが重要ではなく、「処する能力」の育成が重要であると説いていることが注目される。

1872（明治5）年に学制が交付された。この学制により全国を8大学区に、1大学区を32中学区に、1中学区を210小学区に分け、学校を設置した。全国民の就学を前提としているが、学費は国民負担であった。小学校の教育費も国民負担であることに国民が反発したため、1879（明治12）年に教育令を発令し、就学義務は4年のうち16か月以上とした。1880（明治13）年には改正教育令により3年の就学義務となった。1885（明治18）年12月、明治政府により内閣制度がおかれ、その初代文部大臣となったのが森有礼である。彼は学校令を公布し、近代教育制度体系を作り、日本の教育の方向を明確にした。彼の死後1890（明治23）年に教育勅語が発布され、第二次世界大戦終結までの日本の教育の基盤がつくられた。

戦後、1947（昭和22）年に旧教育基本法が制定され、理念として個人の尊厳、人格の完成、平和的な国家及び社会の形成者等が掲げられた。以降の日本の教育制度は、日本国憲法と教育基本法のもと教育関連法規体系によってなされてきたのである。また、同年には学習指導要領の試案が発表され、その後も時代の変化に合わせて改訂が続けられ、学校教育のあり方が定められてきた。2006（平成18）年、その教育基本法が改正された。旧教育基本法の理念は維持されているとはいわれているが、改正にあたり論争になったのは、「伝統と文化を尊重し、それらをはぐくんできた我が国と郷土を愛する」（改正教育基本法、2006（平成18）年、第2条第5号）という部分である。この条項は戦前の愛国心教育を復活させることになるのではないかと懸念されての論争であった。

現在、日本の学校教育制度は、6・3・3制を基本としている。6歳から15歳、つまり小学校6年間と中学校3年間の9年間が義務教育期間である。日本国憲法第26条「すべて国民は、法律の定めるところにより、その能力に応じて、ひとしく教育を受ける権利を有する。」（日本国憲法第26条第1項）で、義務

モンテッソーリ (Montessori,M.) (1870－1952)
イタリアに生まれた。子どもの心のある機能は一定時期、敏感に環境に反応すると考えた。そこでこの時期に感覚運動機能を鍛えることが、その後の諸能力の発達につながると説いた。その方法は『モンテッソーリ・メソッド』にまとめられ、20数カ国語に翻訳され、世界の幼児教育に大きな影響を与えた。

デュルケーム (Durkheim,E.) (1858－1917)
フランスの社会学者。教育と教育学が社会を再構築するうえで最も重要な要素であるととらえ、教育と教育学に注目した。彼は、教育とは未成年者の体系的な社会化である、と定義した。彼の教育思想の最も大きな特徴は、実証科学としての教育科学を提唱したことである。

福沢諭吉 (1834－1901)
日本の近代教育は西洋からもたらされた。彼は欧米諸国の教育制度や教育思想を初めてわが国に紹介した。その著書『西洋事情』（慶応3年）では、西洋各国の学校について紹介している。

ゆとり教育

1977(昭和52)年の学習指導要領改訂によって初めて教育の中にゆとりを取り入れることになった。学校教育における、それまでの詰め込み主義によって子どもたちに歪みが生じているという反省があったため、教育課程にゆとりの時間が設けられた。平成14年度から全面実施となった学習指導要領で設けられた総合的な学習の時間は、ゆとり教育として位置づけられた。しかし、その後学力低下論争がおこり、ゆとりから学力向上へと教育政策が再転換されていくことになる。

生きる力

1996(平成8)年の第15期中央教育審議会第1次答申では、生きる力とは「子どもが自分で課題を見つけ出し、自ら考え、主体的に行動すること」であると定義されている。しかし、2008(平成20)年の中央教育審議会答申では「基礎・基本を身に付け、いかに社会が変化しようと、自ら課題を見つけ、行動し、よりよく問題を解決する能力」であると再定義された。この再定義は、学力低下論争や教育格差論争が背景にある。

教育は誰もが受けることができると保障されている。また、「すべて国民は、法律の定めるところにより、その保護する子女に普通教育を受けさせる義務を負う。義務教育は、これを無償とする。」(日本国憲法第26条第2項)で、就学義務と義務教育の原則無償が保障されている。日本国憲法による教育権の保障と就学義務の規定にしたがって、教育基本法第5条において義務教育について定めている。また、教育基本法で定められた義務教育の目的を達成するために、具体的な目標を学校教育法第21条で定めている。

日本における教育政策の動向をとらえるために、学習指導要領の改訂を概観しておく。最初の学習指導要領は、1947(昭和22)年3月に発行された試案である。戦前の修身、公民、地理、歴史が社会科へ統廃合され、家事科が家庭科に変更され、自由研究が新設された。1947年版学習指導要領は、1951(昭和26)年に全面改定された。この改訂では1947年版の趣旨が鮮明にされ、自由研究が教科以外の活動の時間に変更された。1951年版学習指導要領は、1955(昭和30)年には部分改訂された。小・中学校の社会科編で社会科での道徳教育を明確にし、地理・歴史教育の系統性を強調した。また、高等学校の一般編・教科編の改訂があった。これまで学習指導要領は手引き的な位置づけであったが、この年の改訂以後は守るべき基準として拘束力のあるものへと位置づけられた。

さらに1958(昭和33)年には、小・中学校の学習指導要領が全面改訂された。また、高等学校の学習指導要領の全面改訂は1960(昭和35)年に行われた。科学技術や産業の急激な発展に対応し、国民の教育水準を高めることを目的とした改訂であった。小・中学校では道徳教育の時間が新設、高等学校では倫理・社会が新設されたことが特徴である。10年後の1968(昭和43)年には小学校、翌年に中学校、さらに1970(昭和45)年に高等学校の学習指導要領の改訂がそれぞれ実施されたが、この改訂は前回の改訂の流れをくんだものであった。しかし、この改訂後、児童生徒の間に学力の差が広がっていることがわかったこと、子どもたちのいわゆる非行問題、暴力問題などが増加したこと等を受けて、1977(昭和52)年、小・中・高等学校の学習指導要領が改訂された。その改訂は、教育内容の精選、授業時間削減等により人間性豊かな児童生徒の育成をめざしており、「**ゆとり教育**」といわれるものとなった。

1989(平成元)年、全種類の学習指導要領で改訂が行われた。前回改訂による成果があまりみられない中、教育改革が叫ばれており、生涯学習の観点に立って児童生徒を育成することをねらいとしていた。たとえば小学校低学年の理科・社会科を廃止し生活科を新設するなど、戦後の枠組みを抜本的に変更することになった。さらに、1998(平成10)年にも、学習指導要領の全面改訂がなされた。平成14年度からの完全学校週5日制実施、「**生きる力**」の育成重視を掲げ、授業時間数や教育内容の削減を行った。また、小・中・高等学校で総合的な学習の時間が創設された。

2008（平成20）年3月、最新改正の幼稚園教育要領、小・中学校学習指導要領が告示され、小学校では平成21年度から移行措置が採られ、2011（平成23）年4月1日から全面実施された。中学校では2012（平成24）年4月1日から実施される。今回の改訂では1977（昭和52）年以来続いていた「ゆとり教育」からの転換がなされたといわれている。

3．学校における問題と福祉

本来、教育というものは、人が生きていくために必要なものであり、生き方を考える上で大切なものであることは、これまでに述べてきた。しかし今日の教育、なかでも学校教育は、多くの問題を抱えている。問題は多様化しており、いわゆる非行、校内暴力、不登校、学級崩壊、いじめ、そして家庭の問題等が複雑に絡み合っているというのが学校現場の現状である。学校の問題とはすなわち児童生徒が抱える問題のあらわれである。また、児童生徒の問題は、家庭が抱える問題につながっており、家庭の問題は地域の問題につながっている。

経済状況の悪化、リストラや派遣切りなどによる生活の困窮等が大きな社会問題となっている。また、孤立による子育て不安、さらには児童虐待に至るケースなども多く報告されている。このような厳しい生活状況が子どもに影響し、問題を抱えながら学校生活を送る児童生徒が増加しているのである。そのため、児童生徒に働きかけたり指導するだけでは問題は解決せず、保護者への支援も必要となっている。つまり、福祉との連携が求められているのである。たとえば、文部科学省が平成20年度から開始した「**スクールソーシャルワーカー活用事業**」は、教育と福祉の連携・協働政策の1つである。

さらに、文部科学省は、「チーム学校」という考え方を打ち出している。7月には「チームとしての学校・教職員の在り方に関する作業部会」が中間まとめとして「チームとしての学校の在り方と今後の改善方策について」を出した。そこには「専門性に基づくチーム体制の構築」を推進していくこととし、一つの専門職としてスクールソーシャルワーカーを位置付けている。「国はスクールソーシャルワーカーを学校等において必要とされる標準的な職として、職務内容等を法令上、明確化することを検討する。」や「日常的に相談できるよう、配置の拡充、資質の確保を検討する。」と述べられている。さらに、2016（平成28）年には、「子供たちの教育相談の充実について」で、スクールソーシャルワーカー等との教育相談体制づくりについて詳細な案が示された。教育政策において、福祉の専門職としてのスクールソーシャルワーカーの必要性が認識されているといえる。

4．特別支援教育

日本では第二次世界大戦後、盲学校、聾学校が義務化され、1979（昭和

スクールソーシャルワーカー活用事業
子どもたちや学校が抱える課題が多様化・複雑化するなか、子どもを支援するためには保護者や地域の課題にも対応することが求められるようになっている。子どもを中心に学校・家庭・地域を支援するシステムであり、学校と福祉の連携・協働の1つがスクールソーシャルワークである。そのため、2008年度より文部科学省が専門家としてのスクールソーシャルワーカーを活用する事業を開始した。

54) 年に養護学校教育も義務化された。また、小・中学校にも特殊学級や通級指導教室が置かれていた。つまり、障害のある児童生徒がその種別や程度に応じて教育を受けるシステムである特殊教育制度が確立されていた。

しかし、障害のある児童生徒の様々な課題状況が変化してきたこと、障害のある子どもたちへの教育が国際的にノーマライゼーションによる教育に変化してきたこと等により、2007（平成19）年4月より特別支援教育制度が開始された。障害の種別で分けることのない特別支援学校を設置し、センター的な機能をもたせたこと、小・中学校での障害のある児童生徒への支援体制が進められたこと、幼児期から学校卒業まで一貫した相談支援体制を進めていることが特徴である。

5．生涯教育と福祉

これまでは公教育、特に義務教育における学校教育について述べてきた。しかし、教育は公教育のみですべてが行われるのではない。家庭、学校、社会という場を通して教育が行われる。また、義務教育の年齢層のみが教育の対象であるのではない。教育はすべての人を対象とするものなのである。

1965（昭和40）年、ユネスコ（United Nations Educational, Scientific and Cultural Organization）主催の第3回成人教育推進国際委員会に、ラングラン（Langrand,P.）が「生涯教育の展望」という論文を提出した。それは、どのような年齢の人であっても人生を通して学習することができる教育制度について論じていた。この考え方は、1970（昭和45）年のユネスコ総会で支持された。1972（昭和47）年には『未来の学習（Learning To Be）』という報告書が提出され、生涯教育の理念を学習社会（learning society）とし、具体化している。日本では、1981（昭和56）年の中央教育審議会「生涯教育について（答申）」において、生涯教育と生涯学習について定義されている。

一方、2008（平成20）年7月1日、「教育振興基本計画」が策定された。これは教育基本法第17条第1項の規定に基づいて政府が初めて策定したものであり、日本において初めて教育政策を構造化したものとして閣議決定された。「教育振興基本計画」では第1章に「我が国の教育をめぐる現状と課題」が4ページにわたって述べられている。その中には少子高齢社会、人間関係の希薄化など、現代社会における福祉の課題であるものが多々みられる。第2章では、今後10年間を通じてめざすべき教育の姿として、①「義務教育修了までに、すべての子どもに、自立して社会で生きていく基礎を育てる」とあり、その中には社会全体で子どもを育てる、という記述がある。②「社会を支え、発展させるとともに、国際社会をリードする人材を育てる」とあり、各段階における教育の充実を通じて、生涯学習社会の実現をめざす必要がある、と明記されている。そして、めざすべき教育投資の方向の中では、日本の教育に対する公財政支出の低さを指摘し、「資源の乏しい我が国では、人材への投

資である教育は最優先の政策課題の1つであり、教育への公財政支出は個人及び社会の発展の礎となる未来への投資である」と述べられている。

6. 地域と学校

新しい時代の教育や地域創成の実現に向けた学校と地域の連携・協働の在り方について、国は審議を重ねている。2015（平成27）年3月の教育再生実行会議第6次提言では、「コミュニティスクール」の必置についての検討を進め、学校と地域をつなぐコーディネーターの配置や、学校を核とした地域づくり（教育コミュニティ）への発展などに言及している。これを受け、2015（平成27）年4月には中央教育審議会に諮問して審議され、同年12月に「学校と地域の連携・協働の在り方や今後の推進方策について」という中央教育審議会答申が出された。子ども達が育つ地域の教育力の充実が必要であり、学校だけで子どもを抱え込むのではなく、社会総がかりで対応する必要性が述べられている。そのために、学校と地域がパートナーとして連携・協働するための組織的・継続的な仕組みが必要であり、コミュニティスクールの設置と、教育コミュニティの創設を一体化して進めていくことが強調されている。

第2節　住宅政策

1．求められる社会福祉の視点

住宅は、「衣食住」といわれるように、人間生活を送るうえで欠かすことのできない基本的な条件である。社会福祉の歴史をたどると、世界に先駆けて福祉国家を形成したイギリスでは、その発展の過程において、産業革命後の都市における貧しい労働者の住宅問題があった。当時、民間を中心に様々な活動が行われたが、根本的な問題の解決につながらず、住宅をめぐる取り組みを社会政策やサービスとして展開する必要性が次第に認められるようになった。

今日では、多くの国々が住宅政策（housing policy）を行っているが、住宅供給のシステム（国や自治体、民間市場が住宅の供給にどの程度の役割を果たすのかなど）は国によって異なり、住宅政策に求められる役割もまた多様である。一般に、ハウジング（housing）は、シェルター（shelter）、住宅（house）、宿泊・収容施設（accommodation）のほか、ホーム・家庭（home）、さらには住むこと・居住・住居（dwelling）、居住（地）（residence）、居住（権）（habitation）などをさす。そのような幅広い意味を持つハウジングについては、単なる物理的な住宅の整備や供給だけでなく、「人間らしく生きる権利を守るための適

第10章 福祉政策の関連政策

社会政策
人々の生活の安定と向上をめざす公共政策。わが国においては、伝統的に労働問題を焦点に対応する政策ととらえられてきたが、今日では生活問題への中心的な対応策としてとらえられている。福祉先進諸国における社会政策の範囲は、所得保障、雇用、保健医療、住宅、教育など多岐に及んでいる。(p.18参照)

住宅政策
わが国の住宅政策は、戦後、住宅金融公庫法(1950(昭和25)年)、公営住宅法(1951(昭和26)年)、日本住宅公団法(1955(昭和30)年)を「3本柱」として展開してきた。その特徴は、所得階層に応じて公的に住宅を供給・融資する体制を整備し、新しい住宅を大量に建設して国民の居住を確保することにあった。住宅金融公庫は中間層の持ち家取得に対する融資、地方公共団体は低所得者を対象に低家賃の公営住宅の供給、住宅公団は大都市の中間層に対する集合住宅(団地)の開発を目的とした。

切な住宅の保障」、さらには「そこで暮らす人の生活を考慮した居住の支援」に向けた政策展開が求められる。

実際、福祉先進諸国として評価される国々においては、住宅政策(housing policy)が所得保障、保健医療、教育、雇用などと同様に、国民生活を保障するための**社会政策**(social policy)の1つとして位置づけられている。その一例として、北欧の代表的な福祉国家デンマークでは、高齢者居住への取り組みが積極的に展開されている。デンマークにおいては、1960年代以降の核家族化を背景に、高齢者の保健・福祉サービスが公的部門の責任となっており、「社会サービス法」のもとで、社会全体で在宅ケアを支える仕組みが整えられてきた。特に、1980年代以降は、「高齢者福祉の三原則」を柱として、質の高い福祉サービスを効率的に提供することが追求されており、「自己決定の原則」、「自己資源(残存能力)の原則」、「居住の継続性の原則」のもと、本人の主体性と自由を尊重し、その人らしく、在宅生活をできるだけ長く快適に過ごせるようにするために、居住環境を整えることが重要であると考えられている。たとえば、全住宅を一定のレベルの高齢化対応構造に整備することや、一般住宅での生活が困難になった高齢者が住み慣れた地域でできる限り自立した生活を継続できるような高齢者専用の住宅を整備することが法的に規定されている。

日本においても、社会保障や社会福祉の視点から、住宅政策を展開していくことの必要性は指摘されている。1995(平成7)年の「社会保障体制の再構築(勧告)」では、「住宅、まちづくりは従来社会保障制度に密接に関連するとの視点が欠けていた。このため、高齢者、障害者等の住みやすさという点からみると、諸外国に比べて極めて立ち遅れている分野である。今後は、可能な限りこの視点での充実に努力を注がれたい。わが国の住宅は豊かな社会における豊かな生活を送るためのものとしてはあまりにもその水準が低く、これが高齢者や障害者などに対する社会福祉や医療の負担を重くしている一つの要因である」と述べられている[1]。

わが国の**住宅政策**をふり返ると、戦後、「経済政策に従属した政策」として展開されてきた経過があり、住民を主体とした地域の実態に即したまちづくりや、ナショナルミニマムを保障した住宅を確保するという視点を欠いてきた[2]。持ち家主義のもとで市場を中心とした住宅供給が優先され、「住まいにかかわる普遍的な社会権」を保障することが重視されてこなかったのである。政府の住宅政策の関心は、特に中間層の持ち家取得に向けられ、低所得者のための住宅供給は限定的なものであった[3]。その結果、住宅政策の矛盾は、1970年代にヨーロッパ諸国から「うさぎ小屋に住む日本人」と表現されたように[4]、貧しい住宅事情を生み出してきた。住宅にかかる費用を公的に保障する仕組みが十分に整えられず、また、様々な居住ニーズをふまえた住環境整備が遅れてきたことは、ホームレス問題の深刻化や、高齢者や障害者の在宅生活を阻む「宅なし」

福祉、施設における低い居住水準にもつながっていると考えられる。近年では、厳しい経済状況の中で、多くの非正規雇用者が職を失い、同時に住む家を失う人々が増えている。安定した雇用のもとで、家族を持ち、マイホームを持つことで資産を増やしていくといった標準的なライフコースを前提として、中間層の持ち家の取得を促進することで国民生活の安定を図ってきた住宅政策を見直すべき段階にあり[5]、今後は、社会保障や社会福祉の視点や考え方を含んだ住宅政策の展開が必要となっている。

2．低所得者のための住宅制度

わが国における住宅に関する**ナショナル・ミニマム**を規定しているものとして、生活保護制度の住宅扶助と公営住宅制度がある。

まず、住宅扶助は、憲法第25条の生存権規定のもと、国民が健康で文化的な最低限度の生活を営むことを保障する**生活保護法**において、8つの扶助（生活、教育、住宅、医療、介護、出産、生業、葬祭）の1つとして、困窮のため、最低限度の生活を維持することのできない者に対して、住居、補修その他住宅の維持のために必要な給付が行われると規定されている（生活保護法第14条）。

「被保護者調査」（厚生労働省）によれば、平成28年度の8月時点での「被保護世帯数」は1,636,636世帯である。保護の種類別に扶助人員をみると、「生活扶助」の1,932,769人に次いで、「住宅扶助」が1,837,681人となっている。一般に、生活保護制度については資産調査が厳しく、給付を受けにくいとされているが、特に都市においては、低所得世帯にとって家賃の占める割合が大きく、そのことが貧困の深刻さを増していると考えられる。そのため、資産調査を簡素化し、より多くの人達が制度を活用できるようにする必要があるという意見もある。住宅に関する制度（わが国においては生活保護の中の住宅扶助の給付）のあり方が貧困の緩和につながるという考え方からの指摘である[6]。

次に、公営住宅法では、憲法第25条に基づいて、「国及び地方公共団体が協力して、健康で文化的な生活を営むに足りる住宅を整備し、これを住宅に困窮する低額所得者に対して低廉な家賃で賃貸し、又は転貸することにより、国民生活の安定と社会福祉の増進に寄与することを目的とする」（第1条）と規定されている。

公営住宅の供給については、「地方公共団体は、常にその区域内の住宅事情に留意し、低額所得者の住宅不足を緩和するため必要があると認めるときは、公営住宅の供給を行わなければならない」（第3条）として、地域の事情に詳しく、地域住民に近い存在である地方公共団体（都道府県、市町村など）が直接的な責任を負うことが定められている。

公営住宅の種類については、一般住宅と、老人世帯向け公営住宅、身体障

ナショナル・ミニマム
国家が各法、施策などによって、国民に保障するべき最低限の生活水準。（p.12、46参照）

生活保護法
生活保護法第1条では、「日本国憲法第25条に規定する理念に基づき、国が生活に困窮するすべての国民に対し、その困窮の程度に応じ、必要な保護を行い、その最低限度の生活を保障するとともに、その自立を助長することを目的とする」と定めている。

害者向け公営住宅、母子世帯向け公営住宅等、特に居住の安定を図る必要が認められる世帯に優先的に割り当てられる特定目的住宅がある。同年の法改正により、社会福祉法人等による**グループホーム事業**やホームレス自立支援事業のための公営住宅の使用等も規定された。

公営住宅の入居者資格については、同居親族条件（同居する親族があること、例外規定として、高齢者・障害者世帯等にあたる60歳以上の者、障害者、生活保護の被保護者、DV被害者などは単身での入居が可能とされている）（第23条第1号）、入居収入基準（収入が一定の金額を超えないこと）（第23条第2号）、住宅困窮要件（住宅に困窮していることが明らかな者であること）（第23条第3号）の3つの条件を充たす必要があるとされている。

公営住宅法をめぐっては、特に1996（平成8）年法改正以降、入居者をより低所得の階層に特化する一方で、収入が多い場合は民間住宅並みの家賃を支払わなければならない仕組みや、民間住宅を活用した買い取り、借り上げ方式が導入されるなど、民間が公を補完する方向で見直されている。**住生活基本法**においても公営住宅の建設、供給などに関する具体的目標が示されていないことから、住宅供給における公的役割の後退を危惧する声もある[7) 8)]。

近年では、派遣切りなどで収入が途絶えた人々が、社宅や社員寮を追われたり、家賃の滞納で住まいを失い、ネットカフェや個室ビデオ店へと避難し、さらには路上生活をせざるをえない状態へと陥る"ハウジングプア（住まいの貧困）"の問題が深刻化している。2007（平成19）年には、住宅セーフティネット法（住宅確保要配慮者に対する賃貸住宅の供給の促進に関する法律）が制定されたが、今後も引き続き、低所得者に対する住宅手当や公営住宅をはじめとする公共住宅の拡充が求められている[9)]。

3．高齢者のための居住関連施策

高齢者のための住宅については、1960年代以降、様々な関連施策を見ることができる。1960～70年代には、建設省（現国土交通省）を中心とした住宅施策として、老人世帯向け特定目的公営住宅（1964（昭和39）年）、公営ペア住宅（1969（昭和44）年）、高齢者同居世帯向け公営住宅（1972（昭和47）年）が登場した。一方、厚生省（現厚生労働省）を中心とした福祉施策として、1963（昭和38）年に制定された老人福祉法では、高齢者のための住宅に関する視点は盛り込まれなかったものの、中央社会福祉審議会による「老人福祉施策推進に関する意見（中間報告）」（1964（昭和39）年）において、「老人の心身の安定のために、その特性を配慮した構造設備を持った居間・住宅を低廉な家賃で供給し、あるいは、その建設に対して融資などの援助の措置を講ずることが必要」[10)]との見解が示され、1970年代には高齢者住宅整備資金の貸付（1972（昭和47）年）が行われた。

1980年代になると、社会保障審議会（1985（昭和60）年）において、「生

グループホーム事業
公営住宅の活用対象となっている事業は、老人福祉法第5条の2第5項に規定される認知症対応型老人共同生活援助事業と、障害者自立支援法第5条第10項に規定される共同生活介護又は同条第16項に規定される共同生活援助を行う事業（精神障害者又は知的障害者を対象とするもの）である。

住生活基本法
今後の日本の住宅政策の基本方針を示す法律として、2006（平成18）年に制定された。法に示された住生活の基本理念と基本的施策を実現していくために、住生活基本計画が5年ごとに策定されることとなっている。

活の基盤は住宅にある。高齢者の生活に適応した住宅が用意されなくてはいかに在宅サービスを整備しても、真の福祉を実現することはできない。今日、高齢化社会への対応という角度から住宅政策全体を再検討し、老人向けの多様な住宅対策を推進すべき時期にきている」[11]という見解が示され、高齢者の生活基盤として住宅を整備することが重視された。この時期には、建設省の住宅施策と厚生省の福祉施策の連携による**シルバーハウジング**（高齢者世話付き住宅）の供給がスタートしている（1987（昭和62）年）。

1990年代以降は、長寿社会対策の指針を定めた「高齢社会対策大綱」（1996（平成8）年）のもと、良質な住宅の供給や、多様な住居形態への対応、自立や介護に配慮した住宅の整備が進められた。関連施策として、「長寿社会対応住宅設計指針」（建設省・1995（平成7）年）、「新築公営・公団住宅における高齢者対応仕様（バリアフリー化）の推進」（建設省・公団・公営、1991（平成3）年）に基づいた高齢者住宅の普及、シニア住宅の供給促進事業（建設省・公団・公社、1990（平成2）年）や住宅リフォームヘルパー制度（厚生省（現厚生労働省）、1993（平成5）年）などが創設されている[12]。

2000（平成12）年に施行された介護保険法（2006（平成18）年改正）では、居宅支援住宅改修費の支給とともに、居宅サービスにおいてケアハウスや有料老人ホーム（特定施設入居者生活介護）、地域密着型サービスにおいて認知症高齢者のためのグループホーム（認知症対応型共同生活介護）などが盛り込まれた。また、2001（平成13）年に公布・施行された、高齢者居住法（高齢者の居住の安定確保に関する法律）では、民間補償住宅における高齢者円滑入居賃貸住宅の登録・閲覧や、高齢者向け優良賃貸住宅の供給促進のための制度が規定された[13]。2011年に公布・施行された改正法では、新たにサービス付高齢者向け住宅制度が創設されている。

以上の他、施設居住については、特別養護老人ホームの設備や運営基準の改正（厚生労働省、2002（平成14）年）により、全個室でユニットごとの小規模生活単位型特別養護老人ホーム（通称：新型特養）について、施設整備の補助を行い、積極的な整備を推進する方針が打ち出された。これにより、従来型の大規模な空間における集団的ケアが、個別の生活様式やプライバシーに配慮した、家庭的な雰囲気の小規模な空間における個別的なケアへと見直され、「生活の場」としての施設の居住性の向上が図られている[14][15]。

4．障害者のための居住関連施策

障害者のための住宅については、1970（昭和45）年に制定された心身障害者対策基本法において、「国および地方公共団体は、心身障害者のための住宅を確保し、また日常生活に適する住宅整備をすること」が示されている。1973（昭和48）年には、特定目的公営住宅促進会議により、「高齢者・視覚障害者・聴覚障害者・肢体不自由者のための住環境整備の基本方針」が出され、

シルバーハウジング
高齢期の生活特性に応じた仕様・設備や、日常生活支援サービスの提供を配備した公的賃貸住宅。

公営住宅などの建設において技術解説書として活用された。公営住宅への単身入居については、身体障害のある人が1980（昭和55）年の法改正、精神障害、知的障害のある人が2005（平成17）年の法改正により、それぞれ可能となっている。

　その後、1993（平成5）年に制定された障害者基本法（第22条）において、「国および地方公共団体は、障害者の生活の安定を図るため、障害者のための住宅を確保し、および障害者の日常生活に適するような住宅の整備を促進するよう必要な施策を講じなければならない」とされた。同年には、「障害者対策に関する新長期計画」において、公共賃貸住宅を心身状況に配慮した仕様にすること、公共賃貸住宅における障害者の優先入居、障害者が暮らしやすい民間住宅の整備と住宅取得のための公的融資制度、グループホームの整備、障害者世帯向け公営住宅や福祉施設を併合・合併した公共住宅団地の建設などがあげられた[16]。翌年の「障害者プラン〜ノーマライゼーション7か年戦略〜」においても住宅整備の推進が位置づけられた。障害者自立支援法（2005（平成17）年成立）の施行後は、施設への入所支援以外に、共同生活援助（グループホーム）、共同生活介護（ケアホーム）、福祉ホーム事業が位置づけられている。

　この法律を見直すかたちで、2012（平成24）年に成立した障害者総合支援法に盛り込まれた付帯決議では、「地域における居住支援等の在り方」において、「障害者の高齢化・重度化や『親亡き後』を見据えつつ、障害児・者の地域生活支援を更に推進する観点から、ケアホームと統合した後のグループホーム、小規模入所施設等も含め、地域における居住の支援等の在り方について、早急に検討を行うこと」と示されている。これを受けて、グループホームの整備や既存の社会資源の活用、夜間ケア体制の充実、居宅介護事業者との連携によるサービス提供、小規模入所施設の在り方などが課題となっている。

　以上の他、先の心身障害者対策基本法においては、「国および地方公共団体は、交通施設その他の公共的施設の利用の便宜を図るため必要な施策を講じること」とされ、これに基づき、1973（昭和48）年、厚生省（現厚生労働省）による人口20万人以上の都市を対象とした「身体障害者福祉モデル都市事業」が実施されている。各都道府県では、「福祉のまちづくり整備指針」を策定し、多数の利用が想定される公共的な建築物の改善に向けて、スロープ、階段、トイレなどの整備のための基準を示し、施設事業者に協力を求めた。さらにより実効性をもたせるため、「**福祉のまちづくり条例**」が整備され、自治体レベルでの福祉のまちづくりの法制化が図られてきた。これら自治体による要綱・指針・条例は、福祉の観点からまちづくりの必要性を行政、事業者、市民など多くの機関や人々に周知し、都市や施設の整備水準を高めた[17][18][19]。

　その後、厚生省（現厚生労働省）による福祉のまちづくりに関するモデル事業は、「障害者福祉都市事業」（1979（昭和54）年）、「障害者の住みよいま

福祉のまちづくり条例
1992（平成4）年、大阪府や兵庫県で、全国に先駆けて、福祉のまちづくり条例が制定された。

ちづくり事業」(1986（昭和61）年)、「住みよい福祉のまちづくり事業」(1990（平成2）年)、「障害者や高齢者にやさしいまちづくり推進事業」(1994（平成6）年) へと名称を変え、事業対象を拡大していった。1994（平成6）年には、福祉のまちづくり推進元年として、建設省による「人にやさしいまちづくりモデル事業」も創設され、建物のみならず、動く道路、スロープ、エレベーターなど安全な移動の連続性を確保することがめざされている。また、同年には、建設省による「生活福祉空間づくり大綱」で住宅・福祉資本のあり方が定められるとともに、「高齢者、身体障害者等が円滑に利用できる特定建築物の建築の促進に関する法律」（通称ハートビル法）の成立により、バリアフリーの視点から具体的な基準が示され、地方自治体での福祉のまちづくり条例の制定がより推進されている。このハートビル法は2000(平成12)年に成立した「高齢者、身体障害者等の公共交通機関を利用した移動の円滑化の促進に関する法律」（通称交通バリアフリー法）とともに統合・拡大され、2006（平成18）年、高齢者や障害者等の日常生活での移動や施設利用等における利便性の確保や安全性の向上のための施策を総合的に推進することを目的とする「高齢者・障害者等の移動等の円滑化に関する法律」（通称バリアフリー法）が新たに制定された。新法では、知的・精神障害者を対象に広げ、その基本構想を策定する過程において当事者参加制度を導入するなど、新たな規定が設けられている[20)][21)][22)][23)]。

引用文献

1) 全国社会福祉協議会『社会福祉関係施策資料集14』1995、p.18
2) 本間義人『現代都市住宅政策』三省堂、1953、p.335
3) 平山洋介『住宅政策のどこが問題か－＜持家社会＞の次を展望する』光文新書、2009、p.11
4) 三村浩史『住まい学のすすめ』彰国社、1989、p.26
5) 前掲書3）、p.11、13
6) 橘木俊詔・浦川邦夫『日本の貧困研究』東京大学出版会、2006、p.147、324
7) 高瀬康正「新たな住宅なし貧困層の拡大－住宅政策にいま何が求められるか－」総合社会福祉研究所『福祉のひろば＜2008年4月号＞』かもがわ出版、p.16、17
8) 本間義人『どこへ行く住宅政策－進む市場化、なくなる居住のセーフティネット』東信堂、2006、p.57、pp.59－61
9) 「住まいの貧困対策急務」朝日新聞、2008年4月16日
10) 社会保障研究所編『住宅政策と社会保障』東京大学出版会、1990、pp.42－43
11) 同上書、p.44

12) 児玉桂子『高齢者居住環境の評価と計画』中央法規出版、1998、p.24
13) 高齢者住宅財団『いい住まいいいシニアライフ』vol.75、2006、p.6
14) 三浦文夫編『図説高齢者白書2003年度版』全国社会福祉協議会、2003、p.78、84
15) 高齢者住宅財団監修・高齢者居住法活用研究会編『高齢者居住法のしくみがわかる本』厚有出版、2002、pp.46 − 47
16) 野村歓、橋本美芽『OT・PTのための住環境整備論』三輪書店、2007、pp.17 − 21
17) 白石真澄『バリアフリーのまちづくり−超高齢社会への環境整備』日本経済新聞社、1995、pp. 47 − 49
18) 秋元美世、大島巌他編『現代社会福祉事典』有斐閣、2003、p.98
19) 齊場三十四『バリアフリー社会の創造』明石書店、1999、p.87
20) 前掲書18)、p.98
21) 定藤丈弘編著『福祉のまちづくり−誰もが暮らしやすいまちを求めて−』朝日新聞厚生文化事業団、1994、pp.25 − 27
22) 前掲書19)、1999、p.88
23) 前掲書21)、pp. 26 − 27

参考文献

1．文部科学省『教育振興基本計画』2007
2．今井康雄編『教育思想史』有斐閣、2009
3．江川玟成、高橋勝、葉養正明、望月重信編著『最新教育キーワード第13版』時事通信社、2009
4．小澤周三、影山昇、小澤滋子、今井重孝『教育思想史』有斐閣、2008
5．寺下明『教育原理』ミネルヴァ書房、2009
6．中野由美子、大沢裕編著『子ども学講座5 子どもと教育』一藝社、2009
7．本間義人『居住の貧困』岩波書店、2009
8．本間義人『どこへ行く住宅政策−進む市場化、なくなる居住のセーフティネット』東信堂、2006
9．平山洋介『住宅政策のどこが問題か−＜持ち家社会＞の次を展望する−』光文社、2009

第11章

福祉政策の課題

第1節 福祉政策と社会問題

経済のグローバル化
グローバル化とはグローバリゼーション（globalization）の略で「地球規模化」という意味である。市場経済が世界的に拡大し、生産の国際化が進み、人・モノ・カネ・情報が地球規模に高速度に駆けめぐり、各国の経済体制が開放化し、世界経済の統合化が進む現象をさす。

新自由主義
国家による経済への過度の介入を批判し、個人の自由と責任に基づく競争と市場原理を重視する考えである。この考えに基づき、アメリカのレーガン、イギリスのサッチャー、わが国の中曽根政権の下で、小さな政府や民営化政策が進められた。新保守主義と同じ意味である。（p.22, 93参照）

貧困率
OECD（経済協力開発機構）で主に用いられる貧困の指標で、相対的貧困率をさし、可処分所得（個人の受け取った所得から、所得税をはじめとする租税および社会保障費を差し引いた自由に処分できる所得）が全国民の

現代のわが国においては、雇用問題の急激な変化に起因した多様かつ複雑な生活問題が生起している。ここでは福祉政策と社会問題について、雇用問題と生活問題に焦点をあてて述べる。

1．雇用問題の急激な変化

わが国では1990年代後半以降、**経済のグローバル化**と**新自由主義**路線の展開にともない、格差が拡大し、富める者と貧しき者という国民の二極分化が進み、特に貧困層の急増を招くことになった。それ以前には国民の多くが中流意識をもち、格差や不平等を感じることは少なかった。

厚生労働省は2009（平成21）年10月に、わが国の相対的貧困率（可処分所得の中央値50％以下の人の割合）が15.7％（2006（平成18）年が対象）であることを初めて公表した。また、2012（平成24）年7月に国立社会保障・人口問題研究所が実施した「生活と支え合いに関する調査」においても、「過去1年間に経済的な理由で必要な食料を買えなかった経験のある世帯」が14.8％に達し[1]、相対的貧困率とほぼ同じ数字になっている。なお厚生労働省の同調査では17歳以下の子どもの**貧困率**も14.2％に達しており、特に母子世帯や父子世帯など「大人が1人」（大人1人と17歳以下の子どものいる世帯）の貧困率は54.3％に達している[2]。わが国の子どものおかれた厳しい状況を窺わせる。

バブル崩壊後の景気低迷と経済のグローバル化の中で、企業の相次ぐ倒産、生き残りをめざす企業の国際競争力の追求と従業員リストラの進行は、それまでの「日本的経営」を大きく転換させることになり、失業者数を急速に増大させることになった。他方で企業は、景気の安全弁として派遣労働者やパート、フリーター等の非正規労働者の雇用増大をはかることになった。これらの傾向は2008（平成20）年秋に発生した世界同時不況により、さらに顕著となっている。

総務省の労働力調査では、2016（平成28）年6月の完全失業率は3.1％、完全失業者数は210万人であった。特に若者の完全失業率は15～24歳で5.2％、25～34歳で4.1％と高い数字を示している[3]。

非正規労働者数は2016（平成28）年には2,016万人となり、これは全雇用者の35.1％（1985年16.4％）を占め、労働者の3分の1以上は非正規となる。これらの労働者は、働く貧困層と呼ばれ、働いているにもかかわらず、収入が生活保護基準以下の**ワーキングプア**である。なお、非正規労働者数の増大の背景には、1985（昭和60）年に制定された労働者派遣法（「労働者派遣事

第1節　福祉政策と社会問題

業の適正な運営の確保及び派遣労働者の就業条件の整備等に関する法律」）の相次ぐ改正（規制緩和）にともなう適用対象業務の範囲拡大がある。

　ワーキングプアと関連して、母子世帯のおかれた厳しい生活状況がある。厚生労働省の「平成27年国民生活基礎調査」によると、母子世帯1世帯あたりの平均所得額は254万1千円であり、児童のいる世帯の1世帯当たり平均所得金額712万9千円と比べきわめて低い水準となっている[4]。厚生労働省の「平成23年度全国母子世帯等調査」（2011）をみると、母子世帯の母親の80.6％が就労しており、そのうち常用雇用者が40.0％、臨時・パートが46.9％となっている[5]。母子世帯の8割以上の母親が低い就労収入を余儀なくされ、育児と労働に追われている実態が窺われる。それとともに、先に述べたように母子世帯の子どものおかれた貧困状況も窺うことができる。

　さらにワーキングプアと関連して、外国人労働者の問題がある。2008（平成20）年秋以来、派遣・請負等の不安定な雇用形態にある日系人を始めとする定住外国人労働者の解雇・雇止めが相次ぐようになった。これら外国人労働者は日本語能力の不足や職務経験も不十分であるために、いったん離職した場合には再就職がきわめて厳しい状況におかれている。なお外国人労働者に関連して、国際協力と介護労働者の不足解決を目的に、**経済連携協定（EPA）**により、2008（平成20）年にはインドネシアから、2009（平成21）年にはフィリピンから介護福祉士候補者の受け入れが始められている。しかし資格取得には、言葉や文章理解など多くの問題があり、外国人介護福祉士の定着には課題が多い。

　フリーターは2003（平成15）年に217万人とピークを示したが、2011（平成23）年には176万人に減少している。そのうち15～24歳は83万人、25～34歳は93万人である。しかし減少傾向を示しているのは15～24歳であり、25～34歳の年長フリーターは改善に遅れを示している[6]。また**ニート**は、その概念に近い総務省「労働力調査」の「若年無業者」数をみると、1990年代には40万人台であったのが、2002（平成14）年には64万人となった。しかし2011（平成23）年においてもその数はやや減少したものの60万人となった[7]。

　ホームレスは、バブル崩壊後の1990年代後半から増大し、東京都23区や大阪市などの大都市から全国の主要な都市に拡大傾向を示した。これに対応して2002（平成14）年8月に「ホームレスの自立の支援等に関する特別措置法」が制定され、この法に基づき雇用・住宅・保健医療・福祉等の各分野にわたって各種施策が総合的に推進されることになった。厚生労働省「ホームレスの実態に関する全国調査（概数調査）」（2016（平成28）年4月）によると、ホームレスの数は6,235人となっており、2003（平成15）年調査の2万5,296人と比べて減少している[8]。なおホームレスに至った背景には仕事の減少や失業など、経済や雇用状況によるものが大きな比率を占める。

　またホームレスの一種としてネットカフェ難民の問題がある。これは定住

可処分所得の中央値の半分に満たない国民の割合のことをさす。

ワーキングプア（Working Poor）
文字通り「働く貧困層」のことで、仕事をしているのにもかかわらず、その収入が生活保護水準以下の状態にある場合をさす。
（p.150参照）

経済連携協定（EPA）
協定締結国・地域間で、取引する商品の輸（出）入関税を低減・撤廃することやサービス貿易の障壁を除去することを主な目的とするFTA（自由貿易協定）に加え、投資ルールや知的財産、人的移動のルールなど、より幅広い分野にわたって取り決めをする協定のこと。わが国の場合は、すべてEPAである。

フリーター
和製英語（freeter）で、正社員として就職するのではなく、短期間のパート、アルバイトなどをして生活することをいう。

ニート（NEET：Not in Employment, Education or Training）
働こうともせず、学校にも通わず、仕事に就くための専門的な訓練も受けないことの意味で、イギリスでそうした若者をさして呼ばれ始めた。

する住居がなく、寝泊りする場所として、インターネットカフェを利用する人々のことである。2007（平成19）年8月の厚生労働省調査では、5,400人と推計されている。若年労働者のみならず、30歳代から50歳代まで幅広い年齢層にわたり、その雇用形態は非正規雇用が大きな比率を占める。

こうした諸状況を背景として貧困が拡大し、わが国の生活保護動向は2016（平成28）年5月現在、保護率16.9‰、被保護人員数214万8,282人、被保護世帯数163万3,401世帯に達した。

2．生活問題の複雑多様化

これまでみてきたように、バブル崩壊から今日の世界同時不況に至るまでの急激な産業構造、就業構造の変化は、国民に多様な生活問題を生起させることになった。それは失業、ワーキングプア、母子世帯、外国人労働者、フリーター、ニート、ホームレスなどの雇用問題と関連して、自殺、児童虐待、高齢者虐待、孤立死、**ドメスティック・バイオレンス（DV）**等々に至る深刻な生活問題の拡大である。

自殺者数は1998（平成10）年以降2011（平成23）年まで、おおむね年間3万人の水準で推移し、ロシア、ハンガリーに次ぐ世界屈指の自殺大国となっている。しかもその原因・動機は健康問題に次いで、経済・生活問題が多い。自殺対策は緊急に取り組むべき課題であり、2006（平成18）年に「自殺対策基本法」が成立した。さらに2007（平成19）年には「自殺総合対策大綱」が策定され、そこでは国、地方公共団体、医療機関、民間団体等が密接な連携を図りつつ、自殺対策を強力に推進していくこととされた。その結果、2003（平成15）年にはピークの34,427人であったのが、2015（平成27）年には24,025人に減少した[9]。

児童虐待については、2000（平成12）年11月に児童虐待防止法（「児童虐待の防止等に関する法律」）が制定された。それにともない様々な施策が推進され、児童虐待に関する理解や意識向上がはかられてきた。しかし深刻な虐待事例が後を絶たず、全国児童相談所の相談対応件数も児童虐待防止法制定前の1999（平成11）年度には1万1,631件であったものが、2014（平成26）年度には8万8,931件に増加している[10]。また、その内容も専門的な支援を必要とするケースが増大している。

高齢者虐待については、家庭や介護施設等での虐待が表面化し、社会問題となる中で、2005（平成17）年11月に高齢者虐待防止法（「高齢者虐待の防止、高齢者の養護者に対する支援等に関する法律」）が制定された。この法律では、高齢者虐待を養護者による虐待と養介護施設従事者等による虐待に分類している。法施行後、市町村においては、虐待に係る対応窓口の設置、虐待に関する相談・通報等への対応が行われ、早期発見・早期対応に向けての取り組みが行われている。

ドメスティック・バイオレンス（DV）
夫や恋人など親密な関係にある、またはあった男性による女性への身体的・性的・経済的・心理的暴力、および子どもを巻き込んだ暴力をいう。

孤立死については、阪神・淡路大震災（1995（平成7）年）で中高年被災者の人知れず死亡する多数の事例が報道され、この問題が大きくクローズアップされた。近年では都市部を中心に地域から孤立した状態で高齢者が死亡することが社会問題となっている。そのため2007（平成19）年度には「孤立死防止推進事業」が実施され、都道府県や指定都市による啓発活動などが行われている。

　ドメスティック・バイオレンスについては近年、配偶者からの暴力が深刻な社会問題となってきたことから、2001（平成13）年4月に「配偶者からの暴力の防止及び被害者の保護に関する法律」（通称DV防止法）が成立した。この法律において、婦人相談所、婦人相談員、婦人保護施設が法律上、明確に規定され、配偶者からの暴力の被害者である女性（暴力被害女性）の保護もその目的とすることになった。そして婦人相談所は配偶者暴力相談支援センターとしての機能を果たすことになり、暴力被害女性の相談、援助、必要な場合には一時保護を行うこととなった。

　これまで述べてきた自殺対策基本法、児童虐待防止法、高齢者虐待防止法、孤立死防止推進事業、そしてDV法は、いずれもケア（保護）を必要とする社会的に弱い立場の人びと、社会的援護を必要とする人々、さらには**バルネラブル（vulnerable）**な人びとに対する法制度や事業である。現代社会は家族や地域コミュニティの機能が弱体化し、このような社会的弱者に社会問題が集中して表れているといえる。

バルネラブル（vulnerable）
バルネラブルとは「脆弱な」、「傷つきやすい」の意味である。イギリスでは1990年代から社会福祉政策で、この名詞形でバルネラビリティ（vulnerability）として用いられ始めた。バルネラビリティとは、社会的援護を要する状態や社会の排除に陥りやすい状態をさす。

第2節 福祉政策の現代的課題

　ここでは地域福祉主流の時代となった2000（平成12）年以降、まさに福祉政策の現代的課題として提起された2つの代表的な報告書を紹介、検討したい。

1．「社会福祉のあり方」検討会報告書（厚生労働省 2000）

　厚生労働省は、社会福祉基礎構造改革の集大成として社会福祉法を制定した同じ年の2000（平成12）年12月に「社会的援護を要する人々に対する社会福祉のあり方に関する検討会」報告書（以下、「社会福祉のあり方」検討会報告書）を公表した。

　この「社会福祉のあり方」検討会報告書では[11]、基本的な考え方として、①都市化、核家族化、産業化、国際化の進展の中で人々の「つながり」が弱体化していること、②社会福祉制度充実の中で「つながり」喪失の事例が頻出していること、③社会福祉法では「地域福祉の推進」という章を新設し、

ソーシャル・インクルージョン
社会的に排除された人々を、社会の成員として包み支え合うことをいう。日本語では、社会的包摂と訳される。(p.129参照)

パラサイトシングル
和製英語 parasite single のことで、パラサイトとは寄生動物のこと。ここから転じて、成人しても親元から離れることなく独身生活をしている子どものことをいう。

地域社会における「つながり」再構築をめざしていること、④イギリスやフランスでも「ソーシャル・インクルージョン」が１つの政策目標になっていること、⑤制度論からではなく、実態論的アプローチによる検討が重要であること、をあげている。

こうした基本的考え方の背景として、①経済環境の急激な変化があること、すなわち産業構造の変化とグローバル化、成長型社会の終焉、日本的雇用慣行の崩壊、企業リストラの進行、企業福祉の縮小などにより、競争と自己責任が強調されてきたこと、②家族の縮小により世帯規模、家族扶養機能が縮小するとともに、非婚や**パラサイトシングル**等の現象が生じてきたこと、③都市環境の変化により、高層住宅やワンルームマンション等の住宅も変化し、都市の無関心と個人主義が一般化してきたこと、などをあげている。

社会福祉の対象となる問題とその構造として、従来の社会福祉は主たる対象を「貧困」としてきたが、現代では「心身の障害・不安」（社会的ストレス問題、アルコール依存症等）、「社会的排除や摩擦」（路上死、中国残留孤児、外国人の排除や摩擦等）、「社会的孤独や孤立」（孤独死、自殺、家庭内の虐待や暴力等）といった問題が重複・複合化している。そしてこれらの問題は、社会的孤立や排除の中で「見えない」形をとり、問題の把握をいっそう困難にしている。したがって制度の谷間にある人びとの「見えない」問題を見えるようにするための複眼的な取り組みが必要であるとしている。

そして新たな福祉課題への対応の理念について、今日的「つながり」の再構築が重要であるとして、次の４つの項目をあげている。①「新たな『公』を創造」すること。ここでは社会の構成員として包み支え合う（ソーシャル・インクルージョン）ための社会福祉を模索する必要があるとして、「社会福祉協議会・自治会・NPO・生協・農協・ボランティアなど地域社会における多様な制度・機関・団体の連携・『つながり』の構築により、新たな『公』を創造する」ことが重要であるとしている。②「問題の発見把握それ自体を重視する」こと。ここでは「金銭やサービス供給だけでなく情報提供、問題の発見把握、相談体制の重視（社会福祉の方法論の拡大、確立）による社会的つながりを確立する」ことが必要であるとしている。③「問題把握から解決までの連携と統合的アプローチ」が重要であること。ここでは問題の発見相談を、必ず何らかの制度や活動に結びつけ、問題解決につなげるプロセスを重視することとしている。④「基本的人権に基づいたセーフティネット」を確立すること。ここでは「個人の自由の尊重と社会共同によるセーフティネットの確立」をはかることが重要であり、特に「最低限の衣食住については最優先で確保していく必要」があるとしている。

2．「地域福祉のあり方」研究会報告書（全国社会福祉協議会　2008）

「社会福祉のあり方」検討会報告書の８年後、2008（平成20）年３月に全

国社会福祉協議会は「これからの地域福祉のあり方に関する研究会報告書」（以下、「地域福祉のあり方」研究会報告書）として「地域における『新たな支え合い』を求めて－住民と行政の協働による新しい福祉－」を公表した。

　この「地域福祉のあり方」研究会報告書では[12]、「地域社会で支援を求めている者に住民が気づき、住民相互で支援活動を行う等、地域住民のつながりを再構築し、支え合う体制を実現するための方策」について検討するために、研究会が設置されたとしている。

　そしていま、「地域福祉を議論することの意義」の1つに、「地域には、①『制度の谷間』にある問題、②多様なニーズについて、すべてを公的な福祉サービスでは対応できない、③複合的な問題に対し公的サービスが総合的に提供されていない、④社会的排除、などの問題がある」としている。

　「地域における多様な福祉課題」について、「公的な福祉サービスだけでは対応できない生活課題」として、「軽易な手助けなど制度では拾いきれないニーズ、『制度の谷間』にある者、問題解決能力が不十分で、公的サービスをうまく利用できない人、孤立死等身近でなければ早期発見が困難な問題など」があるとしている。また「公的な福祉サービスによる総合的な対応が不十分であることから生じる問題」として「複合的な問題のある事例など」をあげ、「社会的排除の対象となりやすい者や少数者、低所得の問題」として「ホームレス、外国人、刑務所出所者など」をあげている。

　そして「地域における『新たな支え合い』（共助）を確立」することが重要であるとしている。すなわち「基本的な福祉ニーズは公的な福祉サービスで対応する、という原則を踏まえつつ、地域における多様なニーズへの的確な対応をはかる上で、成熟した社会における自立した個人が主体的にかかわり、支え合う、『新たな支え合い』（共助）の拡大、強化が求められている」としている。そこでは、「ボランティアやNPO、住民団体など多様な民間主体が担い手となり、地域の生活課題を解決したり、地域福祉計画策定に参加したりすることは、地域に『新たな公』を創出するもの」としている。さらに「市場、行政、非営利セクターがそれぞれの弱点を補い合い、住民の生活課題に対応することが必要である」とともに、「市町村は、住民の福祉を最後に担保する主体として、公的な福祉サービスを適切に運営する」ことが重要であるとしている。

3．社会的包摂とローカル・ガバナンス

　これら2つの報告書では、いずれも「つながり」という言葉がキーワードとなっている。そして「制度の谷間」にある人々など、いわゆる「社会的排除」（ソーシャル・エクスクルージョン）の対象となる人々への対応が必要であり、こうした人々を包み支え合う「社会的包摂」（ソーシャル・インクルージョン）を実現することが課題とされている。ここで「社会的包摂」とは、貧困、失業、差別など、様々な理由により社会から排除されている人々を、社会の相互的

な関係に引き入れることである。

 2つの報告書が示すように、現代の福祉問題は多様かつ複合的であり、その中で制度の谷間にある人々や特別の困難を抱えた人々に有効かつ適切に対応することが重要となる。コミュニティソーシャルワークは、まさにこのようなソーシャル・インクルージョンの課題に具体的に対応する地域福祉実践の手法である。そこではフォーマルなサービスとインフォーマルなサポートが結びつけられたソーシャルサポートネットワークの形成のもと、問題の早期発見、早期対応のために福祉サービスのみならず、他の一般サービスとの連携による協働アプローチが必要となる。他方で、住民が気軽にサービス接近や利用ができる福祉アクセシビリティが保障される必要がある。さらに複合的ニーズのサービス対応には、バラバラの窓口で対応するのではなく、総合的な窓口対応、いわゆる**ワンストップ・サービス**が求められる。

 現代の福祉政策の展開には2つの方向性がある。方向性の1つは、メゾ（中間もしくは地域）領域としての「地域社会」再生のための取り組みである。そこでは地域の「つながり」や地域住民の「新たな支え合い」が重要となる。そして地域が社会的排除を生み出すような閉鎖性を脱し、外部に開かれたものとして、地域に新たな「公共」空間を創出することが重要となる。他方、いま1つの方向性は、マクロレベルにおける国家によるナショナルミニマムとしてのセーフティネットの基盤形成、および市民社会による役割と参加の場の創出である[13]。

 2つの報告書では「新たな公」という言葉をキーワードとしている。これはボランティア、NPO、住民団体等の多様な民間団体の連携、「つながり」による地域の福祉問題の解決や地域福祉計画策定への参画を意味している。それは市場、行政、非営利セクターが相互補完しながら住民の多様な生活問題に対応するとともに、それらの発生を予防する地域社会、すなわち新たな「公共」空間、「公共性」の創出にもつながる。

 福祉政策の展開は3つの段階で効果を表してくる。まず第1の効果は、家族機能の低下、地域社会の機能衰退にともない生起した個別の福祉問題に対し、コミュニティソーシャルワークの介入により、「**ソーシャルキャピタル**」（社会関係資本）の蓄積や地域の多様な社会資源の活用を通じて、福祉問題の解決、家族・地域の機能強化がはかられる。そして第2の効果は、前述の「新たな公」、ひいては「ローカル・ガバナンス」の形成につながる。ここで「ローカル・ガバナンス」とは、地方分権社会において公共的諸問題の解決（公共の利益）に対して、行政だけでなく民間セクターや市民セクターがかかわることを意味する。すなわち地方自治体を中心とした多様な主体の参加による合意形成、問題解決方策の創出、運営管理の統治システムと理解される。この「ローカル・ガバナンス」の政策と実践化により、「公平」と「効率」を積極的に両立させた「豊かな公共圏」（市民社会）が形成されることになる。さらに第3の効果は、国や地方レベルの社会保障・社会福祉の「セーフティネット」の適切な

ワンストップ・サービス
市役所などで複雑な行政の申請手続きなどを、1度にあるいは1つの窓口で行うことができるように、効率化されたサービスのことをいう。(p.189参照)

ソーシャルキャピタル
ソーシャルキャピタル（social capital）について、アメリカの政治学者パットナムは、人々の協調行動を活発にすることによって、社会の効率性を高めることができるという考え方のもとで、「信頼」、「規範」、「ネットワーク」といった社会組織の重要性を説く。OECDは「グループ内部またはグループ間での共通の規範や価値観、理解を伴ったネットワーク」と定義している。簡単にいえば、人びとがもつ信頼関係や人間関係（ネットワーク）のことといえる。

整備により、国民や市民の生活保障が確立されることである[14]。

まさに現代の福祉政策の課題は、「つながり」の構築による「新たな公」の創出、さらに「ローカル・ガバナンス」の形成、そして「豊かな公共圏」（市民社会）の建設と「セーフティネット」の再構築による、いわゆる「包摂型福祉社会」の創造にある。

第3節 国際比較からみたわが国の福祉政策

ここではまず福祉政策の3つの類型、次に福祉政策における新しい潮流であるワークフェアの3つのタイプ、そして国際比較を通じて、わが国の福祉政策に示唆するものについて述べる。

1. 福祉政策の類型

エスピン・アンデルセン（G.Esping Andersen）は「福祉国家レジーム」（福祉資本主義）として、福祉国家を「自由主義レジーム」、「保守主義レジーム」、「社会民主主義レジーム」の3つの類型に分けている[15]。そしてこの類型は、そのままティトマス（R.M.Titmuss）の福祉政策の3つの分類[16]にも該当する。

「自由主義レジーム」はアメリカ、イギリスを中心とした類型であり、そこでは小さな政府、市場原理主義の重視により、規制緩和、公的機関の民営化、雇用の流動化と多様化が積極的に推進される。なおティトマスによれば、このように市場と家族にまかせ、これらがうまく機能しないときに、臨時的に福祉政策が対応するモデルを「残余的福祉モデル」としている。

次に「保守主義レジーム」はドイツ、フランスなどヨーロッパ大陸諸国の類型であり、そこでは社会的弱者への公的保護、「男性は仕事、女性は家庭」といった伝統的家族主義、正規雇用労働者の既得権益の保護等が重視され、社会保険や公的扶助の充実が図られている。なおティトマスは、このように産業上の業績や地位に連動する経済の付属物としての福祉政策のモデルを「産業的業績達成モデル」としている。

そして「社会民主主義レジーム」はスウェーデン、デンマークなどの北欧諸国の類型であり、そこでは大きな政府による高福祉・高負担政策が採用され、雇用政策では積極的な職業訓練を通じて、衰退産業から成長産業へ円滑な労働移動を促す積極的労働市場政策が推進される。なおティトマスは、このように市場の外にあってニードの原則に従い、普遍主義的サービスを供給する福祉政策のモデルを「制度的再分配モデル」としている。

わが国がどの類型に該当するかについては、明確に示すことは難しいが、

エスピン・アンデルセン（G.Esping Andersen）
デンマーク出身の比較政治経済学者（1947～）で、現在、スペインのポンペウ・ファブラ大学政治社会学部教授、福祉国家論研究の第一人者である。主著に『福祉資本主義の三つの世界』（ミネルヴァ書房）がある。

ティトマス（R.M.Titmuss）
イギリスの社会政策学者（1907～73）で、ロンドン大学教授を歴任した。その研究は各国の社会政策、福祉国家研究に今なお大きな影響を与えている。主著に『福祉国家の理想と現実』（東京大学出版会）がある。

1970年代までの「保守主義レジーム」志向から1980年代以降、特にバブル崩壊後の1990年代後半以降は「自由主義レジーム」への志向性が強いといえる。そのことは、OECD諸国の中で相対的貧困率の数値が特に高位であり、とくに先進諸国の中でアメリカに次いで高い16.0％（2009）というデータに示されている（表11－1）。また国民負担率（租税負担及び社会保障負担）の国際比較においても高福祉国家スウェーデンが58.9％（2010）であるのに対し、わが国のそれは40.0％（2013）であり、アメリカの30.9％（2010）に次いで低いことがデータにも示されている（表11－2）。

表11－1　OECD諸国の貧困率（％）

1	イスラエル	20.9
2	メキシコ	20.4
3	トルコ	19.3
4	チリ	18.0
5	アメリカ	17.4
6	日本	16.0
7	スペイン	15.4
8	韓国	14.9
9	オーストラリア	14.5
10	ギリシャ	14.3
11	イタリア	13.0
12	カナダ	11.9
13	エストニア	11.7
14	ポルトガル	11.4
15	ポーランド	11.0
16	ニュージーランド	10.3
17	イギリス	9.9
18	ベルギー	9.7
19	スイス	9.5
20	スロベニア	9.2
21	スウェーデン	9.1
22	アイルランド	9.0
23	ドイツ	8.8
24	オーストリア	8.1
25	フランス	7.9
26	スロヴァキア	7.8
27	オランダ	7.5
OECD全体		11.3

出典：OECD（2014）Family database "Child poverty"
（注）ハンガリー、アイルランド、日本、ニュージーランド、スイス、トルコの数値は2011年

2．福祉政策における新しい流れ－ワークフェア

ワークフェア（Workfare）とは、公的扶助や社会扶助などの福祉給付の見返りに、その受給者に就労を求めるプログラムであり、世界各国で福祉政策における新しい流れとして導入されている。

このワークフェアという言葉は、1970年代にアメリカのニクソン政権下

表11-2 国民負担率（対国民所得費）の内訳の国際比較

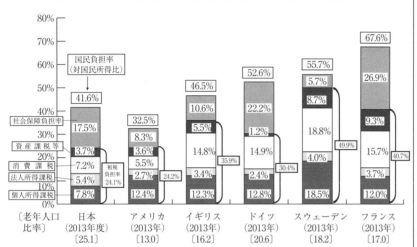

(注) 1. 日本は平成25年度（2013年度）実績、諸外国は、OECD "Revenue Statistics 1965-2014" 及び同 "National Accounts" による。なお、日本の平成28年度（2016年度）予算ベースでは、国民負担率：43.9％、租税負担率：26.1％、個人所得課税：8.1％、法人所得課税：5.7％、消費課税：8.8％、資産課税等：3.6％、社会保障負担率：17.8％となっている。
2. 租税負担率は国税及び地方税の合計の数値である。また所得課税には資産性所得に対する課税を含む。
3. 四捨五入の関係上、各項目の計数の和が合計値と一致しないことがある。
4. 老年人口比率については、日本は2013年の推計値（総務省「人口推計」における10月1日現在人口）、諸外国は2010年の数値（国際連合"World Population Prospects: The 2015Revision Population Database"による）である。なお、日本の2016年の推計値（国立社会保障・人口問題研究所「日本の将来推計人口」（平成24年（2012年）1月推計）による）は27.5となっている。

資料：財務省作成資料

で、AFDC（要保護児童家庭扶助）に就労義務を導入するときに、それを正当化するために大統領のスピーチライターが造語したといわれている。そして1990年代のクリントン政権下において、AFDCが廃止された後、新しくTANF（貧困家庭への一時扶助）が制定されたときに、受給後2年以内の就労、受給期間を人生で最長5年間、週30時間労働といったワークフェアの考え方が積極的に取り入れられるようになった。

ワークフェアには、政府による就労支援の費用負担がどの程度かにより、「はじめに就労ありき」（Work First）、「福祉から就労へ」（Welfare to Work）、「就労にともなう福祉」（Welfare with Work）モデルの3つのタイプがある[17]。

「はじめに就労ありき」タイプは、東南アジア諸国など後発資本主義諸国が典型である。そこでは社会保障制度も未熟であり、雇用の確保が最重要課題となる。

「福祉から就労へ」タイプは、就労や職業訓練を給付の条件とするもので、アメリカやイギリスがこの典型である。そこでは職業訓練を施し、就労義務を課すことにより、漫然と福祉受給を続ける、いわゆる「福祉依存者」を減らし、福祉費用負担の削減をめざす。

「就労にともなう福祉」タイプは、スウェーデンなど北欧諸国を典型とし、

アクティベーション（Activation）とも呼ばれる。そこではいわゆる積極的労働市場政策により、就労支援に多大な費用負担をする。年金・医療・育児休暇等の社会保障制度、職業訓練や職業紹介、職業カウンセリング、生涯学習等により、就労意欲を高めるとともに雇用可能性や社会的投資を高めていく。

わが国がどのワークフェアタイプに該当するかは、これも明言することは難しいが、近年の障害者自立支援法における就労支援事業や生活保護制度における自立支援プログラムなどの政策動向は「福祉から就労へ」タイプに志向性を高めているといえよう。

3．国際比較が示唆する課題
（1）企業・家族依存の生活保障システム

わが国は1970年代まではアンデルセンの類型による「保守主義レジーム」志向性が強く、むしろドイツやフランスの大陸ヨーロッパ諸国以上に「男は仕事、女は家庭」といった性別分業を前提とした生活保障システムが機能していた。

そこでは男性は夫、父親、そして労働者として、年功賃金、終身雇用といった「**日本的雇用慣行**」と呼ばれる企業の労働環境の下で、一家の経済生活を支えた。一方、女性は妻、母親、そして専業主婦として家庭を守り、子どもの育児やあるいは老親の介護に努めた。そして子どもたちが学業を終え、社会人として企業に勤め始める頃には、一家の稼ぎ手であった男性は定年を迎え、年金生活に入るのが典型的なパターンであった。この生活保障システムでは、主として企業や家族が、子どもの学費や育児、介護など一家の福祉ニーズを支えてきた。一方、社会保障は男性が退職した後の年金や医療、介護などの人生後半にウエイトがおかれた。すなわち人生前半の社会保障は企業や家族が代替してきたといえる。

ところが1980年代以降の経済停滞、グローバル化、**脱工業化**の進行により、企業体力が低下する一方、これまでの標準家族（夫婦と子ども2人）が崩れ始め、単身あるいは夫婦のみ世帯など多様な家族形態が出現する中で、様々な生活問題が噴出し、それまでの生活保障システムでは対応しきれなくなってきた。なお、こうした傾向は欧米先進諸国に共通であるが、特にわが国において顕著に出現してきたといえる。

（2）人生前半の社会保障の充実

人生前半の社会保障に関して、ここに興味深いデータがある。OECD諸国の家族関係給付の対GDP（国民総生産）比調査（2007）についてみると、わが国は0.79％とアメリカの0.65％と同程度に低い。これに対し、スウェーデンは3.35％とトップであり、次いでイギリス3.27％、フランス3.00％、ドイツ1.88％となっている（図11-1）。また教育関連の公的支出に関する対

日本的雇用慣行
日本的経営とも呼ばれる。年功賃金、終身雇用、企業別組合を特徴とし、手厚い企業福祉と従業員の強い企業忠誠心により、日本の高度経済成長を支えたとされる。

脱工業化
これまでの製造業中心からサービス産業や知識集約型産業に産業構造が転換したことをさす。

第3節　国際比較からみたわが国の福祉政策

GDP比調査(2008)をみても、わが国は3.1％と最低レベルである。これに対し、スウェーデンやフィンランドの北欧諸国は5～6％と高いレベルを示している（図11－2）。

これらのことは、バブル崩壊にともなう1990年代後半以降の社会経済状況の悪化の中で、「子どもの貧困」として国際的にも高いデータを示すことになる。ちなみに、わが国の子どもの貧困率は2009（平成21）年には15.7％と

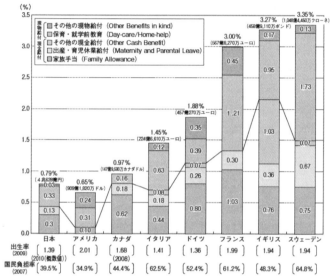

図11－1　家族関係給付の国際比較

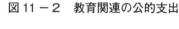

図11－2　教育関連の公的支出

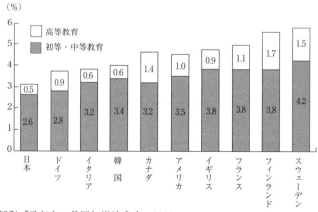

出典：阿部彩『子どもの貧困』岩波書店、2008
資料：OECD：Education at A Glance 2008

表11-4 子どもの貧困率（%）

1	イスラエル	28.5
2	トルコ	27.5
3	メキシコ	24.5
4	チリ	23.9
5	アメリカ	21.2
6	スペイン	20.5
7	イタリア	17.8
8	ギリシャ	17.7
9	ポルトガル	16.2
10	日本	15.7
11	オーストラリア	15.1
12	カナダ	14.0
13	ポーランド	13.6
14	ニュージーランド	13.3
15	ベルギー	12.8
16	エストニア	12.4
17	スロヴァキア	12.1
18	ルクセンブルク	11.4
19	フランス	11.0
20	アイルランド	10.2
21	オランダ	9.9
22	スイス	9.8
23	イギリス	9.8
24	韓国	9.4
25	ハンガリー	9.4
26	スロベニア	9.4
27	ドイツ	9.1
OECD全体		13.3

出典：子どもの貧困白書編集委員会編『子どもの貧困白書』明石書店、2009
資料：OECD：Growing Unequal ? Income Distribution and Poverty in OECD Countries 2008

なっている。約6.4人に1人の子どもが貧困状況におかれている。この15.7%という数値は、デンマーク、スウェーデン、フィンランド、ノルウェーなどの北欧諸国、フランス、イギリス、オランダなどのヨーロッパ諸国に比べると高い（表11-4）。特にイギリスでは1999年に当時のブレア首相が、2020年までに子どもの貧困を撲滅すると宣言し、1999年に13.6%であった貧困率を2004年には10.1%まで減少させた。人生前半の社会保障にウェイトを高め、まずは子どもの貧困および**貧困の世代的再生産**を防止し、教育支出に力を注ぎ、将来の国家を担う能力豊かな人材を育成していくことは国家の至上命題である。

（3）福祉政策と雇用政策の連携

　次に現役労働者の社会保障についてはどうであろうか。職業訓練、職業教育、育児休業などの積極的労働市場政策支出の対GDP比のOECD調査（2007）では、わが国は0.20%であり、アメリカの0.1%に次ぐワースト2である。

貧困の世代的再生産
貧困が親から子へ受け継がれること。貧困サイクル、あるいは貧困連鎖とも呼ばれる。その1つの典型として母子世帯における貧困がある。

表 11 - 5　積極的労働市場政策支出（2007　対 GDP 比%）

国	日本	アメリカ	イギリス	ドイツ	フランス	スウェーデン
積極的労働市場政策	0.2	0.1	0.3	0.7	0.9	1.1

資料：OECD Database（http://stats.oecd.org/）"Social Expenditure" 2011 年 9 月現在

これに対して、スウェーデン 1.1%、ドイツ 0.7%、フランス 0.9%、イギリス 0.3%となっており、北欧諸国や大陸ヨーロッパ諸国が高い（表 11 - 5）。

　非正規雇用労働者、パート、フリーターなどのワーキングプア問題が深刻化する中、積極的労働市場政策の展開が今日ほど求められることはない。失職した場合や長期にわたり離職している場合に、その期間に雇用保険や生活手当を受給しながら、職業訓練、職業カウンセリングを受けて、スムーズに次の仕事に就けるように、いわゆる社会的なリハビリテーションの仕組みが大切となる。加えて、求められる専門的技術の修得により、介護や医療、農業、環境など、労働力が不足している産業分野への移行促進も必要となろう。さらにはオランダのように、仕事が全体的に不足する中、仕事を国民みんなで分け合う「ワークシェアリング」の導入も検討されよう。そして少子高齢社会の進行の中、仕事と生活を両立させる「ワークライフバランス」の実現も求められよう。そのためにも社会保障における積極的労働市場政策支出のウェイトが高められるべきである。

　これまで福祉政策の国際比較から学んできたように、「福祉から労働へ」さらには「就労にともなう福祉」というワークフェアの流れの中で、他方で行き詰まった雇用環境の打開と福祉財源創出のためにも、さらには国民すべての社会参加と支え合いによる包摂型福祉社会の形成のためにも、雇用政策と連携を深めた積極的な福祉政策の展開が、ますます求められてこよう。

引用文献

1）国立社会保障・人口問題研究所ホームページ「生活と支え合いに関する調査」
2）厚生労働省ホームページ「相対的貧困率」
3）総務省ホームページ「労働力調査」
4）厚生労働省ホームページ「平成 22 年国民生活基礎調査」
5）厚生労働省ホームページ「全国母子世帯等調査」
6）厚生労働省ホームページ「労働力調査」
7）同上
8）厚生労働省ホームページ「ホームレスの実態に関する全国調査（概数調査）」
9）内閣府自殺対策推進室ホームページ

ワークシェアリング（work sharing）
読んで字の通り、不況などで仕事が減ったときに、1 人あたりの労働時間を減らして仕事を分かち合い、雇用の維持・創出をはかることをいう。オランダではこの制度導入により、失業率を大きく改善した。

ワークライフバランス（work life balance）
勤務先などでの仕事の遂行と充実した生活との両立をはかることをいう。充実した生活が仕事の生産性を高め、仕事の充実感が生活の質をさらに高めるという考え方である。

10）厚生労働省ホームページ「児童相談所における児童虐待相談対応件数」
11）厚生労働省「社会的援護を要する人々に対する社会福祉のあり方に関する報告書」（2000.12.8）から主要部分を抜粋、要約
12）これからの地域福祉のあり方に関する研究会報告書「地域における『新たな支え合い』を求めて―住民と行政の協働による新しい福祉―」（2008.3）から主要部分を抜粋、要約
13）社会福祉士養成講座編集委員会編『現代社会と福祉』中央法規出版、2009、pp.282 - 283
14）同上書、p.286
15）エスピン・アンデルセン著、岡沢憲芙、宮本太郎監訳『福祉資本主義の三つの世界―比較福祉国家の理論と動態』ミネルヴァ書房、2001、pp.28 - 31
16）リチャード・ティトマス著、三友雅夫監訳『社会福祉政策』恒星社厚生閣、1981、pp.27 - 29
17）社会福祉学習双書編集委員会編『社会福祉概論Ⅰ』全国社会福祉協議会、2009、pp.211 - 212（ワークフェア分類）

参考文献

1．社会福祉士養成講座編集委員会編『現代社会と福祉』中央法規出版、2009
2．社会福祉学習双書編集委員会編『社会福祉概論Ⅰ』全国社会福祉協議会、2009
3．橘木俊詔『格差社会』岩波書店、2006
4．阿部彩『子どもの貧困』岩波書店、2008
5．宮本太郎『生活保障』岩波書店、2009
6．宮田和明「現代の生活問題と社会福祉－格差社会における社会福祉の役割」『社会福祉研究』第102号、鉄道弘済会、2008
7．大沢真理「社会的排除の現実とソーシャルインクルージョンの課題」『社会福祉学』Vol.50- 2、日本社会福祉学会、2009.8
8．日本学術会議社会学委員会経済学委員会合同『経済危機に立ち向かう包摂的社会政策のために』2009.6.25

第12章

相談援助活動と福祉政策の関係

第1節 相談援助活動の内容

1．相談援助のとらえ方

　今日のわが国は少子高齢社会といわれ、その傾向が世界に類を見ない速度で進んでいる。そのため、年金や保険制度など経済的な面でマイナスの影響が出ている。また、世帯規模の縮小、女性の雇用機会の拡大などにより、家庭内での介護能力の低下が叫ばれ、高齢者の問題が複雑化している。さらに、子どものことに目を向けると、都市化・過疎化の進行によって地域社会の相互扶助機能が弱体化したために、同世代の子ども同士のかかわりや子どもが地域の大人から何かを学ぶ機会が著しく減少している。この他、児童虐待、家庭内暴力、少年非行などの問題が深刻化し、学校における暴力行為、いじめ、不登校なども大きな問題となっている。このように、高齢者や子どもを取り巻く状況を見ても複雑・多様化する傾向にあり、高齢者が安心して地域で生活したり、子どもが地域の人々に見守られたりしながら、地域に愛着をもって成長していくことが困難な状況にある。

　こういった社会的な問題に適切に対応し、専門的な援助活動を展開する中心的な社会福祉専門職が社会福祉士である。本資格は、1987（昭和62）年の「社会福祉士及び介護福祉士法」の成立によって生まれ、相談援助業務を担う専門職、すなわちソーシャルワーカーとして位置づけられた。同法第2条第1項において、「『社会福祉士』とは、**第28条**の登録を受け、社会福祉士の名称を用いて、専門的知識及び技術をもって、身体上若しくは精神上の障害があること又は環境上の理由により日常生活を営むのに支障がある者の福祉に関する相談に応じ、助言、指導、福祉サービスを提供する者又は医師その他の保健医療サービスを提供する者その他の関係者との連絡及び調整その他の援助を行うことを業とする者をいう」と規定されている。2007（平成19）年に同法が改正された際、「福祉サービスを提供する者又は医師その他の保健医療サービスを提供する者その他の関係者との連絡及び調整」の部分が追加され、現在の規定となっている。ここに定められた業務が「相談援助」と総称され、これは「援助を必要としている人びとの生活の中で起きているさまざまな諸問題を適切に把握し、その援助に必要なさまざまな社会資源や援助方法を組み合わせ、その人にあった援助計画を立てて、そしてそれを実践するというプロセスを経ることによって展開する」[1]ものといえる。そして、このような相談援助活動をはじめ、社会福祉の理念に基づいた専門的な援助活動を展開していくための方法・技術がソーシャルワークである。

ソーシャルワーカー
わが国では、様々なとらえ方があるが、国家資格である社会福祉士と精神保健福祉士をソーシャルワーカーとする見方がある。また、これらの資格を所持していなくても、社会福祉施設などにおいて、ソーシャルワーカーとしての知識・技術・倫理を持って相談援助業務を行っている人などもあてはまるとされる。

社会福祉士及び介護福祉士法第28条
「社会福祉士となる資格を有する者が社会福祉士となるには、社会福祉士登録簿に、氏名、生年月日その他厚生労働省令で定める事項の登録を受けなければならない」と規定されている。

ソーシャルワーク
わが国では、社会福祉援助活動もしくは社会福祉援助技術と訳される。「援助活動」ととらえられる場合、援助活動を展開するための「援助技術」とされる場合、さらにはどちらも含

2．ソーシャルワークの原理・原則

　ソーシャルワーカー（社会福祉士）がソーシャルワークの技法を用いて援助活動を展開する上で理解しておくべき原理・原則は多々ある。ここでは、バイスティック（Biestek, F.P.）の原則を紹介し、ソーシャルワーカーとしての価値・倫理についても触れる。

①バイスティックの原則

　この原則は、社会福祉士をはじめとした社会福祉専門職が、個人や家族などに対して相談援助活動を行う際に求められる基本姿勢を示したものである（表12－1）。ソーシャルワーカーは、利用者との信頼関係に基づいた効果的な援助活動を展開するためにも、これを理解して身につけておくことが必要である。

むとされる場合があり、統一された見解がないのが現状である。本論では、「援助技術」の意味でとらえることとする。

表12－1　バイスティックの7つの原則

原　則	内　容
①個別化	＜利用者1人ひとりを尊重し、個人としてとらえる＞ 個別化とは、援助者が利用者を個人としてとらえること、すなわち個性を尊重することである。同じようなケースであっても、状況や問題のとらえ方は1人ひとり異なる。援助者は、問題の状況を適切にとらえ、利用者のニーズを把握して、その価値観を尊重することが重要である。
②意図的な感情表出	＜利用者の感情表現を大切にする＞ 意図的な感情表出とは、利用者の感情表現を大切にして、それをうながすことである。援助者は、利用者の肯定的感情のみならず、戸惑い、不満、怒りなど否定的感情を表現したいというニーズを認識することが必要となる。その上で、利用者が自身の感情を気兼ねなく表現できるよう意図的にかかわることが重要である。
③統制された情緒的関与	＜援助者は自分を知り、感情をコントロールする＞ 統制された情緒的関与とは、援助者自身が自分を知り、感情を吟味しながら適切に活用していくことである。援助者は、「自分自身がどのように感じる傾向にあるのか」、「どのような印象を人に与えるのか」を知ることが重要である。利用者の感情を聴いていると、援助者も様々な感情が出てくる。常に共感的に受け止められるとは限らず、否定的に感じる場合もある。そのような時でも、自身の注意する点を認識して感情をコントロールしながら、適切に表現することが望まれる。
④受　容	＜利用者を尊重し、あるがままを受け止める＞ 受容とは、援助者が利用者のあるがままの状態をしっかりと受け止めることである。利用者の置かれている状況、かかえている問題、持っている価値観などにかかわらず、援助者が不安やつらさなどを受け止め、心に寄り添うよう努めなければならない。
⑤非審判的態度	＜利用者を非難したり、否定したりしない＞ 非審判的態度とは、利用者の価値観やとった行動などについて、援助者自身の価値観・基準で一方的に非難したり、決めつけたりしてはならないということである。ただし、それは、利用者の言動をすべて是認すること（何もかもよいと認めること）とは異なるため、注意が必要である。
⑥自己決定	＜決めるのはあくまでも利用者自身である＞ 自己決定とは、利用者の行動を決め、問題を解決するのは、あくまでも利用者自身であるということである。援助者は、利用者が成長して自分で問題を解決していけるよう、「何もかもすべて援助する」のではなく、「足りないところを補いながら援助していく」姿勢が求められる。
⑦秘密保持	＜知り得た利用者の秘密は必ず守る＞ 秘密保持とは、利用者から知り得た情報の秘密は、必ず守らなければならないということである。情報の収集も必要最低限におさえる必要がある。援助者は、「ここでの話の内容を、あなたの許可なしに他人に話すことはない」と利用者に伝えることが重要である。これによって、利用者は安心して自分の感情を話すことができ、信頼関係を築くことにつながる。

出典：石田慎二・山縣文治編著『社会福祉（第4版）』ミネルヴァ書房、2015、p.150を一部改変

②ソーシャルワーカーとしての価値・倫理

ソーシャルワーカーは、人々の生活にかかわり、その問題の解決・緩和に向けて援助を行うことが仕事である。そのため、専門職1人ひとりの生活観や子ども観などといった「価値観」が、援助の過程において大きく影響を与える可能性がある。実際の援助の場面では、専門職によってその援助行動に違いが見られるが、職種間で共通の指針をまったくもつことなく、1人ひとりの意志で自由に行動することが許されるわけではない。社会福祉専門職である以上、社会福祉や関連する分野の専門的な「知識」や「技術」とともに、社会福祉専門職としての「価値」と「倫理」をもち、専門職全体で一定の共有をはかることが求められる。

ここでの「**価値**」とは、社会福祉専門職が、社会福祉についての知識や技術を何のために用いるかというめざすべきものの基盤、つまり、専門職としてもっている信念を意味する。そして、その価値を実現させるための行動の基準となるものを「専門職倫理」と呼ぶ。これは、その職務における目標を遂行していくための具体的な行動にかかわる決まりごとであり、いわば、価値を実現させるための現実的な約束事のことである。そして、各専門職団体は、「専門職倫理」を実際に文章化した「**倫理綱領**」をもっている。社会福祉の分野でも、日本社会福祉士会、日本ソーシャルワーカー協会などが共通に定めている倫理綱領があり、ソーシャルワーカーは常にこれを踏まえて援助活動を行う必要がある。

3．ソーシャルワークの類型

ソーシャルワークは、「社会生活において発生する様々な生活の諸困難やその当事者および家族、地域住民自らが個別的あるいは組織的に解決するように援助する社会福祉の専門技術」[2]である。伝統的なものとして、大きく「直接援助技術」、「間接援助技術」、「関連援助技術」に分類される方法がある（表12−2）。

ただし、ソーシャルワークの統合化によってもたらされ、従来の直接、間接、関連といった垣根が取り払われたものである「ジェネラリスト・アプローチ」の重要性も認識する必要がある。これは、「人の不十分な対処能力といった自己システム上の問題から、環境諸システムにおける資源不足、不適切な資源提供方法、不適切な組織運営や政策といった環境諸システム上の諸問題まで、問題を幅広く多元的に理解し総合的に把握するという視点をもつ、そして、その理解に基づいて複合的な介入を実施するというアプローチ」[3]である。これが注目されてきた背景には、高齢者や子どもなどをめぐる社会問題の複雑・多様化、さらには福祉サービス供給主体の多元化（**福祉多元主義**）などがあげられる。ソーシャルワーカーは、実際に援助活動を行う際、「『個人・家族』を対象とする『ミクロ』、集団、地域社会を対象とする『メゾ』、そして社会を対象とした『マクロ』」[4]に対して働きかけを行うことを視野に入れておく必要がある。「ジェ

価値
国際ソーシャルワーカー連盟（IFSW）が示す「ソーシャルワークの定義」の「価値」の項には、「人道主義と民主主義の理想」からソーシャルワークが生まれ育ったとされている。そして、職業上のソーシャルワークの価値は、「すべての人間が平等であること、価値ある存在であること、そして、尊厳を有していることを認め、尊重することに基盤を置いている」と示されている。その上で、ソーシャルワーク専門職は、「不利益を被っている人びとと連帯して、貧困を軽減することに努め、また、傷つきやすく抑圧されている人びとを解放して社会的包含（ソーシャル・インクルージョン）を促進するよう努力する」と述べられている。

倫理綱領
各専門職団体が活動をする上での決まりごとや基準とすべきこと（=「専門職倫理」）を実際に文章化したもので、当該専門職間で共有しなければならない行動上の決まり・基準に関する自らの宣言、いわば「専門職としての誓い」のことである。社会福祉士の

ネラリスト・アプローチ」は、ミクロの部分だけ、あるいはマクロの部分だけを対象とするのではなく、ミクロからマクロまでを含む包括的な援助技術（方法）といえる。

表12－2　ソーシャルワークの種類

1　直接援助技術
（1）個別援助技術（ケースワーク）
（2）集団援助技術（グループワーク）
2　間接援助技術
（1）地域援助技術（コミュニティワーク）
（2）社会福祉調査法（ソーシャルワーク・リサーチ）
（3）社会福祉運営管理（ソーシャル・アドミニストレーション）
（4）社会福祉計画法（ソーシャル・プランニング）
（5）社会活動法（ソーシャルアクション）
3　関連援助技術
（1）ケアマネジメント
（2）ネットワーク
（3）スーパービジョン
（4）コンサルテーション
（5）カウンセリング

出典：石田慎二・山縣文治編著『社会福祉（第4版）』ミネルヴァ書房、2015、p.149

みならず、看護師、弁護士などの専門職団体も独自の倫理綱領をもっている。

福祉多元主義
p.24、141参照。

※近年では、ジェネラリスト・アプローチが1990年前後以降さらに進展したものであるジェネラリスト・ソーシャルワークの重要性が再認識されてきている。

第2節　相談援助活動と福祉政策の関係性

1．福祉政策のとらえ方

2007（平成19）年の「社会福祉士及び介護福祉士養成課程における教育内容等の見直しについて」（2009（平成21）年施行）の中で、「現代社会と福祉」の科目に「福祉政策」という概念が加えられた。これは、「社会政策」や「社会福祉政策」とほぼ同義の言葉として用いられるなど、従来から様々なとらえ方をされてきており、明確な定義があるわけではない。この点に関しては、第2章で述べられているが、本章においても簡単に整理をしておく。

「福祉政策」は、「福祉」をどのようにとらえるかによって、そのとらえ方が異なる。広義の福祉は、広く国民一般を対象にして人々の幸福を追求し、自立支援を促すものである。狭義にとらえると、生活困窮者、高齢者、障害のある人々など社会的に弱い立場とされる限られた人々を対象にして、保護・救済を行うものとなる。従来の社会福祉は、後者のとらえ方をされてきたが、今日では前者のとらえ方をされてきている。すなわち、社会的弱者とされる人々の保護・救済にとどまらず、誰もがいかにその人らしく安心して生活で

きるかを援助していく方向で考えられているわけである。

　福祉政策の概念も、前者のとらえ方をすると「社会政策」（表12－3のⅠ）ということになり、後者のとらえ方であれば「社会福祉政策」（表12－3のⅡ）となる。新社会福祉士養成課程のシラバスにおける「福祉政策」の概念は、このどちらのとらえ方とも異なり、「広義の福祉政策（である社会政策）とも狭義の福祉政策（である社会福祉政策）とも関係する公共政策であって、両者の中間に位置する」[5]ものといえる（表12－3のⅢ）。この概念について、古川孝順は、「従来の社会福祉（政策）を基幹的な部分としながら、所得保障、保健サービス、医療サービス、更生保護、司法福祉（青少年サービス）、人権擁護、権利擁護、後見制度、住宅政策、まちづくり政策などと部分的に重なりあい、あるいはそれらの社会政策との連絡調整、協働を通じて展開される施策」[6]と定義している。

表12－3　福祉政策のとらえ方

Ⅰ．広義の福祉政策＝広義の福祉政策を実現させるための公共政策＝社会政策
Ⅱ．狭義の福祉政策＝狭義の福祉政策を実現させるための公共政策＝社会福祉政策
Ⅲ．社会政策（＝広義の福祉政策）＞福祉政策＞社会福祉政策（＝狭義の福祉政策）

出典：社会福祉士養成講座編集委員会編『現代社会と福祉―社会福祉原論（第2版）』中央法規出版、2010、pp.76-77を参考に筆者作成

　なお、「従来の社会福祉政策（狭義の福祉政策）」とは、社会福祉法で規定された**社会福祉事業**や福祉サービス（保育、介護などの対人サービス）に関連するもので、ソーシャルワーカーが長年業務の対象としてきた部分である。社会福祉事業は、社会福祉法において第一種社会福祉事業と第二種社会福祉事業に分類されている（表12－4）。前者は、利用者保護の必要性が高く、利用者の生命・生活に与える影響の大きさから、経営主体は原則として、国・

社会福祉事業
社会福祉事業の範囲には、「社会福祉事業」、「社会福祉を目的とする事業」、「社会福祉に関する活動」がある。「社会福祉事業」の内容については、社会福祉法第2条に規定されている。（p.139参照）

表12－4　第一種社会福祉事業と第二種社会福祉事業

＜第一種社会福祉事業＞
- 生活保護法に規定する救護施設、更生施設
- 生計困難者を無料または低額な料金で入所させて生活の扶助を行う施設
- 生計困難者に対して助葬を行う事業
- 児童福祉法に規定する乳児院、母子生活支援施設、児童養護施設、障害児入所施設、情緒障害児短期治療施設、児童自立支援施設
- 老人福祉法に規定する養護老人ホーム、特別養護老人ホーム、軽費老人ホーム
- 障害者総合支援法に規定する障害者支援施設
- 売春防止法に規定する婦人保護施設
- 授産施設
- 生計困難者に無利子または低利で資金を融通する事業
- 共同募金を行う事業

<第二種社会福祉事業>
- 生計困難者に対して日常生活必需品・金銭を与える事業
- 生計困難者生活相談事業
- 生活困窮者自立支援法に規定する認定生活困窮者就労訓練事業
- 児童福祉法に規定する障害児通所支援事業、障害児相談支援事業、児童自立生活援助事業、放課後児童健全育成事業、子育て短期支援事業、乳児家庭全戸訪問事業、養育支援訪問事業、地域子育て支援拠点事業、一時預かり事業、小規模住居型児童養育事業、小規模保育事業、病児保育事業、子育て援助活動支援事業
- 児童福祉法に規定する助産施設、保育所、児童厚生施設、児童家庭支援センター
- 児童福祉増進相談事業（利用者支援事業など）
- 就学前の子どもに関する教育、保育等の総合的な提供の推進に関する法律に規定する幼保連携型認定こども園
- 母子及び父子並びに寡婦福祉法に規定する母子家庭日常生活支援事業、父子家庭日常生活支援事業、寡婦日常生活支援事業
- 母子及び父子並びに寡婦福祉法に規定する母子・父子福祉施設
- 老人福祉法に規定する老人居宅介護等事業、老人デイサービス事業、老人短期入所事業、小規模多機能型居宅介護事業、認知症対応型老人共同生活援助事業、複合型サービス福祉事業
- 老人福祉法に規定する老人デイサービスセンター（日帰り介護施設）、老人短期入所施設、老人福祉センター、老人介護支援センター
- 障害者総合支援法に規定する障害福祉サービス事業、一般相談支援事業、特定相談支援事業、移動支援事業、地域活動支援センター、福祉ホーム
- 身体障害者福祉法に規定する身体障害者生活訓練等事業、手話通訳事業又は介助犬訓練事業若しくは聴導犬訓練事業
- 身体障害者福祉法に規定する身体障害者福祉センター、補装具製作施設、盲導犬訓練施設、視聴覚障害者情報提供施設
- 身体障害者更生相談事業
- 知的障害者更生相談事業
- 生計困難者に無料または低額な料金で簡易住宅を貸し付け、または宿泊所等を利用させる事業
- 生計困難者に無料または低額な料金で診療を行う事業
- 生計困難者に無料または低額な費用で介護老人保健施設を利用させる事業
- 隣保事業
- 福祉サービス利用援助事業
- 各社会福祉事業に関する連絡
- 各社会福祉事業に関する助成

出典：厚生労働省編『厚生労働白書（資料編 平成28年版）』ぎょうせい、2016、p.194

地方公共団体または社会福祉法人に限定されている。後者は、前者に比べると利用者への影響が少ないと考えられ、経営の主体に特に制限が設けられていない事業である。

ここで示す「福祉政策」の概念は、「従来の社会福祉の概念を他の一般社会政策との関連を積極的に視野に入れるかたちで再構成した概念」[7]、すなわち、社会福祉事業や福祉サービスを中心としながら、保健・医療サービスなど関連する分野も含んだものといえよう。

2．福祉サービス供給主体の多元化と行政に求められる役割

近年、**社会福祉基礎構造改革**の流れを受けて多くの関係諸法の改正や成立

社会福祉基礎構造改革
1990年代半ばから2000年代はじめにかけて進められた、わが国の社会福祉の抜本的変革と新たな枠組みの構築をめざした改革。この流れを受けて、2000（平成12）年には、「社会福祉事業法」が「社会福祉法」へと改正・改称された他、身体障害者福祉法、知的障害者福祉法など関係各法の一部改正が行われた。（p.96、129参照）

が進み、わが国の社会福祉は新たな段階に入ってきている。この改革により、福祉サービス利用のシステムが措置制度から契約制度へと転換され、行政による一元的なサービス供給システムではなく、民間企業も含めた多様な供給主体の参入が促進された。この流れを受けて、現在の介護保険制度や障害者自立支援法などにおける福祉サービスの提供は、「分権化・供給体制の多元化・住民参加を志向した福祉サービス供給のあり方への改革を目指すもの」[8]という考え方に基づいて進められている。

　我々は、日常生活においてスーパーマーケットやコンビニエンスストアなどで買い物をするが、そのような一般のサービス・商品の購入・消費のプロセスは、市場原理に基づいたものである。従来、社会福祉におけるサービスの供給システムは、この原理に基づかない形で行われてきたが、民間企業が社会福祉分野に参入してきたことにより、一部（特に介護保険サービスの供給において）で市場原理に基づいた仕組みが取り入れられている。ただし、この状況は、完全に市場原理に基づいたものではなく、「準市場化」[9]と呼ばれる。現在の福祉サービスの供給は、従来のように市場や準市場を経ず、あるいは準市場において、資源の調達と配分が行われる形で成り立っているということになる。

　このように、多様な供給主体の参入によって、行政の役割も社会福祉法人・社会福祉協議会、NPO法人など他の供給主体との調整・連絡、資金・資源や福祉サービスの質の確保などといった面がより強くなってきた（行政など供給主体の関係構造は図12－1参照）。今後は、「限られた財源や資源をいかに適切な比率で配分・供給するかを決定し、それを**地域福祉計画**として遂行し、さらに新たな社会サービスを不断に確保し、それを総合的に、効率的に運用

地域福祉計画
地域福祉の推進を目的とする一連の活動や事業などを明文化したもの。社会福祉法に行政計画として位置づけられ、高齢者、障害者、児童など分野別の計画を統合化する志向をもっている。地域における福祉サービスの適切な利用推進などの内容を盛り込むことが求められており、住民参加を重視していることも特徴である。(p.189 参照)

図12－1　福祉サービス供給主体の関係構造

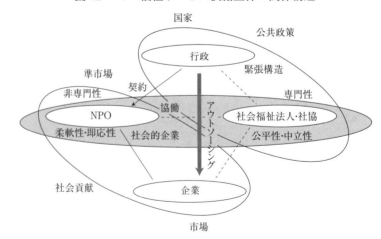

出典：仲村優一、一番ヶ瀬康子、右田紀久恵監修、岡本民夫、田端光美、濱野一郎、古川孝順、宮田和明編『エンサイクロペディア社会福祉学』中央法規出版、2007、p.491

していくという社会サービスのマネジメントを行って」[10]いくことが、行政の重要な役割である。

3．政策・制度・援助の関係

この部分に関しても第2章で触れられているが、本章においても少し整理をしておく。

「社会福祉は基本的には一定の制度的枠組みのなかで提供されているが、その出発点は社会福祉にかかわる組織や団体によって策定される政策」[11]であり、「政策とは組織や団体が策定する行動の指針のこと」[12]をさす。図2－3（第2章第3節参照）に示されているように、社会福祉の利用者は、「社会福祉を利用している」という場合、政策を直接利用するわけではない。政策は、まず制度に変換され、具体化される。そして、「利用者が実際に社会福祉を利用する状態」となるには、援助というさらに具体的なものに置き換えられる必要がある。たとえば、我々が風邪などで医療機関を受診する際、医療政策や制度を直接利用するわけではない。実際に利用しているのは、政策や制度に基づいた医師の医療行為や看護師による看護行為である。これと同様に、社会福祉においても、利用者が利用するのは、相談助言などの援助である。

なお、社会福祉における政策、制度、援助は切り離して別々に考えてはならない。社会福祉の政策を実現させるには、最終的に援助という形をとらなければならず、それによって目的を達成することができるわけである。しかし実際には、政策、制度、援助にはそれぞれ目的や価値があり、常に同じ方向性で進むわけではない。福祉政策・制度は行政（国および地方公共団体）が策定する（ただし、策定の過程においては、社会福祉の機関・施設職員の意向、学識経験者、財界などの意向が反映される機会が設けられている）が、必ずしも利用者の真のニーズ（潜在的ニーズ）に沿ったものになるとは限らないことがある。行政は、行政側からとらえた状況や利用者の顕在的ニーズなどから政策決定を行うことにより、利用者の真のニーズ（潜在的ニーズ）に即したものにならない可能性がある。その結果、実際の援助が、援助者が利用者にとって適切と考えるものと異なったり、違和感を持ちながらも進めざるを得なかったりということが考えられる。障害者自立支援法（現・障害者総合支援法）の制定・施行により、障害のある人々が本当に求めるサービスを受けづらくなり、援助者はそのことにジレンマを感じながらも、規定の政策・制度の枠内で援助を行わざるを得ない状況などは、その1つの例である。ソーシャルワーカーは、そのことも認識しておく必要がある。

4．福祉政策とソーシャルワーカー

（1）ソーシャルワークの意義

人々が社会生活を送る中で、病気、貧困、介護、家庭崩壊、心身の障害など、

様々な問題を抱えることがある。このようなことを生活課題と呼ぶが、本人や家族の能力だけでは解決できないケースも多く見られる。そして、社会福祉を実践する上で忘れてはならないのは、社会福祉の仕事は「物」ではなく、「人」を対象としているということである。福祉制度を必要とする人々が利用しやすいように整えること、すなわち生活環境面の整備も重要であるが、それを担うのもまた「人」（社会福祉専門職）であることを理解しておく必要がある。社会福祉の援助を必要とする人々の生命と尊厳を守り、1人ひとりの立場に立った援助を行うためには、ソーシャルワーカーの資質・能力が問われることになる。

社会福祉の援助活動は、「福祉政策・制度」と「ソーシャルワーク」を組み合わせることによって進めていかなくてはならない。たとえば、我々が自動車の運転を行う際、道路交通法の内容、自動車保険に関する事項など決まりだけを知っていても運転することはできない。実際に自動車を運転する方法・技術を身につけてはじめて運転ができる。これと同様に、社会福祉においても、人々の人権が尊重された尊厳ある生活を実現するために、人々の日々の生活を安定させる、あるいは起こった生活課題に対応するため、社会福祉専門職（社会福祉士）がソーシャルワークを活用して援助活動を行う必要がある。

（2）ミクロ・メゾ・マクロの視点―事例からの検討―

人々が抱える生活課題を解決していくためには、福祉政策や制度を強化・整備することは重要である。しかし、それだけでは課題の解決には至らない。「福祉政策が対象とする福祉サービスや給付は、実際にニーズをもつ人々に届き、その効果を発揮して個々の生活がよりよきものになることが目標である。したがって、その臨床的な場面をもってはじめて政策上の課題達成が評価される」[13]ことを忘れてはならない。たとえば、次のような場合を考えて欲しい。

近年、ますます深刻化する児童虐待の問題を解決するために、行政がその防止・解決に向けた政策を強化したとする。たとえば、児童福祉法や児童虐待防止法を改正し、児童相談所や児童養護施設など、必要な社会資源の数を増やし、それらを中心に多くの子どもを保護する制度をさらに整備していくことが考えられる。しかし、これだけでは不十分であり、児童虐待問題の根本的な解決には至らない。そもそも、いくら相談機関や施設数を増やしても、虐待を受けている幼い子ども本人が、児童相談所などに自ら連絡することは、ほぼ不可能である。実際には、虐待の可能性を疑った近隣住民などが児童相談所に通告して、児童福祉司が状況を把握・整理した上で、児童養護施設などで保護すべきかどうかを判断することが必要である。つまり、問題を抱えている人と社会資源をうまく結びつけ、具体的に問題の解決・緩和につなげる技術や方法が必要になってくる。児童虐待問題に限らず、高齢者や障害者虐待の問題でも、政策・制度面の強化だけでなく、自ら救済を求めることが

困難な当事者に代わって、問題の解決・緩和に結びつけるソーシャルワーカーの役割が問われてくることになる。

このように、ソーシャルワーカーが政策・制度の目的を達成し、利用者に活かすにはソーシャルワークが必要となる。そして、この際の視点として忘れてならないのは、子どもや家族などミクロの部分だけに着目していては課題の解決に至らないことである。もちろん、バイスティックの原則などを踏まえ、利用者（子ども・家族など）との直接的なかかわりを大切にすることは必要であるが、当事者を取り巻く環境にも目を向けなければならない。また、ミクロの部分を無視して、政策・制度といったマクロ部分だけに働きかけを行っても課題を解決することができないのは明白である。児童虐待問題の場合、子ども、家族（ミクロ）への働きかけはもちろん、問題に関係している保育所、病院、保健所、児童相談所、地域社会などの環境（メゾ）、社会資源の供給（環境整備）に大きくかかわる児童福祉の政策・制度（マクロ）への働きかけも視野に入れて援助活動を進めていく必要がある。

（3）福祉政策をめぐるこれからの検討課題

前述のとおり、社会福祉基礎構造改革により、福祉サービス利用のシステムが措置制度から契約制度へと転換され、民間企業も含めた多様な供給主体の参入が促進された。その結果、サービス利用者の「自己選択」、「自己決定」、「人権擁護」、「権利擁護」など、社会福祉においてきわめて重要なことが注目されてきている。また、社会福祉士及び介護福祉士法にも規定されているように、ソーシャルワーカーには保健・医療サービスに関する知識も必要である。さらには、古川の「社会福祉のL字型構造」（第2章第2節・図2－2参照）に示されているように、社会福祉は、雇用、教育、住宅など他の社会サービスとも大きく関連しており、それらを抜きにしてソーシャルワーカーの業務を考えることはできない。たとえば、高齢者住宅などは、介護保険制度に基づいて提供されるサービスとセットで考えられているものもあり、住宅政策の一環でありながら、福祉サービスとの関連が非常に深いといえる。

このような状況から、ソーシャルワーカーは、まず、サービス利用者の「自己選択」、「自己決定」、「人権擁護」、「権利擁護」などについて理解を深め、どのように援助を進めていくかを考える必要がある。そして、「社会福祉政策」の部分だけでなく、保健・医療サービスをはじめ、関連する社会サービスの知識をもち、「医師その他の保健医療サービスを提供する者その他の関係者」との連絡・調整などの業務を行うことが求められる。社会福祉のあり方が問われ、まさに激動の時代を迎えている現在、社会福祉の価値・倫理を踏まえ、ミクロからマクロまで幅広い視点をもって援助活動が行えるソーシャルワーカーが必要である。その養成が緊急の課題であるとともに、社会福祉士養成課程における「福祉政策」、「相談援助活動」のとらえ方、両者の関係性につ

いてもさらに検討していくことが求められる。

引用文献

1）塩野敬祐、福田幸夫編『現代社会と福祉』弘文堂、2009、p.166
2）仲村優一、一番ヶ瀬康子、右田紀久恵監修、岡本民夫、田端光美、濱野一郎、古川孝順、宮田和明編『エンサイクロペディア社会福祉学』中央法規出版、2007、p.481
3）大橋謙策、白澤政和、米本秀仁編著『相談援助の基盤と専門職』ミネルヴァ書房、2010、p.187
4）同上書、p.170
5）社会福祉士養成講座編集委員会編『現代社会と福祉―社会福祉原論（第2版）』中央法規出版、2010、p.77
6）日本社会福祉学会編『福祉政策理論の検証と展望』中央法規出版、2008、p.332
7）同上書、p.333
8）前掲書2）、p.491
9）『社会福祉学習双書』編集委員会編『社会福祉概論Ⅰ―現代社会と福祉―』全国社会福祉協議会、2010、p.273
10）前掲書2）、p.492
11）古川孝順『社会福祉原論（第2版）』誠信書房、2005、p.78
12）同上
13）前掲書9）、p.274

参考文献

1．石田慎二、山縣文治編著『社会福祉（第4版）』ミネルヴァ書房、2015
2．井村圭壯、相澤譲治編著『社会福祉の理論と制度』勁草書房、2013
3．大橋謙策、白澤政和、米本秀仁編著『相談援助の基盤と専門職』ミネルヴァ書房、2010
4．厚生労働省編『厚生労働白書（資料編 平成28年版）』ぎょうせい、2016
5．塩野敬祐、福田幸夫編『現代社会と福祉』弘文堂、2009
6．『社会福祉学習双書』編集委員会編『社会福祉概論Ⅰ―現代社会と福祉―』全国社会福祉協議会、2010
7．社会福祉士養成講座編集委員会編『現代社会と福祉―社会福祉原論（第2版）』中央法規出版、2010
8．武川正吾『社会政策の社会学―ネオリベラリズムの彼方へ―』ミネルヴァ書房、2009

9. 中村剛『社会福祉原論―脱構築としての社会福祉学―』みらい、2010
10. 仲村優一、一番ヶ瀬康子、右田紀久恵監修、岡本民夫、田端光美、濱野一郎、古川孝順、宮田和明編『エンサイクロペディア社会福祉学』中央法規出版、2007
11. 成清美治、加納光子編著『現代社会と福祉（第2版）』学文社、2010
12. 狭間香代子編著『ソーシャルワーカーとケアマネジャーのための相談支援の方法』久美出版、2008
13. 古川孝順『社会福祉原論（第2版）』誠信書房、2005

第13章

世界の福祉

第1節 スウェーデンの福祉

1. スウェーデンの現況

スウェーデン王国はスカンジナビア半島東部に位置し、国土面積は約45万km²で日本の約1.2倍の大きさだが、国土の7分の1が北極圏に入り、半分以上の面積が森林地帯である。加えて湖沼が多いことから「森と湖の国」と呼ばれている。人口は2016年4月現在約980万人である。人種構成はスウェーデン人、フィン人、ラップ人などであり、公用語はスウェーデン語である。議会は一院制349議席で1995年にはEUに加盟している。

国民の基礎データをみていこう。合計特殊出生率は1.91人（2008年）、教育体制は日本と同じで、6-3-3制をとっており、義務教育は計9年である。平均寿命は男性78.94歳、女性82.99歳（2007年）である。人口の8割が、スウェーデンの福音ルーテル教会に所属するというキリスト教国である。人口が少なく、国内市場が小さいため高い技術力を背景とした輸出が経済を支えてきた。国際的な大企業としてボルボやエリクソンなどがある。

スウェーデンを特徴づけるものとして「スウェーデン・モデル」と呼ばれる同国独自の経済・社会運営方式がある。これは資本主義的自由経済の中で徹底した平等主義をとることを特徴とする。資本主義でも社会主義でもないこの経済体制は「第3の道」と呼ばれている。

2. スウェーデンの福祉の特徴

（1）福祉国家としてのスウェーデン

スウェーデンは日本においても「福祉国家」、「福祉先進国」として知られている。同国の福祉について、宮寺は、社会保障制度の多くが市場原理から解放され、国民の所得と生活を安定的に守り、さらに労働市場への参加を促しているという特徴をもっているとしている。労働政策を中心に「就労」を主軸とした社会保障制度（社会保険制度）を構築している。就労と社会保障を結び付けるこのような考え方は「ワークライン」という規範に基づいている。ワークラインとは、同氏によれば、労働市場におけるパフォーマンスが社会保障に反映され、同時に労働市場における雇用を健全な水準で維持するために社会保障が準備されるという考え方である。また、並行して完全雇用政策を推進することにより、社会保障制度の枠から脱落するものを最小限にとどめることが可能になる[1]。スウェーデンでは、徹底した普遍主義（ユニバーサリズム）、および平等主義に基づいて高度な福祉国家が築かれてきた。

社会サービス法

従来から施行されていた禁酒法（1954）、社会扶助法（1954）、児童福祉法（1960）、幼児福祉法（1973）の4法を統合する形で施行された。個人の属性によって分断することなく総合的包括的に効果的なサービス供給を実現させようとするものである。自己決定の原則、ノーマライゼーションの原則、選択の自由の原則、総合的視点の原則、継続性の原則、柔軟性の原則、近接性の原則、人格尊重の原則、積極的活動の原則、参加の原則の10点をすべての社会福祉サービスに共通する原則として規定している。

保健・医療サービス法

同法第2条では、国民全体が健康を確保し、医療が平等に提供されるようにすることが目的であるとされている。医療の提供にあたっては、すべての国民の平等と個人の尊厳が尊重されなければならないとしたうえで、保健医療は、それをもっとも必要とする人に優先的に与えられなければならないとし

（2）行政の役割

スウェーデンの行政は、中央政府と地方政府がそれぞれ明確な役割分担に基づいて業務を行っている。中央政府とはすなわち国家である。日本の都道府県に相当する地方自治体には2種類あり、その1つは国会と政府の出先機関であるレーンで、もう一方は県民の代表によって構成されるランスティングである。現在レーンの総数は21で、ランスティングの総数は20であり、両者の境界線はほぼ一致する。行政上の役割は、地域によって差はあるものの区分されている。さらに各県は日本の市に相当する基礎自治体である複数のコミューンに分割される。現在、コミューンの総数は全国で290である。

（3）スウェーデンの福祉制度の特色

スウェーデンの福祉を支える基本的な法律として、**社会サービス法**（1982）、**保健・医療サービス法**（1983）、**機能障害者を対象とする援助及びサービスに関する法律**（LSS法、1994）がある。

スウェーデンにおける福祉制度及び福祉に関連する各種の活動において見受けられる特色をいくつかあげてみたい。

①高福祉高負担（大きな政府）

スウェーデンの福祉の財源調達は税方式がとられている。高い福祉の実現にはそれを支える豊かな財源が必要である。よって国民の所得に占める**税金の割合**は非常に高い。集められた税金の使途は情報公開され、その内容を誰もが知ることができる。誰もが知る権利をもっているという徹底した民主主義と、必要な時に必要なサービスを受けることができるという安心感により、こうした高負担は国民に受け入れられてきたのである。

②普遍性

スウェーデンにおける各種福祉サービスは一部の生活困窮者を対象とする限定的なものではなく、一定の地域に居住するすべての住民を対象にその生活を保護するという原則に立って実施されている。この意味において「普遍性」が福祉サービスの重要な原則の1つとなっている。

③連帯・平等・公平の尊重

多くの地方自治体が基本方針の中に住民の連帯・平等・公平を尊重するという姿勢を打ち出している。福祉サービスの実施にあたっても、この姿勢を尊重するために干渉する法律の範囲内での自由裁量の余地が広く認められている。

④実験的

スウェーデンでは、福祉関連の様々なサービスに限らず、自由な発想と相違による各種の実験的施策が積極的に導入され、効果があれば抜本的な改革の実行が迅速になされるという傾向がある。合理的な選択と意思決定の迅速性という政策風土が読み取れる。

ている。保健・医療に関するサービスがすべての住民に対して平等に提供され、それらのサービスを受ける資格をもつ当事者との協力のもとに計画され、実施されることを目的とする、保健・医療に関する福祉サービス実施に際しての基本法として制定された。

機能障害者を対象とする援助及びサービスに関する法律
LSS法：障害者を「機能に障害のある人」とし、対象となる人たちのすべての生活の条件が地域社会に生活するその他の人々と同様に機能することの実現を目的としたものである。対象者が地域社会の中で自立した生活を営むために必要な援助サービスが10項目にわたって規定されている。

スウェーデンの税金の割合
①所得税…コミューンにより多少の差はあるが、コミューン税は約30％である。所得が多くなると国税が加算される。②消費税…消費税率は一般に25％である。ただし例外もあり、食料品、ホテル代、交通費などは12％、書籍や新聞などと文化事業にかかわる一

部商品やサービスに対しては6％となっている。その他にも、不動産税や贈与税、環境税や法人税など様々な税がある。

3．高齢者福祉の基本原則

スウェーデンにおいても高齢化率は増加の一途をたどっており、ニーズに応じた様々なサービスの提供が課題である。わが国同様「在宅ケア」、「施設ケア」といった概念はあるものの、施設ケアにおいても個人が尊重されている。施設介護のあり方を見直し、少人数での暮らしの保障をという方向を強く後押ししたのは1992年のエーデル改革である。認知症患者の社会的入院の減少を主たる目的とした改革であるが、これによって「自治体は高齢者の住環境の質に対して責任を負う義務がある」と明確に定められた。事実上、施設は「住宅」として位置づけられ、「自分らしく、人生の最後まで当たり前の暮らしができる」生活環境をめざしたサービス提供が進められている。

4．障害者福祉の基本原則

1960年代までの障害者福祉サービスは、障害のある子どもは幼い時から家族と離れ、コミューンの措置により大規模な施設でのケアを受けることが主流となっていた。その後、ノーマライゼーション思想の広がりが障害者サービスを施設から地域への方向転換の後押しをしていった。現在のスウェーデンの障害者施策の目標は、機能障害のある子どもが自宅で家族とともに生活し、発達する権利を保障されるという点におかれている。そのための援助及びサービスとして、LSS法ではガイドヘルプサービスなどの10項目のサービスが提供されている。さらに、1994年「ハンディキャップ・オンブズマンに関する法律」が施行されて、機能障害者にとって完全な社会参加と平等が実現するための監視の任務をもつ「ハンディキャップ・オンブズマン」がおかれることとなった。1997年には「施設廃止法」が施行され、施設解体の方向性がより明確となった。1998、1999年の社会サービス法改正に伴い、1998年、交通機関への障害者のアクセスを改善するための「送迎サービス法」、「国内送迎サービス法」も制定された。

5．児童福祉の基本原則

20世紀を「児童の世紀」としたのはスウェーデンの思想家エレン・ケイである。社会サービス法は社会的支援と社会的介入が求められる分野におけるケア等を規定する「基準法」であるため、実際の児童福祉の形態は地域によって様々である。社会サービス法の枠組みが順守されている範囲でそれぞれの地域にあった児童福祉サービスが提供されることとなる。

1989年に国連で採択された児童の権利に関する条約の批准に伴い、1993年からは児童および18歳までの青少年は児童オンブズマンをもつことになった。オンブズマンの職は、社会全体における児童と青少年の利益を守るために創設されたもので、児童の権利条約の観点から、児童と青少年の権利と利益を監視し、スウェーデンがその義務を果たすよう求めることにある。オン

ブズマンは、スウェーデンが国連の児童の権利条約を充分に履行していないと思われる事項を取り上げ、状況を改善するための措置を報告書としてまとめ、政府に提案する。

第2節　デンマークの福祉

1．「生活大国」としてのデンマーク

　デンマークは面積約4万3千平方キロ、人口約570万人（2016年）で、世界的な農業国として知られるが、戦後は工業化による経済発展を遂げ、現在では1人あたりの国内総生産（GDP）は世界の上位（2014年：6万1,300米ドル）を占めるほどに成長した。このような経済的発展とともに、自由と平等を希求する国民性、小国であるが故の国民の強い連帯意識、民主主義を根底におく市民社会の確立によって、世界的に見ても群を抜く福祉国家を実現した。さらに、戦後の工業化の過程で目覚ましい女性の社会進出とともに、質の高い国民生活を保障する政策とがあいまって、デンマークは生活大国としての発展を遂げている。

2．ノーマライゼーションの福祉理念

　デンマークは今日、福祉の理念として各国の福祉政策に大きな影響を与えたノーマライゼーション（normalization）という考え方をもとに福祉政策を世界にさきがけて取り組んだ国である。この考え方をこの国の障害者福祉の基礎に据え、その理念を世界に広げることに貢献した人物がデンマークのバンク‐ミケルセン（Bank-Mikkelsen, Niels E.）である。

　ノーマライゼーションは、1959年に成立した「知的障害者福祉法」にその理念が盛り込まれているが、その精神は、「知的障害があってもその人は人間としての尊厳を持っているのであり、普通の人と同じように生活する権利を持っている」こと、「障害者の生活条件を可能な限り障害のない人のノーマルな生活条件に近づける」ことである[2]。

3．高齢者福祉の基本原則とそのサービス

　デンマークの高齢者福祉は、1982年の高齢者委員会で提唱された3原則が基礎となっている。その第1の原則は、「継続性の原則」と呼ばれるもので、今までどおりの生活の仕方を続ける、今まで住んできた生活環境をできるだけ変えない、ということである。第2の原則は、「自己決定の原則」で、自分の生活の仕方は自分で決め、いつ、何を、どのようにするかは自分で判断する、

ノーマライゼーション
日本には1970年代に紹介され、わが国の障害者福祉のあり方や政策を大きく転換させた。1981年の「国際障害者年－完全参加と平等」の意図するところはノーマライゼーションの精神を反映したものである。（p.40、58参照）

バンク‐ミケルセン（1919－1990）
「ノーマライゼーションの父」と称される。学生のころからナチスに対する抵抗運動に身を投じ、強制収容所の生活を経験する。戦後にデンマーク社会省に入り、障害者福祉の仕事に専念。のちに社会福祉局長を務めた。（p.40参照）

というものである。最後の「自己資源開発の原則」は、残存能力や、獲得された新しい能力を本人にとって重要な資源としてとらえ、それを生かすというもので、この原則は彼らの生きがいの保障につながる。

この3原則は1人ひとりの高齢者をかけがえのない個人として認め、その自由（自己決定）を最大限尊重するとともに、1人ひとりの能力を高めて老後の生活を意義あるものにすることを意図している[3]。

デンマークでは、高齢者ができるだけ在宅で暮らし続けることを保障するために、きめこまやかな在宅サービスを実施している。その主なものは、①24時間対応のホームヘルプサービス、②同じく24時間対応の巡回訪問看護、③デイサービス、④住宅改造、⑤**家賃補助制度**（年金受給者は家賃の3分の1の負担で残りは自治体の補助）、⑥補助器具の貸し出しと修理、⑦給食サービス、などである。

これらのサービスは自治体の責任で、費用は原則的に無料である。また、「社会支援法」（1976年施行。これまでの社会福祉関係法の7法を統合した画期的な法律）により、1988年以降は新規にプライエム（老人介護施設）を建設することが禁止され、それに代わって高齢者住宅や**介護型高齢者住宅**などの住居形態が一般化している[4]。

4．障害者福祉の基本原則とそのサービス

デンマークの障害者福祉の基本理念は、1人ひとりの障害者をかけがえのない存在として尊重し、自助・自立を支援し、できるだけノーマルに近い状態で生活できるように援助することである。ここでもノーマライゼーションの理念が生かされ、個人の自分らしい生活の仕方を実現する重要な要素としての自己決定が尊重されている。これらの基本理念を踏まえた障害者福祉政策の基本原則としては、①平等な処遇と平等な地位の確保、②障害者のニーズに関係する各部署（セクター）による責任分担、③補足制の原則、つまり能力を最大限発揮してもなお普通の生活を維持できなくなった部分を補う、というものである。

在宅の障害者に対するサービスとしては、①24時間対応のホームヘルプサービス、②24時間対応の訪問看護サービス、③ケア付住宅、グループホームの提供、④住宅改造、⑤補助器具の貸し出し、修理があり、すべて無料である。また、早期年金制度によって障害者の生活保障が確立している。

5．生活大国としての生活支援

デンマークでは家庭医制度が発達しており、病気になったときは最初に必ず家庭医の診察を受け、家庭医の範囲を越える治療や手術は病院で行うというシステムになっている。家庭医や病院での治療、訪問看護などの費用は一切無料である。教育に関しては、義務教育のほか、高校、大学の授業料も無料。

家賃補助制度
1987年の「高齢者住宅法」によって設けられたが、年金生活者が少ない家賃負担で今までどおり住み慣れた住宅で住み続けることを保障するものであり、このことは継続性の原則を実現するものである。

介護型高齢者住宅
ケア付き住宅ともいう。高齢者住宅に職員の介護などのサービスの機能が付いた住宅形態。援助なしには生活が困難な高齢のための住宅。この住宅は施設ではなく、ここでの生活は在宅とされる。

大学生には返済義務のない奨学金（円換算で約9万円）が支給される。専門職養成教育が充実しており総合大学とは別に、たとえば社会福祉施設指導員の養成のための大学がある。

国民年金制度については、65歳から国民誰にでも支給され、無拠出で全額税金でまかなわれる。

6．社会福祉発展の背景

デンマークがスウェーデンと同様、世界の先端をいく高度な社会福祉を発展させることができた要因としては、①成熟した民主主義が市民社会に定着していること、②ノーマライゼーションの理念の普遍化と政策への反映、③著しい女性の社会参加と充実した子育て支援、④高齢者介護の社会化の促進、⑤徹底した地方分権と住民の生活支援の充実などがあげられる。

もちろん世界最高の税率（所得税平均50％、付加価値税25％）がもたらす豊かな財源、女性の高い就労率に支えられた潤沢な税収なども貢献している。デンマーク国民は、医療、教育、福祉、年金などがほとんど無料であり、自分たちの生活が生涯にわたって保障されているという安心感が実感されているので、国民の多くは高い税負担を受け入れているといわれる[5]。

加えて、手厚い所得再分配政策による経済的平等の進展などにより、デンマークは「世界で最も幸福な（住みやすい）国」としての高い評価を得ている。

> **国民年金制度**
> 代表的な年金としては、全国民を対象とする均一給付の国民年金制度と、早期年金制度がある。国民年金は65歳からすべての者に支給され、その仕組みは基礎額と年金加算額の2本立てである。年金加算額は夫婦と単身者とでは金額が違う。また、単身者にはさらに特別年金加算がつく。これらの支給額のすべては課税対象。

第3節 イギリスの福祉

1．現況

イギリスの社会保障制度を確立した**ベヴァリッジ**（Beveridge, W.）によれば、社会福祉サービスの対象は生活上の諸問題である5つの巨人（窮乏、疾病、不潔、無知、怠惰）への対策をあげている。保健・医療サービスは、1948（昭和23）年に創設された国民保健サービスにより、公的医療サービスが原則無料で受けることができる。このため一般国民はこのサービスを受けるため負担金を支払い、**一般家庭医**（General Practitioner）を登録する。

本節では日本の福祉サービスとの違い及びその特色を児童、障害者、高齢者、民間活動サービスに分けて述べることにする。

2．児童福祉サービス

イギリスの義務教育は5歳から16歳までで、保育サービスは就学前5歳までが対象となる。日本の保育所等にあたるのが保育所（Day Nursery）であ

> **ベヴァリッジ**
> William Henry Beveridge (1879 – 1963)
> イギリスの経済学者であり、1942年所得保障に関する勧告のなかで、所得保障は5つの巨人に対する総合的な社会政策をとりあげイギリス社会保障確立の基礎となったベバリッジ報告を出した。

**一般家庭医
(General
 Practitioner)**
家庭医はホームドクターと呼ばれ、市民相談所等にそのリストがおいてあり、そこから自宅の近くの家庭医を選び登録する。この一般家庭医の紹介により専門医で受診する。

り、保育学級（Nursery School）、プレイグループ（Play Group）、チャイルドマインダー（児童世話人：Child Minder）がある。イギリスでは保育所が不足しており、このチャイルドマインダーが児童の家庭に入り育児支援を行い国も補助金を出している。プレイグループは民間団体により運営されている場合が多く、保育時間はおおむね8：30～14：00ごろまでで特に保育指針のようなものはなく、基本的な生活習慣を身につけさせることでは、日本の保育所と共通している。イギリスの児童福祉サービスで近年の問題は、ひとり親家庭の増加と少子化対策である。少子化対策では、2000年から「政府と職場をあげての仕事と生活の調和策」が発表されその成果が出てきている。その具体的内容として、出産後の離職率が3％まで下がり、産休後に職場に戻る女性が98％になっている。政府はこの調和策を取り入れたい企業に無料でコンサルタントを派遣している。さらにイギリスでは、フルタイムとパートタイム従業員の差別を禁止する法律もつくられている。その結果、合計特殊出生率が2001年1.63であったが、2014年には1.83となっている。また、児童手当面では所得制限はなく16歳未満の児童を養育する家庭（2010年以降）に、第1子で月87.97ポンド（約13,700円）、第2子以降は1人につき58.07ポンド（約9,000円）が支給されている。また、イギリスでは2002年9月以降に生まれた子をもつ家庭に、額面250ポンド（約5万円）の証書を支給し、将来に備えた資産形成を後押ししている。

3．障害者福祉サービス

イギリスの障害者福祉サービス分野で大きな変革は、1995年にできた「障害者差別禁止法」（Disability Discrimination Act）があげられる。以下がこの法律の中心的な部分である。

> ＊障害者が雇用の権利を確保し差別を受けないよう、20人もしくはそれ以上の雇用主は障害から生ずる実際上の影響をなくして雇用していくという観点から、適切な改造等を行う義務を負う。
> ＊物品やサービスに対するアクセスの権利を確保するために、障害者にサービスを拒否することは違法であり、サービス供給者は障害者がより容易にそれらのサービスにアクセスできるよう適切な改善措置を取らねばならない。
> ＊「全国障害協議会（National Disability Council）」を結成し、障害者差別の消滅をめざす。[6]

**レスパイトケア
(Respite Care)**
介護者が一時的に休養を取るための施設であり、ナーシングホームなどへのショートステイをはじめ、訪問介護やデイケアなどが含まれる。

障害種別では、知的障害、身体障害、精神障害に分けられる。
障害者福祉サービスには、在宅サービスと施設サービスがあり前者にはケア付住宅、デイサービス、介護者の休養をねらいとした**レスパイトケア**など

があり、後者にはリハビリテーションなどがある。施設サービスの特色として、利用者の希望を聞きその日の活動（パン作り、散歩、映画、外出・他）を決める施設もあり多様である。

4．高齢者福祉サービス

　1981年保健社会保障省が発行した「ケアに関する行動計画」（Care in Action）によればコミュニティケアニーズを強調しており、高齢者の居宅生活が可能になるようにプライマリーケアの充実、近隣の自主的な助け合いを述べている。1990年「国民保健サービス及び**コミュニティ・ケア法**」が成立し、1993年からの同法施行により、地域・居宅サービスの総合的な実施とサービス評価が義務付けられケアマネジメントが導入されている。イギリスの高齢者保健福祉サービスは、国が運営する国民保健サービス（NHS）により提供される医療サービスと、地方自治体により提供される対人社会サービスに分類される。前者は、保健指導や訪問指導及び訪問看護サービスがあり、後者は、訪問介護、給食サービス、デイサービスなどがある。施設サービスは大別して2類型あり、ナーシングホーム（Nursing Home）とレジデンシャル・ホーム（Residential Home）である。ナーシングホームの入所対象者は、医療及び介護を必要とする高齢者であり、レジデンシャルホームでは基本的に医療的ケアを常時必要とせず、在宅生活が困難で移動面及び日常生活で介護を必要とする者である。さらに上記の2施設の他、常時医療面でのニーズが高い慢性疾患等の高齢者は、病院等の利用がある。さらに、イギリス全土に普及しているケア付き住宅とシェルタード・ハウジング（Sheltered Housing）がある。シェルタード・ハウジングの目的は、住み慣れた地域での生活を容易にするため、その居住施設の一室にウォーデン（Warden）と呼ばれる管理人が常駐しているのが特徴である。ウォーデンは入居者の必要に応じて公共料金の支払い、緊急時の連絡対応等のサービスを行っている。

5．民間活動「エージ・コンサーン（Age Concern）」サービス

　エージ・コンサーンはイギリス最大の民間老人福祉団体であり、主な目的は第1に老人福祉に関する研究開発、第2に高齢者自身に対する具体的な福祉サービスの実施である。主な活動として情報提供に関する事業、旅行に関する支援、リーフレットの発行、介護指導等、デイサービス、給食サービス、緊急時の移送サービス等である。また、必要に応じて国に対して政策等の提言を行っており、1970年にはロンドン大学・キングスカレッジと共同でエージ・コンサーン老年学研究所を設立し、老人生活全般について研究を行っている。2016年4月現在、イギリス全土には900以上の支部がある。

　これまでイギリスの社会福祉サービスの一部をみてきたが、ロンドン市内及び郊外の施設敷地内では芝生がよく整備されている。施設に限らずハイド

> **コミュニティ・ケア法**
> （community care plan）
> このコミュニティ・ケア計画では、ケアプランの策定を義務付けており、利用者のニーズ把握やサービスの質の向上及び社会資源の活用、策定過程、利用者に対する説明責任と情報開示などが述べてある。

パークなどの大きな公園でも入園時間が設けられ公園管理が徹底されている。さらにその公園のなかに、11 歳以下の児童及び保護者のみが使用できる幼児専用の公園がある。また、公共機関の地下鉄・電車や動物園・交通博物館・ロンドン塔等の施設入場料には必ず家族割引制度がある。イギリス人の生活営みのなかで緑と自然を大切にする考え方がこの国にある。

第4節 アメリカの福祉

1．アメリカの福祉の概要

アメリカ合衆国（The United States of America）は 50 **州**が連合して連邦政府を創設した連邦制国家である。その面積は 983 万平方キロメートル（日本の 26 倍）、人口も 3 億 2 千万人（2015 年 7 月 1 日）を擁し、世界一の経済大国である。20 世紀に入って、自動車製造業、20 世紀後半には IT 産業等、最先端の産業をリードし、軍事、研究、教育、ビジネス、文化、そして政治においても世界の中心的な役割を果たしている。

歴史的にみると、アメリカは先住民の**ネイティブ・アメリカン**が住む大地であったが、ヨーロッパ諸国の植民地となり、独立戦争を経て、1783 年にアメリカ合衆国が成立した。その後も、貧しい国も含め、様々な国から多くの移民を受け入れ、発展してきた。もちろん、アフリカから多くの**黒人奴隷**がアメリカに連れて来られたことも忘れてはならない。

アメリカは長い間、経済発展してきたこと、移民も若い世代が多かったこと等から、努力さえすれば成功するという「アメリカン・ドリーム」が広がった。一方、貧困や生活困難に対する自己責任の意識が高い。そのために、**社会保障**や**社会福祉**の整備は不十分で貧困率も高く、アメリカは経済大国であるが、貧困大国とも言われている[7]。

2．アメリカの社会福祉の特徴

アメリカの社会福祉の特徴として、次の 2 点がある。第一に、合衆国憲法では連邦政府の役割は外交、軍隊、貨幣鋳造等で、それ以外の警察や教育、社会福祉等は州・地方政府に委ねられる。つまり、アメリカでは社会福祉は州・地方政府の責任で行われる。実際、地方政府（**カウンティ政府**や市町村等）で多くの社会福祉が実施され、地方政府の役割は大きい。

しかし、1950 ～ 60 年代の**公民権運動**等の社会運動が高まり、「貧困との戦い」が展開されて福祉給付が拡大し、連邦政府の役割が拡大した。ただし、それでも社会福祉政策は州政府の役割であり、州政府によって社会福祉の実施は

州
州とは State（国）であり、合衆国とはいくつもの国が集まってできていることである。州は独自の憲法を持ち、法律も制定する。

ネイティブ・アメリカン
ナバホ族やチェロキー族、アパッチ族等があり、かつて強制移住や同化政策等によって大きな被害を受けた。

黒人奴隷
黒人奴隷は主にアフリカ等から連れて来られ、主にアメリカ南部で綿栽培等の労働力として利用された。現在、黒人（Black People）のことを「アフリカ系アメリカ人」（African American）ともいう。

社会保障（Social Security）
社会保障の用語はアメリカで初めて公式に使われた。ただし、現在は「社会保障年金」を指すことが多い。

かなり多様である。

　第二は、自己責任の意識が強いアメリカでは、民間福祉に大きな役割が期待されている[8]。例えば、現役世代には公的医療保険はなく、民間医療保険を購入する。また、政府の社会福祉サービスの多くはNPOや企業等へ民間委託で実施されている。以上を踏まえて、具体的な社会福祉の仕組みを見ていこう[9]。

3．年金制度

　アメリカの年金制度は、1階の公的年金制度、2階の企業年金（主に雇用主提供年金）で成り立つ[10]。1階の公的年金制度は、「老齢遺族障害保険」(Old-Age Survivors and Disability Insurance: OASDI) で、「社会保障年金」(Social Security) とも呼ばれる。これは連邦政府の社会保障庁が管轄し、ほとんどの雇用労働者と自営業者をカバーしている。その拠出金は、給与税として所得比例（年間所得の12.4％）の**社会保障税**で徴収され、10年以上納付した者に対して年金支給される。雇用労働者の場合は労使折半で負担する。老齢年金の支給開始年齢は66歳だが、2027年までに67歳に引き上げられる。受給者数は老齢年金が4,275万人、遺族年金が606万人、障害年金が1,081万人であった。平均給付月額は老齢・遺族年金は約1,269ドル、障害年金は約1,022ドルであった（2015年8月）。

　次に、2階の**企業年金**である。企業年金は社会保障ではないが、1974年の「従業員退職所得保障法」(Employee Retirement Income Security Act: ERISA) により、雇用主に年金給付の確実な履行義務を課し、雇用主が倒産しても年金の支払いを保証する制度を導入した。そのため、法的に年金給付が保護され、民間活用による生活保障制度となる。

4．医療制度

　アメリカには国民全体を対象とした公的医療制度はない[11]。65歳以上の高齢者と障害者には「メディケア」(Medicare) がある。基本的な給付として入院、**ホスピスケア**等を対象とした「病院保険（パートA）」がある。この保険料は社会保障税として支払う（2.9％を労使折半）。また、追加的な保険料を支払うことで、入院保険でカバーされない給付をカバーする「補足的医療保険（パートB）」、民間医療保険者によって提供される「メディケア・アドバンテージ（パートC）」、外来処方薬の給付をする「処方箋給付（パートD）」の加入が可能となる。基本となる病院保険（パートA）の保障範囲が狭いため、追加的な給付制度ができ、より充実した保障を受けるために民間保険も公的制度に組み込まれている。

　一方、メディケアと同じ1965年に成立した低所得者への医療扶助であるメディケイド (Medicaid) がある。メディケイドの受給要件等は連邦政府のガ

社会福祉
アメリカで「福祉」(welfare) というと、公的扶助と受け取られ、ネガティブなイメージが強い。福祉サービスを指す場合は、ヒューマン・サービスやソーシャル・サービスと表現することが多い。

カウンティ政府 (County Government)
「郡政府」とも訳される。多くの社会福祉制度の運営は、郡レベルのカウンティ政府が担っていることが多い。

公民権運動 (Civil Rights Movement)
マーティン・ルーサー・キング牧師らにより1963年のワシントン大行進等の黒人差別の是正を求める運動が行われ、1964年の公民権法の成立に結びついた。

貧困との戦い (War on Poverty)
1964年にジョンソン大統領が演説で「貧困との戦い」を宣言し、メディケアやメディケイド、フードスタンプ、ヘッドスタートなど多くの貧困対策が法制化された。

NPO (Non Profit Organization)
非営利団体。営利追究ではなく、貧困緩和等の社会的な目標を達成する組織であり、課税優遇措置を

イドラインに基づいて州政府が設定しているため、州政府によって多様な運営が行われている。また、メディケイドの受給要件に満たないが民間医療保険の保険料支払いが困難な低所得世帯の子どものために「児童医療保険プログラム」(Children's Health Insurance Program: CHIP) がある。

図13-1のように、メディケアで人口の16.0%、メディケイドで19.5%をカバーするのみで大多数（66.0%）の人は民間医療保険に加入している。その大半は**雇用主提供医療保険**である。民間医療保険の保険料を支払うことができない低所得者は無保険者（10.4%）となる。

オバマ政権は2010年に「患者保護・医療費負担適正化法」(Patient Protection and Affordable Care Act)、いわゆる「オバマケア」を成立させた。これにより無保険者には受給資格を緩和してメディケイドに加入させ、その受給資格を満たさない人には公的助成を出して民間医療保険に加入させることになった。また、既往症等の理由で民間医療保険に加入できなかった人を加入できるようにした。これらによって無保険者を大きく減らしてきた。一方、そのための連邦政府の支出は膨大となり、民間医療保険の保険料も上昇し、批判が強まっている。2017年1月に就任したトランプ大統領はオバマケアを廃止するとしており、現在その改革案が検討されている。

社会保障税（Social Security Tax）

アメリカでは年金保険料が税として徴収されている。社会保障税の番号（Social Security Number）は、日本でいうマイナンバーと同様、身分保証の役割を果たし、社会生活全般に活用されている。

企業年金

代表的な企業年金として、確定拠出年金401kがある。雇用労働者が老後資金のために企業年金の保険料を支払い、国がそれを税制優遇措置で支援する。

ホスピスケア

余命が迫った治療が困難な患者が身体的・心理的な苦痛を和らげ、人間としての尊厳を保ち、安心して過ごすことを目的としたケアである。

雇用主提供医療保険

雇用主が労働者やその家族に対して、労働者の福利厚生の一つとして提供する医療保険である。雇用主は医療保険を提供することは義務付けられていないが、多くの企業はこれを提供している。逆にいえば、失業すると、医療保険からも離れてしまい、無保険になってしまうという問題がある。

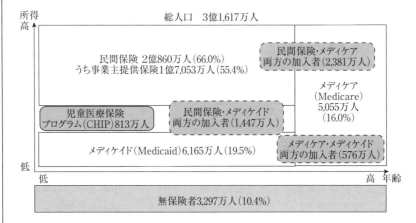

図13-1　医療制度の加入状況の概要　2014年

資料）米国センサス局 "Health Insurance data in the United States 2014" より作成
出典）厚生労働省『2015年　海外情勢報告』2016、p.104

5．公的扶助

アメリカの代表的な公的扶助として、先述のメディケイドを除き、以下の3つがある[12]。

第1は、子どものいる低所得世帯に対する公的扶助「貧困家族一時扶助」(Temporary Assistance for Needy Families: TANF) である。1996年の「個

人責任・就労機会調整法」（Personal Responsibility and Work Opportunity Reconciliation Act）」により導入された。いわゆる「**ワークフェア**」（Workfare）であり、現金給付の受給は生涯で5年分まで、その受給には労働要件が課され、就職活動や職業訓練等を受けなければ現金給付の減額・廃止がなされることになった。この改革が行われた時期が好景気であり、また受給要件が厳しくなったためにTANF受給者は大きく減少した。2015年3月の受給世帯数は約133万世帯（約305万人）である。

第2は、高齢者や視覚障害者・その他の障害のある低所得者への現金給付である「補足的所得保障」（Supplement Security Income：SSI）である。2015年8月の受給者数は約835万人であり、平均月額540.9ドルが給付されている。

第3に、農業省が管轄する国民の栄養保障を目的とした食糧支援である「**補足的栄養支援**」（Supplemental Nutrition Assistance Program：SNAP）である（2,008年にフードスタンプから名称変更された）。2015年6月の受給者数は2,244万世帯（4,551万人）である。補足的栄養支援（SNAP）は一人当たりの金額は低いが、その受給世帯数は非常に多い。

以上3つの公的扶助の制度を紹介したが、どれか一つの制度利用だけでは、貧困線を越える収入を得ることはできない低い給付水準である。そのため、多くの人はNPOや教会が行っているフードパントリーなどを利用したりして食いつないでいる。

6．主な福祉サービス

（1）高齢者福祉

高齢者介護については、医療的側面からメディケア、介護費用の負担のために資産を費やした後はメディケイドを通じて、**ナーシングホーム**（Nursing Home）等で対応されている。一方、1965年に成立したアメリカ高齢者法（Older Americans Act）が高齢者の福祉サービスを担っており、高齢者のホームヘルプ、デイサービス、配食サービス、家族介護者支援などの在宅ケアを、NPO等に委託することによって実施している[13]。

（2）障害者福祉

高齢者同様、障害者の介護についても、メディケアおよびメディケイドによる医療保障を中心に行われている。一方、障害者福祉サービスとしては、教育省のリハビリテーション局が、障害者のカウンセリングや職業リハビリテーション、援助付き雇用等を行っている。また、保健福祉省の障害局では障害者への情報提供やアドボカシーなどを行っている。

さらに1990年に世界で初めて障害者の差別禁止法である「障害を持つアメリカ人法」（Americans with Disabilities Act：ADA）を成立させ、雇用や公

ワークフェア
就労支援を重視した社会福祉制度をいう。ヨーロッパでは、「アクティベーション」（活性化）とも言われる。

補足的栄養支援
以前はフードスタンプと実際にスタンプのあるクーポン券であったが、いまはデビットカードに入金され、それを食料品店で使用する仕組みになっている。

ナーシングホーム（Nursing Home）
高齢者等の入院／入所型のケア施設であり、日本で言う特別養護老人ホームや療養型医療施設等にあたる。

合理的便宜

たとえば、聴覚障害者を雇用した会社の合理的便宜としては、仕事のコミュニケーション手段として手話や筆談などを利用することなどが含まれる。つまり、このような便宜をしないことが障害者差別となる。

共サービス、公共施設等における障害差別を禁止した。特に、障害に合わせた**合理的便宜**（reasonable accommodation）を提供しないことも障害者差別として位置づけ、2006年の国連の障害者権利条約、そして日本の障害者差別解消法にも大きな影響を与えた。

（3）児童福祉

児童福祉として保育（Child Care）があるが、一般には全額自己負担により市場で保育サービスを購入しなければならないが、低所得世帯へは保育支援がある。一つは、保健福祉省の児童・家族局が管轄する「保育発展包括補助金」（Child Care and Development Block Grant: CCDBG）を州・地方政府等に配分して実施している保育がある。2015年度には、月平均で84万7,400世帯の子ども139万7,000人に保育が提供された。もう一つは、先述の貧困家庭一時扶助（TANF）の補助金を利用してTANF利用世帯に対して保育が提供されている。

また、1964年に導入された「ヘッド・スタート」（Head Start）がある。ヘッド・スタートは、貧困世帯や移民世帯に就学前に早期教育を提供することで、学校の落第や中退を防止し、将来の貧困を予防する制度である。2015年度には94万人の子どもが利用登録した。

また、日本にはない制度として「児童扶養強制制度」（Child Support Enforccment）がある。これは離婚をして取り決められた養育費を支払わない親から養育費を給料等から強制的に徴収する制度である。ひとり親世帯の貧困問題が深刻化するなかでこの手段がとられている。

第5節 ドイツの福祉

1．ドイツの社会福祉の特色

第1の特徴は、ドイツは社会保険制度を中心とした社会政策をもつ国の代表といわれている。すなわち、「社会保障政策のモデルには、北欧型の普遍的モデルとアメリカ型の市場優先モデルがあり、その中間に、社会保険型モデルがあり、その典型がドイツである[14]」。ドイツにおいても社会福祉は決して一部の特殊の人のためだけではないことは明らかであるが、基本的には生活の基本的なリスクについてはできる限り、疾病保険や介護保険や災害保険や年金保険等でカバーできるようにそれらの制度を充実させるべきであるというのが国民のコンセンサスになっている。

第2の特徴は、ドイツは連邦国家であるということである。第二次世界大戦後、西と東に分断されたが、1990年10月に劇的な形で再統一を果たした。

旧西ドイツに11州、旧東ドイツに5州で合計16州からなる。州は日本の県以上に独立しており、国家的性格を有し、基本法をもち、社会福祉に関しても州法により独自に定めることもできる。しかし、社会秩序に関する重要な法律は連邦法として定められている。ただし、その執行は基本的に州にゆだねられている[15]。

第3の特徴は、公私の社会福祉の役割分担に関してである。重要な法律は国家が定め、州が連邦法を執行し、市町村が大部分の社会福祉サービスの内容に踏み込んで住民のニーズを反映させる責務を負っているという地方分権が確立している反面、実際のサービス提供者として民間の社会福祉団体の活動が顕著である。公的な施設がないわけではないが、原則的には民間ができるものは民間に任せるという「補足性の原則」が、社会福祉サービスの提供に関しては貫かれている[16]。

ドイツには6つの民間社会福祉団体があり、それらが頂上連合を形成し、国の社会福祉政策に、民間の提案や要望が反映されるように働きかけている。国もまた、この頂上連合体や各民間社会福祉団体を通して、国の方針を徹底させ、その活動を監視できるようになっている。6つの民間団体は、カトリック教会によるドイツ・カリタス連合体、プロテスタント教会によるドイツ・ディアコニア団体、ユダヤ教福祉団、社会民主党による労働者福祉団、ドイツ赤十字、無宗派の社会福祉団体である。全体的にキリスト教の文化や伝統が社会福祉制度に深く根を下ろしているということができる。

2．連邦社会扶助法

1961年に制定された、連邦社会扶助法は、いわゆる日本の生活保護法に該当するものであるが、ドイツの社会扶助は、単に生存権に基づく最低生活の保障のための金銭給付だけではなく、物質的、人的サービスを中心とするその他の社会福祉サービスに対しても一定所得水準以下の人に対しては社会扶助がその費用を負担するというものである。扶助は「生計費の扶助」と「特別な生活状況の扶助」の2つに分かれている。

①生計費の扶助

これは、わが国の生活保護が世帯単位で給付されるのに対して、個人単位になっている。しかし、他法優先の原則や、所得や資産の投入が義務付けられているなど、給付に先立ち厳格な審査がなされるのは同じである。保護の基準額は州により異なる。市町村の「社会事務所」が窓口となる。

②特別な生活状況の扶助

これには、「生活の基礎作りと確保のための扶助」、「予防的保健扶助」、「医療扶助」、「障害者の社会編入の扶助」、「介護扶助」などの全部で11種類の扶助が含まれる。それぞれの扶助は具体的なサービスの種類や内容を定めるものではなく、サービスの中身は非常に多様であり、住民の要求に応じて、自

治体や民間の社会福祉団体が必要なサービスを提供している。州と都市には社会福祉計画の策定が義務付けられているので、その計画に沿って整備されたすべてのサービスは、この特別な生活状況の扶助のいずれかに該当するようになっている。所得が一定の基準以下の人は、それらのサービスの費用が社会扶助の特別な生活状況の扶助から支払われるようになっている。

3．児童・青少年福祉

　1990年に制定され、1991年から施行されている「児童・青少年援助法」は、1922年、1961年、1970年と続いてきた「青少年福祉法」を、時代の要請にかなうように近代化する目的で全面的に改定されたものである。ドイツには伝統的に、青少年の保護と育成は両親の責任であり、親がその責務を果たせない場合に限り、社会福祉施設や公的権限がこれを補うというのが基本的な考え方であるが、親の権利だけではなく、児童の人格の自由な発達の権利や主体的な決定にもっと考慮すべきであるという主張が反映されて新法の制定に至ったといわれている。

　法律の対象が0歳から18歳までの児童に加えて、18歳から27歳までの青年を含んでいて、年齢の幅が広いというのはドイツの児童福祉の1つの特色である。

　サービスに関しては、幼稚園・保育所・学童保育施設、児童館などのデイケア施設、児童養護施設や母子ホームなどの入所施設、余暇施設や保養施設のような社会教育施設、各種相談機関などの施設や機関から多様なサービスが提供されている。公的な機関としては「青少年事務所」が各行政区にあり、一般サービスを提供するのは多くの場合、民間の社会福祉団体である。

4．高齢者・障害者福祉

　高齢者福祉も障害者福祉も専門家によるサービスの費用がますます高くなり、大部分の利用者は自己資金でまかないきれなくなり、社会扶助に頼らざるを得なくなった。その結果、特別な生活状況の扶助の中でも「介護扶助」や「障害者の社会編入扶助」の支出が突出するという事態になり、その問題の解決も1つの要因となり、1994年から第5番目の社会保険としての介護保険が導入された。ドイツの介護保険は、要介護認定にあたり、年齢の制限がないので、重度の障害者も認定を受けることができる。サービスにかかる費用は、介護保険、社会扶助、疾病保険と自己負担が組み合わされた形でまかなわれている。

　サービスの内容としては、高齢者に関しては老人ホーム、介護ホームなどの入所施設のほかに、ホームヘルプ、訪問看護、見守りなどの在宅のサービスをまとめるソーシャルステーションが市町村単位で整備されている。障害者に関しては、介護ホームに入所しているものも少数いるが、基本的には在

宅サービスが中心で、児童のための通園施設、障害成人のための作業所、障害者の自立生活住宅、通勤寮、グループホーム、職業訓練施設などがある。

第6節 フランスの福祉

1．フランスの社会福祉の概要

　フランスの人口は6,660万人（2016年1月）で日本の約2分の1であるが、面積は1.5倍で、人口密度は日本の3分の1である。人口は毎年増えており、出生数が死亡数を上回る自然増が人口増加の主要因であり、移住者による社会増が多い他のEU諸国と異なるフランスの特色となっている。国土は一部の山岳地を除いてゆるやかな平野が広がり、EU諸国のなかでは1、2を争う豊かな農業国であり、主要食品の自給率も高い。

　同時に化学、機械、食品、繊維等の工業国でもあり、宇宙、航空、原子力等の先端産業も発達している。

　政治的には2012年5月に社会党のオランド大統領が就任したが、任期は5年で、2017年5月に次の大統領選が行われる。これまで社会党と保守政党が大統領選を争ってきている。

　福祉について見ると、国内総生産に対する社会保障給付費等の社会支出の割合は、わが国の1.3倍である（OECD2013年）。

　日本やアメリカが中負担・中福祉の国といわれるのに比べると、**高負担・高福祉**の国といえよう。福祉の財源は、スウェーデンのように税でまかなう方式ではなく、わが国同様保険支出が基本となっている。

　歴史的には、各国と同様に、中世末期までは社会的弱者の救済は教会の慈善事業で行われていた。フランス革命期には公的救済を国家の義務と位置づけ、国民の生存権の主張がなされ、今日の人権思想の基盤がみられたのは注目に値する。19世紀には、労働者の生活問題に対応するため、自主的な共済組合が多く作られた。これと並行して公的救済の理念も広がり、労災、疾病、高齢などの保険制度が法律化され、イギリス、ドイツなどに比べ遅れをとったが、1930年にはほぼ社会保障の枠組みができあがった。フランスの社会福祉の理念として長く掲げられてきたのは「連帯（Solidarité）」である。

　第二次世界大戦直後の1945年に、それまで分立していた各分野の社会保険を統一し、すべての国民を対象とした基本的な社会保障の制度が作られた。それを1967年には現在のような「疾病保険」、「老齢保険」、「家族手当」の3種の保障に分け、それぞれの財政の独立採算性を保つ改革が行われた。社会保険がすべての職業を包含し、全国民を対象としたものとして完成したのは1980年である。

高負担・高福祉
高い社会保障水準を維持するために、国民に租税や社会保険料などを通じて高い負担を求める考え方を「高負担・高福祉」という。スウェーデンなど北欧諸国が代表的な「高負担・高福祉」の国とされる。国が社会保障水準を低く抑え、国民の相互扶助などに期待し、租税・社会保険料なども低い水準にとどめるなら、「低負担・低福祉」ということになる。

2. 福祉問題の状況

フランスの65歳以上の高齢者人口は18.8％（2016年）であり、わが国の27.3％（2016年）より低い状態にある。しかも、フランスでは高齢者人口が7％から14％に達するのに115年を要したが（1865～1980年）、日本は25年（1970～1995年）であり、日本の方が切迫した高齢者問題を抱えている。

フランスでは1962年以降、従来の救貧対策を脱した、本格的な高齢者施策に取り組んでいる。2001年には自律手当（Allocation personalisée d'autonomie）が作られ、要介護度に応じた給付が受けられるようになった。また、2005年には連帯・超高齢者計画（Le plan soidarité grand âge）が制定されたが、これは後期高齢者の多いフランスで高齢者の在宅支援を見据えた長期計画である。

わが国同様、少子化が問題であるが、わが国と異なるのは、フランスでは19世紀後半から出生率の低下がみられ、20世紀の2度の世界大戦での大幅な出産の落ち込みも経験し、人口減の抑制にむけて家族施策が早くから行われてきたことである。「家族手当」が保険制度として確立したのは1932年である。家族手当や住宅施策など、多面的な家族政策はEUのなかでもきわだっている。

先進諸国が出生率低下に悩むなか、フランスが高い**合計特殊出生率**（2.0、2014年）を維持しているのはこうした家族政策によるところが大きいといえる（わが国の合計特殊出生率は2014年に1.42である）。

障害者施策は20世紀に入って法制化された。対象により施策が異なり、複雑であったが、1975年に「障害者基本法」が制定され、基本的な障害者施策の枠組みがつくられた。

2005年にフランスの障害者福祉の大きな改革をもたらす「障害者の権利と機会の平等、参加、市民権に関する法律（通称障害法）」が採択された。各県に障害者問題の総合窓口としての障害者センターの設置、障害者自身の生活プランに基づいて算定される障害補助給付の支給、障害児の普通学校への就学の義務化などの施策が進んでいる。

フランスは第二次世界大戦後「栄光の30年」といわれる経済成長を謳歌してきた。この繁栄を背景に「福祉国家」としての着実な発展を遂げたが、1973年の石油危機や2008年のリーマンショックといった世界的な経済危機の影響を受けて、フランス経済は停滞しており、深刻な社会問題を生み出している。

高い失業率が慢性化し（2014年9.9％）、1年以上の長期失業者がその4割を占めるといわれる。とりわけ25歳以下の失業率の高さが問題である。これにより社会保障財政の悪化がもたらされ、それとともに社会保障のシステムからはみ出し、家族をもたず孤立し、社会との紐帯を失った人たちの**社会参入への支援**が重い課題になっている。

こうした問題に対して1988年には社会参入最低所得（Revenu minimum d'insertion）が導入された。これは住宅、医療、教育等の支援策を行うとともに、

合計特殊出生率
その年の年齢別出生率で1人の女性が子どもを産むとした場合の生涯の平均の子ども数である。わが国は1950（昭和25）年において3.65と高い水準であったが、以後急激な出産数の落ち込みが続き2005（平成17）年には1.25になった。フランスの場合、1950年の2.90から2014年の2.0まで比較的緩やかに低下している。社会状況にもよるが、人口を維持するためには2.1の合計特殊出生率が必要と言われる。（p.4、152、183参照）

社会参入への支援
失業が長期化し、就業を基本とした社会的保護のシステムから除外され、家族ももてず、人間関係からも孤立し、社会とのつながりを失った人たちは、単に貧困であるだけでなく「社会的排除」の状態にある。彼らには金銭的アプローチだけでなく、社会活動に再び参加し、社会的紐帯を取り戻すための支援が求められる。フランスでは社会への統合を意味する「社会参入への支援」という語を用いている。

受給者に職業訓練や実習などへの参加義務を課し、就労支援をめざしている。最低所得を保障するにとどまらず、社会から排除された人たちの再統合をめざすものである。社会参入最低所得は2009年に給付対象を拡大して改正され、積極的連帯所得（Revenu de Solidarite Active（RSA））として実施されている。これは高齢・障害などを要件とせず、貧困のみを要件とした稼働年齢の人への所得の最低保障である。

また、介護の必要な高齢者の増大、離婚の増加や単身家族・非婚家族の増加など、家族構造の変化も大きく、青少年の非行も大きな問題である。完全雇用や伝統的な家族を前提に築かれた福祉制度が危機に瀕していることは、先進諸国に共通してみられる現象であろう。

3．フランスの社会福祉制度

社会福祉の行政レベルは、国、地方圏、県、市町村である。地方圏（Région）は複数の県を包含する広域の行政区域であり、18に分かれる（2016年）。県（Département）は101あり、日本に比べ小規模である。市町村（Commune）は基礎的な行政単位で、フランス本土に3万5,585あり、小規模なものが多い。

フランスは伝統的に中央集権的な国家であったが、1983年の地方分権法により、国の権限が大幅に県に移譲された。

公的機関だけでなく、民間の福祉事業も盛んで、「1901年法によるアソシアシオン」とよばれる非営利の民間団体が多数存在し、社会福祉活動や保健医療活動を行っている。

社会福祉制度は社会保険と社会扶助が最も主要なものである。社会保険はフランスの社会福祉制度の根幹をなすもので、すべての国民を対象としている。元来は拠出金によって運営されてきたが、給付の内容が多様化するに従い、さまざまな税が財源として用いられるようになった。

また、社会保険給付が受けられない場合や給付額が一定額以下の場合はそれを補う手当があり、所得の最低保証が用意されている。老齢最低所得、障害者最低所得など。最も新しく登場したのが、上に述べた積極的連帯所得（RSA）である。これらは、社会保険でも社会扶助でもない第三の保護ともいわれるが、実体としては拠出をともなわない社会保険給付である。疾病保険、老齢保険とともに家族手当が社会保険として位置づけられているのも特徴的である。家族手当の始まりは、19世紀末の子どもを扶養する人への企業内の付加賃金の慣行であった。これが家族保護政策と相まって一般化したと考えられる。

①社会保険制度
職業に従事している人は、給与所得者であると否とを問わず、またフルタイム・パートタイムを問わず保険制度の対象である。
・疾病保険　疾病（傷病手当金を含む）、出産、廃疾（労働不能になった場

　　　　　　　合の治療と年金)、死亡、寡婦(夫)、労災・職業病などが給
　　　　　　　付の対象である。
　　・老齢保険　最長保険期間で平均給与の50％の年金が給付される。受給資
　　　　　　　格のない人や年金が一定以下の場合、高齢被用者手当(65歳
　　　　　　　以上の所得が一定以下の人への無拠出の手当)や補足手当が
　　　　　　　出る。
　　・家族手当　児童の養育費用を保障するもので、掛け金は使用者の負担
　　　　　　　であったが、近年の経済不況で税などの支出が増えている。
　　　　　　　家族手当(2人目の子どもから支給される養育手当)、乳児迎
　　　　　　　え入れ手当(出産手当)、乳児手当(出産前後の収入補助)、扶
　　　　　　　養手当(孤児や片親の子どもの場合の手当)、家庭保育手当(保
　　　　　　　育を家庭保育所に委託する場合の手当)、住居手当(一定の条
　　　　　　　件にある人への住居手当)、障害者(児)扶養手当、積極的連
　　　　　　　帯所得、その他。
　　・保健福祉活動　予防活動や相談活動など、様々な保健福祉活動が、給付
　　　　　　　の補助としてソーシャルワーカーなどの専門スタッフによっ
　　　　　　　て行われている。
②社会扶助制度
　社会保険がカバーしない部分を国・県の負担で行なう社会福祉の制度であり、わが国での社会福祉事業のほとんどがこれに該当するといえる。社会扶助の申請は市町村の社会福祉センターである。
　　・児童福祉　出産前後の母子保護、不適応児等の児童の問題の予防・早期
　　　　　　　発見・治療・在宅支援、施設通所、児童養護、施設入所、里
　　　　　　　親委託、棄児の保護、児童虐待への介入、家族計画、学校保
　　　　　　　健など。
　　・一般福祉　医療扶助(社会保険受給資格のない人や収入の低額な場合の
　　　　　　　掛け金の給付、自己負担金の給付)
　　　　　　　障害者扶助(予防、治療、教育、就労支援、所得最低保障、
　　　　　　　社会参加への支援)
　　　　　　　高齢者扶助(在宅ケア、施設入所、所得最低保障、介護給付など)
　　　　　　　宿所提供
③失業補償制度
　失業に対して多様な給付が制度化されている。1945年の統一的な社会保険発足時にはフランスはむしろ労働力不足で、失業保険は含まれていなかった。1958年労使協約が結ばれ、社会保険とは別に失業補償制度ができた。失業補償制度は労使の団体が運営する。

4．フランスのソーシャルワーカー

多様で複雑な社会福祉の諸制度を、必要な個人に結びつけ、問題解決を助ける職種として、ソーシャルワーカーは古くから認知されてきた。フランスでは、多くの福祉専門職が存在し、それぞれ国家資格を有しているが、ソーシャルワーカーは1932年に国家資格化され、もっとも長い専門職の歴史をもち、法的地位も確立している。

フランスのソーシャルワーカーの基本的な働き方の形態は、総合ソーシャルワーカー（assisutant de service social polyvalent 直訳すれば、多目的ソーシャルワーカー）として、地区住民の福祉問題全般に対応するものである。総合ソーシャルワーカーは県の保健福祉部に所属し、単位となる区域ごとに県の福祉施策を行う。その中で、一定人口の地区が1人のソーシャルワーカーの受け持ちとされる。総合ソーシャルワーカーは地区住民の相談窓口であり、新たに数多く生まれてきている他の福祉職との連携の要になっている。

総合ソーシャルワーカーの数がもっとも多いが、ほかに専門領域ごとに専門ソーシャルワーカーが存在し、学校・病院・職業機関・司法・民間福祉施設等々で働いている。

フランスでソーシャルワーカーになるためには、バカロレア（大学入学資格）取得後3年間の専門学校での教育を受ける。海外県を含めフランス全土に72（2016年）の学校が分散して設立されている。ほとんどが私立であるが、公私を問わず国の監督下にある。わが国と異なり、学費は基本的に国の負担であり、学生の出費は少額である。

ソーシャルワーカーは、問題をもつ個人や家族・グループと共に歩み、信頼関係を築き、対象者の自律の回復を助ける仕事とされてきた。近年は社会・経済情勢の変化により新たに生み出されてきた慢性の失業や貧困層の増加、家族の変容による単身世帯やひとり親世帯の増加、移民による民族問題など、多様な問題への対応を迫られている。

第7節 オーストラリアの福祉

オーストラリア連邦（以下、オーストラリア）は、1901年にイギリスの植民地であった6つの州が統合して生まれた。約100年の歴史をもつ新しい国家である。面積は769万2,024km^{2}で、日本の約20倍であるが、人口は日本の約6分の1に当たる約2,405万人（2016年3月：豪州統計局）である。広大な国土のわりに比較的人口の少ないのがオーストラリアの特徴の1つである。

オーストラリアの社会福祉・社会保障制度の理解を助けるために、その社

会的・政治的な状況、価値観などの特色を紹介しておこう。

1．オーストラリアの特色

まず、オーストラリアは6つの州、および、北部準州と首都特別地域の2つの自治地域から構成される「連邦国家」である。連邦政府が国防、外交、所得保障と財政補助など特定の分野を担当するのに対し、州政府と地方自治体は教育、保健、医療、福祉などの分野に責任をもっている。州政府の権限が強く、独立性が強いことから、州によって医療・社会福祉などの制度やサービスが違う。

次に多文化主義の影響を紹介する。オーストラリアは様々な文化的背景をもった人が作った移民国家である。1788年にイギリスがオーストラリアを植民地として占領してから、ヨーロッパ人がオーストラリアに移住するようになった。20世紀初頭では、先住民族であるアボリジニ人と比べて、圧倒的に多数なのはヨーロッパ人であった。

しかし、白人のみを対象にした移民政策である「**白豪主義**」は1973年に廃止された。最近では、必要な技術や専門知識をもった労働者の確保や人道的理由により、アジアなど多くの国から多くの移民を受け入れている。1999年12月に連邦政府は、「多文化国家オーストラリアの新たなる課題」を発表した。多文化主義を重視し、多様な文化をもつ国民の権利、義務およびニーズに対応するという方針を強調したのであった。

オーストラリア社会は自立、自由の精神を重視し、自分の力で生活を築き上げていくことを好む。その一方、平等性と公正性を重んじている。弱者に対する支援の充実と賃金の公平な分配はそのあらわれである。また、個人の生活を重視し、仕事よりは家庭生活、スポーツや趣味を大切にしている。「集団主義」よりは「個人主義」が主流であるといっても過言ではない。

オーストラリアが影響を受けたのはイギリスだけでなく、アメリカからの影響もある。イギリスの植民地であったこともあり、イギリスのシステムをベースにした制度が多いのだが、戦後の政治経済においてアメリカとの関係が深まったことにより、アメリカの様々な制度を導入するようになったのである。

2．オーストラリア型福祉国家

オーストラリアは早くも1907年に最低賃金制を導入し、労働者の賃金を保障した。また高い関税などの規制により、国内の雇用機会を保護したうえで、労働者の雇用・労働条件も政府の規定によって保障している。労働市場の中でできるだけ賃金を平等に分配することにより、労働者の生活水準を一定レベル以上に維持し、保障しようとすることから、「賃金稼得者福祉国家（wage-earners' welfare state）」と呼ばれている。

一方、労働市場から疎外された人には年金・給付金のような所得保障を支

白豪主義（White Australia Policy）

非白人をオーストラリアから排除するという人種差別思想である。その影響のもと、1901年の第1回連邦議会では、非白人系移民の流入を防止するために、「移民制限法」と「太平洋諸島労働者法」が制定された。白豪主義は、移民の制限だけではなく、国内の非白人系住民に対する差別にも関係していた。非白人住民は結婚、就労、土地所有、選挙権、帰化などの自由と権利が制限されていた。また、その思想は先住民族であるアボリジニの消滅という意味も暗に含んでいた。第二次世界大戦後、人種主義・差別の否定、またアジア諸国との貿易関係の拡大により、白豪主義の存続が難しくなった。1958年に新しい移民法を制定し、入国審査時のヨーロッパ言語の書取りテストを廃止した。1966年に非白人の移民を許可した。1970年代半ばには差別的な政策をすべて廃止し、白豪主義に終止符を打った。

第7節　オーストラリアの福祉

給している。ただし、所得制限、資産制限によって、給付の対象を貧困者に限定し、給付金額も必要最低程度である。社会保障はあくまで「セーフティ・ネット」と位置づけているからである。年金制度は1909年の老齢年金から始まり、のちに障害者年金、出産手当、寡婦年金、児童手当、失業給付などをも支給するようになった。第二次世界大戦以降は、給付制度の拡張や、高齢者向け医療給付金などの新しいニーズに対応した制度を導入してきているが、日本の「国民年金」や「厚生年金」のような社会保険方式による普遍的な公的年金制度は作られていない。

年金制度などの所得保障は限定的で選別的であるのに対して、1980年代から整備された社会サービス（医療・福祉サービス）は全国民を対象にした普遍的な制度である。

たとえば、1984年に導入された医療保障制度「メディケア」はその一例である。「メディケア」は年齢や所得を問わず、オーストラリアに在住するすべての国民を対象にした普遍的な制度であると同時に、社会保険方式ではなく、一般財源によるものである。連邦政府がその運営とサービスへの助成を担当し、州や民間団体が病院の運営や医療・保健サービスを提供している。中間階層の人々も医療・福祉のサービスの受給者になることから、「中産階級福祉」と言われている。

以下では、オーストラリアにおける社会福祉サービスの特徴について紹介する。

3．社会福祉サービスの特徴

まず従来の施設福祉から在宅福祉への政策転換をしたことがあげられる。地域や家族との関係を維持することを重要視するようになるとともに、施設建設・運営に関する補助・費用を減らしたいという目的もあった。

高齢者福祉の分野では、1985年から行われている高齢者ケア改革（Aged Care Reform Strategy）がその代表例である。**在宅・地域ケアプログラム（Home And Community Care Program）**のもとで、ホームヘルプサービス、訪問看護・介護、デイケア、レスパイト・サービス、住宅の維持・管理、配食、情報提供や相談サービスなど幅広いサービスを、地域で生活している高齢者に提供している。在宅サービスを充実させることにより、施設ケアと地域ケアのバランスを見直すことを目指したのである。

また、施設サービス・在宅サービスを利用する際には高齢者ケア判定チーム（Aged Care Assessment Team、以下ACAT）の判定が必要である。医師、看護師、ソーシャルワーカーなどの専門職によって構成されているACATは、高齢者の身体的・精神的・社会的な状況に基づいてニーズを評価し、ケアプランを作成する。施設入所が認められた場合には、給付金額を決めるために施設の責任者による入所者分類スケール（RCS）の判定もある。以上のよう

> **在宅・地域ケアプログラム（Home And Community Care Program）**
> 虚弱な高齢者や障害者が地域生活を継続できるように、中度以上の障害を持ち、生活に何らかの支障、制限を持っている人に対して、在宅サービスを提供する。サービス内容は、家事援助を主にしたホームヘルプサービス、配食サービス、訪問看護・介護、デイケア、住宅の維持・管理、相談や情報提供など多岐にわたっている。また、彼らのケアをしている家族にも、様々なサービスやサポートを提供している。

な政策で「社会的な入所」を防ぎ、施設ケアのコストを減らそうとしているのである。

障害者福祉においては、「脱施設化」が北欧や北米に遅れて、80年代から推進されてきている。「脱施設化」とは州政府や民間が運営している大人数の収容型施設や病院から、地域にある少人数の「普通の」住居に、入所者を移住させることである。この政策により、精神病院や収容型障害者施設が閉鎖され、長く施設や病院で生活を強いられてきた障害者が地域に出て生活するようになった。「脱施設化」実現のため、地域での住まいの確保や、個人のニーズに基づいた地域サービスの提供が、地方自治体の大きな課題となってきている。

次の特徴として、地域ケアを推進するのに、家族などインフォーマル介護者の貢献を積極的に認め、彼らも支援の対象に含まれていることがあげられる。そのために、家族介護者支援のための事業が多く実施されてきた。たとえば介護者が休養するためのレスパイト・サービスが提供されている。また、家族介護者に介護手当や、（介護のために就労できない介護者には）介護者給付金を支給している。施設ケアが必要と認められた人を自宅で介護している家族には、現金給付も行っている。

また、多様な主体が医療・福祉サービスの提供にかかわっているのも特徴である。州政府、地方自治体などの公的な部門だけではなく、民間企業や非営利団体など多様な団体・組織がサービスを提供している。とりわけ非営利民間団体が医療・福祉サービス提供主体として大きな役割を担っている。最近では、医療・福祉サービス分野に参入してきた民間企業が増えている。さらに、オーストラリアでは、ボランティア活動の文化が盛んであり、ボランティアの役割も軽視できない。

最後に、ソーシャルワーカーが対人援助の専門家として認められ、家族や社会の問題を解決するのに重要な役割が期待されている点も、オーストラリアの社会福祉の特徴である。

以上の特色から、オーストラリアの社会保障・社会福祉制度には「新自由主義」の影響が強いといえるだろう。新自由主義とは、「政府の過度な民間介入を回避し、個人の自由と責任に基づく競争と市場原理を重視する」という考えであり、「小さな政府」を支持する立場である。なぜなら、オーストラリアの基本的な政策理念は、民間の組織と協力して、経済政策と社会政策の連携を通じて国民の就労意欲を維持・向上し、経済と社会の安定化を図ることである。その結果、あえて「中福祉、中負担」の政策路線を選んだわけである。その背景には、自主自立の精神を重んじるオーストラリア人の伝統的な精神が影響していると思われる。

第8節 中国の社会福祉

　中華人民共和国（以下、中国）は近代化をめざし、市場経済を導入した結果、高度経済成長を成し遂げた。だが他方で、国民の生活に不安の影をもたらしている。国民の生活を守るために、社会福祉・社会保障の制度を充実させることが、現代中国にとって緊急の課題なのである。

　現在、中国には23の省（台湾を含む）、5つの自治区、4つの直轄市、2つの特別行政区（香港、マカオ）がある。台湾、香港、マカオは、本土である「大陸」とは違う政治・経済体制をとっているので、社会福祉の事情と制度も違ってくる。本節では「大陸」の社会福祉に注目して紹介する。

　ここでは、まず中国の社会・経済について簡潔に紹介し、次に、現在の中国が抱える社会問題について紹介する。そして最後に、中国の社会福祉の特色について説明する。

1．中国の社会・経済的状況

　中国の全面積は959万km^{2}で、日本の約26倍ある。人口は13億人を超え、世界人口の21％を占めて世界第1位である。現在、人口の高齢化が急速に進行している。70年代から人口を抑制するために計画出産政策、いわゆる「一人っ子政策」が推進された。その結果出生率は低下、高齢率は上昇したのである。

　2009年に65歳以上の高齢者人口が全体の8.5％に到達し、高齢化社会に突入した。2020年までには、18％を超えると予想されている。一人っ子政策の副産物といわれる高齢化は、北京や上海などの大都市を中心に深刻な社会問題になっていくと思われる。その対策として、社会保障制度の整備が急がれている。

　経済発展については、80年代に国内体制の改革と対外開放政策を行うことで、中国経済は計画経済から市場経済へ転換し、社会主義市場経済体制を確立した。**改革開放**により、一般国民の収入が増え、生活水準も改善された。だが一方で、所得格差の拡大など多くの社会問題をもたらした。次にその社会問題の中身について紹介しよう。

2．中国の社会問題

　中国社会は"都市部社会"と"農村部社会"に二分化しており、それぞれまったく異なる社会をつくりあげている。以下、社会問題を都市部と農村部にわけて紹介する。

　まずは都市部における失業問題である。改革開放により、国有企業では赤字経営を改善するために、大規模のレイオフ（一時解雇）がなされた。都市部失業率は4％近くに達しているといわれるが、これは失業登録者のみで算

改革開放

「改革」とは国内体制の改革政策、「開放」とは対外開放政策をさす。改革政策は、1979年に農村部から導入された。農民の生産意欲を高めるために、実情に見合った経営を行うことを認め、経営自主権を保証するようになった。また、1983年からは、農家の生産請負制を全面的に推進した。都市部の改革は、1980年代半ばから始まり、企業の自主権の拡大など様々な改革を進めた。その結果、都市部と農村部の経済格差が目立つようになった。

これに対して、先に裕福になった地域（都市部）が後発地域（農村部）を支援すればよいとして、「先に豊かになれるものから豊かになれ」という「先富論」を提唱し、一時的な所得格差を容認した。その結果、都市と農村、沿海部と内陸部の地域格差はさらに深刻化し、農民の不満は日々ふくらんでいった。

開放政策では、海外の企業などに市場を開放することによ

り、資本や技術を吸収することができ、急速な経済成長に貢献した。

出した数字で、国際的な基準で算出すると7％とも10％ともいわれている。私営企業の発展や、サービス産業の拡大による雇用機会の増大が期待されたが、失業増加率には追いつかず、解雇された人は都市の貧困層を形成している。

　また、農村から都市へ大量の人口が流れ込むことが都市部に社会問題を引き起こしている。規制されているにもかかわらず、2003年には、農村から都市への出稼ぎ労働者、いわゆる「農民工」は1億数千万人以上に達した。これは農村労働人口の23.2％に当たる。都市への人口移動を抑制するため、現在でも戸籍の変更は制限されているが、農村の経済が停滞し、過剰労働力が増えたため、出稼ぎの自由が次第に容認されるようになった。しかし農民工たちは、都市の社会保障制度が利用できず、生活環境も悪い。また、子供を学校に入れられないなどの困難を抱えている。生活が苦しくて犯罪に手を染める人もいる。

　農民の大規模移動は多くの社会問題を引き起こし、彼らの存在は「社会不安の原因」と問題視されてきている。しかし、農民工の存在はマイナス面ばかりではない。都市の企業に安い労働力を提供し、産業の競争力を維持するのに不可欠な存在となっている。今後は農民工の移動の一層の自由化は避けられないことから、民工に対する社会保障の充実が必要である。

　次に、都市との格差がもたらす農村の社会問題を紹介しよう。農業大国である中国では、3分の2以上の人口が農村で暮らしている。改革開放の初期には、請負責任制の実施などで、農民の生産意欲は高まり、収入は増大した。だが、農業労働人口の過剰による失業問題が出てくると同時に、所得格差、地域間格差は拡大する一方であった。農村の貧困人口は、1979年の2億5,000万人から現在は3,000万人以下にまで減少したといわれるが、国際基準からみると、1億人以上の農民が貧困状態にあると推定される。しかし、農村部における生活保護や年金制度などの社会保障制度は未だに確立しておらず、とりわけ老人扶養が問題になってきている。

　このように「三農（農業、農村、農民）問題」は依然として中国の大きな社会問題である。三農問題とは、農業の低生産性、農村の疲弊、農民の所得低迷のことである。都市と農村の格差を解消するために、農村における就職機会の確保、農民の生活水準の改善、社会保障制度の確立などが緊急の課題となってきている。

3．中国の社会福祉の特色

　先にも述べたとおり、中国社会は"都市部社会"と"農村部社会"に二分化しており、社会福祉制度もそれぞれ違っている。

　都市部の社会福祉を理解するためには、中国特有の「単位」について知っておく必要がある。「単位」とは、企業や官庁、機関、団体、事業体など、所属している職場組織の総称である。「あなたはどこの単位ですか？」というのは「どこにお勤めですか」と同じような意味である。

第8節　中国の社会福祉

　企業や機関などの「単位」は単なる職場ではなく、従業員とその家族の生活、医療、教育、住宅、社会・文化活動などに対して必要なサービスを提供する社会的機能をあわせもっていた。

　以前には「単位」に属することで、従業員・職員は住宅の分配、医療費の大幅免除、定年退職後の年金給付など様々な保障を受けることができていた。しかし、市場経済の導入により、「単位」の従業員・職員に対して福利厚生を保障する機能が低下してきた。また、企業形態が多様化してきたとともに失業者も増えてきた。さらには都市部への労働者の流入が進んだ結果、「単位」による福利厚生を中心に発展してきた社会保障のあり方は機能しなくなってしまった。こうした流れの中で、全国民を対象にした高齢年金制度、医療保険、公的扶助（最低生活保障制度）など社会保障制度が導入されつつあるが、その整備と改善が、現在重要な課題となっている。

　また、「単位」の代わりに地域の再組織化機能を果たすものとして「社区」が重視されるようになってきた。「社区」とは、「一定地域内に住む人々によって構成される社会生活の共同体」である。つまり、地域社会、コミュニティのことである。2000年から民政局（日本の厚生労働省に当たる機関）は「社区建設（コミュニティ・ディベロップメント）」を推進した。

　社区建設において中核的な役割を果たすのが、社区の「居民委員会」（農村部では「村民委員会」）という自治組織である。これは日本の町内会に似ているが、少し違う。もっとも重要な役割は住民サービスの提供である。託児所、託老所などの施設を作り、治安維持、障害者・高齢者へのケア、就職の斡旋などを行うことで、社区住民の自己管理意識を高め、自治を実現しようとしている。「居民委員会」が福祉サービスの実質的な担い手となっているのであるが、これまで社会福祉の専門教育を受けたことがある援助者は少なかった。しかし近年、ソーシャルワーク教育が著しく成長したため、ソーシャルワーカーがサービスを提供する機会は増えてきている。この傾向を推し進めた要因として、2004年にソーシャルワーカーが正式に国家の職業基準リストに載せられ、新しい職業として認められたことがあげられる。2008年には上海で国家資格試験が実施され、ソーシャルワーカーの専門化はさらに進みつつある。

　次に、農村部の社会福祉について紹介したい。農村部では、社会保障制度とは無縁に近いほど、国による制度が確立されていなかった。たとえば、「三無（収入がない、労働力がない、身寄りがない）」といわれる人々は**五保戸（食、衣、住、医、葬）制度**にしか頼れなかった。「五保戸」制度とは、貧困の高齢者、寡婦、孤児、障害者など「生活保護世帯」に対する公的扶助である。

　近年、農村最低生活保障対象や特別困窮世帯に救済を実施している地域があるが、救済基準は地域の経済状況によって違う。沿海地域や都市の郊外など裕福な農村と、内陸や西部など貧困地域との格差は大きい。

　また、農村では人口の高齢化や家族の老人扶養機能の低下により、医療保

五保戸制度
1956年から農村で実施されている生活保護の制度。農村において、「三無（労働能力がない、収入がない、扶養者がない）」の高齢者、孤児、障害者、病人に対し、「保喫（食糧の保障）、保穿（衣服の保障）、保焼（燃料の保障）、保教（児童に対する教育の保障）、保葬（葬儀の保障）」の5つの保障を行う制度である。

新型農村合作医療制度
農民の医療費、入院費などを補助する医療保険制度である。1950年代から農村で実施されたが、改革

開放による農村経済の激変で解体した。その結果、多くの農民は病気になっても治療さえ受けられない状態に陥った。SARSの流行や、農村における高齢化の進行などで、農村の医療制度の改善が急がれ、2003年に「新型農村合作医療制度」として復活した。

険制度や年金制度の確立も求められるようになった。それで、1992年から、すべての農村住民を対象にした「農村社会養老（年金）保険」をはじめた。しかし、制度に対する不信感が高く、加入率は30％台である。また、2003年からは一部地域が「**新型農村合作医療制度**」を導入した。農民の医療費、入院費などに対して補助を行う医療保険制度である。しかし一部の裕福な農村地域でしか導入されず、すべての地域をカバーするまでには時間がかかりそうである。

以上、中国の都市部と農村部における社会福祉の現状と特色を紹介した。13億人もの国民の生活を支える社会福祉・社会保障制度を作り上げるには課題が山積みであるが、この課題を一歩一歩確実に解決していこうと中国社会は挑戦中である。

第9節 韓国の福祉

韓国
正式名称は大韓民国（Republic of Korea）。1910年から日本に植民地支配されたが、1945年に解放され、1948年に大韓民国政府を樹立。首都ソウル。10万188km²（朝鮮半島全体の45％、日本の約4分の1）。人口約5,100万人（2015年）。

大韓民国憲法
（1987・10・29第9次改定、1988・2・25施行）
第34条
①すべての国民は、人間らしい生活を営む権利を有する。②国は、社会保障及び社会福祉の増進に努力する義務を負う。③国は、女子の福祉及び権益の向上のために努力しなければ

1．概要

韓国はしばしばダイナミックコリアと言われるが、社会福祉も1960年以降、いくつかの転換期を経ながら、ダイナミックな発展を遂げてきた。

現代韓国の社会福祉を考えるポイントとして、①民主化運動により社会や政権が民主化されたことが、社会福祉政策にも大きな影響を及ぼしたこと、②1997年のIMF経済危機以降、多くの企業が倒産し大量の失業者が生まれた状況の中で福祉政策を進めていかざるを得なかったこと、③急速な少子高齢化の進行、④女性の社会参加の拡大と家族構造や意識の変化、をあげることができる。

1995年に制定された「社会保障基本法」（以下、基本法）が、社会保障全般について規定した基本的な法律といえる。**大韓民国憲法第34条**第1項において「すべての国民は、人間らしい生活を営む権利を有する」とし、第2項から第6項において社会保障や社会福祉の増進等の国家の義務について規定しているが、基本法はこの憲法第34条の規定を実現するために、社会保障に関する国民の権利と国家及び地方自治団体の責任を定め、社会保障制度に関する基本的な事項を規定している。基本法では社会保障の範囲に、社会保険、公的扶助、社会福祉サービスおよび関連制度を含めている。主要な社会保障関連法を整理したものが表13－1である。

2．公的扶助－国民基礎生活保障制度

公的扶助の核になる法律が、国民基礎生活保障法（以下、基礎生活保障法）である。この法律の目的は、大韓民国憲法第34条に定められた国民の生存権

表13－1　韓国社会保障の体系

社会保障一般に関する法律	社会保障基本法
社会保険法	国民年金法、公務員年金法、軍人年金法、私立学校教員年金法、国民健康保険法、産業災害補償保険法、雇用保険法、老人長期療養保険法
公的扶助法	国民基礎生活保障法、緊急福祉支援法、医療給与法、国家有功者等礼遇及び支援に関する法律、基礎老齢年金法、障碍人年金法
社会福祉サービス法	社会福祉事業法、社会福祉共同募金会法、児童福祉法、青少年活動振興法、青少年福祉支援法、障碍人福祉法、老人福祉法、一人親家族支援法、乳幼児保育法、入養特例法、精神保健法、性売買防止及び被害者保護等に関する法律、家庭暴力防止及び被害者保護等に関する法律、障碍人・老人・妊産婦等の便宜増進保障に関する法律、障碍児童福祉支援法、障碍人差別禁止及び権利救済等に関する法律、野宿者等の福祉及び自立支援に関する法律、低出産高齢社会基本法、**多文化家族支援法**
保健衛生関連法	地域保健法、母子保健法、感染病の予防及び管理に関する法律、結核予防法、国民健康増進法、痴呆管理法
雇用関連法	最低賃金法、障碍人雇用促進及び職業再活法、障碍人企業活動促進法、男女雇用平等及び仕事と家庭の両立支援に関する法律、職業教育訓練促進法、勤労基準法、職業安定法、勤労者福祉基本法、青少年雇用促進特別法、社会的企業育成法
住宅関連法	賃貸住宅法、住宅賃貸借保護法、障碍人・老人等住居弱者支援に関する法律
教育関連法	障碍人等に対する特殊教育法

出典：筆者作成

ならない。④国は、老人及び青少年の福祉向上のための政策を実施する義務を負う。⑤身体障害者及び疾病又は老齢その他の事由により、生活能力がない国民は、法律が定めるところにより、国の保護を受ける。⑥国は、災害を予防し、その危険から国民を保護するために努力をしなければならない。

多文化家族支援法
国際結婚により形成された家族等を韓国では多文化家族という。多文化家族の安定した生活を支援するための法律。2008年3月21日制定、2008年9月22日施行。

保障の理念に基づき、「生活が困難な者に必要な給付を行い、その最低生活を保障し自活できるようにすること」（第1条）にある。

　1961年に制定された生活保護法は数回の改定を経たものの、対象者の制限性や給付額の低位性、対象者間の不平等などの問題を抱えていた。韓国は1997年末から経済危機を迎え、生活保護法が最後のセーフティネットの機能を果たせないことが露呈してしまった。そのような中で、市民グループによって組織された「国民基礎生活保障法制定推進連帯会議」を中心とした制定運動によって生まれたのが、基礎生活保障法なのである（1999年9月公布、2000年10月施行）。

　基礎生活保障法は、受給者の権利性を明確にした点が最も大きな特徴である。法律用語も「被保護者」、「保護機関」から「受給権者」、「保障機関」などの権利性を表す用語に変更された。また、制度の特徴の一つとして、労働能力があるとされる受給者に自活に必要な事業に参加することを条件に生計給付を支給（workfare）し、自活支援サービスと各種の自活事業の機会を提供する自活給付をあげることができる（表13－2）。2014年の基礎生活保障制度の受給者数は約133万人（受給率2.6%）である。受給が必要であるにも

かかわらず、扶養義務者基準や制度の不備のために「受給できない人々」(死角地帯)の存在の問題点が指摘されている。

2015年7月には、制度が発足して以来15年ぶりに、選定基準や給付水準を各々の給付ごとに設定する、扶養義務者基準を緩和する等の全面改編が実施された。

表13－2　生活保護制度と国民基礎生活保障制度との主要内容の比較

区　分	生活保護法	国民基礎生活保障法
法的用語	国家による保護的性格 - 保護対象者、保護機関等	低所得層の権利的性格 - 受給権者、保障機関、生計給付等
対象者選定基準	所得と財産が基準以下である者 - 所得23万ウォン(人・月) - 財産2900万ウォン(世帯) (1999年)	所得認定額が最低生計費以下である者 ※ 所得認定額 ＝所得評価額＋財産の所得換算額
対象者区分	人口学的基準による対象者区分 - 居宅保護者：18歳未満の児童、65歳以上など勤労能力のない者 - 自活保護者：人口学的に経済活動が可能な勤労能力のある者	対象者区分を廃止 - 勤労能力の条件付生計給付対象者は区分 ※年齢基準以外に身体・精神的能力と扶養、看病、養育等の世帯の条件を勘案
給付水準	生計保護 - 居宅保護者にのみ支給 医療保護 - 居宅保護：医療費の全額を支援 - 自活保護：医療費の80％ 教育保護：中高生の学費を全額支援 葬祭保護、出産保護等	生計給付 - 全対象者に支給 住居給付 - 賃貸料、維持修繕費等、住居安定のための受給品 緊急給付新設 - 緊急必要時に優先給付を実施 医療・教育・出産・葬祭保護などは同一
自活支援計画	〈新設〉	勤労能力者世帯別自活支援計画樹立 - 勤労能力、世帯の特性、自活ニーズ等を基に自活方向を提示 - 自活に必要なサービスを体系的に提供

出典：(韓国) 保健福祉家族部『2011保健福祉家族白書』2012、pp.84～85

3．高齢者福祉

韓国の高齢化率は2015年現在、13.1％(65歳以上人口662万人)である。2000年に高齢化率が7.2％に達し、高齢化社会入りして以降、急速に高齢者人口が増加している。2017年には高齢社会に、2026年には超高齢社会に達すると予測されている(表13－3)。

低経済成長の中で高齢者が労働市場で生き残ることがますます困難になっ

表13－3　主要国家の人口高齢化速度

(単位：年)

区　分	到達年度			増加所要年数	
	高齢化社会 (7％)	高齢社会 (14％)	超高齢社会 (20％)	高齢社会	超高齢社会
韓　国	2000	2017	2026	17	8
日　本	1970	1994	2006	24	12
米　国	1942	2015	2036	73	21
ドイツ	1932	1972	2009	40	37
フランス	1864	1979	2018	115	39

資料：(韓国) 統計庁「全国将来人口推計(2011)」
出典：(韓国) 保健福祉家族部『2011保健福祉家族白書』2012、p.32

ており、社会の産業化に伴い従来の儒教的な大家族制度は崩れ家庭における高齢者の役割も縮小しつつある。高齢者問題の深刻化が予想される中で、従来の家族に依存した社会福祉での対応は困難になり、国家や地方自治団体による社会的な介入の必要性が高まっている。

このような背景から2007年には基礎老齢年金制度が、2008年から日本の介護保険制度に当たる老人長期療養保険制度の実施が始まった。

4．障害者福祉

韓国の近現代の障害者福祉は、1950年の朝鮮戦争後の傷痍軍人を支援する事業から始まり、60～70年代の経済成長を経て1980年代以降本格的に展開されるようになった。1986年には、韓国DPIが女性障害者に対する最初の問題定義を行い、その後10年間はあまり動きがなかったものの、性暴力特例法に女性障害者に対する加重処罰条項が含まれてから社会の関心が高まり、女性障害者に対する政策的関心も高まった。

1982年に「心身障碍者福祉法」が制定され、1989年には「**障碍人**福祉法」に改称され、その後、改定を重ねてきた。近年、障害者自身による政策の要求が高まる中で、2007年に障碍人福祉法が全面的に改定された。改定障碍人福祉法は、自立生活と人権、障害当事者主義を中心にして、障害者を対象から主体へ、リハビリから自立へ、施設保護から地域社会統合へという方向に転換された。

「障碍人差別禁止及び権利救済等に関する法律」を施行（2008.4.11）し、雇用、教育、司法、行政等、すべての分野での障害者に対する差別を禁止し、障害者の権利を救済することになった。また、「特殊教育振興法」に代わって「障碍人等に対する特殊教育法」が制定された（2007年）。2009年1月には国連の「障害者権利条約」を批准し、国際的にも障害者の権利保障を約束した。障害者運動がこれらの変革の原動力になったといえる。

1988年から障害者登録事業が始まり、3年ごとに障害者実態調査が実施されることになった。「2014年障害者実態調査」によると、登録障害者数は約273万人（障害者比率は5.59％）と推定されている。この調査において、福祉に関する要望事項では、2005年調査以来ずっと、所得保障、医療保障、雇用保障の順に高いが、高齢化と慢性疾患の増加から医療保障へのニーズが少しずつ高くなっている。

障害児童リハビリ治療バウチャー事業の導入（2009）や障碍人年金の導入（2010年）等の社会サービスや所得保障が拡大されたが、依然として所得保障の強化が課題といえよう。

5．児童福祉

1950年代の児童政策は、朝鮮戦争（1950～1953）によって生みだされた

DPI（Disabled Peoples' International）
日本語では「障害者インターナショナル」。1981年、国際障害者年を機に、身体、知的、精神など、障害の種別を超えて自らの声をもって活動する障害当事者団体として設立された。現在加盟団体は世界150カ国以上。韓国DPI（Disabled Peoples' International Korea、韓国障碍人連盟）もその1つで、1986年に正式に発足した。

障碍人
日本で一般的に用いられている障害者に当たる。かつては「障碍者（チャンエジャ）」と呼んでいたが、「者」ではなく、人格を持つ対等な「人」という意味を込めて「障碍人」を用いるようになった。

子どもの権利条約
1989年11月20日、国連総会において全会一致で採択された。54条からなる子どもの権利の章典である。韓国は1991年に同条約を批准。日本は1994年に批准している。締約国は定期的に報告書を提出することが義務付けられており、提出された報告書は国連の子どもの権利に関する委員会で審議される。

多数の孤児に対する応急救護的な性格を帯びていたといえよう。この時期、民間や海外の援助によって、児童福祉施設が増加し、社会福祉施設の80％に達する程度に至った。60年代には現在の「児童福祉法」の前身である「児童福利法」が制定され、要保護児童に対する国家責任の原則が法制化された。

1990年代後半からの経済不況以降、欠食児童、失業等による生活苦からの児童遺棄、離婚の急増による一人親家庭、児童虐待の深刻な増加を見せた。しかし、従来の児童福祉はこれらの問題に充分に対応できなかったため、これを機に、2000年に児童福祉法（1981年制定）の全面改定が行われる等、児童関連法の改定がなされた。さらに、韓国は、**子どもの権利条約**に基づいて設置された国連子どもの権利委員会の第二回政府報告書の審議の結果、提示された勧告に関連して、2003年に児童福祉法を新たに全面改定した。2000年代以降、要保護児童対策とともに、児童の人権と権利、虐待児童に対する保護と児童の安全などに関連した政策が推進され、サービスの質的量的広がりを見せている。

「要保護児童」に対する従来の施設中心の保護から、家族中心のアプローチに転換しようとしており、児童福祉施設の入所児童が減少する一方、グループホーム数や利用児童数は増加している。また、施設保護の他に、養子、委託保護などの家庭保護がある。養子には国内養子と国外養子があり、国外養子に対する批判があったにもかかわらず、2006年は養子件数のうち、国外養子が59％（1,899人）に上っていた。ただ、2007年からは減少に転じ、2015年には、国外養子は35.4％（374人）になっている。

また、韓国の抱える課題に出生率の低さを挙げることが出来る。2005年には合計出生率が1.07％を記録し、2012年には1.30％まで上がったものの、世界的にも出生率が非常に低い水準にあるといえる（2015年1.24％）。

引用文献

1）宮寺由佳「スウェーデンにおける就労と福祉−アクティベーションからワークフェアへの変質−」外国の立法236、国立国会図書館調査及び立法考査局、2008（http://www.ndl.go.jp/jp/data/publication/legis/236/023617.pdf　2010/2/21閲覧）

2）花村春樹『「ノーマリゼーションの父」N・E・バンク-ミケルセン　増補改訂版』ミネルヴァ書房、1998、p.190

3）野村武夫『ノーマライゼーションが生れた国・デンマーク』ミネルヴァ書房、2004、pp.126 − 127

4）同上書、pp.132 − 134

5）同上書、pp.49 − 52

6）仲村優一、一番ヶ瀬康子編『世界の社会福祉4　イギリス』旬報社、1999、p.100

7）堤未果『貧困大国アメリカ』岩波新書、2008
8）渋谷博史『20世紀アメリカ財政史Ⅱ　豊かな社会とアメリカ型福祉国家』東京大学出版会、2005、pp.21 － 28
9）厚生労働省『2015年の海外情勢報告』2016、pp.20 － 55
10）吉田健三『アメリカの年金システム』日本経済評論社、2012、pp.22 － 38
11）長谷川千春『アメリカの医療保障』昭和堂、2010、pp.100 － 111
12）木下武徳「アメリカにおける生活困窮者支援の動向」『社会福祉研究』鉄道弘済会123号、2015、pp.98 － 104
13）自治体国際化協会　ニューヨーク事務所「在宅サービスへ移行するアメリカの高齢者福祉」『Clair Report』no.347、2010、pp. 5 － 6
14）古瀬徹、塩野谷祐一編『先進諸国の社会保障④ドイツ』東京大学出版会、2004、p. 4
15）フランツ・フラム著　春見静子訳『ドイツ連邦共和国の社会制度と社会福祉事業』国際社会福祉協議会日本委員会、1976、pp.15 － 16
16）前掲書14）、p.161
17）韓国福祉研究院編『韓国の社会福祉　2004 〜 2005』裕豊出版、2004、p.273

参考文献

1．スウェーデン大使館 HP　基本情報　http://www.swedenabroad.com/Page____4382.aspx　2010/ 2 /21閲覧
2．高島昌二『スウェーデンの社会福祉』ミネルヴァ書房、2001
3．田中一正『北欧のノーマライゼーション　エイジレス社会の暮らし』TOTO出版、2008
4．G・グラニンガー、J・ロビーン著、田代幹康、シシリア・ロボス訳『スウェーデン・ノーマライゼーションへの道 – 知的障害者福祉とカール・グリュネバルド』現代書館、2007
5．仲村優一、一番ヶ瀬康子編『世界の社会福祉 6　デンマーク・ノルウェー』旬報社、1999
6．野村武夫『ノーマライゼーションが生れた国・デンマーク』ミネルヴァ書房、2004
7．野村武夫『生活大国デンマークの福祉政策』ミネルヴァ書房、2010
8．花村春樹『「ノーマリゼーションの父」N・E・バンク-ミケルセン　増補改訂版』ミネルヴァ書房、1998
9．岡本祐三『デンマークに学ぶ豊かな老後』朝日新聞社、1993
10．大熊一夫、大熊由紀子『ほんとうの長寿社会を求めて』朝日新聞社、1993
11．小田兼三『現代イギリス社会福祉研究』川島書店、1993

12. 鬼崎信好、増田雅暢、伊名川秀和編『世界の介護事情』中央法規出版、2002
13. 小島蓉子、岡田徹編『世界の社会福祉』学苑社、1994
14. 社会保障研究所編『イギリスの社会保障』東京大学出版会、1987
15. 武川正吾、塩野谷祐一編『先進諸国の社会保障①イギリス福祉』東京大学出版会、1999
16. 仲村優一、阿部志郎、一番ヶ瀬康子他編『世界の社会福祉年鑑』旬報社、2001、2005、2006、2007、2009、2010
17. 小玉徹、仲村健吾、都留民子、平川茂編著『欧米のホームレス問題』法律文化社、2003
18. ウォルター・トラットナー著、古川孝順訳『アメリカ社会福祉の歴史―救貧法から福祉国家へ』川島書店、1978
19. 木下武徳『アメリカ福祉の民間化』日本経済評論社、2007
20. 矢部武『日本より幸せな アメリカの下流老人』朝日新聞出版、2016
21. 厚生労働省『2015年の海外情勢報告』2016
22. 古瀬徹、塩野谷祐一編『先進諸国の社会保障④ドイツ』東京大学出版会、2004
23. Thévenet, A.『Les institutions sanitaires et sociales de la France』Presses Universitaires de France,1999
24. 都留民子『フランスの貧困と社会保護』法律文化社、2000
25. 遠塚谷冨美子「フランスのソーシャルワーカー教育」『関西福祉科学大学紀要』第5号、2001
26. 「平成26年度社会保障費用統計」国立社会保障・人口問題研究所、2014
27. Institut national de la statistique et des études economiques Tableaux de L'Économie Francaise-Édition2016
   （http://www.insee.fr/fr/themes/document.asp?reg_id=0&ref_id）
28. Campus France フランス政府留学局・日本支局（http://www.japon.campusfrance.org）
29. Carte de France（http://www.cartesfrance.fr/）
30. 厚生労働省編『厚生労働白書　平成27年版』
31. 宇佐見耕一、小谷眞男、後藤玲子、原島博編「世界の社会福祉年間2013」旬報社
32. 川村匡由編『国際福祉論』ミネルヴァ書房、2004
33. 仲村優一、一番ヶ瀬康子『世界の社会福祉10　オーストラリア・ニュージーランド』旬報社、1999
34. 藤川隆男『オーストラリアの歴史』有斐閣、2004
35. Dalton,T./Draper,M./Weeks,W./Wiseman,J.『Making Social Policy in

Australia: An Introduction』Allen & Unwin、1996
36. 大沢真理『アジア諸国の福祉戦略』ミネルヴァ書房、2004
37. 王文亮『中国の農民はなぜ貧しいのか』光文社、2003
38. 高坂健次「中国における「居民委員会」の現状と課題」『関西学院大学社会学部紀要』91号、2002
39. 仲村優一、一番ヶ瀬康子『世界の社会福祉3　アジア』旬報社、1999
40. 金永子『韓国の福祉事情』新幹社、2008
41. 荻原康生編著『アジアの社会福祉』財団法人放送大学教育振興会、2006
42. 石坂浩一、舘野晢著『現代韓国を知るための55章』明石書店、2003
43. 韓国社会科学研究所社会福祉研究室著、金永子編訳『韓国の社会福祉』新幹社、2002

索　引

アルファベット

A . H .Maslow ……………………… 82
COS …………………………………… 31
HIV 感染 ……………………………… 39
Medical Social Worker ……………… 186
MSW ………………………………… 186
SCAPIN775 ………………………… 32

あ

アガペー ……………………………… 28
アクティベーション（Activation） 218, 249
アファーマティブ・アクション …… 39
新たな公 ………………………… 213, 214
新たな『公』を創造 ……………… 212
新たな支え合い（共助） ……… 213, 214

い

医学的モデル ……………………… 158
生きる力 …………………………… 196
生江孝之 …………………………… 186
依存 ………………………………… 130
依存的自立 ………………………… 130
一般歳出 ……………………………… 5
一般就労 …………………………… 180
糸賀一雄 …………………………… 36
医療介護総合確保推進法 ………… 185
医療ソーシャルワーカー（業務指針）… 186
医療法 ……………………………… 188
インテグレーション ………………… 41
インフォーマル …………………… 128
インフォーマルセクター ………… 141

う

ウイリアム・ベヴァリッジ ………… 29
ウェルビーイング ………………… 185

え

エイジング・イン・プレイス …… 185
エスピン・アンデルセン
　（G.Esping Andersen） ………… 215
エンパワメント …………………… 40

お

応益負担 ……………………… 67, 127
応諾義務 …………………………… 66
応能負担 …………………………… 127
大河内一男 ………………………… 33
岡村重夫 ………………………… 35, 84

か

カークマン・グレイ ……………… 31
介護認定審査会 ………………… 71, 72
介護保険制度 ……………………… 68
介護保険法 ………………………… 184
介護予防・日常生活支援総合事業 … 70
介護老人保健施設 ………………… 188
核家族 ……………………………… 155
格差社会 …………………………… 59
学習指導要領 ……………………… 196
拡大家族 …………………………… 155
価値 ………………………………… 226
寡婦 ………………………………… 156
貨幣的ニーズ ……………………… 86
官僚 ………………………………… 137

き

機関委任事務制度 ……………… 24, 133

キャボット ………………………… 186
教育基本法 ………………………… 196
教育振興基本計画 ………………… 198
共生社会 ……………………… 19, 20
共同募金会 ………………………… 112

・・・・・く・・・・・

繰り出し梯子理論 …………… 31, 141
グループホーム事業 ……………… 202
グローバル化 ……………………… 208
グローバル社会 …………………… 59

・・・・・け・・・・・

経済秩序外的存在 ………………… 33
経済連携協定 ……………………… 209
契約 ………………………………… 66
契約制度 …………………………… 68
契約による利用制度 ……… 62, 64, 65
現金給付 …………………………… 136
顕在的ニーズ ……………………… 231
現物給付 …………………………… 136

・・・・・こ・・・・・

公営住宅制度 ……………………… 201
後期高齢者 ………………………… 183
合計特殊出生率 …………………… 183
幸福追求権 ………………………… 96
公平性 ……………………………… 126
効率（性） ………………………… 126
高齢者虐待防止法 ………………… 210
高齢者居住法（高齢者の居住の安定確保に関
　　する法律） …………………… 203
高齢者・障害者等の移動等の円滑化に関する
　　法律（通称バリアフリー法） …… 205
高齢者、身体障害者等が円滑に利用できる特
　　定建築物の建築の促進に関する法律（通
　　称ハートビル法） …………… 205
高齢者、身体障害者等の公共交通機関を利用
　　した移動の円滑化の促進に関する法律
　　（通称交通バリアフリー法） …… 205
国際障害分類 ……………………… 159
国民 ………………………………… 135
五大悪 ……………………………… 29
子どもの貧困 ……………………… 219
コミュニティ ……………………… 141
コミュニティケア ………………… 188
これからの地域福祉のあり方に関する研究会
　　報告書 ………………………… 213

・・・・・さ・・・・・

サービス付高齢者向け住宅制度 ……… 203
サービス評価 ……………………… 64
財政安定化基金 …………………… 70
最低基準 …………………………… 137
差別禁止法 ………………………… 249
産業的業績達成モデル …………… 215
三世代世帯 ………………………… 5
残余的福祉モデル ………………… 215

・・・・・し・・・・・

シーボーム・ラウントリー ……… 29
ジェンダー（gender） …………… 132
支援費支給方式 …………………… 75
資源 …………………………… 91, 127
自己決定 …………………………… 131
自己責任 …………………………… 246
自己選択 …………………………… 131
自殺対策基本法 …………………… 210
市場 ………………………………… 134
市場原理 …………………………… 135
慈善組織化協会 …………………… 31
シティズンシップ ………………… 143
児童虐待防止法 …………………… 210
児童相談所 ………………………… 108
児童の権利に関するジュネーブ宣言 …… 38

児童福祉法 ……………………… 13, 103, 169
児童扶養手当 ………………………… 156
シドニー・ウェッブ …………………… 29
慈悲喜捨 ………………………………… 28
市民 …………………………………… 135
ジャーメイン（C .Germain） ………… 91
社会福祉基礎構造改革 ………………… 96
社会資源 ……………………………… 127
社会正義 …………………………… 19, 37
社会政策（social policy） ………… 18, 200
社会ダーウィニズム …………………… 28
社会的援護を要する人々に対する社会福祉の
　　　あり方に関する検討会報告書 … 211
社会的正義 ……………………………… 37
社会的入院 ……………………………… 68
社会的排除 …………………………… 213
社会的包摂 …………………………… 213
社会的モデル ………………………… 158
社会福祉 ………………………………… 4
社会福祉援助技術 ……………………… 3
社会福祉基礎構造改革 ……… 63, 133, 229
社会福祉基礎構造改革について（中間まとめ）
　　　………………………………………… 63
社会福祉協議会 ……………………… 110
社会福祉事業 …………………… 139, 228
社会福祉施設 ………………………… 112
社会福祉実践 …………………………… 3
社会福祉の財政 ……………………… 113
社会福祉の実施体制 ………………… 106
社会福祉法 ……………………………… 99
社会福祉法人 …………………… 110, 139
社会扶助 ………………………………… 16
社会保険 ………………………………… 16
社会保障給付費 ……………………… 183
社会保障審議会 ……………………… 107
社会保障制度に関する勧告 …………… 97
社会民主主義的福祉国家 ……………… 23
社会民主主義レジーム ……………… 215
社会問題 ……………………………… 137
自由主義的福祉国家 …………………… 22

自由主義レジーム …………………… 215
住生活基本法 ………………………… 202
住宅政策 ……………………………… 200
住宅セーフティネット法（住宅確保要配慮者
　　　に対する賃貸住宅の供給の促進に関す
　　　る法律） ……………………… 202
住宅扶助 ……………………………… 201
就労にともなう福祉（Welfare with Work）
　　　………………………………………… 217
恤救規則 ………………………………… 12
出生率 …………………………………… 4
需要（ディマンド） …………………… 89
準市場 ………………………………… 135
生涯教育 ……………………………… 198
障害者 ………………………………… 158
障害者基本法 ………………………… 168
障害者虐待防止法 …………………… 181
障害者雇用義務制度 ………………… 179
障害者雇用促進法 …………………… 178
障害者差別解消法 …………………… 181
障害者自立支援法 ……………………… 76
障害者総合支援法 ……………… 168, 204
障害者優先調達推進法 ……………… 180
償還払い ………………………………… 72
情報のサポート ……………………… 143
情報の非対称性 ……………………… 143
自律 …………………………………… 129
自立 …………………………………… 129
自立支援給付サービス ……………… 176
自立支援給付体系 …………………… 175
資力調査（ミーンズテスト） …… 16, 30, 128
シルバーハウジング（高齢者世話付き住宅）
　　　………………………………………… 203
人口構造 ………………………………… 4
人口置換水準 …………………………… 4
新自由主義 ………………… 22, 59, 208
申請主義 ………………………………… 74
身体障害者更生相談所 ……………… 109
身体障害者福祉法 ……………… 13, 104, 169

す

スクールソーシャルワーカー	197
スティグマ（Stigma）	30, 128, 142
ステレオタイプ	143

せ

生活大国としてのデンマーク	241
生活課題	3
生存権の保障	96
生活の質	185
生活保護法	13, 103, 201
生活欲求	24, 25
政策成果	138
政策の決定	138
政策の評価	138
政策評価	139
政策分析	138
精神科ソーシャルワーカー	187
精神障害者福祉法	170
生存権	12
制度的再分配モデル	215
制度の谷間	213
政府	133, 139
セーフティネット	16, 212
世界同時不況	208
積極的労働市場政策	218, 221
説明責任	138
全国母子世帯等調査	155
潜在的ニーズ	231
選別主義	30, 128
選別主義から普遍主義	19
専門職倫理	226

そ

早期年金制度	242
相対的貧困率	208
相談援助	224
相談援助活動	224, 233
ソーシャル・インクルージョン	20, 41, 212
ソーシャルキャピタル（社会関係資本）	214
ソーシャルワーカー	224
ソーシャルワーカーの倫理綱領	37
ソーシャルワーク	224, 225, 226, 231, 232, 233
措置制度	13, 62, 68, 131

た

ターミナルケア	188
第一次石油危機	22
第1種社会福祉事業	101
第2種社会福祉事業	101
タウン・ミーティング	136
孝橋正一	34
竹内愛二	34
脱工業化	218
脱商品化（de-commodification）	22
団塊世代	183

ち

地域支援事業	69
地域組織化活動	188
地域福祉計画	189, 230
地域福祉主流	59
地域包括ケアシステム	185
地域包括支援センター	69, 72, 188
小さな政府	32, 134
知的障害者更生相談所	109
知的障害者福祉法	14, 104, 170
地方分権化	189
チャールズ・ブース	29
長寿社会対応住宅設計指針	203

つ

つながり ……………… 212, 213, 214

て

定期巡回・随時対応型訪問介護看護 ………
……………………………………… 69, 70
ティトマス（R.M.Titmuss）………… 215
テクノストラクチャー ……………… 138
デューイ（Dewey,J.）………………… 194
デュルケーム（Durkheim,E.）……… 195

と

特殊出生率 ……………………………… 4
特定疾病 ………………………………… 70
特定非営利活動促進法 ……………… 185
特別支援教育制度 …………………… 198
ドメスティック・バイオレンス（DV）……
……………………………………… 210

な

ナショナル・ミニマム ………… 12, 29, 201

に

ニーズ ……………………………… 82, 127
ニート ………………………………… 209
日本医療社会福祉協会 ……………… 188
日本国憲法 …………………………… 96
日本的経営 …………………………… 208
日本的雇用慣行 ……………………… 218

ね

ネットカフェ難民 …………………… 209

の

ノーマライゼーション ……………… 40, 241
ノーマライゼーションの思想 ……… 19
望ましい不平等 ……………………… 126

は

配偶者からの暴力の防止及び被害者の保護に
関する法律（DV防止法）……… 157
売春防止法 …………………………… 158
バイスティック（Biestek, F.P.）… 233, 225
バイステック（Biestek F.P.）の7原則 ……
……………………………………… 131
バウチャー …………………………… 135
バウチャー方式 ……………………… 136
派遣労働者 …………………………… 208
はじめに就労ありき（Work First）…… 217
パターナリズム（paternalism）……… 131
発達障害者支援法 …………………… 171
パブリックコメント ………………… 136
パラサイトシングル ………………… 212
バルネラブル（vulnerable）………… 211
バンク - ミケルセン ………………… 40, 241
ハンセン病 …………………………… 38

ひ

ビアトリス・ウェッブ ……………… 29
非貨幣的ニーズ ……………………… 86
非正規労働者 ………………………… 208
必要 …………………………………… 127
貧困の世代的再生産 ………………… 220
貧困の罠 ……………………………… 30

ふ

フォーマル …………………………… 128
複合型サービス ……………………… 69, 70
福沢諭吉 ……………………………… 195

福祉依存者 …………………………… 217
福祉から就労へ（Welfare to Work）… 217
福祉計画 ……………………………… 137
福祉国家レジーム …………………… 215
福祉事務所 …………………………… 108
福祉人材センター …………………… 112
福祉政策 ……………………………… 227
福祉多元主義 ……………… 24, 141, 226
福祉的就労 …………………………… 180
福祉ニーズ ……………………………… 8
福祉のまちづくり条例 ……………… 204
福祉六法 ……………………………… 102
婦人相談所 …………………………… 109
婦人保護 ……………………………… 158
普遍主義 …………………………… 30, 128
ブラッドショウ（J.Bradshaw）……… 87
フリーター …………………………… 209

・・・・・・へ・・・・・・

平行棒理論 ………………………… 31, 141
ベンクト・ニィリエ ………………… 40

・・・・・・ほ・・・・・・

訪問調査員 ……………………………… 72
ホームレス …………………………… 209
保健医療ソーシャルワーカー ……… 186
保健医療福祉 ………………………… 185
保健師 …………………………………… 85
保健センター …………………………… 85
保険料 …………………………………… 73
母子及び寡婦福祉法 ……………… 13, 105
母子家庭等就業・自立支援センター事業 156
母子休養ホーム ……………………… 157
母子世帯 ……………………………… 155
母子福祉資金（母子寡婦福祉資金）…… 156
母子福祉センター …………………… 157
母子・父子自立支援員 ……………… 156
保守主義レジーム …………………… 215

母（父）子家庭 ……………………… 154
ボランタリズム ……………………… 190

・・・・・・ま・・・・・・

マーティン・ルーサー・キング ……… 247
マズロー（A．H．Maslow）………… 82
マルサス主義 ……………………… 28, 29

・・・・・・み・・・・・・

ミーンズテスト ………………………… 30
三浦文夫 ………………………………… 83
水俣病 …………………………………… 39
民営セクター ………………………… 140
民間非営利組織（NPO = Non Profit Organization）…………………………… 18
民主主義 ………………………………… 19

・・・・・・め・・・・・・

メインストリーミング ………………… 41

・・・・・・も・・・・・・

モンテッソーリ（Montessori,M.）…… 195

・・・・・・ゆ・・・・・・

ゆとり教育 …………………………… 196
ユネスコ ……………………………… 198

・・・・・・よ・・・・・・

要求 …………………………………… 127
ヨーク調査 ……………………………… 29
予防給付 ………………………………… 69

り

- リチャード・ティトマス …………… 31
- 倫理綱領 ……………………………… 226

る

- ルソー（Rousseau,J.J.）…………… 194

れ

- 劣等処遇 ……………………………… 28

ろ

- 老人福祉法 …………………… 14, 104, 184
- 労働者派遣法 ………………………… 208
- ローカル・ガバナンス …………… 142, 214
- ロンドン調査 ………………………… 29

わ

- ワーキングプア ………………… 208, 221
- ワークシェアリング ………………… 221
- ワークフェア（Workfare）……… 216, 249
- ワークライフバランス ……………… 221

編　者・・

　高間　　満（神戸学院大学）

　相澤　譲治（神戸学院大学）

　津田　耕一（関西福祉科学大学）

執筆者一覧（五十音順）・・

相澤　譲治	（神戸学院大学）	第1章
石田賀奈子	（神戸学院大学）	第9章2節、13章1節
遠藤和佳子	（関西福祉科学大学）	第6章
奥西　栄介	（福井県立大学）	第9章5節
川本健太郎	（立正大学）	第2章
金　　永子	（四国学院大学）	第13章9節
黒田大治郎	（明石市地域自立支援協議会）	第9章4節
阪田憲二郎	（神戸学院大学）	第9章6節
佐賀枝夏文	（大谷大学名誉教授）	第9章3節
窄山　　太	（金城学院大学）	第7章
佐々木隆志	（静岡県立大学短期大学部）	第13章3節
孫　　　良	（関西学院大学）	第13章7・8節
高間　　満	（神戸学院大学）	第4章、第9章1節、第11章
武田　英樹	（美作大学）	第8章
津田　耕一	（関西福祉科学大学）	第5章1・3・4節
遠塚谷冨美子	（元関西福祉科学大学）	第13章6節
直島　正樹	（相愛大学）	第12章
成清　敦子	（関西福祉科学大学）	第10章2節
木下　武徳	（立教大学）	第13章4節
野尻　紀恵	（日本福祉大学）	第10章1節
野村　武夫	（元京都ノートルダム女子大学）	第13章2節
橋本有理子	（関西福祉科学大学）	第5章2節
蜂谷　俊隆	（美作大学）	第3章
春見　静子	（愛知淑徳大学）	第13章5節
藤井　博志	（神戸学院大学）	第9章7節

© Mitsuru Takama, Joji Aizawa, Kouichi Tsuda 2017

社会福祉論

2017年 3月30日　第1版第1刷発行

編者　高　　間　　満
　　　相　　澤　　譲　治
　　　津　　田　　耕　一

発行者　田　中　久　喜

発行所
株式会社　電気書院
ホームページ　www.denkishoin.co.jp
（振替口座　00190-5-18837）
〒101-0051　東京都千代田区神田神保町1-3ミヤタビル2F
電話(03)5259-9160／FAX(03)5259-9162

印刷　中央精版印刷株式会社
Printed in Japan／ISBN978-4-485-30401-3　C3037

- 落丁・乱丁の際は，送料弊社負担にてお取り替えいたします．
- 正誤のお問合せにつきましては，書名・版刷を明記の上，編集部宛に郵送・FAX（03-5259-9162）いただくか，当社ホームページの「お問い合わせ」をご利用ください．電話での質問はお受けできません．また，正誤以外の詳細な解説・受験指導は行っておりません．

JCOPY 〈(社)出版者著作権管理機構 委託出版物〉

本書の無断複写（電子化含む）は著作権法上での例外を除き禁じられています．複写される場合は，そのつど事前に，(社)出版者著作権管理機構（電話：03-3513-6969，FAX：03-3513-6979，e-mail: info@jcopy.or.jp）の許諾を得てください．また本書を代行業者等の第三者に依頼してスキャンやデジタル化することは，たとえ個人や家庭内での利用であっても一切認められません．